中國政治思想史
（上）

蕭公權　著

新校本說明

　　《中國政治思想史》為研讀中國政治思想之名著。本書為蕭先生為教學而書寫，作為中國政治思想之入門讀物。蕭公權先生學問淵博、觀點迭出、引述浩瀚，使本書亦成為該領域之頂尖研究著作。唯此書出版日久，體例非今時所需，文字亦因數次轉排而多所誤植。故藉再版之際，重予全面校對。

　　蕭先生僊去已久，當年寫作之時參考書籍已取得不易，今日更無處索求。本次校對完全無法依據原參考文獻進行，必須詳查圖書館館藏與電腦資料庫。

　　根據當前學術規範，校對原則簡述如下：

一、作者以半文言寫作，初學者易生誤解，部分文字重新標點，以利閱讀。

二、聯經版中篇、章、籍、冊幾無註明，且與作者本文夾雜混同，文、書難分。本次校對均詳查註明。

三、本書引文甚鉅，然古人多所傳抄，同一段文字於不同書中所錄未必一致。本次校對盡力以古本為優先，現代通行本為次。

四、古史朝代人名紀年與相應之西元紀年共同標出時，作者所列與當代所列未盡相同，均檢出並依當代研究校改。

五、作者引文引用書目之卷數、頁數，各以國字數字和阿拉伯數字區分。

六、作者引註簡省，各章節中前註人名、書名、卷、頁有示，後註則僅以姓加書名一字表示，甚至前註中均無該書，後註中卻僅出現兩字以表人名、書名。故：

　　1. 較知名或該章節中常引之書籍，前註中全稱有之，後註中則保留以兩字或一字表示，如《梁史》、《集》、《錄》等；

　　2. 較不知名之書籍或該章節中引一、二次之書籍，則查索人名、書名全稱。

　　蕭先生引註繁多，此次校對竭力檢索修改，以符合當前學術體例，然定有不盡之處，懇請方家不吝指正，於再版時補改。

　　本書校對底本以聯經版為主，另大量參考北京商務2017年5月版之《中國政治思想史》及上海書店「民國叢書第一編」1937年影印本之《中國政治思想史》，僅此致謝！

出版說明

一、蕭公權先生（1897-1981）一代通儒，士林共仰。民國六十八年春，
　　本公司約請汪榮祖教授編輯《蕭公權先生全集》，其間因版權交涉與
　　編校工作遷延時日，全集未克於先生生前出版，不勝遺憾。

二、全集計分九冊，凡先生重要著作，均一一收入。

三、第一冊收集先生自傳、書信、談話及紀念文字，滙為一編，名為「道
　　高猶許後生聞—自傳•書信•談話錄」。

四、第二冊係根據先生手書詩詞《迹園詩稿》、《迹園詩續稿》暨《畫夢
　　詞》等三種，合為一帙，影印出版，名為「小桐陰館詩詞」。

五、第三冊《政治多元論》（*Political Pluralism: A Study in Contemporary
　　Political Theory*）為先生博士論文，特譯為中文出版。

六、《中國政治思想史》原於民國三十四年由上海商務印書館出版，今詳
　　加校訂，增列相關論文暨索引，重排出版，並遵先生親囑，列入全集
　　第四冊。

七、第五冊《翁同龢與戊戌維新》，原為英文著作，刊於《清華學報》新
　　一卷二期，特譯為中文出版。

八、第六、七冊分別為先生英文專著《十九世紀之中國鄉村》（*Rural
　　China, Imperial Control in the Nineteenth Century*）及《康有為思想研
　　究》（*A Modern China and a New World: K'ang Yu-wei, Reformer and
　　Utopian, 1858-1927*）二書，特聘專家迻譯為中文，陸續出版。

九、第八冊《憲政與民主》為先生論政之作，原書於民國三十七年出版於
　　上海。

十、第九冊《迹園文錄》收輯先生中文雜著暨中譯英文論著二篇。

十一、先生治學精勤，著作富贍，除專書外，散見中外報章雜誌，網羅匪
　　　易，為求完備，特將本編未收英文短篇論文存目編為「蕭公權先生
　　　全集未收論著目錄」，附於《迹園文錄》書末，以供讀者參考。

中國政治思想史增訂本序言

本書原於民國三十四年由上海商務印書館
出版．今詳加校訂並增刊中國政治思想史
參考資料編輯「引用書目」暨「索引」．
由聯經出版事業公司排印，列入全集
第四冊。

七十年元月二十七日蕭公權

增訂版弁言

　　蕭公權先生的《中國政治思想史》初成於1940年的夏天，五年後由上海商務印書館出版。三十餘年來，中外學子讀之、引之，莫不奉為經典鉅著。美國漢學家牟復禮（Frederick Mote）教授窮十餘年之力迻譯此書，上卷已於去年由普林斯頓大學印行，都七百七十八頁。書出未久已為彼邦學者購買一空，純學術性著作銷售如此，洵不多見，同時也可知此書的歷久不衰，經得起時間的考驗。

　　蕭先生在英譯本前言中提到：「原書是在很不利的情況下完成的」。所謂不利情況指的是抗戰時期，當時先生「飄泊西南」，「餬口四校」，在敵機轟炸的情況下完成著述的。這可說是蕭先生的「抗戰精神」——在極艱困的環境裡完成「任務」。

　　但此書的成功不能只靠「抗戰精神」，在抗戰之前，蕭先生早已具備著述的優異條件。我們讀此書，但覺脈絡通貫，內容豐富，行文潔美，議論公允，很難想像作者經營之苦心孤詣。「中國政治思想史」一題為西洋體裁，不見於傳統的著作之林，故作者必須自闢蹊徑。然若要開出康莊坦道，不入歧途，則必須於西洋政治思想史著作有所涉獵，以及於政治思想一概念有明確的認識。蕭先生早年留美，先後在密蘇里大學與康乃爾大學獲得碩士和博士學位，都以政治哲學為專業，且從名師游。當時密蘇里大學哲學教授佘賓（George H. Sabine）雖尚無赫赫之名，但後來於1937年完成《西洋政治思想史》（*A History of Political Theory*）一書，名噪一時，而三年之後蕭先生也完成《中國政治思想史》，師弟東西輝映，而二書皆成經典之作，可稱美談。蕭先生在康乃爾的博士論文則是討論近代西洋政治思潮的專著，題目是「政治多元論」（*Political Pluralism: A Study in Contemporary Political Theory*），於1927年在倫敦出版，並列入「當代心理學哲學以及科學方法叢書」，復又經牛津大學指

定為「近代名著」（Modern Greats），當代政治學大師拉斯基（Harold J. Laski）推譽此書之「學力與魔力均極雄渾，為政治學界五年來所僅見」。蕭先生以中國學者精研西方政治思潮，獲得西方第一流學者之敬重，可知他對這一門學問造詣之深。

蕭先生以此一深遠的造詣，回國教授西洋政治思想史。同時以所學來整理中國政治思想史，並開課授徒。具備治學的觀點與方法之後，整理工作的重點主要是資料的搜集與選擇。但搜集與選擇的工作並不容易。在搜集工作方面，資料雖多，但散在群籍，非有明銳的觀察力與極大的耐心與勞力，難獲全豹。有些中國政治思想史著作之所以掛一漏萬，即因此故。至於在選擇工作方面，有二重困難，一為甄別政治思想史料，不與其他思想史料相混，此有賴於對「政治思想」這一概念能確實地掌握，譬如舖軌馳車，才有所準則。有些作者排列史料，上下幾千年，無論政治、社會、經濟、文化、各種文獻少加分辨，於是猶如迷航，不知所至。而蕭先生於戰前在清華授課時，已將中國政治思想史資料作系統的整理，充分地搜集，嚴格地選擇，曾輯有《中國政治思想史參考資料》，線裝六冊，作為授課的講義，同時亦奠定了撰寫《中國政治思想史》的基礎。在這一基礎上，蕭先生運用他的政治學觀點，歷史的方法，在艱苦的後方──成都──完成此一七十餘萬字的巨著。

三十餘年來，此巨著之嘉惠學子毋庸贅言。以此書中某些章節為基礎撰成專著者，亦大有人在。今後必有更多的學子因讀此書而得益，謹略舉書中精彩之處，以供讀者參考。

（一）全書於政治思想的範疇內，上自文獻可徵之晚周，下迄辛亥革命，作極有系統的敘述與分析。二千五百餘年中，凡可述之政治思想靡有遺留，而所述論的詳略則視創獲性與影響力之大小而定，故通篇完備而勻稱。讀者讀畢此書，可於我國傳統政治思想的發展及其演變，有一通貫全局之認識。

（二）全書論及古來學者六十餘人，皆就原作取精用宏，就政治學觀點分類徵引，並加以綜合與分析，不僅使作者之政論「暢所欲言」，而且使其意義更加明晰。蕭先生夾敘夾議，何者為古人所說，何者為近人之說，何者為蕭先生之評論，皆交代得十分清楚，讀者一目瞭然。再者，各章之後註釋詳明，或考訂正偽，或另加解說，或標明出處，尤便於有心者作進一步的研究。

（三）全書既採歷史的方法，故對思想的時代背景特為留意。思想雖有其

永久性，但政治思想必有時間性。所謂時間性乃指思想在某一時間裡的出現或實施。政治思想除理論一面外，尤有其實踐的一面，故不知歷史背景不能瞭解政治思想。從整體看，全書是在一演進的歷史間架上發展，自「創造」而「因襲」，由「因襲」而「轉變」，再由「轉變」而「成熟」。即從各個時期去了解政治思想的史之發展。再從某一時期看，因環境稍變，思想亦略有異同。例如孔、孟主張略同而途徑有異，即囚歷史時代之故。蕭先生說：「二子之異，殆亦時代使然。蓋晚周養士尊賢，肇於魏之西河而盛於齊之稷下，二者孔子皆不及見，而孔子德位兼全之理想君子既無由實現，孟子乃承戰國之風，發為以德抗位之說，亦極自然之事也。」又如論墨學之衰滅亦極精闢：「墨家衰亡之最大原因，似在乎環境之改變，而墨徒不能修改師說以適應之。嬴氏統一封建易為郡縣。諸侯盡滅，皇帝獨尊。銷天下兵器以為鐘鐻金人。如是則尚同非攻之說無所用矣……墨家政治思想本鍼對晚周之歷史背景而產生，其不能昌明於一統之專制天卜，誠勢所必至。至於思想內容之優劣，乃另一問題。」其他佳例尚多，自不必一一列舉。

（四）全書之中對臆說的批駁以及新見的提出也甚可觀。自晚清以來，國人每喜作比附之談，如以孟子具近代民主思想，以墨家有民選制度，以秦政為法制。此書莫不一一據實據理駁之，以正視聽。蕭先生平生治學素以平實謹嚴為尚，一壁於捕風捉影之厥詞痛加撻伐，一壁律己甚嚴，無確切的事實與理由不立新說，但每立一新說常是難移之定論。例如，從孔、墨的比較以顯示二者實有相似之處。蕭先生說：「述古學以自闢宗風，立治道以拯時弊。遊行諸國，終無所售，乃廣授門徒，冀其能行道而傳學。凡此皆孔、墨之所同也。其相異者一仕一不仕，一由少賤而自躋於士大夫，一則終身以賤人自處……吾人以為就大體言之，墨子乃一平民化之孔子，墨學乃平民化之孔學」。修正了孔、墨不同道的舊說。又如對兩宋功利思想的發揮，亦為前人所不及。蕭先生說：「宋代政治思想之重心，不在理學，而在與理學相反抗之功利思想」，然功利思想與理學同為「儒家思想之鉅變」，亦時勢所致然。兩宋功利思想以王安石為中堅，安石自是儒家的有為者，而不能以法家目之，本書的第十四章論之甚詳。晚近淺學之徒復有以安石為法家者，未久不攻自破，而蕭氏之說終不可移。

本書初由上海商務出版，因時局動盪，未嘗簽有任何契約。1949年蕭先生

移講臺灣大學，曾允中華文化出版事業委員會重印，但也未訂版權契約，此後先生遷居美國，未再加以過問，而此書在臺二十餘年來一再重印，字體已模糊難認。今由蕭公權先生交予臺北聯經出版事業公司用五號字體重新排印，並參閱英譯本上卷校對，另增印「中國政治思想史參考資料緒論」為附錄。附錄之後增編「引用書目」與「索引」，以便讀者。本書完成四十年之後，以新面目與讀者見面，並列為《蕭公權先生全集》的第四冊。

弟子　汪榮祖敬撰

1980年5月

凡例

一、本書採政治學之觀點，用歷史之方法，略敘晚周以來二千五百年間政
　　治思想之大概，以供各大學政治系學生參考之用；其西周以前之一
　　段，因文獻寡徵，暫援孔子闕疑之例，不立專編敘述，只於孔、孟諸
　　章中隨時附件。

二、本書體例以時代為經，以思想派別為緯，其取材以前人著作之具有理
　　論價值者為主。影響較大之政論亦酌量述及，專對一時一地實際問題
　　之政論則一概從略。

三、本書敘述各家思想，力守客觀之態度。偶有論評，亦意在辨明其歷史
　　上之地位，非敢任意抑揚，臆斷得失。

四、本書第五編，原稿淪陷，仍存其目，以明原委。

五、撰者學殖荒落，而本書屬稿值抗戰期中，參考圖書又頗不便。匪特見
　　聞未廣，尤恐紕繆滋多。事先不及就教　高明，尚希不吝隨時　賜
　　正。

目次

上冊

第一編　封建天下之政治思想 ——創造時期

第一章 先秦政治思想之流派

第二章 孔子

第二編　專制天下之政治思想
──因襲時期

下冊

第三編　專制天下之政治思想
──轉變時期（上）

第五編　近代國家之政治思想
——成熟時期

第二十五章　孫中山（本編缺文）

附錄

緒論

一　中國政治思想史之起點

　　吾國歷史，世推悠久。溯其遠源，可全四千年以上。然研究政治思想史者，不能不斷自晚周為始。此實勢有必然，非敢數典忘祖。三代以前，社會淺演，書契無徵，固不待論。即夏商之世，文物制度尚在草創之中，學術思想殆亦方見萌芽，未能具體。況文獻不足，記載闕失，縱有學說，已難考見。孔子生春秋之時已歎二禮無徵。[1]《洪範》九疇雖或為夏禹政治之大法，而文辭簡短。《商書》雖多為信史，而記載疏略。[2]至於殷墟甲骨貞卜契券之文字，雖可據以推想古代之制度，[3]而究非學術思想之紀錄。凡此皆歷史家與考古家之重要資料，而就政治學之觀點論，殊覺其鮮裨實用。故吾人今日欲取中國政治思想作較有統系之研究，至早只能以周代為起點。蓋吾國古代文化至周而盛。吾人雖不必從夏曾佑之說，謂「中國一切宗教典禮政治文藝皆周人所創」，[4]然學術思想之為周人所創，則為至明顯之事實。

　　周代學術之大興，不在西周盛世，而在東遷以後之春秋末葉與戰國時代。[5]政治思想亦於此時突然發展，蓋自孔子以師儒立教，諸子之學繼之以

1　《論語・八佾第三》。

2　王國維《古史新證》認《商書》除〈湯誓〉外皆真，《周書・洪範》可疑。

3　參周傳儒《甲骨文字與殷商制度》，郭沫若《中國古代社會研究》。

4　《中國古代史》頁29，孔子謂「周監於二代，郁郁乎文哉。吾從周。」又謂「周因於殷禮，所損益可知。」是不以周為新創。

5　平王元年遷都洛邑（西曆西元前770）。春秋始於魯隱公元年（平王四十九年，西元前722），終於哀公十四年（西元前481），戰國時代之起迄尚無定說，姑以春秋終止以後，始皇統一以前之二百五十九年當之，即周敬王四十年至始皇二十六年（西元前480-221）。

起。「至戰國而著述之事專」，[6]持故成理之政治學說乃風起雲湧，蔚為大觀。吾人今日雖不能依據史實確斷其驟盛之原因，然就當時歷史環境之大勢，與乎文化進步之通則，尚可作大致不差之推論。政治思想興於晚周之主因有二：簡言之，即社會組織之迅速變遷，與偉大思想家之適生其會而已。周室自平王之末，已趨微弱。諸侯強大，「秦、晉、齊、楚代興」，[7]遂釀成春秋之局勢。封建制度既就崩潰，貴族之社會組織與生活亦同時發生變化。士族與庶人間之界限逐漸消失，[8]貴族原有從政掌學之特權亦普及於平民。[9]史家所謂王官失守者，殆非虛構。且列國並存，相爭雄長，同文壹教之術猶未用世，思想自由，學無拘禁。處士得以橫議，「邪說」亦可大行。而國君圖強，每重才士。魏之文侯（西元前445-397），田齊之稷下，[10]尤為戰國時代之著例。當此「天下無道」（語見《論語》），社會蛻化之際，不僅爭亂頻仍，民生困苦，而舊日所以維繫人心保持秩序之風俗制度皆動搖崩壞，失其原有之效用。深思遠慮之士，對此鉅變之原因與影響，自不免加以疑問批評，而提出抗議或補救之方。政治思想，於是勃興。上述種種情形，春秋已見其端，至戰國而更甚。[11]故思想之發展亦至戰國而始極。然社會環境僅為思想萌育之條件。苟無天資卓絕之思想家如孔、孟、莊、韓諸人適生此特殊之環境中，何能造成吾國

6　章學誠《文史通義》卷一，〈詩教上〉。

7　《國語》卷十六〈鄭語〉。《史記》卷四〈周本紀〉亦有同樣之記載。

8　如《左傳・昭公三年》載晉國「欒、郤、原、狐、續、慶、伯，降在皂隸」。又如寧戚飯牛而見用於齊桓公，百里奚貧賤而事秦穆公。

9　孔子「有教無類」以詩書六藝授人，首開學術普及之風。

10　魏文侯立於周貞定王二十四年（前445），齊威王立稷下宮，設祿招士，當在其即位之初（前356）。宣王時（前319-301）稷下復盛，達「數百千人」（《史記・田齊世家》），「喜議政事」（《新序》），至潛王時（前300-284）乃解散。

11　顧炎武《日知錄》卷十三「周末風俗」條謂「春秋時猶敬重禮信，而七國則絕不言禮與信矣。春秋時猶尊周王，而七國則絕不言王矣。春秋時猶嚴祭祀，重聘享，而七國則無其事矣。春秋時猶論宗姓氏族，而七國則無一言及之矣。春秋時猶宴會賦詩，而七國則不聞矣。春秋時猶有赴告策書，而七國則無有矣。邦無定交，士無定主，此皆變於一百三十三年之間。史之闕文，而後人可以意推者也。」此述春秋戰國之變頗為明晰。劉向《戰國策・序》亦謂「仲尼既沒之後，田氏取齊，六卿分晉。道德大廢，上下失序。至秦孝公捐禮讓而貴戰爭，棄仁義而用詐譎，苟以取強而已矣。夫篡盜之人列為王侯，詐譎之國興立為強，是以轉相倣效，後生師之，遂相吞滅，并大兼小，暴師經歲，流血滿野，父子不相親，兄弟不相安，夫婦離散，莫保其命，潛然道德絕矣。」可見周末社會之大概。

學術史上此重要之「黃金時代」。故政治思想起於晚周，由於千載一時之機
會。而吾人即以此時期為研究之起點，誠亦有其自然之理由也。[12]

二　中國政治思想史之分期──按思想演變之大勢

西人論吾國文化者每謂其偏於守舊。學者遂或疑吾國之政治思想亦歷久頓
滯，古今不變。其實中國政論變化之劇烈迅速，雖未足與歐洲相比，[13]然吾人
略加探索，即知其確經顯著之重要變化，且可循其變化起伏之迹，而將此二千
餘年之思想史分為下列之四大段落：

（一）創造時期　自孔子降生（西曆西元前551）至始皇統一（西元前
221）為時約三百年，包括春秋晚期及戰國時代，學者通稱之為先秦時代。

（二）因襲時期　自秦漢至宋元（西元前221至西元1367）為時約
一千六百年。

（三）轉變時期　自明初至清末（1368至1898）為時約五百年。

（四）成熟時期　自三民主義之成立以迄於今。（三民主義之講演在民國
十三年。其最初完成則在　孫中山先生倫敦被難以後居英之兩年中，即1896與
1898之間。）

先秦為創造時期，其事顯明，無待贅說。然孔子自謂「述而不作」，[14]門
人復稱其「祖述堯舜，憲章文武」。[15]墨子「用夏政」，[16]而其言每兼稱堯、
舜、禹、湯、文、武。[17]道、法二家，推尊黃帝。法家立言，且或以諸國刑書
為依據。[18]是諸子之學，悉有淵源，非盡出心裁，憑空立說。創造之名疑有未

12　梁啟超《論中國學術思想變遷之大勢》及〈評胡適《中國哲學史大綱》〉，胡適《中國哲學
　　史大綱》上卷二篇一章，馮友蘭《中國哲學史》一章二節，均論先秦學術之起因，可參閱。

13　作者所編《中國政治思想史參考資料緒論》第一節中略論中西政治思想之異同，可參閱。
　　（見本書附錄）

14　《論語・述而第七》。

15　《中庸》三十章。

16　《淮南子・要略訓》。

17　汪中《述學・墨子後序》。

18　《晉書・藝文志》謂「律文起自李悝，撰次諸國法，著《法經》。（中略）商君受之以相
　　秦。」

妥。吾人請釋之曰：創造者非無中生有之謂。春秋以前之人既有政治生活，豈無政治觀念？古籍如《詩》《書》所載天命民本，禮樂兵刑諸說皆經先秦各家所採用，而成為中國政治思想中之要旨。然此等舊說，原來既乏系統，含義亦較簡單。必分別經先秦大家之發揮董理，然後斐然成章，蘊蓄深遠，進為一家之學說。此融舊鑄新之工作，實無愧於創造。譬如工師建屋，木石磚瓦皆仰給於成品，固無礙於堂構一新也。復次，《漢書・藝文志》有諸子出於王官之說。[19]孔子從周，其教人之《詩》《書》六藝於諸子中殆最近官學。故章學誠謂「六經皆先王之政典」，[20]「孔子學而盡周公之道」。[21]以此類推，則先秦政治思想已具體於春秋戰國之前，儒、墨、道、法之學乃因襲而非創造。[22]此論雖能成理，然不必與吾人之說相悖。請以儒家明之。孔子之政治思想雖以成王周公之制度為根據，然非墨守成規，舉先王之政以為後生之教。必於舊政之中，發明新義而自成一家之言，然後七十子乃心悅誠服，奉為宗師。若其僅傳周公之政典，「符節函合」，毫無損益，則《詩》《書》六藝，當時既為官書，文武方策之政未經秦火，周魯所藏，得觀者豈僅孔子？[23]《左傳》所載春秋士夫言談中能稱引《詩》《書》之文者不乏其例，何以儒家之學必以孔子為宗乎？吾人如謂孔子就文武之成規，加以自得之創造，而以之為設教立言之資，似較近情理而易通也。雖然，吾人認先秦時期為創造，尚有一最重要之理由，為上文所未道及而應注意者，則無論諸子學說之來源如何，其本身實「自我作古」，開後學之宗派。秦漢以至宋元之政治思想雖不乏新意義，新內容，而其主要之觀點與基本之原理，終不能完全越出先秦之範圍。必俟明清海通以後，外學輸入，然後思想為之丕變。故研究中國政治思想史者，春秋以前可以存而不論，先秦時期則不能不認為全部工作之起點。其所占地位之重要，可以不言而喻。總之，先秦思想，對春秋以前為融舊鑄新，對秦漢以後為開宗立

---

19 諸子學說來源，此後於分述各家時當略論之，茲不贅及。

20 《文史通義》卷一，〈易教上〉。

21 同書卷二，〈原道上〉。

22 例如江瑔《讀子卮言》卷二，頁28謂「墨子之學出於史佚。（中略）史佚有書二篇，《漢志》列於墨家之首，且謂周臣在成、康時，則由史佚歷數百歲而後至墨子。未有墨子之前已有墨家之學。」

23 《左傳・昭公二年》，載晉韓宣子觀書於太史氏，謂「周禮盡在魯矣」。

範，創造之名，由此而立，或不至於大誤。

先秦之創造，不由憑空杜撰。秦漢以迄宋元之為因襲，亦非悉出模倣，步趨古學，而絕無進展與改易。始皇併吞六國，封建之天下一變而為郡縣，創二千年專制一統之政體。社會之環境既殊，則先秦百家競起，各創新學之盛況，自亦難於繼續維持。同時正以環境不同之故，秦漢以後之思想家雖因襲前人之觀念與名詞，而政治之對象既已迥異，則其所持觀念之內容，與所用名詞之含義，亦勢不能與古人悉合。故嚴格言之，秦漢以後之政治思想不必有變古之名，而每有變古之實。吾人以此期之思想遠不如先秦之富於創造精神，而思想家亦多無意於創造，因以「因襲」稱之，非謂此千六百年之政論悉守晚周之舊也。抑吾人更須注意，先秦諸子，各立門戶，辯生末學，相攻尤烈。如孟拒楊墨，[24]荀非十二子，[25]墨氏譏儒，[26]莊生評騭諸家道術，[27]此皆最著之例。當時雖意在尊師說，息異端，然不過入主出奴，各有是非，交相勝負。正如群雄角逐，未知鹿死誰手。及至秦漢各家後學相攻已久，接觸已多，於是互相折衷調和，而浸有學術混同之趨勢。放棄門戶之見者遂成雜家之學，[28]堅持門戶之別者亦參採異端，以與師說相糅合。參合之限度不同，故學說之純駁不一。因此周末及秦漢學術每呈下述之二態。一為學派之名號猶昔，而思想之內容有異。二為一派之中間有分支，而數派之間反相混合。[29]自此以後，先秦學派之能繼續存在者，雖尚壁壘森嚴，而所守者不過舊學之主旨。其變易之尤甚者或至體貌不殊，而精神迥別。然既仍互相爭辯排斥，則其求勝之心，無異於古人。政治統一之後，專制君主每欲致思想之統一。始皇「以吏為師」，武帝推尊儒術。此種「別黑白而定一尊」之辦法，未必遂能消滅諸家爭勝之心，使其相攻，趨於和緩。故秦漢以後為學術內容調和之時期，亦為學術派別決戰之時期。秦亡後之千餘年中，各派相爭雄長，隨歷史環境之轉變而相代起伏。或先

24　《孟子・滕文公》上，下。

25　《荀子・非十二子》。

26　《墨子》〈兼愛〉、〈節用〉、〈節葬〉、〈天志〉、〈明鬼〉等篇。

27　《莊子・天下》。

28　《呂氏春秋》為最重要之代表。（雜家為門派之一，非諸家之雜，見《漢書・儒林傳》）。

29　姚舜欽《秦漢哲學史》第二章謂秦漢哲學乃混成，頗有見地。

盛而後衰，[30]或既廢而復興，[31]或一時熄滅而不再起，[32]或取得獨尊之地位而不能壟斷全局，[33]或失去顯學之勢力而仍與主潮相抗拒。[34]思想之內容雖隨時代而屢變，其大體則先秦之舊。絕對新創之成份，極為罕見。

　　因襲時期政治思想潮流衝激之大勢，簡言之，乃中國學術上之長期內戰。其交戰之團體為中土固有之學派，其爭鬥之利器為先秦舊創之學說。千六百年中僅南北朝時代佛道二教關於致敬君父、分別夷夏等問題之爭辯為異域思想參加戰爭之例外事實。然為期甚短，對思想進展之趨勢，未有顯明之重要影響。學術內戰之結果，雖非政治思想之全部停滯，然中國君主專制之政體，自秦漢開端，此後殊少改變。先秦思想既以社會環境之劇變而驟興，秦漢以後之思想亦以社會環境之變動較少而缺乏創造之成分，此誠一極自然之現象，毫不足異。苟非明清時代西洋之武力與文化藉海通而相繼不斷侵入中土，恐政治思想之因襲時期或不能至宋元而終止，其轉變時期亦未必至明清而到來也。

　　吾國政治思想轉變之直接原因為外力之刺激。佛教東來，開異族文化侵入之端。五胡亂華，露異族入主中國之兆。然二者雖促成政治社會宗教哲學各方面之騷動與進步，而未曾引起政治思想之轉變。蓋佛教為宗教而非政治思想，其消極出世之人生觀又適與老、莊思想有相近之處。其不能對政治思想有所貢獻，亦意中事。至於晉代亂華之諸胡，其文化均低。占據中原以後，文化則自動「用夏變夷」，[35]政治亦不能越出建號稱王之故智，尤不易有促動思想轉變之能力。必俟明清時代海通之後，歐洲之高度文化隨傳教士而播於中土。加以閉關自守之局既破，昔日大一統之「天下」突然變為世界上列國之一。而積弱之餘，更屢為外國所侵侮。如此空前鉅變，自不免激起思想上之革命。此殆為轉變時期見於明清之主要原因。再則蒙古入主中國，約一百年。人民備受異族之欺凌荼毒，儒家之仁義禮樂，法家之尊君重國，明法飭令，道家之知白守黑，任天無為，以及一切中國固有之政理治術，均經歷史之事實證明，不足以

30　如法家之在秦漢，儒家之在漢魏。

31　如道家之在魏晉。

32　如墨家之在漢代。

33　如儒家之在漢代。

34　如道法之在漢代，儒家之在魏晉。

35　《晉書》卷一〇五，〈載記第五‧石勒傳下〉。

保民族之自存，則窮極生變，明清政治思想自不得不另闢途徑，向新方面以前進矣。

　　轉變時期雖包括明清兩朝之五百年，然明代以至清初不過略見轉變之端。除舊更新之大轉變，直至晚清，然後發動。蓋明清之初，遺民志士以反抗異類政權而發揮種族思想，一變傳統思想中之大同主義。中明以後陽明學派以反對宋明理學之桎梏而發揮自由思想，亦圖衝決網羅，肅清尊古守舊之結習。凡此雖具重大之意義，明示轉變之方向，然其本身所據觀點與所含內容，仍自舊學中蛻化而來，終不脫前人之窠臼。雖知革故，未逮鼎新。及至太平天國崛起，始本基督教義，參以民族思想而產生吾國空前之思想轉變。此後則戊戌維新，辛亥革命，無論其所持之主義為何，其受西洋思想之直接影響，而與二千餘年傳統思想相對抗，則不謀而合。吾人斷不可因新思想中每接受舊學說之一部分，遂疑其仍與先秦以來之「道統」完全一貫，良以清季維新及革命思想家之採用舊說，皆按自立之標準。其採用一家之言，非以其為古聖先賢之說，而以其適於現代國家之用。權衡在我，取捨從心。[36]思想自主之風氣，殆為先秦以後所創見。

　　辛亥革命，思想為轉變時期之結局，亦為成熟時期之起點。　孫中山先生之三民五權學說融會古今，貫通中外，運獨到之特見，集一代之大成，不僅樹革命之理論基礎，而立國之根本大道，亦於是完成。二千餘年之政治思想，至此乃臻成熟之境。

三　中國政治思想史之分期──按思想之歷史背景

　　上文就二千餘年中思想演變之大勢，而分為四期，雖不盡妥，或無大誤。吾人又可就思想之歷史背景而劃分為下列之三時期：

　　（一）封建天下之思想　包括春秋及戰國時代，與上述之「創造時期」相

36　維新思想家中康有為似為例外。蓋其主張變法，每託《春秋》三世之義，稱孔子為萬世制憲，確不免守舊之嫌疑。然《孔子改制考》謂先秦百家之學悉出新創，孔子亦改制託古著為六經。或康氏本人亦竊取改制託古之義。又《大同書》之理想雖出於〈禮運〉，實多與西洋學說相合。

當。

（二）專制天下之思想　包括秦漢至明清之二千年，與「因襲時期」及「轉變時期」之前大部分相當。

（三）近代國家之思想　包括清末戊戌維新時代及辛亥革命以迄今日，與「轉變時期」之後部及「成熟時期」相當。

政治思想與政治制度相推移。以故政治思想史亦可按制度演變之大勢而分期。吾國政制自商周以來，凡經三變。商周之際，部落社會[37]漸進而成封建天下，[38]此為一變。始皇併吞六國，劃天下為郡縣，定君主專制之制，此為二變。晚清失政，民國開基，二千年之君制遂告終止，此為三變。段落分明，早為人所共喻。吾人若按此政治制度史之段落以劃分政治思想史之時期，誠極自然之事。

封建天下之政治思想不發生於周代極盛之時，而興起於就衰之後，上文已略述及。故先秦之思想均以封建天下為其背景，而不必悉以之為對象或理想。試舉諸家之著者言之，如孔子「從周」，[39]其思想以封建天下為背景而兼理想者也。孟子百里可王、天下定一[40]之說雖不尊周，而亦未否認封建之理想。墨子「非攻」實為對戰國侵伐兼併之抗議，其「尚同」之說明揭「國君」「家君」[41]壹義之事，則亦純然為封建天下之思想。道、法二家，與此相異。老子近乎放任主義，莊子近乎無政府主義，二者皆消極對晚周政治作激烈之批評，而提出缺乏歷史根據之自由社會為理想。法家如商鞅韓非諸人則承認戰國七雄爭長之實際情形而發為富國強兵尊君重令之學說。其思想之背景既非盛周之封建，其理想又傾向於嬴秦之專制。故諸子之中儒墨擁護已就崩潰之封建天下，法家預想行將出現之君權一統，道家則否定歷史上之一切制度。

專制天下之政治思想以秦漢至明清之制度為背景。先秦諸家各視其本身能

37　徐協貞《殷契通釋‧序》據甲骨文推定殷前半紀為「混亂部落社會」，後半紀為「王朝部落社會」，可參閱。

38　周代封建概況可參閱《史記》卷四〈周本紀〉。

39　《論語‧八佾第三》，《中庸》第二十八章。

40　《孟子‧梁惠王上》。

41　《墨子‧尚同》中、下。

否適應此歷史之新環境而決其宗派之盛衰，儒家適應之力最強，[42]故其道統最長遠，實力最雄厚，非任何宗派所能及。法家思想雖傾向於專制，且事實上為嬴秦統一之基礎，似應大盛於專制之天下。然申、韓之學自李斯致用之後，其法令名實諸旨漸已成為實用之治術，終止學理上之發展，而其君臣守法，「令尊於君」[43]之要義則與君主專制政體之精神根本衝突，尤難為人所接受。故秦漢以後，雖間有法家之言，終不能預於顯學之列，足與儒家相抗衡。專制政體得先秦法家之助而長成，乃旋即棄之不顧，使歸於微弱，縱非梟食其母，亦似得魚忘筌（語見《莊子》）。專制天下之亂多治少，恐此為原因之一。墨家本與儒家同為封建天下之思想，而不能如儒之善變。加以「其道大觳」，[44]「若燒若焦」，[45]又不似儒家具有詩書禮樂，五行三統諸術，上足以「合文通治」，[46]下亦可粉飾太平。故秦漢以後，宗風頓息，終專制天下二千年中遂成絕學。[47]道家思想之時間性，較諸家為最少。其消極之態度始終大體一貫，未曾因封建天下之改為郡縣而有根本之改易。故除在極短之時間，曾為朝廷所採用，取得獨尊之地位[48]以外，老莊政治思想為專制天下時期反對專制最徹底之抗議，與儒家思想對立，略如野黨之於朝黨。每值盛世承平或方衰而未亂之際，則儒勝而道微。紀綱崩壞，生民困苦，則無為無君之思想乘機興起。直至宋元以後，專制政體之發育達於極點，然後此抗議之聲始趨消息，而政治思想之中不復有獨立之道家宗派。綜上所述，足見專制天下時期政治思想之主要趨勢有三：（一）儒家思想由擁護封建制度一變而擁護專制政體，成為二千年中之正統學派。[49]（二）儒家勢盛，而法墨同歸失敗。（三）儒道二家隨社會之

42　《荀子・儒效篇》謂儒者「持險應變曲當，與時遷移，與世偃仰，千舉萬變，其道一也。」
43　《管子・法法》。
44　《莊子・天下》。
45　《荀子・富國》。
46　同書，〈非十二子〉。
47　清末譚嗣同《仁學》自序謂墨學乃其思想來源之一，然未嘗認為復興之獨立宗派。
48　西漢初年迄文帝之世，黃老曾一時大行。
49　夏曾佑《中國古代史》頁256，論專制君主之心理曰：「綜（秦皇漢武）兩君生平而論之，其行事皆可分為三大端。一曰尊儒術，二曰信方士，三曰好用兵。（中略）蓋皆專制之一念所發現而已。其尊儒術者，非有契於仁義恭儉，實視儒術為最便於專制之教耳。開邊之意，則不欲己之外別有君長，必使天下歸於一人而後快意，非今日之國際競爭也。至於求仙，則

治亂，互為消長。[50]

　　封建與專制兩時期之思想有一共同之特點，無論其內容如何，均以「天下」為對象。其所異者封建天下為合法之分割，專制天下為絕對之一統而已。天下觀念之含義略近歐洲中世初期之世界帝國。其理想之範圍，至為廣大。古人所謂「溥天之下莫非王土，率土之濱莫非王臣」[51]者，最能表示此點。故嚴格言之，「天下」時期之一切政治關係皆為內政，而無國際間之外交。至封建改為專制，則並春秋時代，形似外交關係之聘弔盟約，亦完全歸於消滅。周、秦以後，四夷時與中國為敵，甚至侵占中原，僭竊神器，事實上否定天下之觀念。然而自漢以來，論治夷政策者，仍多襲四海一家、安內柔遠一類之傳統思想。[52]其尤荒謬可笑者，如清乾隆五十八年英國使臣馬加特尼[53]之來，所乘舟車皆令懸英吉利朝貢之旗。觀見皇帝，強之行跪拜禮。高宗與英王之敕書復有「傾心向化」「航海來庭」等語。此皆明白表現國人根本缺乏國際觀念之事實，而推原此政治唯我論[54]之由來，天下本位之思想殆應負一部分之責任。復次，專制天下之思想，頗有大同主義之傾向。忽略族類之區分，重視文化之同異。[55]其結果遂致二千年間，中國勢盛，則高唱「用夏變夷」之理論，外族入

因富貴已極，他無可希，惟望不死以長享此樂。」於儒術與專制之關係，言之至確。

50　儒家孟子一派注重民本之旨，與秦漢以後傳統儒學之關係，略有似道之與儒。每當君國闇危之際，孟子一夫可誅，保民而王等說，輒起與無為無君之思想相呼應。

51　《詩‧小雅‧北山》。

52　公羊家最能代表此種態度。如成公十六年鍾離之會，《公羊傳》文云：「《春秋》內其國而外諸夏，內諸夏而外夷狄。王者欲一乎天下，曷為以外內之辭言之。言自近者始也。」

53　Macartney，參《清朝續文獻通考》卷三〇〇，《四裔考》六〈英吉利〉。

54　"Political Solipsism" 此名雖作者杜撰，似尚能顯示天下觀念一方面之精神。參閱註49引夏曾佑秦皇漢武開邊之意。

55　此亦公羊家開其端。其進退褒貶之標準為夷狄用中國之道則進之於「中國」，中國有夷狄之行則貶之為「夷狄」。哀公十三年黃池之會，《傳》曰：「吳，夷狄之國也，祝髮文身，欲因魯之禮，因晉之權，而請冠，端而襲，其藉於成周以尊天王。吳進矣。」此前者之例。僖公三十二年秦襲鄭，《傳》云：「其謂之秦何？夷狄之也。」此後者之例。秦漢以來有意或無意間承其緒者如王通以元魏「受先王之道」而帝之（《元經‧述史》），許衡為蒙古立綱常制度（《魯齋遺書》），凌廷堪為侵華之外族辯護（《校禮堂文集》、《詩集》），康有為為滿洲進維新保國之計，皆其著者。清世宗《大義覺迷錄》亦利用其說，以折呂留良、曾靜之民族思想。

主，則遷就政治屈服之事實。只須征服者行中國「先王之道」，同化於我，則北面稱臣，承認異類之政權，亦毫不愧恨。民族思想發育不良，此為專制天下思想之又一結果。

綜上所舉各端，一言以蔽之曰：缺乏近代國家之觀念而已。近代國家之品性為何，雖無絕對之標準以資判斷。然按世界各國政治經驗之通例言，則所謂近代國家，至少具有下列之數特點：（一）樹立民族自主之政權。（二）承認列國並存，彼此交互之關係。（三）尊法律、重制度，而不偏賴人倫道德以為治。上述三端歐洲主要之國家在十五世紀以後已粗具輪廓，迅速發展，至十六、七世紀而大體成熟。吾人若就十八世紀以後之情形論，則（四）擴充人民參政權利一端亦可認為近代國家特點之一。[56]此四種品性，吾國當專制天下之時期固完全缺乏，即在封建天下之分割時期亦僅略有痕跡，似是而非。二千年政治思想之醞釀衝激不能產生近代國家之觀念，此實歷史環境之所限，不足以為前賢病。亦猶歐洲古代思想家之注目於市府，中世之醉心於帝國，必至近代，然後有民族國家之理論也。

歐洲近代國家之發生與長成，先於中國者數百年。以開國之遲早論，則我老大而彼少壯，以政治演化之程度論，則彼先進而我晚成。兩者相值，強弱立判。明季清初，西洋教士雖已東來，國人尚狃於專制天下之結習，對其所傳來之西學，未發生普徧之影響。必經辛丑、庚申、甲午、庚子諸役喪師辱國，然後朝野人士始漸覺專制天下之舊制度舊思想不足以圖存。於是效法西人，維新變法之議大起。歐美近代國家觀念乃傳入中國，與傳統思想互相爭鬥，局部調和。離陸燦爛，蔚為大觀。先之以戊戌維新，繼之以辛亥革命。至　孫中山先生集全局之大成，而吾國政治思想之第三期於是正式開始。

吾人就不同之觀點，試擬兩種之分期，其結果竟大體相符合。足見所擬雖未必盡善，而大致不誤，則可斷言。本書下文即按此分期，將二千餘年之政治思想史，次第作扼要之敘述。

56　梁啟超謂中國二千年之政論祇知有朝廷，不知有國家，意即指此。參閱〈少年中國說〉。

第一編

封建天下之政治思想
創造時期

第一章

先秦政治思想之流派

第一節　歷史背景

　　昔人論先秦學術者，每有百家[1]九流[2]之稱。然就政治思想言，僅儒、墨、道、法四家足為大宗。此四者不特各有發明，自成家數，且能將晚周時代之主要思想態度，代表無遺。先就思想之態度言之。按周之封建天下，[3]本為不完全之統一。[4]稍弛則為列國之分割，再進則為一王之專制。其政治基礎，實至不穩定。其所以能維持至數百年之久者，其政治原因在王室強盛，能執行禮樂征伐之大柄，[5]其社會之原因則在宗法階級，以及農田等制度，[6]當封建天下鼎

1　見《荀子‧成相》及《漢書‧武帝紀》。《史記‧太史公自序》有「六家」之說。

2　見《漢書‧藝文志》。《莊子‧天下》、《荀子‧非十二子》、《韓非‧顯學》，均論思想流派，可參閱。

3　關於周代政治大概可閱夏曾佑《中國古代史》第一篇第二章。瞿同祖《中國封建社會》（1937），亦可參考。

4　古人論封建者以柳宗元為能得其實。柳謂商、周之得天下皆藉諸侯之力。事成之後，不得廢易。故封建由於勢不得已。見《柳河東集‧封建論》。按夏、殷以前紀載雖闕，若就《史記》觀之，則自黃帝以迄武王以征伐得天下者，多為諸侯之一，得其他諸侯之擁戴而取得元后之地位。自秦始以一國之力，吞滅諸侯，開一統天下之新局。參閱《史記》卷一至四。

5　天子控制諸侯之方式不外巡狩與征伐兩大端。天子又命諸侯之強大者為方伯，得專征伐，以衛王室。晚周霸政即由此蛻化而出，故形式上仍由天子授命。如惠王十年賜齊桓公為伯，襄王十七年賜晉文公珪鬯弓矢，為伯，顯王二十六年周致伯於秦孝公，皆其著例（均見《史記》卷四）。霸政為封建天下初步解體之明徵，再進則為戰國爭雄矣。參閱《周禮‧秋官司寇》朝貢之形式。

6　《左傳‧昭公七年》楚芉尹無宇謂「天子經略，諸侯正封，古之制也。封略之內，何非君土，食土之毛，何非君臣。（中略）天有十日，人有十等。下所以事上，上所以共神也。故王臣公，公臣大夫，大夫臣士，士臣皂，皂臣輿，輿臣隸，隸臣僚，僚臣僕，僕臣臺，馬有圉，牛有牧，以待百事。」封建階級之制，於此可見大概（桓公二年師服語可參看）。士大

盛之時，生活大體有序，上下守分相安，固不失為一太平之世。然而時遷世
易，政治與社會均起變化，乃由安定以趨於騷動。夷（前894-前879）、平
（前770-前720）、敬（前519-前476）三王之立皆假力於諸侯。威勢已衰，侵
侮迭起。於是鄭人射肩，楚子問鼎，[7]遂至諸侯兼併，陪臣執國，[8]不必待報王
（前314-前255）入秦，而封建政治早已崩潰殆盡。封建社會主幹之階級制度
亦與元后政治同時迅速傾圮。貴族淪為皂隸，賤人皆陵其上。[9]宗法井田，相
隨消滅。[10]舊日維繫人心之一切禮俗均失去原有之意義，即無戰爭水旱所產生
之痛苦，而人心搖動，文武締造之封建天下亦勢難久存。戰國競智角力之局
面，更不啻為始皇盡掃除之工作。蓋戰國時期政治之最大特點為君權擴張。七
國之君以地廣勢強，多僭稱王號。其尤能振作奮發者則國愈盛而君愈威。[11]上
無元后之拘束，下無貴族之牽制。專斷之權，名實並具。富強為國策之主幹，
君主為國政之中心。毀滅宗周，解散封建之政治離心力，至此竟轉化為促成集

夫以上之階級為貴族，以下為庶人；為賤人。界限頗嚴，不易移動。故《左傳·襄公九年》
子囊謂「商工皂隸不知遷業」，《國語·齊語》管仲謂「士之子恒為士」，「工之子恒為
工」，「商之子恒為商」，「農之子恒為農」。宗法之大概見《禮記》〈喪服小記〉及〈大
傳〉。井田是否行於周代，尚無定論。其大意見《孟子》〈滕文公上〉及〈萬章下〉。

7　分見《左傳·桓公六年》及《宣公三年》。事在桓王十三年及定王元年。

8　如《公羊傳·定公八年》謂陽虎專季氏，季氏專魯國。

9　《左傳·昭公三年》叔向謂「民聞公命，如逃寇讎。欒、卻、胥、原、狐、續、慶、降伯在
皂隸。（中略）晉之公族盡矣。」《國語·晉語》鞏簡九謂「范中行氏不恤庶難，欲擅晉
國。今其子孫將耕於齊，宗廟之犧為畎畝之難。人之化也，何日之有。」此貴族淪亡之例。
《左傳·襄公十年》王叔之宰謂「篳門閨竇之人而皆陵其上。」〈定公八年〉王孫賈謂「苟
衛國有難，工商未嘗不為患。」此賤人陵上之例。階級有關於封建天下之治亂，當時已有見
及者。如《左傳·襄公十三年》載「君子」之言，謂「世之治也，君子尚能而讓其下，小人
農力以事其上。（中略）及其亂也，君子稱其功以加小人，小人伐其技以憑君子。」章炳麟
《太炎文錄初編·別錄》卷二〈社會通詮商兌〉論宗法之變曰：「宗法統於所尊，其制行於
元士以上，族人財產有餘則歸之宗，不足則資之宗。上至世卿而宗子常執大政，所以拱押其
下者恃有政權以行其刑賞耳。七國以後執政者起於游說乞食之徒，而宗子降為皂隸，政柄既
去，則不能號令其下，雖宗柄亦因以俱去。」

10　《公羊傳·宣公十五年》「初稅畝」，《國語·魯語下》「季康子欲以田賦」，可推知田制
之變。

11　其中最著者如魏文侯用李悝「作盡地力之教，國以富強」（《漢書·食貨志》）。齊威王立
稷下宮，招致學士，湣王與秦昭王各稱東西帝（《史記》卷四十六〈田敬仲完世家〉）。秦
孝公用商君「變法修刑，內務耕稼，外勸戰死之賞罰。」「居五年，秦人富強，天子致胙於
孝公，諸侯畢賀。」（《史記》卷六十八〈商君列傳〉）

權專制之向心力。始皇之統一，不過因勢利導，以一王全局之專制，代七雄分地之集權[12]而已。在此由封建天下轉為專制天下之過渡時期，政治思想之可能態度，不外三種。（一）對將逝之舊制度表示留戀，而圖有以維持或恢復之。（二）承認現狀，或有意無意中迎合未來之新趨勢而為之張目。（三）對於一切新舊之制度均感厭惡，而偏重個人之自足與自適。就其大體言之，儒、墨二家同屬第一類，法家諸子屬第二類，道家之老、莊及一切「為我」之思想家，獨善之隱君子，即皆屬於第三類。若更進而略加剖析，則儒、墨二家雖皆同情於封建，具有復古或守舊之色彩，然儒家從周尚文，觀點近於貴族，墨子背周[13]尚質，觀點純乎平民。就此論之，則墨雖同情於封建天下之政治制度，而其不滿意於宗法社會之階級組織則甚顯然。故二家之態度，實有重要之區別。孔子可稱宗法社會之聖人，[14]墨學則不啻世卿制度之反動。孟、荀二子之思想則以生當戰國而較少從周之成分。孟猶近孔，荀稍近法。至於法、道二家，其區別尤為明顯。前者取君主之觀點而維新，後者為個人圖解放而消極。一為專制天下作先驅，一對衰亂政治提抗議。列表如次，以見四家態度之大概。

表一

	同情行將消逝之封建		承認正在萌長之專制
	同情宗法	反對宗法	放棄宗法
積極	儒 貴族觀點	墨 平民觀點	法 君主觀點
	孔 ──────→ 孟 ──────→ 荀		
消極	厭棄一切制度		
	道 個人觀點		

12 顧炎武《日知錄》卷二十二「郡縣」條舉例說明郡縣已起於春秋戰國之世，非始皇所創，足與此相印證。社會中之重要變革往往經長時間之醞釀。最後致之完成之境地者輒獨享其名（或獨受其過）。不僅始皇之於郡縣天下也。

13 《淮南子‧要略訓》謂墨子「背周道而用夏政」，墨子是否用夏，下文當論及，其背周則無疑。

14 嚴復語，見《社會通詮》（1904）。儒家並非絕對擁護宗法階級制度。此與墨家比較言之。下章當申論。

　　抑又有進者，儒家思想或有殷文化之背景。[15]孔子為殷之遺民，人所共知，而亦孔子所自認。[16]魯為伯禽所封，然其地為殷之商奄，其民則殷之六族。[17]故孔子居宋冠殷之「章甫」，而三年之喪，學者或斷為殷之舊制。[18]凡此均足證儒學之淵源於周前。惟吾人若據以斷定孔子不從周，則又不可。蓋孔子之政治思想固顯然以承認現政權，維持周制度為出發點。其所授文學政治諸術，縱或有襲殷人舊制之處，然其大體必憲章文武，而以周禮為政制之典則。[19]且周監二代，因於殷禮。是周制之中，亦含殷制。[20]孔子從周，未必遂與殷道相反背也。

　　吾人若認定魯為殷民故地，則墨翟為魯人，殆亦有殷文化之背景。殷尚質而周尚文。墨家尚質，似承殷之餘緒，其不敢直言從殷而託之用夏，且間稱堯舜者，或由恐觸時君之忌，故以古學為隱蔽。其攻儒之繁文重禮，似以比較純粹之殷道，反抗混合二代之周政。[21]墨徒亦求仕進，其熱中之程度，不下於儒。然墨徒不棄賤人之職業，而儒者「四體不勤」，「不耕而食」，[22]雖不必從政，而儼然以士大夫自居。此亦二家相異之一端。墨家之生活情形既與儒不同，故其解放平民之方法亦大有差別。儒家承認宗法，僅求在世卿制度之外，

15　傅斯年〈周東封與殷遺民〉及胡適〈說儒〉。均見《胡適論學近著》第一集。按《漢書》卷十及六十七，成帝以梅福言封孔子後為殷紹嘉侯，亦認孔為殷後。

16　《禮記・檀弓》載孔子語謂「殷人殯於兩楹之間（中略），而丘也殷人也。予疇昔之夜夢坐奠於兩楹之間。（中略）予殆將死也。」

17　《左傳・定公四年》謂「分魯公以（中略）殷民六族，條氏、徐氏、蕭氏、索氏、長勺氏、尾勺氏，使帥其宗氏，輯其分族，將其類醜，以法則周公，用即命於周。（中略）因商奄之民，命以伯禽而封於少皞之虛。」參《史記・魯伯禽世家》。又《左傳・昭公九年》「周王使詹桓伯辭於晉曰：（中略）蒲姑、商奄，吾東土也。」《正義》引服虔曰：「蒲姑，齊也。商奄，魯也。」

18　毛奇齡（西元1623-1716）《四書賸言》卷三「滕文公問孟子始定為三年之喪」，及《四書改錯》卷九「定為三年之喪」，均見《毛西河合集》。

19　其說詳下章。

20　羅振玉《殷虛書契考釋》敘謂從甲骨文所載官名可推知「姬旦六典，多本殷商。」

21　三年之喪，如果為殷制，則墨徒攻之，似與此論不合。總之孔、墨思想未必悉為一代之制度所範圍。吾人注目於其大體可耳。

22　《論語・微子十八》，荷蓧丈人對子路問夫子曰：「四體不勤，五穀不分，孰為夫子。」《孟子・盡心上》，公孫丑問孟子曰：「詩曰，不素餐兮。君子之不耕而食，何也。」

另闢一布衣卿相之途。墨徒則直接攻擊門閥階級，大倡機會平等之「尚賢」主張。就此而論，則墨子之思想淵源於殷之尚質，較儒為舊，其打破宗法，適應晚周社會之趨勢，又較儒為新也。

道家之流或亦竟與儒、墨同屬殷文化之系統。[23]《史記》載微子諫紂不聽而出亡，[24]成王滅武庚後，封之於宋。「殷之遺民甚戴愛之」。又載箕子過故殷墟，為麥秀之歌，「殷民聞之皆為流涕」。《史記集解》引杜預曰：「梁有箕子塚」，雖未必可確信，而宋梁之為殷民所聚，則殆無疑。莊周如為蒙人，則亦生殷民環境之中，而其本身或亦為殷民。楚雖與殷無密切之關係，然觀周太伯仲雍奔荊蠻，似可推想殷民之不服順者多以南方為避世之樂土。老聃生於楚之苦縣，[25]其背景殆亦略同莊周之宋蒙。老莊之消極思想，亦正與亡國遺民憤世之心理相合。

就上文所論，儒、墨、道三家似均有殷遺民之背景。其所持對周制之態度不同，故其學說小分流而相互異趣。吾人如因此稱三者為舊學，則法學似可因其無殷文化背景而稱為新學。刑書、刑鼎分出鄭、晉。法術盛行，多在秦及三晉諸國。凡此皆與姬周有較密之關係，非如齊、魯、宋、衛之為故殷遺族所改封。[26]其偶有例外如管子或託始於齊，商鞅生長於衛，實居少數。故法家思想一洗中庸柔順和平謙退之風，而以尊君重國，富強進取為務。法家學說內容之價值如何，姑置不論。其所具之積極樂觀與開國氣象，則誠為其他各家所無。綜括上說，列表如次。

23　胡適《說儒》謂老子知禮遜行，乃殷遺民「儒」術之正宗。

24　〈宋微子世家〉。

25　《詩·商頌·殷武》曰：「維汝荊楚，居國南鄉。」又曰：「奮發荊楚。」《史記·楚世家》謂「殷之末世（中略），或在中國，或在蠻夷。」可見楚與殷之關係頗疏。苦原屬陳，為舜後，亦顓頊之裔，與楚同遠祖，並在姬周文化範圍之外。

26　成王弟叔虞封於唐，為堯後舊地。分晉之三家，韓之先與周同姓。魏之先畢公亦姓姬。趙與秦共祖。鄭桓公友始封在宣王二十二年，「和集周民，周民皆悅。」秦遠在西陲，其先為帝顓頊之苗裔。分見《史記》晉、鄭、韓、趙、魏〈世家〉及〈秦本紀〉。

表二

	積極			消極
亡殷背景 遺民思想	儒	承認姬周政權 提高平民地位	墨	對周政不合作 求個人之解放
	從周尚文		背周尚質	道
晚周背景 開國思想	法	承認封建天下之崩潰 促成專制政體之出現		

　　若就四家思想之內容論，則立說互殊，各有創造，足以開闢宗風，定此後學術之流派。一曰人治派，儒墨屬之。儒家政治，以君子[27]為主體。君子者以德位兼備之身，收修齊治平之效。此儒家所持之理想也。墨子論政，亦注重賢人。天子以賢可而選立，[28]百官亦量賢而任事。治亂之關鍵，繫於從政治國者之品性。此墨子所重視而與儒相通者也。然儒、墨之間亦自有別。儒之君子頗帶貴族之色彩，其品格較偏重於宗法社會之道德。墨之賢人多為平民之身分，其品格較富於服務之精神與實用之技術。[29]前者重行為之動機，後者重行為之效果。故雖同以人為治體，而所假定為治之人則相異。二曰法治派，法家為其代表。申不害、商鞅、韓非諸人之立說雖各有其特見，然其論治體則無不以刑法為要素，與儒、墨之人治恰相對立。法家思想之貢獻在說明賢人政治之不可恃與非必要，而明法飭令、嚴刑重罰為最穩妥之治體。[30]法家每以刻薄寡恩見譏，正由其放棄人本政治之主張而專任物觀之械數也。人治與法治二派皆為積極之政治思想。其取消極態度而並與二派對立者則為道家所代表之無治派。老、莊譏斥仁義，厭棄法令，去智寡欲，不尚賢能，而以自然無為為理想之治

27　梁啟超《先秦政治思想史》頁311謂「一切政治由君子出，此儒家唯一的標識，徧徵諸儒書而可信者也。」

28　《墨子·尚同上》。

29　然吾人應注意，墨子弟子雖多為平民而有頗熱中者，蓋其中事迹可考者殆皆游仕諸侯。〈公孟篇〉載「學期年而責仕於子墨子者」，尤可窺見墨徒之心理。孔子弟子之出身世族者不過三五人，其大多數皆平民，且隱居不仕，如顏回、冉耕等皆是。可閱孫詒讓《墨學傳授考》、《史記》卷六十七〈仲尼弟子列傳〉。

30　按中國古代法治思想與歐洲法治思想根本不同。其說見下第六章。

體。列表如後，以便比觀。

表三

治體	原理	治術理想	
人治〈儒　君子　墨　賢人	仁　博施濟眾　立人達人	教（政名）養	天下歸仁
	兼愛　交利	尚賢尚同　非攻節用	（政平民安）
法治——法	法　術　勢	明法飭令　嚴刑重罰	國強君尊
無治——道	無為	除煩擾　任自然	小國寡民　至德之世

第二節　地理分布

　　先秦學派又可按其發源之地域而區分。蓋列國之自然及社會背景不同，思想之內容因之互有差異，誠為意中之事。梁啟超分諸子為南北二派，以孔為「北派正宗」，代表鄒、魯。正宗以外則管仲、鄒衍屬齊，法家諸子屬秦、晉，名、墨二家屬宋、鄭。老子為「南派正宗」，莊、列、楊等皆屬之。許行、屈原則並為南派之支流。[31]其說頗有可取。惟正宗支派之區別，似無多意義。諸子出生之地域，亦有尚待斟酌之處。[32]茲略仿梁氏之意，按四家發源之地，作簡表如次。[33]

31　〈論中國學術變遷之大勢〉，《飲冰室文集》卷七。楊幼炯之《中國政治思想史》第一章第三節似承用其說，惟以孔子為「北派之魁」，老子為「南派之魁」。「自道以至縱橫家、法家，各成流派」，又謂墨子生於宋，「故其學於南北各有所採」，則與梁氏異說。

32　如謂墨子為宋人。

33　人名之地域有疑或別屬者，置括孤中，以示區分。

表四

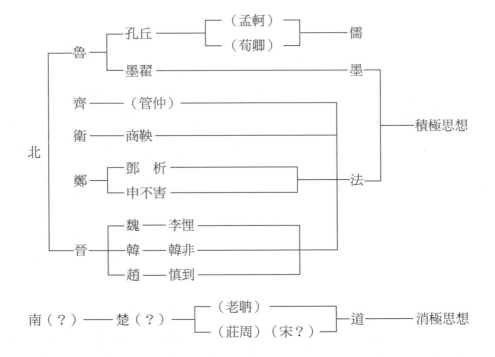

　　吾人試觀上表，可見儒墨道三家發源之區域似均較法家為狹小。儒、墨之魯不過北方偏東較小之一國。老、莊之苦、蒙亦不過楚之一隅及梁、宋間之一邑。[34]而法家諸子宗邦之分布則幾達黃河流域之全部。蓋儒、墨二家皆產生於比較特殊環境之中，其區域自不能甚廣。法家思想則與晚周時代之一般社會情形相應。故其起也異地同心，蔓延較遠。至於道家之消極思想本為對衰世之一種抗議，其興起似可不限於一地。然老聃雖為公認之宗師，其年代事迹至今猶有神龍不見首尾之況。《老子》一書果為開宗寶典與否，尚成疑問。其他道家及與道相似之名賢如列禦寇、陽子居、子華子諸人之宗邦均無可確考。若以彭蒙、田駢、慎到、接子、環淵、及陳仲子、荷蕢、楚狂、長沮、桀溺[35]諸隱者

34　姑從《史記》卷六十三〈老莊申韓列傳〉，集解及索隱說。按《漢書・藝文志》道家有〈公子牟〉四篇。注謂魏人。子華子亦道家代表。《莊子》〈讓王〉〈釋文〉司馬彪云魏人，《史記・孟荀列傳》謂田駢齊人。成玄英《莊子疏》謂彭蒙亦齊人，則道家亦出於北歟。

35　見《史記》〈孔子世家〉、〈孟荀列傳〉及《論語》〈憲問十四〉、〈微子十八〉。

並屬於齊物為我之一派，則其所在之地為趙、齊、衛、楚、蔡諸國，其區域亦頗廣大矣。

　　諸家分地發生之原因，今已無從考見。就大體推測，則周禮在魯自應為儒之故鄉。墨受儒之影響，且為宗法制度之反動，故亦於此出現。法家之發源地似以晉為中心，而衛、鄭為附庸。衛國康叔始封為周司寇。既無周禮之背景，重法復為開國之遺訓，[36]則應晚周之趨勢而發為商鞅之學，事亦可能。鄭介居大國之間，圖存之術，刑政長於仁義。[37]子產之褚衣冠、伍田疇已略近法家。而昭公六年（前536年）之鑄刑書則直開任法之風氣。宜乎不出四十年而鄧析作竹刑，[38]百年之後法家大師申不害復生於桓公之故封也。三晉之環境，尤適於法家之萌長。唐叔所受之法，[39]雖未必為刑書，而昭公二十九年（前513年）則鑄刑鼎矣。足見春秋之世，晉已有任法之風，與鄭相似。且晉離魯較遠，而與鄭秦接壤。洙泗之禮俗，自難被及。故優施教驪姬讒申生已有「為仁與為國不同」[40]之語。箕鄭對文公問復有「信於令」「信於事」[41]之說。晉之再霸諸侯，一部分之原因殆可於此求之。加以公族世卿之衰亡，據現存之紀載觀之，於晉似特為迅速。[42]及三家分晉，韓、趙、魏爭雄於列國之間，於是魏有李悝，韓有韓非，而學兼道、法之慎到則出生於趙。管仲為齊人相桓公以定霸業，「而齊俗急功利，喜夸詐，乃霸政之餘習」。[43]法家思想，於此發端，事誠可能。惟《管子》一書，作者為誰，尚無確論。若乃戰國時人所偽託，則難據以斷定法家思想先見於齊矣。

36　按《史記》卷三十七〈衛康叔世家〉，康叔為周司寇。《周書・康誥》申「敬明乃罰」之義占全篇過半。是衛開國即有重法之背景，不必待晚周始由公孫鞅發明之也。又〈康誥〉以「往敷求於殷先哲王，用保乂民」，蓋衛乃紂子武庚殷餘民故封，故不純以周禮治之歟。

37　《國語・鄭語》史伯對桓公問謂「前華後河，主芣騩而食溱洧，修典刑以守之，是可以少固。」後遂為鄭之國策。

38　均見《左傳》。

39　見《左傳・昭公二十九年》。

40　《國語・晉語一》。

41　同書〈晉語四〉。又《左傳・昭公二年》范宣子觀書於魯太史氏，始見《周禮》，足證儒家六藝未播於三晉。

42　參閱本章註9所引及《左傳・莊公二十五年》「獻公盡滅桓莊之族」，宣公二年「晉無貴族」，昭公三年「晉之公族盡矣」。

43　朱熹《論語集註》〈雍也第六〉「齊一變至於魯」註。

　　四家異地產生之原因，以道家為最難探索。列、楊諸子之國籍難考，頃已及之。以「南方氣候溫和，土地肥饒，謀生容易」，為產生「崇虛想，主無為」[44]一派思想之原因，似嫌過於抽象。蓋楚雖起於蠻夷，[45]然「撫征南海，訓及諸夏」。[46]莊王問鼎於前，靈王圖霸於後。其國策政風固不與北方諸國相懸殊。如游觀有章華之臺，刑書有〈僕區之法〉。申叔時論教太子，以書史典刑為訓。[47]郳公論君臣，嚴尊卑上下之別。[48]其義略近儒、法，而實與道家清靜淳朴之學不相涉。若謂無為思想為苛政之反動，則「法令滋彰」[49]無過秦、晉，而何以不為道家之宗邦乎？道家思想發源之原因不能於此尋得，已顯然可見。

　　儒、墨、道三家或有殷遺民之背景，上已述及。若據此以推論道家之淵源，似可得一較近情之假定。老、莊生於楚、宋，或為殷民之後，此外諸子思想行事之近於道家者，亦多生殷遺民散布之地。如齊有彭蒙（？）、田駢、接子、陳仲子。衛有荷蕢。蔡有長沮、桀溺。楚有狂接輿、環淵。楊朱之生地無考。觀其遊梁之宋則或與老莊不遠。其不屬此範圍者有列禦寇或為鄭人，子華子或為魏人。慎到學在道法之間，則生於趙。據此不完全之史實以論，似齊之「為我」思想家較多，而楚、宋所生者為最重要。楚、宋所以為老、莊思想宗邦之故，吾人於論四家背景時已加以推測。齊之多產道家，或半由殷遺民之心理，半由齊太公之教化。《史記》〈齊太公〉及〈魯伯禽世家〉之記載如可確信，則太公治齊「因其俗，簡其禮」，不強易殷民之習，與伯禽治魯「變其俗，革其禮」者操術大不相同。然則齊為「無為」思想發源之地，亦事之可能者。故昔人謂道家為南方之學蓋只就老、莊言之。其實晚周「為我」思想之宗邦並不限於苦、蒙之一隅也。[50]故道與儒、墨或同有亡殷遺民之背景，然以所

44　楊幼炯《中國政治思想史》頁41。

45　楚武王（前703-689）伐隨猶自稱蠻夷。《史記》卷四十〈楚世家〉。

46　《國語‧楚語上》，子囊語。

47　同書〈楚語上〉，〈僕區之法〉見《左傳‧昭公七年》。

48　同書〈楚語下〉。

49　《道德經》五十七章。錢穆《先秦諸子繫年考辨》頁208、342、394謂黃老起於齊，為儒墨用世輕生思想之反動，其說新穎，可參閱。

50　《管子》一書非出管仲之手，已成定論。然就其內容夾雜道法而論，似亦承太公「因其俗簡其禮。通工商之業，便魚鹽之利」之政風，而或為齊人作品。又漢初膠西蓋公善治黃老（見《史記‧曹相國世家》），亦可見齊之多道家。

生宗國之政教禮俗不同，諸子之學說遂受其影響，而內容互異。

　　吾人如按政治背景，將諸子生長之各國分為「殷文化」「周文化」及「化外」之三類，則先秦學派之地理分布可表示如下。

表五

政治背景			儒	墨	道	法
殷文化	商奄舊地 殷民六族	魯	孔丘 曾參	墨翟		
	魯附庸國 （原顓頊後裔所封）	鄒	孟軻			
	薄姑舊地 （禮從其俗為）	齊			彭蒙 田駢 接子→───管仲 陳仲子	
	殷民七族 「殷政周索」	衛	卜商（？）		荷蕢 商鞅	（吳起）？
	微子所封 以奉殷祀	宋			莊周	
	殷武庚滅後 復封蔡仲	蔡			長沮 桀溺	
周文化	宣王少弟桓公 「和集周民」	鄭			列禦寇 （？）	鄧析 申不害
	（晉）堯裔夏虛「夏政戎索」　畢公之後	魏	（吳起） （李克） （尸佼）		子華子	李克 尸佼（？）
	同魏姬姓	韓				←韓非
	與秦同祖	趙	荀況			（荀況） ←慎到→
化外	顓頊之裔 世通夷狄	秦				
	顓頊之裔 世通蠻夷	楚			老聃 環淵 狂接輿	李斯

　　說明：←─→或←兼通道法，（　）學在儒法之間。

　　四家發源之地理分布略如上述。是傳播之情形亦有可考者。孔子去魯之後曾遊齊、衛、宋、陳、蔡、楚諸國，終無所遇合。而「孔子弟子魯人為多。其次則衛、齊、宋皆鄰國也」。[51]孔子後學之知名可考者亦多生於魯之鄰國。其較遠者則多不為純儒。舉其弟子之較著者，如顏回、閔損、冉耕、冉求、宰予、言偃、有若、原憲、曾參、宓不齊、南宮括、公西赤、顓孫師皆魯人，[52]卜商、端木賜、高柴為衛人，[53]公冶長、樊須為齊人。[54]司馬耕為宋人，漆雕開為蔡人。[55]其後學之較著者，則孟軻鄒人，荀卿趙人。孟子弟子可考者少。如公孫丑為齊人，滕更為滕人，北宮錡為衛人，樂正克或為魯人。[56]凡此諸人除荀況外皆生近鄒、魯之各國。荀卿思想有與法家相通之處。梁啟超謂其學屬於游、夏之系統。[57]而韓非、李斯皆出荀門，則荀學固不純守洙泗之風。盡地力著《法經》之魏人李克復為子夏弟子，[58]亦儒而入於法者。衛人吳起若果為曾子弟子，[59]則尤為儒家之叛徒，有甚於荀卿之「大純小疵」矣（語見韓愈〈論荀楊〉）。至於傳授無考之楚人陳良悅「周公仲尼之道北學於中國」，[60]似可為儒學南被之一例。然陳良學儒，不居荊、郢，而必遠游北方，殆以雖至孟子之時，孔學猶未盛於南方，故必須出國游學，以與「北方之學者」相切

51　崔述《洙泗考信錄》。錢穆《先秦諸子繫年考辨》頁56引。

52　曾參據《洙泗考信錄》，顓孫師據《呂氏春秋‧尊師》，餘據《史記》卷六十七〈仲尼弟子列傳〉、《集解》、《索隱》及《正義》。言偃，〈列傳〉以為吳人，崔述從《索隱》定為魯人。

53　均據《史記列傳集解》、《正義》。卜商，《檀弓疏》以為魏人。

54　《史記列傳集解》。《正義》以為魯人。

55　同上。漆雕開，《正義》謂係魯人。

56　分見《孟子集註》〈公孫丑上〉，〈盡心上〉，〈萬章下〉及〈梁惠王下〉。

57　儒家哲學（《飲冰室全集》之一〇三）。韓李出荀門見《史記‧孟荀列傳》。

58　《漢書‧藝文志》儒家有《李克》七篇。班固注，子夏弟子。《食貨志》言李悝為魏文侯作盡地力之教。《史記‧貨殖列傳》及〈平準書〉皆云李克務盡地力，而〈孟荀列傳〉則作李悝。崔述《史記探源》謂「悝、克一聲之轉」，實一人也，又子夏之門既有李克，其後學復有荀況，《論語‧雍也第六》載孔子警子夏曰：「女為君子儒，無為小人儒」，或孔子已知其學有變饋樂為刑法之傾向，與士大夫之儒學不合歟。晉人段干木高尚不仕，見禮於魏文侯，見稱於孟子，《呂氏春秋‧尊賢》謂學於子夏，則與其他弟子異趣。

59　《呂氏春秋》當染及《史記‧吳起列傳》。《傳》云「起相楚明法審令」，「要在強兵」。《呂覽‧慎小》云：起仕魏「令民償表立信」，與商鞅相似。惟劉向《別錄》謂吳起受《左傳》於曾申，與《呂氏》異。

60　《孟子‧滕文公上》。

磋。而其徒陳相，陳辛「事之數十年，師死而遂背之」，以從「南蠻鴃舌」之
許行。在儒家視之，誠如沐猴而冠，旋踵棄去。亦足藉以測知儒為北學，不易
移植於南方矣。復次，就孔子弟子及後學游仕之地域亦可推想儒學傳播之大
概。《史記‧儒林列傳》謂「自孔子卒後，七十子之徒散游諸侯。大者為師傅
卿相，小者友教士大夫，或隱而不見。」下文舉子路、子張、子羽、子夏分居
衛、陳、楚及西河四地。其餘則多見於〈仲尼弟子列傳〉。今按其可考者觀
之，七十子之為師傅卿相者不過「子夏為魏文侯師，子貢為齊、魯聘吳、越，
而宰予亦仕齊為卿」[61]而已。其大多數隱而不見，行蹤每不易考。若顏回、閔
損、公皙哀之流殆多終老於魯。餘則仕而不顯，且多為魯之家臣。如冉求為季
氏宰，仲由為季氏及孔悝邑宰，言偃為武城宰，宓不齊為單父宰，高柴為費
宰，卜商為莒父宰皆是。[62]後學之為師傅卿相者孔伋為魯繆公師，孟軻以鄒士
為齊宣王卿為最著。若荀況為齊稷下學士祭酒，已與出仕有別。其仕楚亦未
顯。《韓非子‧難三篇》稱燕干噲賢子之而非荀卿，則或嘗至燕而不遇。惟
《楚策》謂「孫子之趙，趙以為上卿」，則或在其宗邦，曾仕至高位。餘則少
可考見。故就游仕所及之地而論，亦足證儒家為魯國中心之北方學派。[63]其越
出魯、衛區域而貴顯者，如李克吳起之於魏、楚，皆非純儒。若卜商為魏文侯
師，殆成例外，不足以影響上述之結論。

　　墨家傳播之區域似較儒家略廣。墨為北方之學，與儒相同。然儒限於北，
墨獨南行，而北方所至亦遠。《莊子‧天下篇》舉「南方之墨者苦獲、已齒、
鄧陵子之屬」，足見其盛。惜墨徒多無考，其宗邦可知者除上述三人外，屈將
子似亦為楚人。[64]宋人有宋鈃、田襄子，[65]鄭人有口翟，[66]齊人有高何、[67]胡非

61　《史記‧儒林列傳索隱》。惟按同書〈仲尼弟子列傳〉，宰我為臨淄大夫。

62　分據《論語》各章及〈仲尼弟子列傳〉，〈列傳〉記公皙哀謂「孔子曰天下無行，多為家臣
　　仕於都」，足見孔門風氣。蓋戰國游說之風尚未起，平民干國君，致卿相之事尚少見，而周
　　禮在魯，入仕尤難，故干祿者不得不退就陪臣之位歟。

63　《禮記‧禮運》「孔子曰：吾觀周道，幽厲傷之，吾舍魯何適矣。」魯為儒學之故鄉，亦即
　　封建制度之堡壘。

64　孫詒讓《墨學傳授考》。

65　《孟子‧告子下》，宋鈃說秦楚罷兵。《荀子‧非十二子》以墨翟、宋鈃並舉。宋鈃殆亦墨
　　徒。田襄子見《呂氏春秋‧上德》。

66　《莊子‧列禦寇》。

67　《呂氏春秋‧尊師》。

子、[68]縣子碩、[69]田鳩等，[70]秦人有唐姑果，[71]魯人有《墨子‧魯問篇》所載戰死之弟子。故僅就墨徒之國籍觀之，已可見墨學散布，較儒為廣。墨徒游仕區域之可考見者於北為齊、衛、宋、秦、代與中山諸國，於南則楚越。如勝綽事齊，[72]項子牛、高石子仕衛，[73]曹公子仕宋，[74]謝子見秦王，[75]田鳩游秦，腹䵍居秦。[76]《呂氏春秋‧應言篇》謂「司馬喜難墨者師於中山王前以非攻」，《淮南子‧人間訓》謂「代君為墨而殘」，此皆北方之墨者。其見於南方者有田鳩、耕柱、孟勝仕楚，[77]公尚過游越，[78]人數似較北方為少。然亦足徵墨學之南行。所可異者，墨學雖未必果盈天下，如孟子所說，其傳播實視儒為較遠，而於墨子宗邦之魯，似反不流行。推原其故，殆由「魯秉周禮」，封建制度之遺風尚在，墨學背周，宜不易為魯人所重，故不能與孔門爭勝歟。[79]抑又有進者，墨徒游仕範圍雖廣，而所取得之政治地位則未優於儒，或竟遜之。如高石子仕衛，「衛君致祿甚厚，設之於卿而言無行」，似為墨徒得位最高者。公尚過受越王命迎墨子，而墨子以不欲「義糴」辭之，耕柱子仕楚遺十金於墨子。勝綽從齊項子牛三侵魯地，權位似均未大。餘則更如自鄶以下，無所作為。綜其情形，不獨遠遜申不害、公孫鞅、李克、吳起之得君任事，亦尚不及卜商、孔伋、孟軻之師友君相。此殆由墨學中非攻尚賢諸說既與舊日之宗法社會相違，復與新起之農兵國策不合，遂至進退失據，尚不如儒術之合文通治，

68　方授楚《墨學源流》頁137引梁玉繩說。

69　《墨子‧耕柱》，《呂氏春秋‧尊師》。

70　《韓非子》〈問田〉及〈外儲說左上〉，《呂氏春秋‧首時》，《漢書‧藝文志》。

71　《呂氏春秋‧去宥》。方授楚《墨學源流》頁145謂墨徒國籍可考者齊人五，楚人四，宋、秦、鄭各一人。

72　《墨子‧魯問》。

73　同書，〈耕柱〉。

74　同書，〈魯問〉。

75　《呂氏春秋‧去宥》。

76　同書，〈去私〉。

77　見註70及《墨子‧耕柱》、《呂氏春秋‧上德》。

78　《墨子》〈貴義〉、〈魯問〉。

79　錢穆《先秦諸子繫年考辨》頁170之論可參。「墨子魯人，其行迹所到為楚、宋、衛、齊四國。魯雖宗邦，然以曾申子思為儒者大師，方見尊禮。魏文侯雖好賢，然子夏、田子方、段干木、李克、吳起皆儒者，故墨術沮焉。」按此可以解釋墨沮於魏而未必適用於魯。

足以偶動時君之聽。故陳義雖高，難於見用。此則關於世風時會，非由地域所限矣。

　　法家傳佈之區域，就諸子游仕所至觀之，則秦為中心而韓、魏次之。蓋申不害相韓。商鞅先仕魏而後相秦。韓非入秦未及用。李斯以楚人而相秦。若以李克吳起並附法家，則皆曾仕魏。[80]此人所共知之史實，無待剖析。惟秦重用法家，而法家諸子無生於秦者，似覺可異。此殆由秦之開化較晚，[81]學術至戰國時猶未盛興。不特無法家，亦何嘗有儒學。故其用人，必取資異國。且秦無宗法貴族之習慣，而三晉之貴族早衰。吳起不能遂志於魯國，申、商得大逞於韓、秦，此似為其主要原因之一。

　　道家諸子之事迹難考，上已論及。其思想既取「損」之觀點，則其人自不如儒、墨、法之有意用世。故莊周卻楚威王國相之聘。[82]老聃果為周守藏吏，亦非執權任事之官。楊朱言盈天下而未仕。子華子勸韓、魏勿爭地。[83]彭蒙、田駢並游稷下。它囂、魏牟之流均無仕宦之迹。其他隱居高蹈之士，更無待論。若僅就行蹤所至觀之，則道學似徧及南北。韓非〈解老〉〈喻老〉之篇，更足見其影響在周末已深入法家之壁壘。蓋道家厭世之思想，本最闕少時間與空間之限制。傳播較廣，事無足異。綜上所述，吾人似可作如下之結論。儒家思想以魯國之歷史背景為依據，於四派之中最富地域之色彩。法家對七雄之當前需要而立說，最富於時間之意義。道家為我，超越時空。墨家承認封建之政治而攻擊宗法之階級，徘徊於新舊潮流之間而兩無所可，宜其不得致用於當世，[84]不久而師傳竟絕。以視儒為二千年中帝王之學，道為衰國苛政永久之抗議，法亦助秦統一，開此後專制政體之新局，其成敗誠不可同日而語矣。[85]

　　上述四家為先秦政治思想之主潮。此外尚有許行之農家與鄒衍之陰陽家。前者立君臣並耕之義，以平等破階級，後者倡陰陽五德之說，以世運定盛衰，

80　見註58 59。

81　秦世通夷狄，至文公十三年（周平王十八年，西曆西元前753），「初有史以紀事，民多化者。」《史記》卷五〈秦本紀〉。

82　《史記‧老莊申韓列傳》。

83　《呂氏春秋‧貴生》。

84　墨學似曾見重於當代，見上引《淮南子‧人間訓》。

85　此不過指出四家用舍之大概，不必即以成敗定優劣。

影響於秦漢思想者尤大。惜文獻闕失，不能詳考其內容。持與四家比觀，則農為士族政治與儒家思想之反動，其態度略近於墨。[86]陰陽家「稱引天地剖判以來，五德轉移治各有宜」。[87]所謂五德，蓋即五行。「五德之次，從所不勝。故虞土夏木殷金周火」。[88]具體言之，則五德轉移又與制度相應。故曰「政教文質，所以云救也。當時則用，過則舍之，有易則易也。」[89]足見鄒子之言乃通貫古今之一種歷史哲學。至其談天說地，則又近乎宇宙觀與地理學。是皆戰國末年一統前夕之創新學說。然陰陽家言似有與儒相通之處。《史記・孟荀列傳》述鄒衍之術謂「其歸必止乎仁義節儉，君臣上下六親之施」，此顯與儒學相近，而其政教文質用舍之說似復與孔子殷夏損益、周監二代[90]之意相通。孟子謂「五百年必有王者興」，又謂天下之生久矣，「一治一亂」。[91]亦一簡單之歷史哲學，殆與鄒子「主運」盛衰之術前後相呼應。至《荀子・非十二子篇》竟以「五行」之說為子思所唱而孟子和之。其說雖無明徵，然據以推想陰陽家與儒確有相近之處，則或不甚謬。《史記》又謂「鄒衍睹有國益淫侈不能尚德，若大雅整之於身，施及黎庶矣。乃深觀陰陽消息而作怪迂之變，終始大聖之篇十餘萬言。」可見其立言之旨與儒不異。其為術之必「閎大不經」者，蓋由鄒子深感孔、孟仁義之言，不足與富強之說爭席。故創為天談，退儒家之禹域為「神州」，縮時君之世運為一德，使聞者知天下之小而無足欣，國祚之暫而不足恃，庶可反躬修德，盡洗七雄貪暴之惡。《史記》以鄒子附孟子之後，而稱其言雖不軌，儻亦有伊尹負鼎相湯，百里奚飯牛相秦之意。然鄒術不行，竟同孟子。[92]史遷蓋亦暗許孟鄒同志而深嘆仁義之難用歟。吾人之說如不

86　許行學說見《孟子・滕文公上》，錢穆《先秦諸子繫年考辨》第一一三謂行即墨徒許犯，學於禽滑釐。方授楚《墨學源流》頁143-144駁之，然謂許行深受墨家之影響。

87　《史記・孟荀列傳》。

88　《淮南子・齊俗訓》高注引鄒子。

89　《漢書・嚴安傳》。

90　《論語》〈為政第二〉及〈八佾第三〉。

91　《孟子》〈公孫丑下〉及〈滕文公上〉。

92　《史記・孟荀列傳》述孟子云「諸侯東面朝齊，天下方務於合從連衡，以攻伐為賢，而孟軻乃述唐虞三代之德，是以所如不合。」述鄒子云「王公大人初見其術，懼然顧化，其後不能行之。」下文以鄒之尊顯與孔孟之困阨相對照，言外似有譏鄒阿世苟合之意，最後乃以牛鼎許之，殆亦孟子「先生之志則大矣，先生之號則不可」之意。

誤，則似可進而斷定農家或由墨學蛻變，陰陽似為孔孟支流。許行反儒而鄒衍則欲廣之也。《鄒子》四十九篇及《鄒子終始》五十六篇[93]雖已失傳，然僅就《史記》《淮南》《漢書》所載片段觀之，已足窺見其思想之閎肆瑰奇，可以救儒家末流牽拘庸近之弊。所可惜者時君既不能用其立言之微旨，其鄉人復假五德之術以媚秦。[94]而當秦漢之時，其學歧變，分為二支。一為方士之神仙，棄政教而游心於「赤縣之外」，[95]迂怪遂奪仁義之席。一為公羊家之三統，棄消息而說感應，仁義乃入於拘畏之途。[96]至於漢代陰陽家言，尤近乎迷信而不道，絕非鄒衍談天之本來面目。

　　農與陰陽之流派略如上述。其傳布之區域亦可概括言之。鄒衍生於齊，許行出自楚，故陰陽為北學而農屬於南。許行之滕而陳相兄弟自宋從學，是以南學而行於北，鄒衍見重於齊、梁、趙、燕，[97]則北學而顯於北。此外則無可考見。

第三節　交互影響

　　先秦諸子各立門戶，互相攻訐。如墨書以非儒名篇，孟子以拒楊墨為重。申商賤文學身行，老莊譏仁義法術。壁壘森嚴，似彼此之間絕無可以相通之處。然吾人略加探索，即知先秦學說既產生於大體相近之歷史環境中，各派之間豈能避免交互之影響。今據諸子學說淵源之較可考見者略論之。（一）墨子曾受儒家之影響。《淮南子‧要略訓》謂「墨子學儒者之業，受孔子之術，以其禮煩而不悅，厚葬靡財而貧民，久服傷生而害事，故背周道而用夏政。」

93　《漢書‧藝文志》。

94　《史記‧封禪書》謂「齊宣威之時，鄒子之徒論著終始五德之運。及秦帝，齊人奏之，故始皇採用之。」

95　同書又謂「鄒衍以陰陽主運顯於諸侯，而燕齊海上之方士傳其術，不能通。然則怪迂阿諛苟合之徒自此興，不可勝數也。」

96　《史記‧太史公自序》論六家要旨謂「陰陽之術大祥而眾忌諱，使人拘而多所畏。」錢穆《先秦諸子繫年考辨》頁404疑漢公羊家三統說出於陰陽，舉《漢志》有〈春秋鄒氏傳〉以為一證。其說甚當。

97　《韓非子‧亡徵》謂「鄒衍之事燕，無功而國道絕。」餘國見《史記‧孟荀列傳》。

《淮南》此說除墨子是否曾為孔子弟子，及墨學是否果純用夏政兩端，尚成疑問外，最能說明儒、墨二家之關係。[98]（二）法家思想一部分殆由儒學蛻變而來。李克為卜商弟子，商鞅受其法經，[99]韓非李斯並出荀況之門。吳起仕魏，施政大有法家之風，而《呂氏春秋》謂其學於曾子。蓋儒家正名之義，施之於士大夫為禮，行之於庶人為刑。及宗法大壞，禮失其用，正名之旨遂浸趨於刑法。而儒學支流，一轉而為吳李，再變而為商韓，荀子之學則代表此轉變之過渡思想。[100]（三）法家亦受道家影響。《韓非子》有〈解老〉〈喻老〉。《管子》〈心術〉〈白心〉等篇亦闡黃老之旨。[101]慎到尚法，申韓所稱。[102]而《莊子‧天下篇》以彭蒙、田駢、慎到並為齊物之一派。《史記‧孟荀列傳》則謂慎到、接子、環淵皆學黃、老道德之術。故慎子之學兼承法道，略似吳起李克之兼通儒法。此亦足證黃、老與申、韓門戶雖異而學術相通。（四）道家與墨家殆亦相通。宋鈃或為墨徒，[103]故《孟子‧告子下篇》載其非攻之志，《荀子‧非十二子篇》與墨翟同舉，斥其「上功用大儉約而慢差等」之說。然《荀子‧天論篇》謂「宋子有見於少，無見於多。」〈正論篇〉謂「子宋子曰：人之情欲寡，而皆以己之情欲為多是過也。」[104]又謂「子宋子曰：明見侮之不辱，使人不鬥。」《韓非子‧顯學篇》謂其「見侮不辱。」《莊子‧天下篇》更稱其「不累於俗，不飾於物。不苟於人，不忮於眾。願天下之安寧，以活民命。人我之養，畢足而止。以此白心。」凡此數端，皆與道家之旨相接近。吾人雖未必能據此以確定道家源出於墨，[105]然宋子兼通二派，則似可能。蓋據宋、老思想之內容推之，則由「非攻」轉為「不辱」，再進而為「守雌」，由

98　《韓非子‧顯學》謂「孔子墨子俱道堯舜而取舍不同」，此亦可作二家學術相近之一證。然既曰取舍不同，則墨學亦自有其創造性也。

99　見註58，如《史記‧商君列傳》，鞅初見孝公說以帝王三代之語不誣，則鞅亦通儒術歟？

100錢穆《先秦諸子繫年考辨》頁211-212謂商鞅相秦所行「李克吳起之遺教為多。」又謂「人盡謂法家原於道德，顧不知實淵源於儒者。其守法奉公，即孔子正名復禮之精神，隨時勢而一轉移耳。」

101按《漢書‧藝文志》，《管子》在道家。《隋書‧經籍志》始列法家。

102《漢書‧藝文志》注。

103梁啟超《墨子‧學案》頁160以宋為「正統派」。

104〈解蔽〉亦謂「宋子蔽於欲而不知得。」

105錢穆《先秦諸子繫年考辨》頁342據宋老思想相同而斷定「道原於墨」。

「節用」轉為「寡欲」，再進而為「知足」「日損」，誠為極自然之趨勢。然吾人應注意者，道家思想，在晚周時已不只一派。觀《莊子‧天下篇》以彭蒙、老聃、莊周分列，即可概見。莊子一派與楊朱、子華子、它囂、魏牟等取舍不同，而均屬「為我」之思想系統。宋子之強聒天下，「其為人太多，其自為太少」，其根本精神，實與墨子兼愛為一脈。以比莊周之逍遙，不啻南轅北轍，絕對相反。惟漢人所稱「黃老」之術，以清靜寧一治平天下，立說不純主獨善自適，或與宋子有相應之處耳。（五）農家曾受墨家之薰染，陰陽似為儒之旁枝，上已說明，勿須複述。（六）諸子關係之最難定者，無過孔、老。《史記‧孔子世家》謂孔子適周問禮，「蓋見老子云」；〈老莊申韓列傳〉則謂「將問禮於老子」；其事之有無，至今無定論，而所記老子之言與儒學似無相近之處。惟《禮記‧曾子問》載孔子從老聃助葬於巷黨所聞論禮之言，則與之相類。若據此說，似孔子曾受老聃之影響矣。茲綜括諸子學說傳授及影響大概，列表如下。

表六

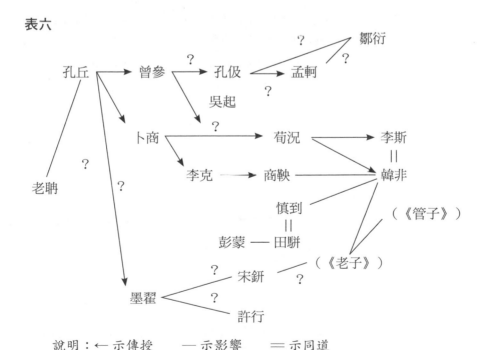

說明：←示傳授　—示影響　＝示同道

第四節　時代先後

　　吾人於結束本章之前，應一論各家時代之先後。今日文獻不足，此實為一甚難之事。然考證先秦學派之先後，其途有二：一為發源之先後，一為成立之先後。前者較為困難，後者略易著手。蓋諸子學說之來歷，秦漢時人已少明確之記載。如《莊子・天下篇》謂諸子承「古之道術」，《漢書・藝文志》謂諸子出王官之守，皆於時代之先後無所指示。又如《韓非子・顯學篇》稱儒、墨「俱道堯舜」，《淮南子・要略訓》謂墨子背周用夏。此亦界限未明，不足為定論。至如道家託始於黃帝，許行溯源於神農，則尤難徵信，近於誣枉。若姑舍成說，而據現存之史料以考之，則儒學之淵源，似為最古而亦較易探尋。孔子政治思想之歷史背景，為周代之封建天下。然古代制度之紀錄，春秋時或未盡亡，孔子好古敏求，或有所見，故能言夏殷之遺禮，知三代之因革。而《詩》《書》古史之中固含有政治觀念與原理，為孔子之所「竊取」。足見儒家思想之來源遠可推之三代，近則直本周禮，雖難確證，大致必不甚誤。法家來源，亦尚有線索可尋。李克撰次諸國法以為《法經》，此則諸國法即為任法思想之直接淵藪。其名目至今尚在者鄭有〈刑鼎〉，晉有〈刑書〉，楚有〈僕區之法〉，魏有〈大府之憲〉。[106]此皆晚周之產品，不如儒家所據文獻之古舊。吾人於上文又述及法家諸子多受儒術之事實，尤足證其思想之根本，起於儒後。墨子背周，亦顯出儒後。然其徵引《詩》《書》，言稱堯、舜、禹、湯、文、武，略似儒者。二家之取舍雖不同，其學術之根據則大體不異。吾人固無法證明墨學所據之文獻為墨翟之自得，或由尹佚所傳授，[107]亦無法證明其得諸孔門之轉述。故就淵源而論，頗難確定儒、墨之先後。

　　道家思想之發源，更費探索。太史公謂「百家言黃帝，其文不雅馴」，而「為道者必託之於神農黃帝」。[108]此寓言託古之風，於老莊為尤烈。故儒墨之

---

106 分見《左傳・昭公六年、七年、二十九年》及《戰國策・魏四》。大府之憲，明董說《七國考》以為乃李悝以前魏國相仍之法。《尚書・虞書》之五刑未必為信史，且無任法之意，不足為法家之遠源。

107 《漢書・藝文志》墨家首列《尹佚》二篇。注謂尹為周臣，在成康時。江瑔《讀子卮言》卷二頁28採其說。

108 分見《史記・五帝本紀》及《淮南子・修務訓》。

述古，其語或有可信，而道家自述之師傳，則殆多不可信。加以道家諸子之身世，可考者少。欲從此以推論其學術之來源，亦至不易。若就其思想之內容以推論之，則道家之基礎，至晚似已奠於春秋之末葉。《論語・憲問章》載孔子所斥「以德報怨」及〈泰伯章〉曾子所舉犯而不校之言，或即為老子守辱不爭之旨。《國語・越語》下載勾踐三年范蠡「天道盈而不溢，盛而不驕，勞而不矜其功」等語，即與《道德經》之旨相近。《禮記・檀弓》載孔子之故人原壤母死登槨而歌，則頗似莊〈大宗師〉孟孫才母死不哀，孟子反子琴張歌臨死友之事。而《中庸》記孔子對子路問強，有「寬柔以教，不報無道，南方之強」與「衽金革，死而不厭，北方之強」相對舉。似當時南方風氣，固已與老學相合。若更以《史記・齊太公世家》所載因俗簡禮之呂尚，及《論語・微子章》所舉「隱居放言」之逸民虞仲夷逸為道家之先驅，則就淵源論，老學之起，竟早於儒，亦未可知。史稱孔子問禮於老聃，此則不足據以斷定二家之先後。蓋其事之有無，姑不具論。即使確有其事，則執禮僅孔學之一端，而〈檀弓〉所記老子之言皆儀式之末節，殊難舉以證孔子思想之全部或其大體曾受老子之薰陶。吾人如採近人道、儒均出殷民之說，此問題亦未必能迎刃而解。殷人思想之內容如何，今已難於考見。吾人所知者尚樸質、敬鬼神而已。儒重禮樂，道言天地不仁，其學均已變殷人之舊。除由其他途徑外，吾人誠不能斷定孰為先變，淵源較早也。蓋孔子從周，欲因周禮以解放殷民。老莊守辱，欲逃「周索」之拘束而致個人於自足自由之境。取舍雖殊，先後難定。抑吾人又當注意者，道家諸子之學，如果淵源於對周政不合作之遺民，則可推想老子之「猶龍」，莊生之「寓言」，與其他諸子之行迹難考，殆由其本人故佈疑雲，以資韜隱，與儒、墨之求顯名者大異其趣。史遷去古較近，於老子之為人已不能不為迷離恍惚[109]之辭。今日文獻更闕，誰能判此千古之疑獄乎！

　　吾人若舍淵澤而考成立之先後，其事較為簡易。諸家之學，儒成於孔丘，

---

109 〈孔子世家〉謂孔子「適周問禮，蓋見老子云。」〈老莊申韓列傳〉謂老子見周衰，「遂去至關」，為令尹喜著書五千言而去，「莫知其所終」。又謂「或曰：老萊子亦楚人也。」蓋老子百有六十餘歲，或言「二百餘歲」。又謂「自孔子死之後百二十九年而史記周太史儋見秦獻公。」「或曰儋即老子。或曰非也。世莫知其然否。老子隱君子也。」又謂「老子之子名宗，宗為魏將，封於段干。宗子注，注子宮，宮玄孫假。假仕於漢孝文帝。」按文帝在位當西曆前179-157。

墨成於墨翟，農成於許行，陰陽成於鄒衍。此四者皆各以一人之智力而開闢宗風，創建學術，吾人考其宗師生卒之時期，即可定其學派成立之先後。孔子生年有魯襄公二十一年（前552）及二十二年（前551）之兩說。[110]其卒年則為哀公十六年（前479）。墨翟生年，歧說尤多。其較可信者為（一）生於孔子卒前之十年左右；（二）生於孔子卒後之十年（前479）前後。[111]墨子享年殆約九十歲，其卒年可據以推算。許行生卒無可考，而與孟軻同時。鄒衍在孟子之後，其生殆當齊宣王之晚年。故四家之成立，儒最先，墨次之，農又次之，陰陽最後。道、法二家，較難考定。蓋其學派之成非由一人，而諸子事迹每多沉晦。道家之列禦寇、楊朱，子華子、彭蒙等之書又經佚亡或偽亂。其流傳後世光大宗風者實以《老》《莊》二書為主。若以此二者代表道家之成立，則莊周略晚於孟子，而《老子》成書，或在孔子問禮之後，或在莊、荀著論之間。學者爭難，尚無定說。[112]其實兩說所假定之年數，相距約二百年。縱無確論，於研究道家政治思想之工作，影響不大。任取一說儘可成理。本書於道學之淵源，及老聃之降生，姑從舊說，假定其在孔子之前，《老子》成書，則從多數學者之說，假定其在孟子之後。法家之成立，似可歸功於申不害之言術與公孫鞅之刑法。申相韓昭侯與孟子同時。商相秦孝公亦與孟子並世。若以集大成之韓非為代表，則法家成立時期又當下移百年，至秦始皇十四年（前233）之前矣。本書此後敘述先秦政治思想按儒、墨、道、法之次序。蓋略依成立之先後，亦並圖討論之便利，非即於諸子之年代作確切不可易之定案也。茲將先秦各家政治思想成立之時期，表示如次：

---

110 前說創自春秋《公羊》《穀梁》二傳，後說始於《史記・孔子世家》。二千年中迄未定論。

111 汪中（1745-1794）《述學・墨子序》大意如前說。孫詒讓《墨子年表・序》大意如後說。

112 《朱子語錄》謂「莊子後得孟子幾年」，似可信。《莊子》引《老子》言多不見今本《道德經》。《荀子・天論》已有評老子之語。故可推知老子成書或在莊後荀前。又《論語》、《墨子》、《孟子》均無攻《老子》之明文，雖非老晚之證，亦可注意。近代學者多主《老子》為戰國作品。崔述《洙泗考信錄》，汪中《述學》（〈老子考異〉）尤其著者。近人從其說者梁啟超、馮友蘭、顧頡剛、錢穆等。胡適則堅持老先於儒之說，參《中國哲學史大綱》上卷及《論學近著》頁103-134。

表七（諸子生卒依錢穆《先秦諸子繫年考辨》附表第三）

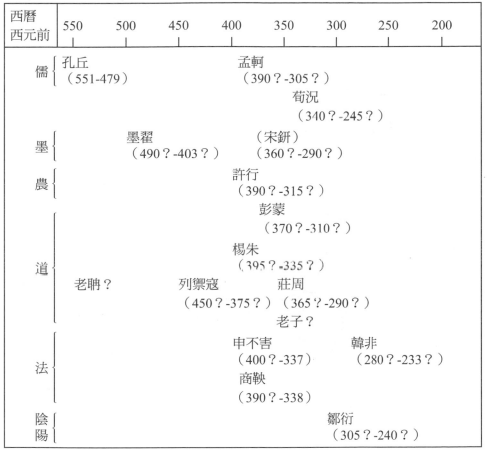

（著者附註）本章所述，多未定論，僅供讀者參考之資。

第二章

孔子

第一節　孔子之身世及時代

　　孔子名丘，字仲尼（西元前551-前479）。據舊籍所載，其先孔父嘉以公族為宋司馬。曾祖防叔避難奔魯，為防大夫。[1]父叔梁紇為鄹大夫。[2]凡此雖未必盡確，而孔子為殷遺民貴族之後則無可疑。然孔子早年喪父，幼而貧賤。[3]其所受教育如何，已無法詳考。太宰稱其多能，達巷傳其博學，[4]《史記》載其「為兒嬉戲常陳俎豆」，而當時亦有「知禮」之譽。[5]《論語》又記孔子「釣而不綱，弋不射宿。」拒孺悲以瑟歌，反魯國而「樂正」。至其弟子所受之《詩》《書》六藝，政治、文學[6]諸端，亦必為孔子之所嫻習。吾人當注意，孔子雖自謂「多能鄙事」，而其所學者殆皆當時士大夫持身用世之術。外此者所不屑為。故樊遲請學稼圃，孔子譏為小人。[7]荷蓧丈人復以「四體不勤，五穀不分」譏夫子。蓋春秋時代農工為平民之業，士大夫不事生產，殆略

1　孫星衍《孔子集語・事譜上》引《詩・商頌序疏》引《世本》謂宋潛公生弗甫何，弗甫何生宋父，宋父生正考父，正考父生孔父嘉，為宋司馬。華督殺之而絕其世。其子木金父降為士。木金父生祁父，祁父生防叔，為華氏所逼奔魯，為防大夫，故曰防叔。

2　同書引《潛夫論》志氏姓謂「宋父生世子，世子生正考父。」又謂叔梁紇「為鄹大夫。」餘略同世本。

3　《論語・子罕第九》，孔子自謂「吾少也賤，故多能鄙事。」

4　《孔子世家》。

5　《論語・八佾第三》，「子入太廟，每事問。或曰：孰謂鄹人之子知禮乎？」可見孔子有知禮之名而或疑之也。

6　分見《論語》〈述而第七〉，〈陽貨第十七〉，〈子罕第九〉，〈先進第十一〉等章。

7　前書，〈子路第十三〉。

似歐洲古希臘之貴族。故孔子少雖貧賤，其所治則「君子之學」。且既為宋公
族魯大夫之後裔，則此君子之學所由成就，不僅有得於家族之薰陶，並以門閥
之故，得廣聞博覽之便利。孔子自稱能言夏殷之禮，之杞宋而知文獻不足。[8]
由孔子得觀書於杞宋，可推想其得觀書於周魯。孔子又明言其「及史之闕
文」，[9]則韓宣子之所觀，[10]或亦孔子所曾入目。此外如入廟觀器，適周問
禮，[11]皆足示其治學之勤，子貢謂「夫子焉不學，而亦何常師之有」，[12]最能
道孔子求學之實況。

　　孔子一生之事蹟，不外從政、教學與編書三端。其政治生活較為短促。最
初蓋曾為貧而仕，任委吏乘田。[13]後宰中都，進為司寇，[14]遂預於大夫之列。
任司寇時曾相定公會齊侯於夾谷，以言折景公，並議墮三都，以圖削孟、叔、
季三家之勢。及齊人饋女樂，君不致膰肉，孔子自知不能復見用，遂去魯適
衛。此後更無從政之事。

　　孔子從事教學，發端似頗早。孔子自稱「三十而立」。《左傳・昭公二十
年》（前521）載孔子止琴張弔宗魯，時孔子年正三十。開始授徒[15]或在此
時。其弟子之賢者約七十人。其中出身貧賤者，似占大多數。如「顏子居陋
巷，死有棺無槨。曾子耘瓜，其母親織。閔子騫著蘆衣，為父推車。仲弓父賤
人。子貢貨殖。子路食藜藿，負米，冠雄雞，佩猳豚。有子為卒。原思居窮
閭，敝衣冠。樊遲請學稼圃。公冶長在縲絏。子張魯之鄙家。雖不盡信，要之
可見。其以貴族來學者，魯惟南宮敬叔，[16]宋為司馬牛，他無聞焉。」[17]蓋

8　《論語・八佾第三》。

9　同書，〈衛靈公第十五〉。

10　《左傳・昭公二年》（晉使韓宣子赴周觀禮時為前539年）。

11　《史記・孔子世家》，《荀子・宥坐》，《淮南子・道應訓》，《說苑・敬慎》。

12　《論語・子張第十九》。

13　《孟子・萬章下》。《史記》世家作「為季氏史」及「司職吏」。

14　同書，〈告子下〉謂「孔子為魯司寇，不用。從而祭，燔肉不至，不稅冕而行。」《史記》
　　言由司職吏為中都宰，進為司空，再進為大司寇，攝行相事：馬驌《繹史》辨之，謂司空為
　　三卿之一，三桓世為之。司寇為大夫，侯國不稱大，江永《鄉黨圖考》辨攝相乃相禮。魯相
　　乃三卿，而季氏執政。《孟子》之言似較近實。

15　《論語・學而第一》。錢穆《先秦諸子繫年考辨》頁3。

16　《左傳・昭公七年》載孟僖子將死（死於24年），囑其子懿子及南宮敬叔從孔子學。

17　錢穆同書頁77。按孔子為殷遺民貴族之後，其弟子之中或亦不乏殷後，惟可確考者僅顓孫

「有教無類」，[18]孔子弟子固不必悉守「不徒行」之禮，保持士大夫之姿態。然七十子之門第雖卑，而所學則多為仕進之術，故顏問為邦，雍可南面。政事既設專科，師弟尤多以政事相問對。甚至子路謂「有人民焉，有社稷焉。何必讀書，然後為學。」孔子無以折之，而僅曰：「惡乎佞者。」[19]孔門學風，於此可以想見。

　　孔子著述之事，古今學者異說紛紜。吾人不必討論。孔子蓋好古敏求，得觀公家藏書，乃復加以整理，發明意義，而以之傳授於後學。《史記》謂「孔子以《詩》《書》禮樂教弟子」，此則事之可信者。抑又有進者，孔門教材之來源，並不限於官書。孔子不僅廣採眾說，且亦自有創見。孔子適周問禮，入太廟每事問。衛公孫朝問仲尼焉學，子貢對以「文武之道未墜於地，在人。賢者識其大者，不賢者識其小者，莫不有文武之道。夫子焉不學，而亦何常師之有。」此足見孔子不僅取材於書史。子貢謂「夫子之言性與天道，不可得而聞。」孔子謂「二三子以我為隱。」[20]此足見孔子之教時越出《詩》《書》文字之外。綜孔子一生之事迹觀之，其最大之成就不在撥亂反正，而在設教授徒。章炳麟稱「孔子於中國為保民開化之宗」，其論至當。章氏以為「周官所定鄉學，事盡六藝。然大禮猶不下庶人。當時政典，掌在天府，其事蹟略具於詩書。師氏以教國子，而齊民不與焉。是故編戶小氓，欲觀舊事，則固閉而無所從受。故傳稱宦學事師，宦于大夫。明不為貴臣僕隸，則無由識其餘緒。自孔子觀書柱下，述而不作，刪定六書，布之民間，然後人知典常，家識圖史。」又謂「春秋以往，官多世卿。其自漁釣飯牛而興者乃適遇王伯之君，乘時間起。平世絕矣。斯豈草野之無賢才。由其不習政書，致遠恐泥，不足與世卿競爽。其一二登用者率不過技藝之官，草隸之事也。自孔子布文籍，又養徒三千，與之馳騁七十二國。辨其人民，知其土訓，識其政宜。門人餘裔，起而干摩，與執政爭明。哲人既萎，曾未百年，六國興而世卿廢。民苟懷術，皆有卿相之資。由是階級蕩平，寒素上遂。至於今不廢。」[21]孔子之貢獻，此殆為

　　師。《禮記・檀弓》載「子張之喪，公明儀為志焉，褚幕丹質，蟻結四隅，殷士也。」
18　《論語・衛靈公第十五》。
19　同書，〈先進第十一〉。
20　《論語》〈公冶長第五〉，〈述而第七〉。
21　《太炎文錄初編》卷二，駁建立孔教議。師氏以六藝六儀教國子，見《周禮・地官司徒》。

最扼要之說明。

　　故就孔子之行事論，其最大之成就為根據舊聞，樹立一士君子仕進致用之學術，復以此學術授之平民，而培養一以知識德能為主之新統治階級。然其所以能如此者，雖由其本人之敏求天縱，半亦由時代之影響。苟非時機成熟，雖有至理名言，其誰能領悟而接受。孔子生於魯襄公二十二年，卒於哀公十六年，正當春秋之末葉，由封建天下轉入專制天下過渡時代之初期。周禮已廢而未泯，階級方壞而猶著。孔子身受舊社會之薰陶，又於舊制度中發現新意義，即欲以其所發現者為改善及復興舊秩序之具。然當時之公族世卿既未必能用其言，遂傳其術於平民，使其學成者出仕公卿，取得致用之機會。當時必有平民之子弟欲自拔於畎畝市井之中而未得其途者，得孔子之施教，自踴躍以赴之。故孔子學術之主要內容為政理與治術。其行道之方法為教學，其目的則為從政。其學術大體取材於舊貴族之典常圖史，其設教之對象則大致為貧賤之子弟。章氏所稱仲尼蕩平階級之作用，非抑舊貴族而使下儕於皂隸，實乃提升平民而令上躋於貴族也。就此論之，孔子固不失為舊制度之忠臣，亦同時為平民之益友。孔門弟子多出身微賤，此為一重要之原因。

　　然以《詩》《書》六藝傳人以為仕進之具，雖由孔子而盛，其事則不始自孔子。章炳麟謂「儒有三科。」「達名為儒。儒者術士也。」「類名為儒。儒者知禮樂射御書數。」「私名為儒」「宗師仲尼」，[22]故儒名不自孔立，其道至孔始大。孔子有「君子儒」「小人儒」之區分。[23]孔子未明言二者之所以相異。然觀其斥樊遲問稼為小人，則可推知君子不應圖衣食。觀其譏弟子之為家臣，[24]則可推知君子當謹出處。蓋君子在孔子思想中為品性之名，亦為身分之號。德位兼備，乃為君子之極則。孔門之教，意在以德取位。儒而小人，[25]斯

22　《國故論衡下・原儒》。

23　《論語・雍也第六》。

24　《史記・仲尼弟子列傳》「孔子曰：天下無行，多為家臣，仕於都。唯季次未嘗仕。」

25　《墨子・非儒》，「夫□□□□，夏乞麥禾。五穀既收，大喪是隨，子姓皆從，得厭飲食。畢治數喪，足以至□矣。因之家睟（財）以為□，恃人之野以為尊，富人有喪，乃大說喜曰：此衣食之端也。」《荀子・儒效》「逢衣淺帶，解果其冠。略法先王而足亂世術。（中略）呼先王以欺愚者而求衣食焉。得委積足以揜其口則揚揚如也。隨其長子，事其便僻，舉其上客，偄然若終身之虜而不敢有他志。是俗儒也已。」《孟子・盡心下》載孟子之滕，館人疑從者竊屨，亦足見儒之見輕於世。

大背設教之宗旨。就此而言,孔子之目的有二:一曰化德位兩缺之小人為有德無位之君子,二曰致有德無位之君子為德位兼備之君子。其理想略似柏拉圖之「哲君」。[26]所可惜者,孔子陳義雖高,而弟子之能力行者極少。七十子之中有得於「德行」之教者多為高蹈之隱君子。有得於「言語政事」之教者不免干祿躁進,取位鮮出家臣邑宰,尚不如孔子曾至大夫之列。推其失敗之故最顯著者為歷史環境之限制。蓋當孔子之時公族雖微,而魯國政權已移入大夫陪臣之手。[27]欲其破格授位,誠非易事。觀孔子自身屢遭讒沮,[28]則其中消息已可窺知。況世卿雖衰,階級觀念依然存在。以力田學稼之細民而置身卿相,或未必為世俗所安。必至風氣大變之後,「君子儒」之地位始漸提高。子夏子思為國君師友,孟子薄齊卿而致仕,孔子之理想乃部分實現。然此重士之風氣,實為以大夫僭國之魏文侯所開。子夏親受孔子「勿為小人儒」之誠,而竟受其尊養,顯已有違夫子之教。其弟子李克復為之盡地力,更蹈「輔桀」之嫌疑。此後以平民致卿相者則「每下愈況」,不特非君子儒,乃多為善戰明法、合縱連橫之非儒。此皆由於世風之變,已超過孔子最初設教之範圍,仁義之言,不能適應七雄之局勢也。故就蕩平階級之功言,孔子不啻陳涉吳廣之發難,而首享其成者反為商、韓、蘇、張「異端」「邪說」之流亞。抑又有進者,孔子意在拔平民以上躋貴族,其思想又由「先王」之道陶融以成,故認定封建政治與宗法社會乃其實行成功之必要條件。於是一生言行頗致力於明權位,抑僭侈,重人倫諸端。如私家強盛則謀墮三都,簡公遭弒則請討陳恆。其他類此者不一而足。然而「逝者如斯」,史無停暑。孔子所欲改善保持之封建天下,卒迅速崩潰以去,則君子儒不能與游說功利之士爭勝,亦勢所必至也。上述之推論如尚無大誤,則孔子之政治理想雖對封建天下之季世而發,實未嘗得一全部實行之

26　Plato, *Republic* 4736 "Until, then, philosophers are kings, or the kings and princes of this world have the spirit and power of philosophy, and political greatness and wisdom meet in one……Cities will never cease from ill……"

27　《論語・季氏第十六》「孔子曰:祿之去公室五世矣,政逮於大夫四世矣,故夫三桓之子孫微矣。」《集注》曰:「魯自文公薨,公子遂殺子赤,立宣公而君失其政,歷成、襄、昭、定凡五公,逮,及也。自季武子始專國政,歷悼、平、桓、子凡四世,而為家臣陽虎所執。」參本書第一章,註8。

28　孔子於齊、魯、衛、楚均遭讒。《史記・孔子世家》。

機會。其「君子儒」之理想，至為高尚美大。然而上不能令其弟子進於公臣，下又以屈節私家為恥。僭國執政之大夫陪臣，事實上促成門閥階級之破壞，有助於布衣卿相之出現，[29]而孔子裁抑之。尊降柄移之天子國君，早已不能為行道之主體，而孔子擁護之。此種「知其不可而為之」之精神，[30]乃仲尼所以偉大，亦其所以失敗。蓋「素王」之立功，實遠遜其德言之成績。若以現代術語明之，則孔子乃偉大之政治思想家而失敗之政治改進者。其所以賢於堯舜者正以其無堯舜所已得之位，而立堯舜所未有之學也。專制時代之君臣，雖推尊孔子，表章儒術。其實斷章取義，別具私心，存其仁義之言辭，略其封建之背景，忘其平階級之宗旨，遺其君子儒之教義。「儒臣」之仕進者豈但明目張膽，效法子張之干祿，或竟不免術近穿窬，為「呼先王以欺愚者而求衣食」之「俗儒」。其能為「雅儒」之不誣不欺者已屬難能之上選。孔子欲化小人儒以為君子儒，後世乃每「並與仁義而竊之」，借君子之名以遂其小人之實。兩漢以後之儒，謂為荀學，[31]尚不免有過譽之處矣。[32]

第二節　從周與正名

　　孔子從周，前章已略述及。此實為其政治思想之起點，故不可不再加較詳之論述。孔子謂「吾說夏禮，杞不足徵也，吾學殷禮，有宋存焉。吾學周禮，今用之吾從周。」又謂「周監於二代，郁郁乎文哉！吾從周。」[33]此外如哀公

29　魏文侯及齊威王均大夫僭國（威王乃始僭國田和之孫），文侯禮賢馳譽諸侯，開養士之風。吳起李克皆得見用。威王立稷下宮，招致學士，人材尤盛，為戰國時代學術之中心。（按徐幹《中論・亡國篇》謂「齊桓公立稷下之宮」，則為田和之子。）此後則申不害相韓昭侯（景侯以大夫僭國，五世至昭侯），惠施張儀用事於魏（惠王），蘇秦「佩六國相印」，布衣卿相之風乃大盛。

30　《論語・憲問第十四》，石門晨門稱孔子語。

31　譚嗣同《仁學》下。

32　孔子事蹟見《史記・孔子世家》及《孔子家語》。然近代學者以為多謬誤不可信。年譜有鄭環、江永、蔡孔新、夏洪基等所編。崔述《洙泗考信錄》於舊說多所校訂。此外尚多，不備舉。

33　分見《中庸》第二十八章，及《論語・八佾第三》。

問政，則舉文武之方策，自嘆其衰，則以不夢周公為徵兆。[34]故孔子奉周政為矩範，似無可疑。然孔子既為「殷人」，其思想中豈無「殷禮」之成分，而遂純用周禮乎？據今日不完全之文獻以推論，吾人以為孔子政治思想之中，凡涉及制度之處，殆甚少殷禮之成分。其蕩平階級之教化，或以解放遺民為動機。過此則難於想像矣。其理由有三：（一）殷之文化，或甚淺演。近代學者或斷其尚在石器時代，[35]或謂已應用青銅。[36]其質度必尚質樸，與儒家之理想不合。（二）即使殷商之文化頗高，周因殷禮，則孔子從周，只間接採用殷禮，並非兼採二種不同之制度而調和之。蓋殷亡至是已六百餘年。不僅復國無望，遺民殆亦多趨同化。吾人可以下列數事徵之。宋為微子舊封，奉殷之祀，宜其保持殷禮。然據《史記‧宋微子世家》所載，微子啟傳弟微仲，微仲傳子稽，稽傳丁公申，丁公申傳湣公共，共傳弟煬公熙。「湣」「惠」皆為死後之諡。此後則有厲、釐、惠、哀諸公。故宋開國四傳，即已採用周道之諡法，[37]豈非同化之一例。《史記‧魯伯禽世家》又載「魯公伯禽之初受封之魯，三年而後報政。周公曰：何遲也。伯禽曰：變其俗，革其禮，三年然後除之。」足見魯曾致力於周化殷民，與齊太公「禮從其俗為」之放任政策不同。孔子謂「齊一變至於魯，魯一變至於道。」[38]舊注謂齊伯國餘習，故不及魯。其實齊之殷民餘習較深，周化程度較淺，故去道亦較遠也。蓋周禮在魯，世所共喻。周道既傷於幽厲，孔子更舍魯而莫適。[39]孔子生於此周文化中心之舊國，其祖若父殆均仕為大夫，孔子本人即已顯然周化。醉心周禮，事極自然。（三）孔子於殷之禮俗，取舍從違不一，然其所從者似皆個人與社會生活之末節，與政治無直

---

34 分見《中庸》第二十章，及《論語‧述而第七》。門弟子之言亦與孔子自道者相合。如子貢論夫子所學以文武之道為言。見本書第一章，註12。

35 見本書〈緒論〉註37。

36 馬衡《中國之銅器時代》，郭沫若《中國古代社會研究》。

37 《禮記‧檀弓》：「死諡，周道也。」

38 《論語‧雍也第六》。參《左傳‧定公四年》本書第一章註17引，又《論語‧子路第十三》，孔子曰：「魯衛之政兄弟也」，上引《左傳》於分述伯禽封魯康叔封衛之後，謂「皆啟以商政，疆以周索。」（杜註，索，法也。）孔子之意殆指二國之政皆因殷而化於周，非僅指二叔為兄弟也。

39 《禮記‧禮運》。「孔子曰：於乎哀哉，吾觀周道，幽厲傷之，吾舍魯何適矣。魯之郊禘，非禮也，周公其衰矣。」

接之重要關係。如《禮記・儒行》稱孔子對哀公問儒服曰：「丘少居魯，衣逢掖之衣，長居宋，冠章甫之冠。」〈檀弓〉謂「殷練而祔，周卒哭而祔。孔子善殷。」《論語・衛靈公》載顏淵問為邦，孔子告以乘殷之輅。此從殷之例也。[40]康叔封於衛，周公命以酒誥，足見酗酒為殷民之惡習。《論語・子罕》載孔子自謂「不為酒困」，鄉黨亦謂酒不及亂。《禮記・表記》謂「殷人尊神。」觀殷虛甲骨，更可知殷人之有巫風。論語先進載孔子以「未能事人，焉能事鬼」對子路問鬼神，而墨子非儒亦以不信鬼神為言。檀弓載「殷既封而弔，周反哭而弔。」孔子曰：「殷已慤，吾從周。」此背殷之例也。凡此從違均不足據以斷定孔子採取殷之政制。[41]

　　吾人若進而推論孔子思想之環境，則制度從周，更有其必然之理由。孔子雖自知其為殷人，而身既仕魯，已承認周人之政權。如不從周，豈能舉文武之政悉廢置而改作。況周因殷禮，郁郁乎文。典章文物不必與殷相反，而更粲然大備。杞宋之文獻不足，孔子即欲制度復古，而殷禮無徵，亦難資以號召。當時已無殷之「頑民」，其誰從仲尼以抗周而革命乎？孔子嘗謂「愚而好自用、賤而好自專，生乎今之世，反古之道，如此者烖及其身者也。」[42]此正足以說明孔子之政治態度為周之順民，而其政制之主張為守舊。後來儒術之見重於專制帝王，此殆為一重要之原因。

　　孔子政治思想之出發點為從周，其實行之具體主張則為「正名」。以今語釋之，正名者按盛周封建天下之制度，而調整君臣上下之權利與義務之謂。蓋孔子生當周衰之後，封建政治與宗法社會均已崩壞，目覩天下秩序紊亂，推究其因，不得不歸咎於周禮之廢棄。故一生言行每致意於尊周室，敬主君，折貴族之奢僭，抑臣下之篡竊。責人不貸，律己亦嚴。略舉數例，如《春秋》書「王正月」，《論語・季氏》謂「天下有道則禮樂征伐自天子出。」〈鄉黨〉

40　《禮記・檀弓》。「周人以殷人之棺槨葬長殤，以夏后氏之堲周葬中殤下殤，以有虞氏之瓦棺葬無服之殤。」「夏后氏用明器（中略），殷人用祭器（中略），周人兼用之。」足見周制本雜採夏商。孔子所謂周監二代，信而有徵也。

41　胡適《說儒》謂相禮乃殷遺民之職業，孔子化殷儒之柔順為孔儒之宏毅，頗具特見。惜未申論孔子之政治立場。

42　《中庸・第二十八章》。

記孔子在朝之恭謹，〈子罕〉載孔子嘆無臣之有臣。季氏八佾，[43]則斥為「不可忍」。冉子退朝則辨其非有「政」。諸如此類，不可悉引，可以見正名非孔子偶然之主張。故子路問為政之先，孔子答以「必也正名」，而齊景公問政，又告以「君君、臣臣、父父、子子。」[44]推孔子之意，殆以為君臣父子苟能顧名思義，各依其在社會中之名位而盡其所應盡之事，用其所當用之物，則秩序井然，而後百廢可舉，萬民相安。若觚已不觚，[45]則國將不國。然則正名者誠一切政治之必需條件也。

　　正名必藉具體制度以為標準。孔子所據之標準，即盛周之制度。就狹義之政制言，則為文武之「方策」；依文武之政以正名，故曰「憲章文武」；就廣義之制度言，則為「周禮」；依周公之典章以正名，故曰「吾學周禮」。而孔子所謂禮者固不限於冠婚喪祭，儀文節式之末。蓋禮既為社會全部之制度，「克己復禮」則「天下歸仁」矣。孔子正名之術若行，則政逮大夫者返於公室，國君徵伐者聽於天王。春秋之衰亂，可以復歸於成康之太平。戰國可以不興，始皇莫由混一。就此以論，則「孔子政治思想在晚周之地位，略近蘇格拉底門人埃索格拉底之於雅典。埃索格拉底雖無精深博大之思想足與孔子相較，然其主張恢復梭倫所締造之祖先舊制則有似孔子從周之論。」[46]而孔子思想與封建天下關係之密切，亦從可窺見矣。[47]

43　《論語》分見〈八佾第三〉及〈子路第十三〉。書中他例尚多，可檢閱。

44　同書分見〈子路第十二〉及〈顏淵第十二〉。景公聞孔子之對，發嘆曰：「善哉！信如君不君，臣不臣，父不父，子不子，雖有粟，吾得而食諸。」

45　同書，〈雍也第六〉：「子曰：觚不觚，觚哉觚哉。」《集注》：「觚，棱也。或曰酒器，或曰木簡，皆器之有棱者也。」又引「程子曰：觚而失其形制，則非觚也。（中略）故君而失君之道，則不為君。臣而失其職，則為虛位。」六經中明正名復禮之旨者尚多。如〈禮運一〉，自「魯之郊禘非禮也」至篇末「是謂疵國」，亦極明顯，可參考。

46　拙編《中國政治思想史參考資料緒論》一。Isocrates（436-338 B.C.）："Areopagiticus" πα'γρloς πο'ιγεια（Arcestral polity）; Barker: *Greek Political Theory*, pp. 101ff。

47　漢何休輩謂孔子「新周故宋，以《春秋》當新王。」又謂《春秋》有「三世」之義，以「所見之世」（昭、定、哀）「著治太平」，清康有為等引申之，謂孔子為萬世製憲。凡此均與「從周」之旨不合。然似係公羊家改制託古之論，未必有事實上之根據。本書作者於評吳康〈春秋政治學說〉（《清華學報》八卷一期）時已略辨之。本章於述「大同小康」時再當討論。

第三節　仁

從周正名為孔子政治思想之起點，亦為其政治制度之主張。孔子之學，如止於此，則仲尼不過一封建之後衛，周化之順民，忠實之守舊黨，未必遽能取得「賢於堯舜」之地位。蓋孔子從周而不以「方策」自限。承認時君之政權，而非以現狀為滿足。孔子於周制之中發明深遠之意義及目的，於是時王之禮，遂有超越時代環境而理想化之趨勢。此發明之中心，厥為「仁」之觀念。梁啟超謂「儒家言道言政，皆植本於仁」（語見《先秦政治思想史》），誠為的論。

仁之含義頗為複雜。單就《論語》所引孔子之言觀之，其內容已不一致。[48]吾人於此，不必詳論，若就其與政治思想有關係之方面言之，則孔子所謂仁，乃推自愛之心以愛人之謂。故樊遲問仁，子曰：「愛人」。仲弓問仁，子曰：「己所不欲勿施於人」。[49]子貢問仁，子曰：「夫仁者己欲立而立人，己欲達而達人。能近取譬，可謂仁之方也已」。[50]然仁之成就，始於主觀之情感，終於客觀之行動。全部之社會及政治生活，自孔子視之，實為表現仁行之場地。仁者先培養其主觀之仁心，[51]復按其能力所逮由近及遠以推廣其客觀之仁行。始於在家之孝弟，[52]終於博施濟眾，天下歸仁。[53]大學所謂「身修而後家齊，家齊而後國治，國治而後天下平」者，正足以說明仁心仁行發展擴充之程序。故就修養言，仁為私人道德。就實踐言，仁又為社會倫理與政治原則。孔子言仁，實已冶道德、人倫、政治於一爐，致人、己、家、國於一貫。物我

48　蔡元培謂仁乃「統攝諸德，完成人格之名。」（《中國倫理學史》）此最足表示其含義之複雜。

49　《論語・顏淵第十二》。

50　同書，〈雍也第六〉。參《大學》傳十章「絜矩之道」。

51　孔子弟子中顏淵之成就最大。故曰「回也其心三月不違仁。其餘則日月至焉而已。」〈雍也第六〉。

52　《論語・學而第一》：「孝弟也者，其為仁之本與。」

53　〈雍也第六〉：「子貢曰：如有博施於民而能濟眾，何如。可謂仁乎。子曰：何事於仁，必也聖乎。堯舜其猶病諸。」《集注》引程子曰：「博施濟眾，乃聖人之功用。」又曰：「夫博施者豈非聖人之所欲。然必五十乃衣帛，七十乃食肉。聖人之心非不欲少者亦衣帛食肉也。顧其養有所不贍爾。此病其施之不博也。濟眾者豈非聖人之所欲。然治不過九洲。聖人非不欲四海之外亦兼濟也。顧其治有所不及爾。此病其濟之不眾也。」

有遠近先後之分，無內外輕重之別。若持孔子之仁學以與歐洲學說相較，則其旨既異於集合主義之重團體而輕小我，亦非如個人主義之伸小我而抑國家。二者皆認小我與大我對立，孔子則泯除畛域，貫通人己。抑又有進者，封建天下元后與諸侯並立，寓一統於分割。宗法社會宗即為世卿，混家事於國政。二者得仁之學說以為根據，遂失其原有不平等不美善之缺點，而轉為一種高尚之理想制度。漢唐以後，儒者每稱頌封建天下之政治。其實彼所稱者非事實上之封建而為孔子仁道化理想化之封建也。

　　孔子仁學之可能來源，不外（一）姬周之今學，（二）殷商以前之古學，及（三）孔子之創說。據現存之文獻測之，首例一端之成分較少，後二者之成分較多。今存比較可信之古籍記載周政者，鮮為仁義之言。如《詩·雅、頌》稱周先王之德，絕無仁字。《尚書》「今文」諸篇亦不言仁。「古文」篇中間或有之，而亦不過三五見。[54]若就〈周書〉《周禮》等觀之，則周人所注重而擅長者為官制、禮樂、刑法、農業、教育諸事。封建天下之典章文物，至周始粲然大備。凡此不必盡出新創，而系統之完密則超越前代。其對古代政治制度之貢獻不啻為中國之羅馬矣。夏商以前，記載尤缺，固亦鮮見仁義之說，足為今日之徵據。然殷商政治崇尚寬簡，則古人有此傳說。《尚書·舜典》謂殷之先祖契為舜司徒，「敬敷五教，在寬」；微子之命亦謂「乃祖成湯」「撫民以寬」。《史記·殷本紀》載湯出見野張網四面，乃去其三面之故事。其祝詞曰：「欲左，左。欲右，右。不用命，乃入吾網。」此雖或出附會，亦足以見古有殷政寬大之傳說。周人以用炮烙諸刑，歸罪於紂。子貢已稱「紂之不善，不如是之甚。」[55]微子論紂之失政，更謂綱紀不立，其弊在寬。[56]足見紂之暴

54　如《詩·大雅·生民》稱后稷興農，〈公劉〉殖民，〈緜〉古公亶父立室家，〈皇矣〉文王伐密，〈靈臺〉作臺，〈文王有聲〉伐崇，宅鎬京，均不及仁義。《尚書·周書》（古文）言仁者，〈泰誓〉中「雖有周親不如仁人」之二三例而已。又〈周書〉（今文）記周之政事者，多注重於平服殷民，立政明罰諸端。如〈洪範〉（政綱）、〈大誥〉（代武庚）、〈康誥〉（命衛康叔明刑）、〈酒誥〉（命康叔禁群飲）、〈多士〉（訓殷士）、〈多方〉（滅奄告多方）、〈立政〉（立制官人），凡此亦不言仁。梁啟超《儒家哲學》頁19已先為此說。阮元《揅經室一集》卷九〈孟子論仁論〉：「仁字不見於《尚書》虞夏商者，《詩·雅、頌》，《易》卦爻詞之中，惟《周禮·大司徒》『六德，智仁聖義中和』，為仁字初見最古者。」

55　《論語·子張第十九》。

56　《商書·微子》「微子若曰（中略）：殷罔不大小，好草竊姦宄。師士非度。凡有辜罪，乃

虐，或為周人之加罪而「語增」。宋楚之戰，襄公以「亡國之餘」，而堅持
「君子不重傷，不禽二毛」之主張，大敗於泓而不悔。[57]後人譏其行仁義而
敗，殆猶有亡殷之遺風。[58]孔子既為殷遺之後，且又好古敏求，於殷政寬厚之
傳說，亦必深曉。周政尚文，制度雖備，而究不能久遠維持，至春秋而有瓦解
之勢，孔子或深覯徒法不能自行之理，又有取於周制之完密而思有以補救之。
故於殷政寬簡之中，發明一仁愛之原則，乃以合之周禮，而成一體用兼具之系
統，於是從周之主張始得一深遠之意義，而孔子全部政治思想之最後歸宿與目
的，亦於是成立。此最後目的之仁，既由孔子述其所自得於殷道者而創設，故
仁言始盛於孔門。

　　孔子如於殷政得仁道之端，則何以不直述之以為「殷先哲王」之言乎。其
可能之原因有二：（一）孔子明言，生今反古，栽及其身。對時君而宣揚故
國，即使殷亡已久，無復忌諱，而「亡國大夫」之論恐未必見信於世。故孔子
之言，凡超出周禮範圍者，每託之堯舜及禹，而鮮及契湯。（二）仲尼祖述堯
舜，憲章文武。堯舜之政制，雖或失傳，堯舜之政理或有存於口說簡載者。他
不可知，其寬簡樸質更甚於殷，則可斷言。故孔子稱堯則曰：「唯天為大，唯
堯則之。蕩蕩乎民無能名焉。」其稱舜則曰：「無為而治者，其舜也與。夫何
為哉。恭己正南面而已矣。」[59]此其為道正足以矯正周人禮煩政苛之傾向。故
憲章文武者，守其縝密之制度，祖述堯舜者，取其寬大之精神也。如吾人之推
論尚無大誤，則孔子從周，可謂守舊，而其言仁，可謂復古，若用公羊家之名
詞，則謂之「改制託古」，亦無不可。

　　　岡恆獲。小民方興，相為敵讎。」又「父師若曰：王子，天毒降災荒殷邦，方興沉酗於
　　　酒。」又《詩‧大雅‧蕩》引文王數殷商之罪七端，不及嚴刑重法，亦可參。
57　《左傳‧僖公二十二年》。《史記‧宋微子世家》略同。
58　殷民族殆較周民族為質鈍忠厚。古籍所引愚人之故事，如守株待兔，揠苗助長之類，多出宋
　　　人，或以此歟。
59　分見《論語》〈泰伯第八〉及〈衛靈公第十五〉。

第四節　德禮政刑

　　孔子政治思想之主旨，略如上節所述。主旨既明，吾人可進論孔子之治術，簡括言之，孔子所舉之治術有三：曰養、曰教、曰治。養教之工具為「德」「禮」，治之工具為「政」「刑」。德禮為主，政刑為助，而教化又為孔子所最重之中心政策。

　　孔子以養民為要務，蓋亦仁愛思想之一種表現。故博施濟眾，孔子認為聖人之業。而古今從政者之優劣，亦視其能養民與否而定。如孔子稱「子產有君子之道四」，而「養民也惠」為其一端。斥冉求以「非吾徒也」，正由其為季氏聚斂以病民。[60]此皆意義明顯，無待深論。至於養民之途徑，孔子所言，亦頗簡易，殆不出裕民生、輕賦稅、惜力役、節財用之數事。[61]惟吾人當注意，孔子之論養民，以民生裕足為目的。進乎此者，如戰國時代之富強政策，則非其所能想像或許可。蓋孔子所主張者人民之自足而非財富之擴充。其財政之見解，略似希臘之亞里斯多德。[62]且裕足之標準，自孔子觀之似不在生產之絕對數量，而在分配之相對平均。孔子嘗謂「有國有家者不患貧而患不均，不患寡而患不安。蓋均無貧，和無寡，安無傾。」[63]其精神亦與「盡地力」一類之政策迥相殊異。

　　養民為國家必要之政策，而非最高之政策。蓋國家之目的不僅在人民有充裕之衣食，而在其有美善之品性與行為。故孔子論衛國之民則謂既富而教，對子貢問政則主去食存信。[64]至其於教化一端則反復申詳，言之至審。推孔子注重教化之原因，殆根源於其仁學。仁者己欲立而立人，己欲達而達人。修身立德之功既竟於我，勢不能不進而成人之美，使天下之人由近逮遠，皆相同化，

60　分見《論語》〈公冶長第五〉及〈先進第十一〉。

61　同書，〈子路第十三〉：「子適衛，冉有僕，子曰庶矣哉！冉有曰：既庶矣，又何加焉。曰富之。」〈學而第一〉：「子曰：道千乘之國，敬事而信，節用而愛人，使民以時。」《大學》：「生財有大道。生之者眾，食之者寡，為之者疾，用之者舒，則財恆足矣。」

62　Aristotle: *Politics*, bk.I, Passim。

63　《論語・季氏十六》。

64　《論語・顏淵第十二》：「子貢問政。子曰：足食足兵，民信之矣。子貢曰：必不得已而去，於斯三者何先。曰，去兵。子貢曰：必不得已而去，於斯二者何先，曰去食。自古皆有死，民無信不立。」

而止善歸仁。由此論之，則教化不只為治術之一端，實孔子所立政策之主幹。

　　教化之方法有二：一曰以身作則，二曰以道誨人。孔子尤重視前者。蓋政事盡於行仁，而行仁以從政者之修身為起點，前節已經說明。若不仁而在高位，則政治失其起點。縱有作為，恐不免治絲愈棼，徒勞無益。季康子問政於孔子，孔子對曰：「政者正也。子率以正，孰敢不正？」孔子又嘗謂「苟正其身矣，於從政乎何有？不能正其身，如正人何？」又謂「上好禮則民莫敢不敬，上好義則民莫敢不服，上好信則民莫敢不用情。」孔子更設譬以明其旨曰：「君子之德風，小人之德草。草上之風必偃。」[65]故自孔子視之，修身以正人，實為事至簡，收效至速，成功至偉之治術。苟能用之，則「不令而行」，「無為而治」。[66]政平刑措，指日可期。[67]天下歸仁之理想，於此可以實現。至於詩書禮樂，孝弟忠信之教，其效雖不若修身之深遠，而亦為孔子之所雅言。蓋孔子平日所以授弟子者，其中大半殆皆化民成俗之術。如子游為武城宰，邑有絃歌，[68]此為最顯著之一例。抑吾人當注意者，孔子之教化政策，以培養個人之品格為目的，而不注重智識與技能。乃至射御諸術，亦所以陶融人格，而非健全身體或圖謀生計之訓練。此為孔子仁本政治之必然趨勢，無足驚異。

　　綜上所述觀之，足知孔子思想中之「政」，不僅與近代學者所論者不同，且與古希臘柏拉圖之說亦有區別。近代論政治之功用者不外治人與治事之二端。孔子則持「政者正也」之主張，認定政治之主要工作乃在化人。非以治人，更非治事。故政治與教育同功，君長與師傅共職。國家雖另有庠、序、學、校之教育機關，而政治社會之本身實不異一培養人格之偉大組織。《尚書·泰誓》謂「天佑下民，作之君，作之師。」頗足表現此種傾向。柏拉圖亦以道德為國家之最高境界，其「哲君」之理想，亦近於孔子政教貫通、君師合

---

65 分見《論語》〈顏淵第十二〉及〈子路第十三〉。以身作則之旨，已見於《詩》，如〈小雅·角弓〉：「爾之教矣，民胥傚矣。」〈大雅·抑〉：「有覺德行，四國順之。」

66 同書，〈子路第十三〉：「子曰其身正，不令而行。其身不正，雖令不從。」〈衛靈公第十五〉：「子曰無為而治者，其舜也與。夫何為哉？共己正南面而已矣。」

67 同書，〈子路第十三〉：「子曰苟有用我者，期月而已可也。三年有成。」又曰：「善人為邦，百年亦可以勝殘去殺矣。」又曰：「如有王者，必世而後仁。」

68 《論語·陽貨第十七》。

一之主張。然柏拉圖之哲君為一尚智之哲人，[69]孔子之君師為一尚德之仁者。君師以德化人，哲君以智治國。其為人與操術俱不相同。

　　孔子治術之三為政刑。此則不屬道德與教育之範圍，而為狹義之政治。簡言之，孔子所謂政刑，即一切典章法令之所包，文武方策之所舉，周禮之所載，以制度為體而以治人治事為用之官能也。孔子既信教化之功可收無為之效，又何取於有為之政刑乎。蓋孔子雖有天下歸仁之理想，而亦深明人類天賦不齊之事實。故或生而知之，或困而不學。中人可以語上，而上智與下愚不移。[70]天下之民不能率教而同化者殆不在少數。即此一端論之，已足見國家不可廢法令刑賞之事。然而政刑之用有限，僅足以輔教化之不逮。孔子故每言政刑輒露不足之意。如對季康子問政則謂「焉用殺」；論聽訟則曰：「必使無訟」。至於孔子謂「道之以政，齊之以刑，民免而無恥。道之以德，齊之以禮，有恥且格」，[71]則陳義史為明顯。由此可見孔子之治術傾向於擴大教化之效用，縮小政刑之範圍。其對道德之態度至為積極，而對政治之態度殆略近於消極。[72]吾人如進求其故，似可於歷史背景中窺見一二。上文第三節中吾人曾謂孔子言仁，或受殷政寬大之暗示。據此以推論之，則孔子之輕視政刑，殆為其對周政之一種改進。周政尚文，制度完密。然尚文之弊，易趨於徒重形式。孔子嘗謂「禮云禮云，玉帛云乎哉！樂云樂云，鐘鼓云乎哉！」又謂「人而不仁，如禮何？人而不仁，如樂何？」[73]殆即對此而發，且文勝之弊，不免「法令滋彰」，而周政頗有此種傾向。周禮六官，定制綦詳。大司寇縣法象魏，事

69　哲君於政事樂舞外，須習天文、算術、辯證、哲理諸科，見《國家論》卷六。

70　《論語》〈雍也第六〉，及〈季氏第十六〉。

71　同書，〈顏淵第十二〉及〈為政第二〉。

72　孔子於此略似裴恩。裴恩區分社會與政治生活，謂「社會乃吾人欲望之產品，而政府則起於吾人之險惡。社會與政府均促進吾人之幸福。然前者積極，由聯合吾人之親愛，後者消極，由限制吾人之惡行。（中略）一為恩人，一為罰主。」又謂「無論其處何境地，社會乃一幸福，而政府即在最優之境域中，亦只為一必需之禍患。」《常識》卷一頁96。浦薛鳳《西洋近代政治思潮》頁465。Thomas Paine（1757-1809），*Common Sense*, 1776。

73　《論語》〈陽貨第十七〉及〈八佾第三〉。又孔子對子夏問詩，告以「繪事後素」，而許子夏「禮後」之說，亦矯正文弊之意。參《禮記‧表記》：「周人尊禮尚施，事鬼敬神而遠之，近人而忠焉。其賞罰用爵列，親而不尊。其民之敝，利而巧，文而不慚，賊而蔽。」

近任法。[74]觀《禮記・儀禮》所記之節文，誠有禮煩之感。讀《尚書》〈大誥〉、〈多士〉、〈多方〉、〈康誥〉、〈酒誥〉諸篇，更覺周人開國氣象之中，肅殺之威多於寬厚之德。今日紀載闕失，周人統治殷民之詳情已不可考。然以征服者壓制亡國遺民之通例推之，則周初曾實行「刑新國，用重典」之政策，事屬可能，無論周人之目的正大與否，而自殷民視之，其所用「以力服人」之手段則純為苛政，不能心服。於是懷想故國，自覺其溫厚可親。溫厚與否，事固未可知，而殷政寬大之傳說必由此以起。孔子雖無背周從殷之意，然其主張重德禮之教化，輕政刑之督責，殆亦受此歷史背景之影響也。遵奉時君之制度，縮減其應用之範圍，增加其道德之意義，而寓改進於守舊之中，孔子治術之綱領，蓋已略盡於此。

第五節　君子

吾人如謂「仁治」為孔子改進周政之第一大端，則「人治」為其第二要義，而其所屢言之「君子」即人治思想之結晶也。

君子一名，見於《詩》《書》，固非孔子所創。其見於〈周書〉者五六次，見於〈國〉〈風〉二〈雅〉者百五十餘次，足證其為周代流行之名稱。惟《詩》《書》「君子」殆悉指社會之地位而不指個人之品性。即或間指品性，亦兼地位言之。離地位而專指品性者絕未之見。[75]孔子言君子，就《論語》所

---

74 見《周禮・大司寇》。《尚書・酒誥》謂「厥或誥曰：群飲，汝勿佚，盡執拘以歸于周。予其殺。」以死刑禁殷民群飲之習慣，殆亦刑新國用重典之一例。

75 《尚書・商書》中無君子之稱。〈周書〉中凡六見。〈泰誓〉「西土君子」；〈族獒〉「狎侮君子，罔以盡人心。狎侮小人，罔以盡人力」；〈酒誥〉「庶士有正，越庶伯君子」；〈召誥〉「王之讎民，百君子越友民」；〈無逸〉「君子所其無逸。先知稼穡之艱難，乃逸，則知小人之依」；〈周官〉「有官君子」；皆純指地位。《詩》三〈頌〉均不用君子字。〈國〉〈風〉二〈雅〉言君子多純指地位。如〈小雅・采薇〉「駕彼四牡，四牡騤騤。君子所依，小人所腓」；〈集注〉「依乘也」，程子曰「腓隨也」；〈南山有臺〉「樂只君子，民之父母」；〈斯干〉「君子攸寧」，「乃生男子（中略），室家君王」；〈巧言〉「奕奕寢廟，君子作之」。其兼指位者，如〈小雅・湛露〉「顯允君子」，「豈弟君子」；〈鼓鐘〉「淑人君子，其德不回」；〈角弓〉「君子有徽猷」；〈大雅・卷阿〉「豈弟君子，四方為則」；君子為有位者之通稱。故上可以稱天子（〈大雅・假樂〉「假樂君

記觀之，則有純指地位者，有純指品性者，有兼指地位與品性者。如孔子謂「君子而不仁者有矣夫，未有小人而仁者也。」又謂「君子有勇而無義則為亂，小人有勇而無義則為盜。」[76]凡此所謂「君子」顯為在位之士大夫，而「小人」則田野市井之細民，純就社會地位言，與個人之品性無涉。孔子嘗謂「君子疾沒世而名不稱焉。」又謂「君子固窮，小人窮斯濫矣。」[77]此皆純就個人品性言，非指社會之地位。其兼二者而言之者，如「子謂子產有君子之道四焉。其行己也恭，其事上也敬，其養民也惠，其使民也義。」又如「子路問君子，子曰：修己以敬。曰如斯而已乎？曰：修己以安人。曰：修己以安百姓。修己以安百姓，堯舜其猶病諸。」[78]據吾人之推想，孔子所言君子之第一義完全因襲詩書，其第二義殆出自創，其第三義則襲舊文而略變其旨。舊義傾向於就位以修德，孔子則側重修德以取位。故南宮适問於孔子曰：「羿善射，奡盪舟，俱不得死然。禹稷躬耕而有天下。」[79]孔子深喜其得以德取位之意而以「君子」「尚德」許之也。

　　孔子屢言君子，其用意似有二端。一以救宗法世卿之衰，二以補周政尚文之弊，而兩者間實有連帶之關係。在春秋之時，封建宗法之制已就衰敗。宗子世卿已不能專擅國政。權勢重於門閥，實力可壓族姓。況君子可以不仁，貴族每多淫侈。勢替之由，半屬自取。門閥之統治階級漸趨消失，則政權應操諸何人，必因傳統之標準已歸無效，而成為嚴重之問題。如一聽角力鬥智者之「逐鹿」，必至秩序蕩然，紛紜無已。孔子殆有見於此，故設為以德致位之教，傳弟子以治平之術，使得登庸行道，代世卿而執政。故孔子之理想君子，德成位高，非宗子之徒資貴蔭，更非權臣之僅憑實力。前者合法而未必合理，後者則兼背理法。孔子所言之君子取位雖不必合於宗法，而其德性則為一合理之標準。吾人如謂孔子於此欲為封建天下重新創造其統治階級，似非大誤。抑又有

子，顯顯令德。宜民宜人，受祿於天」）；下可以稱臣下（〈大雅・雲靈〉「大夫君子」）；而其位或在「庶士」之上也。
76　分見〈憲問第十四〉及〈陽貨第十七〉。
77　均見《論語・衛靈公十五》。
78　分見〈公冶長第五〉及〈憲問第十四〉。
79　見〈憲問第十四〉。《集注》云：「适之意蓋以羿奡比當世之有權力者，而以禹稷比孔子也。」甚確。按孔子極不滿於當時之政治家。故子貢問「今之從政者何如？子曰：斗筲之人，何足算也。」見〈子路十三〉。

進者，孔子雖事實上已承認宗法之失敗，而並未明白加以攻擊。且孔子所認為失敗者亦只宗法之階級制度。至於家國一體之根本原則，則仍服膺勿失。[80]孔子所以襲用「君子」之舊名者，似欲在不顯明違反傳統制度之範圍內，實行其改進政治之主張。以宗法身分之舊名，寓修德取位之新意。譬若移花接木，其操術至妙而用心良苦。所可惜者，世卿固鮮有德，仁人更難得位。季氏富於周公，顏回貧死陋巷。天子不為明揚，「仲尼不有天下」。[81]孔子之新統治階級終身未能出現。「君子德位兼全之最高理想乃降而為用行舍藏之持身原則。」（參看《論語》）蘧伯玉「邦有道則仕，邦無道則可卷而懷之。」[82]孔子亦稱之為「君子」，則與子產所以稱「君子」者大異其趣矣。

吾人於此可附論孔子思想中個人與政治之關係。宋以後之儒者每以臣下致忠君國為絕對之義務，而謂其說本原於孔子。吾人加以覆按，即可知其非孔子之教。孔子論君臣關係之精義盡於「以道事君，不可則止」之一語。[83]蓋「君子」以愛人之心，行仁者之政。此為要君取位之真正目的。合於此而不仕，則為廢「君臣之義」。不合於此而躁進，則為「干祿」，為「志於穀」。二者皆孔子所不取。故孔子譏荷蓧丈人為潔身亂倫，而復嘆仕為家臣者之無恥。孔子自謂其「無可無不可」，[84]正足見孔子不拘執於必仕必隱，而一以能「行道」與否為出處之標準。出處既以行道為標準，是個人對於君國之本身無絕對之義務，而「君臣大義無所逃於天地間」（莊子譏孔子語）之語為非確矣。孔子一生雖盡力於得君求售，因此間或受人之揶揄，[85]然此不過欲求行道於萬一可逢

80 見本章第三節。又〈論語‧為政第二〉：「或謂孔子曰：子奚不為政？子曰：《書》云：孝乎，唯孝，友於兄弟，施於有政。是亦為政。奚其為為政。」意亦明顯。
81 《孟子‧萬章上》，「匹夫而有天下者，德必若堯舜，而又有天子薦之者。故仲尼不有天下。」參閱本章第一節述孔子設教之目的。
82 分見《論語》〈述而第七〉及《衛靈公第十五》。
83 《論語‧先進第十一》：「季子然問仲由冉求，可謂大臣與？子曰（中略）：所謂大臣者，以道事君，不可則止。今由與求也，可謂具臣矣。曰：然則從之者與？曰：弒父與君，亦不從也。」
84 同書，〈微子第十八〉。參〈泰伯第八〉，子曰：「天下有道則見，無道則隱。邦有道，貧且賤焉，恥也。邦無道，富且貴焉，恥也。」又〈季氏第十六〉，子曰：「隱居以求其志，行義以達其道，吾聞其語矣，未見其人也。」
85 如楚狂、荷蓧、長沮、桀溺等。《史記‧孔子世家》，鄭人謂孔子「纍纍若喪家之狗。」

之機會,非自貶於小人之儒。觀其對避世高蹈之流多加稱許,[86]而對不義之仕絕無恕辭,則可知孔子真意之所在。不僅此也。孔子謂臣下不受君主之亂命,是否認絕對服從之義務也。孔子去魯而求仕於衛,是未立不事二君之「名節」也。後人以專制天下之眼光論封建天下之孔子,宜其張冠李戴,厚誣古人矣。

孔子屢言「君子」之第二目的為救周政尚文之弊。此即其「人治」思想之直接表現。周政有法令滋彰之傾向,上節已略明之。夫以周禮之美備,行之數百年而卒不免於君微政衰,則國家不能徒賴完善之制度以為治,誠為至明顯而不可逃避之結論。孔子深觀古學,通習周禮,於此盛衰之故,自當灼見明知。夠孔子所立「仁治」之教,固必以個人之心不違仁為政治之起點。《大學》著孔門之言謂「自天子以至於庶人,壹是皆以修身為本」。足見「人治」思想實與「仁治」思想有不容分離之關係。

孔子人治思想最明白之陳述見於《中庸》第二十章之首段,「哀公問政,子曰:文武之政,布在方策。其人存則其政舉,其人亡則其政息。人道敏政,地道敏樹。夫政也者,蒲盧也。故為政在人,取人以身,修身以道,修道以仁。」其言至顯,無待詮析。然吾人應注意,孔子雖謂為政在人,非即謂為政不必有制。孔子欲救周政之弊,非欲並方策而燬棄之。綜觀其政治思想之全體,「從周」與尚仁之兩層主張,相互為用,不可偏廢。吾人相信孔子於周制之郁郁乎文實中心讚美,而其從周之說亦出於至誠,非以欺世惑俗。惟其愛惜周道之傷,故亟圖以人治救方策之弊。故孔子之注重「君子」,非以人治代替法治,乃寓人治於法治之中,二者如輔車之相依,如心身之共運。[87]後人以人治與法治對舉,視為不相容之二術,則是謂孔子有舍制度而專任人倫道德之意,非確論也。

第六節　大同、小康與三世

孔子政治思想之要點,略如以上五節之所述。然尚有公羊家所主「大同」

86　如《論語・微子第十八》所舉微子、伯夷、叔齊等人。

87　此理荀卿言之至悉,下章當詳述之。

與「三世」之二義，未經言及。附論於此，以殿本章。

大同小康之言，見於《禮記・禮運》，「仲尼與於蜡賓」，事畢興嘆，對言偃之問。其略曰：「大道之行也，天下為公。選賢與能，講信修睦，故人不獨親其親，不獨子其子。使老有所終，壯有所用，幼有所長，矜寡孤獨廢疾者皆有所養。男有分，女有歸。貨惡其棄於地也，不必藏於己。力惡其不出於身也，不必為己。是故謀閉而不興，盜竊亂賊而不作。故外戶而不閉，是謂大同。今大道既隱，天下為家。各親其親，各子其子。貨力為己，大人世及以為禮，城郭溝池以為固，禮義以為紀。以正君臣，以篤父子，以睦兄弟，以和夫婦。以設制度，以立田里。以賢勇智，以功為己。故謀用是作而兵由此起。禹、湯、文、武、成王、周公由此其選也。（中略）是謂小康。」[88]按〈禮運〉一篇，自宋以來即有疑之者。如宋黃震謂「篇首匠意，微似老子。」清姚際恆認為乃周、秦間老、莊之徒所撰。陸奎勳更斷定其為戴氏附會孔子迎合漢初崇尚黃、老風氣之偽書。[89]姚氏又按其內容，謂不獨親其親，子其子乃墨子之道。近人錢穆君據《史記》子游少孔子四十五歲，[90]更參取江永、崔述諸說，推定孔子為司寇與蜡賓時，子游（即言偃）年不過六歲，不足以語大同小康之義。[91]凡此所論，並非純屬無稽。故禮運可疑，不當取作孔學之代表，殆已成為定案。然大同之義，高尚優美，雖越出孔子雅言之範圍，尚不與儒學之宗旨相反背。例如稱天下為公，斥世及為禮，殆即引伸以德取位之教。不獨親其親，子其子，殆脫化於泛愛之言。大同似仁道之別名，小康近從周之大意。彼此雖有程度之差，而內容無品質之別。吾人如放棄疑古之謹慎態度，承認大同為孔子之理想，或不至於蹈嚴重之錯誤。

至於《春秋》「三世」，則不可與此並論。其說興於漢代，而董仲舒（前179-前104）及何休（129-182）為其代表。董氏「三統」「五行」之為陰陽家

---

88 亦見《家語》，文與此小異。

89 《續禮記集說》引《黃氏日鈔》，《古今偽書考》及《戴記緒言》。

90 〈仲尼弟子列傳〉，按《史記・孔子世家》及此傳並不載蜡賓事。如〈禮運〉果為漢人偽託，或竟在史遷之後歟？

91 《先秦諸子繫年考辨》頁66。

言，[92]顯而易曉，無待深辨。何休三世之說，[93]經近世公羊家之推演，則較為複雜。何氏謂孔子「於所傳聞之世，見治起於衰亂之中」，「於所聞之世，見治升平」，「至所見之世，著治太平」。清康有為乃以《春秋》之升平當〈禮運〉[94]之小康，而謂家天下者莫如文王，以文明勝野蠻，撥亂升平之君主也。公天下者莫如「堯舜，選賢能以禪讓，太平大同之民主也。」[95]康氏又謂「孟子之義由子游子思而傳自孔子。」然民貴君輕乃「孔子升平之說耳。孔子尚有太平之道，群龍無首，以為天下至治业君而無之，豈止輕哉？」[96]是又以無政府為太平大同，而「堯舜其猶病諸」，勢不得不降為小康升平矣。康氏復推廣其說，謂「一世之中有三世，故可推為九世，又可推為八十一世，以至於無窮。」[97]孔子既立「新周，故宋，以春秋當新王」，「非常異義可怪之論」，而又「通三統」「張三世」，以為無量世修正憲法之備。[98]故自康氏視之，吾人述孔子之政治思想，不本之《公羊春秋》，[99]而認其與封建天下有密切之關係，誠不免有輕蔑聖人之嫌矣。

吾人欲明公羊家言三世之不足信，可於何休之自相矛盾一端見之，何氏於定公六年謂「《春秋》定、哀之間文致太平，欲見王者之治定，無所復為譏，唯有二名，故譏之。」殊不知前乎此者何氏於定公元年已謂《春秋》譏「定公有王無正月，不務公室，喪失國寶」；又謂「定公喜於得位，而不念父黜逐之恥」矣。後乎此者何氏於哀公七年謂《春秋》譏魯國「侮奪邾婁無已，復入獲之」，於哀公十二年又譏「哀公外慕強吳，空盡國儲」矣。凡此所譏，其重要

---

92 《春秋繁露・三代改制質文》。

93 《春秋公羊解詁》隱公元年「公子益師卒」。

94 《康南海文鈔》〈禮運注〉。

95 《孟子微》，「康文公為世子」條。

96 《孟子微・序》，康氏於「民為貴」條，又謂「此孟子立民主之制，太平法也。」

97 同書，「君子之於物也」條。

98 〈刊布春秋筆削大義微言考題詞〉。此本諸何休《解詁》哀公十四年孔子「豫知無窮」之語。

99 康氏謂《論語》乃曾子「一家之說，非孔門之全。」《論語注・序》。然康氏亦重視《大學》《中庸》，謂「內聖外王，條理畢具，言簡而意賅者，求之孔氏之遺書，其惟《大學》乎？」又謂「孔子之教論莫精於子思《中庸》一篇。」見《大學注・序》及《中庸注・序》。

皆遠過二名。而謂二名以外，無所復譏，其誰能置信。又如《公羊傳》稱「定哀多微辭」，董仲舒解之，謂世愈近則言愈謹，為安身之義。何氏亦謂「孔子畏時君，上以諱尊隆恩，下以辟害容身。」[100]然則《春秋》定、哀之筆削大義為「文致太平」乎？抑「邦無道，危行言遜乎」？此又矛盾之說也。以今人之眼光觀之，公羊家之稱「微言」，迹近欺人，其言太平則意在阿世，故哀公十四年西狩獲麟，《公羊傳》謂孔子泣涕，曰：「吾道窮矣。」何休乃大放厥辭，謂夫子素按圖錄，知庶姓劉季當代周。見薪采者獲麟，知為其出。何者，麟者木精，薪采者庶人燃火之意。此赤帝將代周居其位，故麟為薪采者所執。西狩獲之者，從東方王於西也。東卯，西金象也。言獲者，兵戈文也。言「漢姓卯金刀，以兵得天下。」《公羊傳》論《春秋》之旨，在「撥亂世，反諸正。」何休乃謂血書化白，為演孔圖「中有作圖制法之狀。孔子仰推天命，俯察時變，卻觀未來，豫知無窮。知漢當繼大亂之後，故作撥亂之法以授之。」於是孔子化為妖道，《春秋》純為漢作。如此論學，誠不如無書矣。何休之說既破，則康有為輩更勿庸置議。蓋舍舊籍之明文，立微言以騁臆說，則牽強附會，儘可成章，謂孔子為保皇黨、革命黨、虛無黨，均無不可，惟不足以為謹嚴之學術而已。

孟子謂「孔子成《春秋》而亂臣賊子懼」，莊子稱「《春秋》以道名分」，[101]是皆以《春秋》為孔子「正名」思想之所寄託，最能得其實情。蓋孔子欲因魯史之文，以存周禮，抑僭侈。故諸侯已稱王公而《春秋》書其本爵，[102]周室早已衰微，而經文致其尊敬。[103]他如臣子弑君，大夫擅國，亦皆明著貶辭。[104]凡此「道名分」之義，《左傳》尚少發明，《公羊》《穀梁》則言

---

100 分見《春秋繁露・楚莊王》及《公羊解詁・定公元年》。《春秋》尊周不王魯之意，可參《公羊傳》隱公元年「春王正月」及「祭伯來」，五年「考仲子之宮」，莊公六年「衛侯朔入於衛」，僖公十三年「大室屋壞」，三十一年「四卜郊」，宣公元年「趙穿侵柳」，昭公四年「楚執慶封」，二十三年「天王居於狄泉」，二十五年昭公將殺季氏，及本章下文註102至105所引。

101 〈滕文公下〉及〈天下〉。

102 如《論語》已稱「桓公」，而《春秋》書為「齊侯」。楚於魯桓公元年稱王，而《春秋》書為「楚子」。

103 如僖公二十六年晉文公召襄王而書曰「天王狩於河陽」。

104 如隱公四年公子翬以預弑隱公而削「公子」之稱。襄公十六年魯會諸侯於溴梁而書「大夫

之至晰。而《公羊傳》於尊周之旨，反復申詳，尤與孔子「禮樂征伐自天子
出」之言相表裡。如桓公五年經書「秋，蔡人衛人陳人從王伐鄭。」左氏僅記
其事。《穀梁》謂為周諱伐同姓之國。《公羊》則曰「其言從王伐鄭何。從
王，正也。」又如成公元年，經書「秋，王師敗績於貿戎。」左氏第記其事，
《穀梁》謂不言戰，莫之敢敵也。《公羊》亦謂「王者無敵，莫敢當也。」又
如昭公十三年經書「蔡侯盧歸於蔡，陳侯吳歸於陳。」《左傳》謂「禮也。」
《穀梁》謂「不與楚滅也。」《公羊》則謂「此皆滅國也。其言歸何。不與諸
侯專封也。」此外如隱公元年之著「大一統」，「王者無外」，昭公二十三年
之「著有天子」。此皆於封建政治衰亂之後，欲以正名之書法，維持周禮之形
式。「子貢欲去告朔之餼羊。子曰賜也，爾愛其羊，我愛其禮。」[105]吾人苟屏
除成見，就《公羊傳》之本文以觀之，則可知《春秋》之大義，亦孔子「愛
禮」主張之一種表現，而一切「非常異義可怪之論」，既不見於三傳，尤非經
文所有，殆悉出於漢人之依託杜撰耳。抑又有進者，孔子成《春秋》，欲正名
以矯實，非於王綱解組之事實視若無覩，或予以否認。孔子殆知周禮之不能盡
復於一旦，故每求其次，凡對封建制度有利之行為，雖不合於最高標準，亦加
以相對之許可。於是諸侯稱霸，大夫執國，亦得蒙「實與」之辭。如僖公二年
經書「春王正月，城楚丘。」《公羊》解之曰：「曷為不言桓公城之。不與諸
侯專封也。曷為不與，實與而文不與。文曷為不與，諸侯之義不得專封。（中
略）其曰實與之何？上無天子，下無方伯，天下諸侯有相滅亡者，力能救之，
則救之可也。」又如宣公十一年《經》書「冬十月楚人殺陳夏徵舒。」《公
羊》曰：「其稱人何？貶。曷為貶。不與外討也。（中略）曷為不與。實與而
文不與。文曷為不與。諸侯之義不得專討也。（中略）其曰實與之何？上無天
子，下無方伯，天下諸侯有為無道者，臣弒君，子弒父，力能討之則討之可
也。」[106]《公羊》所發明之意與論語孔子稱許桓公請討陳恆之言若合符節。康

盟」。此外可參作者所編《中國政治思想史參考資料》，附錄二，（五）。按宋蘇軾《東坡
　　續集》卷八有〈春秋變周之文論〉辨公羊不黜周，何休乃《公羊》罪人，可參。

105 《論語・八佾第三》。

106 宣公元年晉士伯因宋仲幾不肯城成周，《公羊》謂大夫專執，「實與而文不與」。《穀梁
　　傳》於同類之事，稱之曰：「變之正。」如僖公五年齊桓公盟諸侯於首戴，襄公二十九年諸
　　大夫城杞，昭公三十二年諸大夫城周，皆其例。

有為認《春秋》得孔學之全豹，《論語》則只見其一斑。自吾人視之，《論語》徧及仁恕忠信，禮樂政刑諸要義，《春秋》則僅闡發正名之一端。孰偏孰全，豈待深察。康氏此說蓋適與事實相反背。故從彼之說則揚大同，抑小康，擁《公羊春秋》以攻群經諸傳，持微言異義以壓古籍明文。取吾人之解釋，則孔子之道一貫，群書之義可通，所必廢者董何之曲學，康氏之託古而已。

公羊家之言既不足據，則吾人當承認孔子之政治思想具有顯明之時間性。其思想既以封建天下宗法社會之歷史環境為根據，則其內容雖不為此環境所囿，而亦不能與之相離。離晚周之歷史背景而言孔子之政治思想，恐不免如韓非所謂俱道堯舜，莊子所謂彼一是非，於尚論古人之工作，未必果有裨益。

何休《解詁》尚有《春秋》於升平世「內諸夏而外夷狄」，於太平世「夷狄進至於爵，天下遠近大小若一」之說。此則較有依據，非出虛構。按區分民族，不外種類與文化之兩大標準。中國古籍中涉及民族之處，多著眼於文化之殊別。其就種類以分夷夏者不過有《左傳》「非我族類，其心必異」，及〈周語〉「血氣不治，若禽獸焉」之少數例證。孔子之論夷、夏，則已廢棄種類之標準而就文化以為區別。就《論語》以考之，似孔子有四種不同之意見。子貢問管仲非仁者與。孔子答以「微管仲吾其被髮左衽矣。」此明示夷狄不如中國而外之也。「子欲居九夷。或曰：陋，如之何？子曰：君子居之，何陋之有？」此隱寓夷狄可以同化之意也。「樊遲問仁。子曰：居處恭，執事敬，與人忠，雖之夷狄不可棄也。」「子張問行。子曰：言忠信，行篤敬，雖蠻貊之邦行矣。」此認夷、夏雖殊方而同理也。「子曰：夷狄之有君不如諸夏之亡也。」[107]此謂夷狄之行偶或優於中國也。《春秋》之言夷狄，大體與此相印證。其內夏外夷之旨見於二《傳》者如隱公七年之戎伐凡伯，莊公十年之荊敗蔡師，僖公二十一年之楚執宋公，二十七年之楚人圍宋，成公十五年之會吳於鍾離，皆以夷狄犯中國而致貶辭也。[108]《公羊》於僖公四年召陵之盟謂「喜楚服也。（中略）夷狄也而病中國。（中略）桓公救中國而攘夷狄，卒怗荊。以此為王者之事也。」其意尤與「微管仲吾其被髮左衽」相近。至於用夏變夷與

---

107 分見《論語》〈憲問十四〉，〈子罕九〉，〈子路十三〉，〈衛靈公十五〉，〈八佾三〉。
108 《公羊》於會吳於鍾離曰：「《春秋》內其國而外諸夏，內諸夏而外夷狄。王者欲一乎天下，曷為以外內之辭言之。言自近者始也」。

中國失道之旨見於二《傳》者則如定公四年吳子救蔡。《公羊》曰：「吳何以稱子？夷狄也，而憂中國。」[109]又如哀公十三年魯會晉吳。《穀梁》曰，「黃池之會，吳子進乎哉？遂子矣。吳，夷狄之國也，祝髮文身，欲因魯之禮，因晉之權，而請冠，端而襲，其籍於成周以尊天王。吳進矣。」此「夷狄進至於爵」，同化中國之說也。隱公七年戎伐凡伯。《穀梁》謂「戎者衛也。戎衛者為其伐天子之使貶而戎之也。」此孔子所謂夷狄有君，不如諸夏之亡也。若定公四年吳入楚。《公羊》《穀梁》均謂吳人入楚肆淫，反於夷狄之道，故去其爵而「狄之」。又若昭公二十三年戊辰，吳敗頓胡、沈、蔡、陳、許之師。《公羊》曰：「此偏戰也。曷為以詐戰之辭言之。[110]不與夷狄之主中國也。然則曷為不使中國主之。中國亦新夷狄也。」此又足徵夷、夏之分，係於所行之事。苟行事先後不同，則夷、夏亦無定界矣。吾人當注意，孔子以文化判夷夏，其意在用夏變夷。夷、夏既因文化之升降而無定界，則均已失其種族之意義而成為文化之名詞。故孔子所謂「夷狄」，其含義略似近世所謂「野蠻人」，而非與「蝦夷」「馬來」等同例。其所謂諸夏亦略如今日所謂「文明國」，而不指「黃帝子孫」或「中華民族」。吾人之解釋如不誤，則嚴格言之，孔子思想中未嘗有近代之民族觀念。

　　吾人如求其故，似可於孔子思想之本身及其歷史之背景中得之。中國古代之種族及文化，在較早期中，殆已發生混合之現象。列國之中頗有以中國而入於蠻夷，或淪於夷、夏之間而復歸於中國者。吳、越、秦、楚皆其著例。[111]晉國「夏政戎索」，民則懷姓，地為夏虛，[112]亦顯有混合文化之背景。至於周文化之本身，亦頗因襲夏殷之舊禮。夏殷較淺演，周則更完備。周初之政治家似曾企圖以其「監於二代」之制度同化多方之遺民，而得有部分之成功。夫言種

---

109 《穀梁》釋吳書「子」之故曰：「吳信中國而攘夷狄，吳進矣。」

110 注：「詐戰者日，偏戰者月。」

111 《史記‧吳太伯世家》：周太王之子太伯仲雍奔荊蠻，「文身斷髮自號句吳」。越王勾踐世家：勾踐禹之後裔，封於會稽，「文身斷髮披草萊而邑焉」。楚世家：楚黃帝之孫顓頊之後。殷之末世，「或在中國，或在夷狄」。楚武王三十五年伐隨猶曰：「我蠻夷也」。〈秦本紀〉：秦顓頊之裔居西陲，「或在中國，或在夷狄」。〈魏世家〉：畢公高姬姓封於畢，其後絕為庶人，「或在中國，或在夷狄」。古籍載夷夏通婚事亦有其例。

112 《左傳‧定公四年》。三家之中趙與秦同祖先，魏見註111，似均混合夷夏。韓則姬姓，或較純。《史記‧韓世家》。

類，則九州之民，同為黃膚黑髮，既交雜而難分，論文化則文野高低之程度遠近相殊，尚顯然而可辨。於是夷、夏之別，遂漸趨向於以文化為標準，而純按同化程度之淺深以為定。故楚武王以黃帝之後而自稱蠻夷，舜文王以東、西夷之人而行乎中國。[113]此皆由於棄種類而言文化之所致。孔子之夷、夏觀即產生於此歷史環境之下。吾人若舍時代背景而論孔子思想之內容，則其仁者愛人，博施濟眾之學說亦有破除種界之可能趨勢。「君子修己以敬」，然後「親親而仁民，仁民而愛物」。[114]物猶所愛，何況夷狄之同屬人類。故「協和萬邦」「蠻夷率服」[115]之理想，殆亦為孔子之所許可。惟夷夏有遠近之殊，行仁有先後之序。《公羊》謂《春秋》以外內之辭言夷夏，明王者一乎天下，「自近者始」，誠能得孔子之本意，較何休為更樸質近真矣。[116]

---

113 《孟子・離婁下》。
114 同書，〈盡心上〉。
115 《尚書》〈堯典〉及〈舜典〉。
116 按《春秋》正名，前後有四種態度：（一）嚴守「禮樂征伐自天子出」之原則，對一切非禮亂分之事皆加貶詞。（二）對於「禮樂征伐自諸侯出」之霸政加以有限度之獎許。（三）大夫專政能行霸政之精神，以維持封建秩序者，亦加以允許。（四）夷狄能從中國，行霸政之精神者，進之於爵。此亦孔子思想與封建天下關係密切之一例。

第三章

孟子與荀子

第一節　孟、荀之身世及時代

　　《論語》載孔子以四科設教，韓非謂「儒分為八」，《史記》又稱孔門「受業身通者七十有七人」。[1]儒家學術之盛，由此可以想見。然修身致用者未必遂有獨立之顯學，其著書立言者又未必果流傳於後世。孔子後學政治思想之足以成家而文獻可徵者，僅有孟、荀二人。[2]

　　孟、荀俱傳孔子之學。以其所處之歷史環境與仲尼不同，故其思想之內容亦略有變異。孔子生春秋之末葉，孟荀當戰國之後期。封建天下之制度風尚，前之殘存未盡者，至此乃泯滅無餘。《史記》述孟子之時代背景，謂「當是之時，秦用商君，富國彊兵。楚魏用吳起，戰勝弱敵。齊威王宣王用孫子、田忌之徒，而諸侯東面朝齊。天下方務於合從連衡，以攻伐為賢，而孟軻乃述唐虞三代之德。是以所如者不合，退而與萬章之徒序《詩》《書》述仲尼之意，作《孟子》七篇。」[3]荀況之環境，與此相同。所異者，齊奪梁霸之局面已轉為

1　《論語・先進十一》：「德行：顏淵、閔子騫、冉伯牛、仲弓。言語：宰我、子貢。政事：冉有、季路。文學：子游、子夏。」《韓非子・顯學》，「自孔子之死也，有子張之儒，有子思之儒，有顏氏之儒，有孟氏之儒，有漆雕氏之儒，有仲良氏之儒，有孫氏之儒，有樂正氏之儒。」《史記・仲尼弟子列傳》略載七十子之言行。

2　《漢書・藝文志》儒家有《子思子》二十三篇，《曾子》十八篇，《漆雕子》十三篇，《宓子》十六篇等書。除孟、荀外今俱不傳，惟子思之學或可於《禮記》之《中庸》及《表記》見之，曾子之學或見於《大戴禮記》〈曾子立事〉，〈本孝〉等篇。漢人弟子傳經之說縱可盡信，亦不足由以考見七十子之思想。

3　〈孟荀列傳〉。參本書〈緒論〉及第一章，註11。

趙代齊強，而秦勢更趨壯盛，吞併六國之期亦愈迫近而已。孟荀之生卒確年，今無定論。其身世亦僅傳梗概。孟軻鄒人，受業子思（孔子之孫）之門人，若從周廣業《孟子四考》之說，則孟子殆生於安王十七年（前385），卒於赧王十二年或十三年[4]（前303或前302）。一生游歷宋、薛、滕、魯、梁、齊諸國，聲譽日隆，生活日裕。「後車數十乘，從者數百人，以傳食於諸侯。」不獨顏回原憲不能望其項背，即孔子之一車兩馬亦大有遜色。彭更疑孟子為已泰，[5]誠非無理。然而孟子之聲譽雖隆，其政治上之成就則甚少。宣王時仕齊為卿，致祿萬鍾，[6]視孔子為魯司寇尤見尊顯。而仁義之言，終無以易富彊之說。旋即致仕去齊，此後殆不復出。荀況字卿，趙人。汪中（1745-1794）以為荀子約生於赧王十七年及始皇九年之間（前298-前238），[7]似近事實。少年游學稷下，曾與齊相論國際安危之形勢。[8]於齊既無所用，乃於湣王（前312-前282）時去之楚，為蘭陵令。[9]此外似曾游燕不遇。[10]襄王（前281-前264）時

4　當西曆西元前385-303或302。舊說為烈王四年生，赧王二十年卒（西元372-289），見程復心《孟子年譜》。此外可參嚴若璩《孟子生卒年月考》，狄子奇《孟子編年》，任兆麟《孟子時事略》（《心齋十種》），林春溥《孔孟年表》，《孟子列傳纂》（《竹柏山房十五種》），崔述《孟子事實錄》，魏源《孟子年表考》（《古微堂外集》）等。

5　《孟子‧滕文公下》。

6　汪中《經義新知記》謂孟子「處賓師之位以道見敬。」崔述《孟子事實錄》謂「孟子在齊為卿，乃客卿，與居官任職者不同。」狄子奇《孟子編年》謂「孟子在齊，始為賓師，但受公養之禮，不受祿。其後為卿，受粟十萬。」

7　汪中《荀子年表》（《述學內外篇》）。當西曆前298-238。錢穆《先秦諸子繫年考辨》第一○三謂：卿生於周顯王三十年以前（西曆前340以前），足以補汪說之不及。又荀卿師受失考。《荀子‧非十二子篇》以子弓與仲尼並稱而斥子張、子夏、子游之賤儒，則梁啟超（《儒家哲學》）謂荀學出於有子及游夏或不足據。

8　說齊相語見《荀子‧彊國篇》。略謂楚（在齊之南與東）燕（北）魏（西）三國起謀，則「齊必斷而為四」，惟有修禮讓忠信乃可以自固。荀子初至稷下有年五十及年十五之兩說。前者出《史記‧孟荀列傳》及劉向《孫卿書錄‧序》。後者出應劭《風俗通》卷七〈窮通篇〉。

9　去齊之楚之原因，舊有遭讒及國危之兩說。《史記》列傳謂「齊人或讒荀卿，荀卿乃適楚，而春申君以為蘭陵令。」《風俗通》與劉序並略同。桓寬《鹽鐵論‧論儒篇》謂「齊湣王奮二世之餘烈（中略），矜功不休，百姓諸儒諫不從，各分散。慎到接子亡去，田駢如薛，而孫卿適楚。」荀子若於湣王末年去齊之楚，則當在西曆前284以前，年約五六十歲。春申君相楚考烈王在西曆前262，卿當年近八十歲。錢穆《考辨》第一四○認《史記》之說有誤。

10　《韓非子‧難三》：「燕王噲賢子之而非荀卿，故身死為僇。」齊伐燕事在西曆前314年。荀子如果曾至燕，當在少年居齊時。

再度居齊，在稷下「最為老師」。[11]旋復去齊，適秦返趙。在秦對昭王問儒效，與應侯論秦政，大張孝弟義信之說。[12]在趙位居上卿，與臨武君議兵於孝成王之前。[13]若《史記》卒葬蘭陵之說可信，則似卿暮年又復居楚。卿死後不過二三十年而始皇統一。[14]觀其生平持論，雖不與孔孟盡同，然其欲以禮義之言易彊暴詭詐之術，則強聒不舍，始終如一，實不愧為儒家之後勁。且荀子生當專制天下前夕之時代，奔走列國，由壯至老。「君上蔽而無覩，賢人距而不受。」[15]反不如其弟子韓非李斯之術[16]行於世，或身當相任。其遭際之蹇亦與孔孟不殊矣。

第二節　民為貴

孔子論政，以仁為主。孟子承其教而發為「仁心」「仁政」之論，其說遂愈臻詳備。仁心之起，原於性善。孟子以為仁、義、禮、智之四德，皆出人類天賦惻隱、羞惡、恭敬（或辭讓）、是非之心，引伸發展而成。[17]故「人皆可

11　《史記》及劉序並同，惟未言其再度至齊。此從錢穆說。見《考辨》第一四三。

12　見《荀子》〈儒效〉及〈彊國篇〉。

13　《戰國策・楚四》：「孫子去之趙，趙以為上卿。」《風俗通》卷七謂卿為蘭陵令有讒之者，「春申君謝之。孫卿之去趙，應聘於秦」。《荀子・議兵篇》記卿與臨武君議於趙孝成王前。孝成王在位當西曆前265與245之間，卿年殆逾八十。

14　錢穆認《鹽鐵論・毀學篇》「李斯相秦始皇任之，人臣無二，而荀卿為之不食」之語不足信，而推定卿卒於始皇二年前後。《考辨》第一五六。

15　見《荀子・堯問篇》。上文謂「孫卿迫於亂世，鰌於嚴刑。上無賢主，下遇暴秦。禮義不行，教化不成。仁者絀約，天下冥冥。行全刺之，諸侯大傾。」

16　《史記・老莊申韓列傳》謂「非與李斯俱事荀卿」；〈李斯列傳〉謂斯「從荀卿學帝王之術」。

17　《孟子・告子上》，孟子對公都子問性曰：「惻隱之心，人皆有之。羞惡之心，人皆有之。恭敬之心，人皆有之。是非之心，人皆有之。惻隱之心，仁也。羞惡之心，義也。恭敬之心，禮也。是非之心，智也。」〈公孫丑上〉：「孟子曰：人皆有不忍人之心。先王有不忍人之心，斯有不忍人之政矣。以不忍人之心行不忍人之政，治天下可運之掌上。」又曰：「惻隱之心，仁之端也。羞惡之心，義之端也。辭讓之心，禮之端也。是非之心，智之端也。（中略）凡有四端於我者，皆知擴而充之矣。若火之始然，泉之始達。」

以為堯舜」，[18]而仁心乃人類之所共有。[19]聖賢之所以異於凡人者在其能培養擴充其本性之善。君子之所以異於小人者在其能擴充「不忍」之範圍。仁心發展，見於行事，則為「推恩」。[20]仁政者以不忍之心，行推恩之政。小則一國，大則天下。始於親親，極於愛物。[21]凡此所言，實本諸孔子。立論較詳而大旨無殊。

　　仁政必有具體之設施。孟子所言，似可以教養二大端概之。而其養民之論，尤深切詳明，為先秦所僅見。七篇之中，孟子所注重者為裕民生、薄賦稅、止爭戰、正經界諸事。[22]此外孟子又有「與民同樂」之主張。其對齊宣王雪宮之問，謂「樂民之樂者民亦樂其樂，憂民之憂者民亦憂其憂。樂以天下，憂以天下。」[23]陳義尤為精當高遠，實孔子之所未發。蓋美食安居，人所共悅。必強人主以土階茅茨，既反人情，必不能用。若君上能行推恩之術，則舉國騰歡，可臻仁政之極致。孟子之重視民生如此，故於當時君臣不能盡養民之

18　〈告子下〉，「曹交問曰：人皆可以為堯舜有諸？孟子曰：然。」按孔子言性「不可得而聞」，其偶見於《論語》者如「下愚不移」，「中人以下不可以語上」，「性相近也，習相遠也」，均與孟子性善之說有異。

19　〈告子下〉，孟子曰：「仁，人心也。」

20　〈梁惠王上〉，孟子對齊宣王謂「老吾老以及人之老，幼吾幼以及人之幼，天下可運於掌。《詩》云刑于寡妻，至於兄弟，以御于家邦。言舉斯心，加諸彼而已。故推恩足以保四海，不推恩無以保妻子。古之人所以大過人者無他焉，善推其所為而已矣。」

21　〈盡心上〉：「親親而仁民，仁民而愛物。」

22　裕民生之大要，可於〈梁惠王上〉對梁惠王語見之。其略曰：「不違農時，穀不可勝食也。數罟不入洿池，魚鼈不可勝食也。斧斤以時入山林，材木不可勝用也。穀與魚鼈不可勝食，材木不可勝用，是使民養生喪死無憾也。養生喪死無憾，王道之始也。五畝之宅樹之以桑，五十者可以衣帛矣。雞豚狗彘之畜無失其時，七十者可以食肉矣。百畝之田勿奪其時，數口之家可以無飢矣。」薄賦稅略見〈滕文公下〉：「什一去關市之征」。〈盡心下〉：「有布縷之征，粟米之征，力役之征，君子用其一而緩其二。」〈公孫丑上〉：「市廛而不征，法而不廛」，「關譏而不征」，「耕者助而不稅」，「廛無夫里之布」。然孟子斥白圭之二十取一。見〈告子下〉。止爭戰如〈告子下〉，孟子告慎子魯地已逾百里舊制：「一戰勝齊，遂有南陽，然且不可。」〈梁惠王下〉，勸滕文公學大王去邠，對狄人取不抵抗政策。其餘尚多，不備引。正經界見〈滕文公上〉：「夫仁政必自經界始。」「請野九一而助，國中什一使自賦。」「方里而井，井九百畝，其中為公田，八家皆私百畝，同養公田。」

23　〈梁惠王下〉，又同章孟子答莊暴問惠王好樂，齊宣王問文王之囿及〈梁惠王上〉對沼上之問，語意並同。

責者譏詆至嚴，毫不寬假。如譏梁惠王則曰「率獸食人」，對鄒穆公則曰「上慢殘下」，斥善戰者則曰當「服上刑」，論致富強之徒則毀之為古之「民賊」。[24]《尚書》有「民為邦本」之語，[25]孟子殆最能闡發其旨。

　　孟子於養民之要不厭反覆申詳，而教民一端則多附帶及之，僅舉梗概。故對梁惠王問洗晉敗之恥謂「省刑罰，薄稅斂，深耕易耨，壯者以暇日修其孝悌忠信。」[26]對滕文公問為國，於論田地賦稅之後，告以「設為庠序學校以教之」，「皆所以明人倫也」。[27]七篇中言教之義，不過如此。以視孔子之以信為本，以食為末者輕重之間，顯有不同。推原其故，似有二端：（一）孟子頗有取於「衣食足，知榮辱」之義（語出《管子・牧民篇》），認允裕之物質生活為道德之必要條件。故曰：「民之為道也，有恒產者有恒心，無恒產者無恒心。苟無恒心，放辟邪侈，無不為已。」又曰：「明君制民之產，必使仰足以事父母，俯足以畜妻子，樂歲終身飽，凶年免於死亡。然後驅而之善，故民之從之也輕。今也制民之產，仰不足以事父母，俯不足以畜妻子，樂歲終身苦，凶年不免於死亡。此惟救死而恐不瞻，奚暇治禮義哉！」[28]（二）孟子嘗謂「民之憔悴於虐政，未有甚於此時者也。」[29]姑以戰爭殺戮之事徵之。《史記・六國表》載顯王五年（前363）秦魏石門之戰斬首六萬，慎靚王四年（前316）秦敗趙、韓，斬首八萬，赧王三年（前311）秦擊楚軍，斬首八萬，八年（前306）秦拔宜陽，斬首八萬。凡此皆當孟子生時。[30]斬首之數雖未必確，而與《左傳》所記春秋之戰爭相較，則洵有彼善於此之感。然則孟子「爭地以戰，殺人盈野。爭城以戰，殺人盈城。」[31]之語，並非羌無故實。孟子本不忍人之心，欲矯當時虐政之弊，故於民生之塗炭，再三致意而發為「保民」之論。此殆深受時代之影響，非孟子立意求改仲尼之道也。抑又有進者，孟子雖

24　分見〈梁惠王上、下〉，〈離婁上〉，〈告子下〉。
25　〈夏書・五子之歌〉。
26　〈梁惠王上〉。
27　〈滕文公上〉。
28　分見〈滕文公上〉及〈梁惠王上〉。
29　〈公孫丑上〉。
30　赧王二十二年（前293年）白起敗韓，斬首二十四萬，孟子已死，不及聞知矣。
31　〈離婁上〉。

以受歷史環境之刺激，主張制產裕民，[32]然並不與時代風尚相妥協而遂接受其功利主義。蓋根據性善之理論，孟子不僅注意行為之效果，而兼重視其動機。故初見梁王即謂「何必曰利」；聞宋牼欲以不利說罷秦楚之兵，復亟稱「先生之號則不可」。[33]夫利國乃當務之急。罷兵亦至美之事。孟子平日所言裕民止戰諸端，就其效果論之，殆不與梁王、宋牼之志相遠。而孟子並非之者，則以二人之言利，不根於仁心之不忍，而助長涼血之自私。推其流弊所及，必至君私其國，人私其身，上下交征利而國危矣。若反其道而行之，以不忍人之心，行不忍人之政，則不求利而利在其中。[34]以較求自利者之反致交害，其得失固不可以道里計。

養民既為政治之第一義，孟子乃更進一步而發為民貴之論。按當孟子之世，魏齊爭霸，秦勢方興。國強君威，專制之萌芽已茁。商鞅、申不害之徒方致位卿相，大扇重令尊君之說。一時風氣實趨向於貴君而賤民。孟子乃力排眾議，正告天下曰：「民為貴，社稷次之，君為輕。是故得乎丘民而為天子，得乎天子為諸侯，得乎諸侯為大夫。諸侯危社稷則變置。犧牲既成，粢盛既潔，祭祀以時，然而旱乾水溢，則變置社稷。」[35]夫君長之得位由於丘民，諸侯社稷均可變置，一國之中永存而不得動搖者惟有人民而已。是孟子不僅以人民為政治之目的，亦且以之為主體。此其為說固非六國時代一般人士所能喻，即孔子亦未嘗雅言以明之也。蓋孔子民可使由，不可使知[36]之說略含輕民之意，而其君子行仁由近及遠之理想復傾向於視君民為一體。孟子始暗示君民之對立，而大明民主君僕、民體國用之旨。七篇之中言之最透闢者，如「孟子謂齊宣王曰：王之臣有託其妻子於其友而之楚遊者，比其反也，則凍餒其妻子，則如之何。王曰：棄之。曰：士師不能治士，則如之何。王曰：已之。曰：四境之內

---

32 〈盡心上〉：「孟子曰：易其田疇，薄其稅斂，民可使富也。食之以時，用之以禮，財不可勝用也。民非水火不生活。昏暮扣人之門戶，求水火，無弗與者。至足矣。聖人治天下，使有菽粟如水火。菽粟如水火，而民焉有不仁者乎。」此似頗重生產，與孔子「不患貧而患不均」之重分配者有異。

33 分見〈梁惠王上〉及〈告子下〉。

34 孟子告梁惠王謂「未有仁而遺其親者也。未有義而後其君者也。」《集注》：「此言仁義未嘗不利。」

35 〈盡心下〉。

36 《論語‧泰伯第八》。

不治，則如之何。王顧左右而言他。」此暗示君主有職，同於百官，失職者當去也。[37]又如孟子對齊宣王問湯放桀，武王伐紂謂「賊仁者謂之賊，賊義者謂之殘。殘賊之人謂之一夫。聞誅一夫紂矣。未聞弒君也。」[38]此明揭暴君可殺之義也。

　　孟子貴民，故極重視民意，而認民心之向背為政權轉移及政策取捨之最後標準。得乎丘民者為天子，失民心者失天下。[39]堯舜禹湯之得天下，或傳賢，或傳子，或禪讓，或征誅，雖由「天與」，實賴「人歸」。[40]若以今語釋之，則孟子殆認人民為最後主權之所寄。故不獨於君主廢立之際，民心可以從違示去取，即在平時，國之要政亦應取鑒於輿情。如孟子告齊宣王於破格進賢之時，必「國人皆曰賢」，然後察而用之。於決獄用刑之時，必「國人皆曰可殺」，然後察而殺之。[41]此種「詢及芻蕘」之政治，雖或為上古遺制，[42]非出孟子臆造，然發揮宣揚之則由於孟子。復次，孟子寄權於民，故認政府有絕對養民安國之義務，而人民無絕對服從政府之義務。若政府失職，則民可不忠。孟子對鄒穆公之問，謂「上慢而殘下」，則民可「反之」以不親上死長。出爾

---

37 〈梁惠王下〉。孟子論周室班爵祿謂「天子一位，公一位，侯一位，伯一位，子男同一位，凡五等。君一位，卿一位，大夫一位，上士一位，中士一位，下士一位，凡六等。」（見〈萬章下〉）亦示君臣同類之義，與專制時代君臣懸絕之觀念不同。

38 〈梁惠王下〉。

39 〈離婁上〉：「孟子曰：桀紂之失天下也，失其民也。失其民者失其心也。得天下有道，得其民，斯得天下矣。得其民有道，得其心，斯得民矣。得其心有道，所欲與之聚之，所惡勿施爾也。」

40 〈萬章上〉孟子論舜禹引泰誓曰：「天視自我民視，天聽自我民聽。」此與 "Vox Populi Vox Dei" 之意略同。又〈梁惠王下〉孟子論齊人伐燕謂「取之而燕民悅則取之」，「取之而燕民不悅則勿取」，亦可參閱。

41 〈梁惠王下〉。

42 〈周禮‧小司寇〉「一曰詢國危，二曰詢國遷，三曰詢立君。」此制在春秋時尚偶一運用，殆已不普遍。如《左傳‧襄公三十一年》（前542年）「鄭人遊於鄉校以論執政」，子產謂「其所善者吾則行之，其所惡者吾則改之，是吾師也。」昭公二十四年（前518）王子朝之難，士伯立於乾，祭而問於介眾。定公八年，「衛靈公將叛晉，朝國人而問焉，曰：若衛叛晉，晉五伐我，病何如矣。皆曰：五伐我，我猶可以能戰。曰：然則叛之。」哀公元年，吳入楚，召陳懷公。「懷公朝國人而問焉，曰：欲與楚者右，欲與吳者左。」參《國語‧周語》屬王監謗，及《左傳‧昭公二十七年》（前515年）楚令尹子常殺讒人以止謗。

反爾，[43]以怨報怨。君之與民，竟為敵體。按民貴君輕之旨，實先孟子而成立。如季梁（事在前705年）止隨侯勿追楚師，謂「上思利民，忠也。」邾文公卜遷於繹，謂「命在養民。」師曠對晉侯問衛人逐其君（事在前558），謂「夫君，神之主也，民之望也。若困民之主，匱神乏祀，百姓絕望，社稷無主，將安用之，弗去何為。」[44]若〈盤庚〉告殷民以「古我前后，罔不惟民之承」，[45]以及〈泰誓〉天民視聽之語，[46]則其源更為古舊。然以孔子之聖，已有「民可使由」「庶人不議」之主張。足見民貴之古義，至孟子之身，湮沉已久，殆近絕學。孟子之功不在自出心裁創設其旨，而在重張墜緒於晚周君專政暴之時。於是孟子之政治思想遂成為針對虐政之永久抗議。雖勢不能見採於時君，而二千年中每值世衰國亂輒一度興起，與老、莊之無君思想互相呼應。故就其影響論，孟子之儒，不僅有異於荀，抑亦頗殊於孔。蓋孟子取人民之觀點以言政，孔、荀則傾向於君主之觀點也。

　　雖然，孟子民貴之說，與近代之民權有別，未可混同。簡言之，民權思想必含民享、民有、民治之三觀念。故人民不只為政治之目的，國家之主體，必須具有自動參預國政之權利。以此衡之，則孟子貴民，不過由民享以達於民有。民治之原則與制度皆為其所未聞。故在孟子之思想中民意僅能作被動之表現，治權專操於「勞心」之階級。暴君必待天吏而後可誅，[47]則人民除取不親上死長之消極抵抗以外，並無以革命傾暴政之權利。凡此諸端，皆由時代環境所限制。吾人若一考歐洲至十六、七世紀猶大倡誅戮暴君之論，[48]至十八世紀以後民治之理論與制度始進展流行，則於西曆西元前四世紀貴民輕君之孟子，可無間然矣。

　　孟子本民貴之宗旨，又進論臣工之職位，而斷定其為國之公僕，承君命以

43　〈梁惠王下〉。

44　分見《左傳》〈桓公六年〉，〈文公十三年〉，〈襄公十四年〉。參閱《國語‧魯語》晉人殺厲公一段。

45　《尚書‧商書‧盤庚中》。

46　《論語》〈泰伯八〉及〈季氏十六〉。

47　「勞心者治人，勞力者治於人。」見〈滕文公上〉孟子對陳相語，參同章孟子答畢戰「無君子莫治野人，無野人莫養君子。」足見孟子無政治之平等觀念。「天吏」見〈公孫丑下〉。

48　較著者如 Duplessis-Mornay（？），*Vindiciae Contra Tyrannos*（1579）；Juan Mariana（1536-1624），*De Rege et Regis Institutione*。

養民，非君主之私屬。故告平陸大夫謂不能盡責則當致仕。對齊宣王問貴戚之卿謂「君有大過則諫，反覆之而不聽則易位。」對其問異姓之卿謂「君有大過則諫，反覆之而不聽則去。」[49]此與孔子「以道事君」之說大意無別而詳盡有加。抑又有進者，孔子「事君盡禮」，態度卑恭。孟子則提高人臣之地位，立「不召之臣」為理想，復以齒德抗朝廷之爵。[50]於是君臣之間，各有尊貴。臣之於君，一視其相待之厚薄而定其相報之厚薄。恩怨分明，進退裕如。[51]專制時代忠君不二之論，誠非孟子所能許可。此雖亦與孔子一致，然孔子之理想乃以君為師，孟子則以師教君。孔子欲君子之以德致位，孟子則以德抗位。二子之異，殆亦時代使然。蓋晚周養士尊賢之風，肇於魏之西河而盛於齊之稷下。二者孔子皆不及見。而孔子德位兼全之理想君子既無由實現，孟子乃承戰國之風，發為以德抗位之說，亦極自然之事也。[52]

　　吾人於此可附論孟子所持個人出處之見解，七篇所記孟子之言，表示二種不同之態度。（　）孟子稱孔子為「聖之時者」。蓋以孔子行藏，一視用舍。可仕則仕，可止則止。既異於伯夷之「清」，伊尹之「任」，更有殊於柳下惠之「不恭」，[53]故為孟子之所願學也。（二）孟子有時放棄此種主張而肯定個人從政之義務。如孟子對周霄問仕謂「《傳》曰，孔子三月無君則皇皇如也。公明儀曰，古之人，三月無君弔。」孟子釋之曰，「士之失位也，猶諸侯之失

49　分見〈公孫丑下〉及〈萬章下〉。

50　〈公孫丑下〉孟子告景子謂「天下有達尊三，爵一，齒一，德一。朝廷莫如爵，鄉黨莫如齒，輔世長民莫如德。（齊王）烏得有其一以慢其二哉。」

51　〈萬章下〉孟子對萬章問不見諸侯謂「天子不召師而況諸侯乎！」又引子思不悅友繆公事，謂「以位，則子君也，我臣也，何敢與君友也。以德，則子事我者也，奚可以與我友。」〈離婁下〉「孟子告齊宣王曰：君之視臣如手足，則臣視君如腹心。君之視臣如犬馬，則臣視君如國人。君之視臣如土芥，則臣視君如寇讎。」〈告子下〉對陳子問仕謂「所就三，所去三。」大致以行道及有禮為出仕之條件。〈萬章下〉孟子謂孔子有「見行可」，「際可」，及「公養之仕」，意同此。

52　然孟子之見解，春秋時已有之。參《左傳·襄公二十五年》（前548年）晏嬰不死齊莊公難而為之說曰：「君民者豈以陵民，社稷是主。臣君者豈為其口實，社稷是養。故君為社稷死則死之，為社稷亡則亡之。若為己死而為己亡，非其私暱，誰敢任之。」

53　分見〈萬章下〉及〈公孫丑上〉。〈盡心上〉孟子告宋勾踐曰：「古之人得志澤加於民，不得志修身見於世。窮則獨善其身，達則兼善天下。」即發揮此意。又〈告子上〉「古之人修其天爵而人爵從之」，亦與孔子「學也，祿在其中」之旨相符。

國家也。」又曰，「士之仕也，猶農夫之耕也。」[54]（三）然孟子所屢言，而似即為其意所傾重者，為修身獨善。行道立功，反成末務。故一則曰「舜視棄天下猶棄敝蹝」。再則曰：「廣土眾民，君子欲之，所樂不存焉。中天下而立，定四海之民，君子樂之，所性不存焉。」[55]其說又與孔子知其不可而為，不廢君臣之義者異趣。[56]考孟子所以屢易其說者，似由因事而發，各有意義，不必互相衝突。其學孔子者，蓋根於仁心仁政之宗旨，針對世卿已絕之時代而立言。其稱士仕與農耕同科，以從政為不可放棄之職責者，殆依據古代宗子世卿，士族君子專享從政權利，獨負為國義務之背景而立言。其謂天下敝蹝者，殆以世卿既不可復，人爵未必相從，與其降志辱身，無寧尊德樂義。此則似乎專為戰國游談干祿之風而發矣。然孟子之意在於修身見世，與高蹈遠引之隱者又不相謀。故得食可以不耕，[57]致祿可無官守。[58]此亦六國之習尚，非孔子所能想像。孟子雖自謂恥為賤丈夫之壟斷富貴，[59]恐亦難盡免田駢「不宦」之譏歟。[60]

第三節　定於一

　　梁襄王問天下惡乎定？孟子對之曰：「定於一。」[61]此為孔、孟政治思想

54　〈滕文公下〉。

55　均見〈盡心上〉。

56　分見《論語》〈憲問十四〉及〈微子十八〉。但孔子偶亦與孟子同意。〈先進十一〉孔子使弟子言志，於子路、冉有、公西赤之志於為國，未加稱許，獨與曾點之「浴乎沂，風乎舞雩，詠而歸」。

57　〈盡心上〉。參〈滕文公下〉「士無事而食」。

58　〈公孫丑下〉，孟子自謂其在齊為賓師受公養時「我無官守，我無言責。」

59　〈公孫丑下〉孟子對陳子辭齊王萬鍾之養。

60　《戰國策・卷十一・齊四》，「齊人見田駢曰：聞先生高議，設為不宦，而願為役。田駢曰：子何聞之？對曰：臣聞之鄰人之女。田駢曰：何謂也？對曰：臣鄰之女，設為不嫁。行年三十，而有七子。不嫁則不嫁，然嫁過畢矣。今先生設為不宦，訾養千鍾，徒百人。不宦則然矣，而富過畢也。田子辭。」此譏稷下學士「皆賜列第為上大夫，不治而議論」（《史記・田齊世家》）。孟子雖未必逮稷下（錢穆《考辨》第七六），然其不宦而富，則略似田子矣。

61　〈梁惠王上〉。

相異重要之一端，不可不略加申論。吾人於第二章曾謂孔子正名從周，其意在於承認姬周政權條件之下，改進恢復封建之制度。至孟子時，周衰欲滅，諸侯愈強。「海內之地方千里者九」，而楚、魏、齊、秦尤為大國，各有席捲天下之勢。於是仲尼尊周之主張不復具有意義。孟子深察世變，急思拯民，其所想望者非周室之復興，乃新王之崛起。所謂定於一者即此想望之表示也。

仲尼「憲章文武」「夢見周公」。然於武王之得天下，殊罕言之。乃於泰伯之三以天下讓，民無得而稱，文王之三分天下有其二，以服事「殷」，[62]皆極盡推許，稱為「至德」。此雖殷遺民應有之態度，亦足見孔子之政治思想傾向於承認既定之政權，不贊同姬周之取天下而贊同其治天下。孟子於齊宣、梁惠之前[63]數言湯武。於湯謂其以七十里之小國，以德行仁，征伐四方，「為政於天下」。於武王謂其「一怒而安天下之民」，伐殷誅紂下民皆悅。[64]而七篇書中言文王之次數尤多。考其所以見稱者非孔子所舉事殷之至德，而為百里行仁，為政天下。[65]於是文王之事功，遂與湯武無別。此孟子不舉周室想望新王之一證也。孟子傳食諸侯，輒以王政相勉。當其時，魏齊爭霸，盛極一時，似最為孟子所屬意。故對梁惠王則告以百里可王，仁者無敵之精義。甚至以襄王之「不似人君」猶得預聞天下定一之說。是孟子欲梁之得天下也。對齊宣王則語以「保民而王，莫之能禦」，勉其學文武「一怒而安天下之民」，示之以文王治岐之政。[66]反覆申詳，尤為盡致。是孟子欲齊之統一也。孟子取鑑成湯文王，深信「地方百里而可以王」。故積弱如宋，孟子尚舉湯政以相勗，謂天下無敵，齊楚何畏。地小如滕，孟子猶言稱堯舜，語以王師，[67]是竟欲宋、滕得

---

62 《論語・泰伯第八》。朱熹《集注》曰，「夫以泰伯之德，當商周之際，固足以朝諸侯，有天下矣。乃棄不取，而又泯其迹焉。則其德之至極為何如哉。蓋其心即夷齊扣馬之心，而事之難有甚焉者，宜夫子之嘆息而贊美之也。」又引范氏曰，「文王之德足以代商。天與之，人歸之。乃不取而服事焉，所以為至德也。孔子因武王之言而及文王之德，且與泰伯皆以至德稱之。其指微矣。」

63 〈梁惠王下〉，〈公孫丑上〉，〈滕文公下〉。

64 〈梁惠王下〉，〈盡心下〉。

65 〈離婁上〉，〈公孫丑上〉，〈梁惠王下〉。

66 均見〈梁惠王上、下〉。〈公孫丑下〉孟子於去齊時謂「王如用予，則豈徒齊民安，天下之民舉安。」意尤明顯。

67 分見〈滕文公上、下〉。又孟子告文公曰：「詩云，周雖舊邦，其命惟新。文王之謂也。子力行之，亦可以新子之國。」孟子勸人「師文王」皆本此意。

天下矣。此孟子不奉周室，想望新王之又一證也。

孔、孟之異又可於其對王政霸政之態度見之。孔子雖謂「天下無道則禮樂征伐自諸侯出」，然於桓公管子之功頗加稱許。孟子始尊王黜霸，謂「仲尼之徒無道桓文之事者。」[68]蓋霸政之作用在當封建制度已衰未潰之際，挾天子以令諸侯，於紊亂中維秩序。及至七雄爭長，則挾天子既無所用，令諸侯亦勢不能。即使桓文復起，亦難再為玉帛冠裳之會。故孔、孟之態度不同，實各有其時代之背景。矧自孟子視之，霸不足取而甚難，王近理想而反易。故曰：「以力假仁者霸，霸必有大國。以德行仁者王，王不待大。」又曰：「王者之不作，未有疏於此時者也。民之憔悴於虐政，未有甚於此時者也。饑者易為食，渴者易為飲。」[69]足見孟子所以必以仁義之言強聒時君者，非欲沮其囊括宇內之雄心，而正欲授之以避難就易之途徑，促其雄心之早日實現。所可惜者孟子所想像湯武之仁政，既不見採納，而其定一之理想轉為「暴秦」所實現。徒留一王霸問題為此後儒生爭辯之資。宋時朱熹、陳亮書札來往討論至數萬言，斷斷於天理人欲之辨，[70]竟不知孟子之尊王黜霸，尚有其歷史及政治之意義，是亦不善讀孟子之過矣。

吾人上述之論斷如尚不誤，則孟子黜霸，其意在尊王而促成統一。然所尊者非將覆之周王而為未出之新王，所欲促成者非始皇專制天下之統一而為先秦封建天下之統一。簡言之，孟子之意在乎立新政權以復舊制度。其留戀封建政治之情緒，擁護封建政治之主張，皆略同孔子。相異者所循之途徑而已。孔子欲存姬周以復興封建，孟子則圖於移朝易姓之後，重見「禮樂征伐自天子出」之盛世。故就其制度之主張論，孟子亦有復古之傾向。

孟子制度復古，可於其法先王之言徵之。孟子深信古先聖王所立之制度盡美盡善，可為萬世之楷模。後起人君必須取法。故曰：「徒善不足以為政，徒

---

68 〈梁惠王上〉。孟子論王霸之分，標準不一。或就仁義之真假（〈盡心上〉：「堯舜性之也，湯武身之也，五霸假之也」，此為宋代理學家以心術分王霸之根據）；或就操術之殊異（〈公孫丑上〉：「以力假仁者霸」，「以德行仁者王」）；或就行之者之地位（〈告子下〉：「天子討而不伐，諸侯伐而不討」）。

69 〈公孫丑上〉。

70 《朱子文集》〈答陳同甫書〉（三篇），《龍川文集》〈甲辰答朱元晦秘書〉〈與朱元晦書〉〈又書〉（乙巳春）。

法不能以自行。」又曰：「詩云，不愆不忘，率由舊章。遵先王之法而過者，未之有也。」[71]考孟子所稱先王之法似以井田、世祿、庠序三者為主。凡此諸制，孟子認為乃三代所通行，非如孔子之尊崇周禮。如田稅什一，孟子以為堯舜之道，而為夏、商、周之所奉行。井田之制，孟子以為始於殷之「七十而助」。周人略變其法，「百畝而徹」，而均不背什一之原則。孟子又嘗勸時君師文王。其所舉岐山之政則為「耕者九一，仕者世祿。關市譏而不征，澤梁無禁，罪人不孥。」其論教育制度則曰：「設為庠、序、學、校以教之。庠者養也，校者教也，序者射也。夏曰校，殷曰序，周曰庠。學則三代共之。皆所以明人倫也。」[72]七篇書中所載孟子有關制度之言，悉不出上述諸端之範圍。而井田世祿似尤為孟子所重視。故告宣王則曰：故國者有「世臣」之謂。對文公則謂仁政自「經界」始，「世祿滕固行之」。夫井田世祿既為封建制度之主幹，則孟子定於一之主張非始皇統一之預言而為封建天下之回顧，誠已毫無可疑。嚮使梁齊之君有一能行其言而果得天下，則巡狩朝覲慶賞征討之事[73]不難重見於周道傷殘之後矣。

　　雖然，吾人尚有二疑。孔、孟均擁護封建制度，何以（一）孔子專主從周而孟子泛言先王，（二）孔子設以德致位之教而孟子立「仕者世祿」之言乎。請先釋前者。孔子從周之故，吾人已於上文論之。孔子去古稍近，不僅方策猶存，文武未墜，周室制度，燦然足徵，且姬周政權，雖名存實亡，而尚無潰滅之徵兆。孔子從周，似頗受此等歷史事實之影響。孟子去古較遠，生當周室將傾之際。觀其對北宮錡問周室班爵祿，謂「其詳不可得而聞」，[74]即可推知至孟子之時，周禮已如夏殷之不足徵，孔子所贊為郁郁乎文者已非孟子所能悉考。是孟子縱欲從周，亦勢所不能，故逕舍周禮而泛言先王，欲以理想中堯舜

71　〈離婁上〉。

72　分見〈告子〉對白圭，〈滕文公上〉對文公，〈梁惠王下〉對宣王。

73　〈告子下〉：「孟子曰：五霸者三王之罪人也。」「天子適諸侯曰巡狩，諸侯朝於天子曰述職。春省耕而補不足，秋省斂而助不給。入其疆，土地闢，田野治，養老尊賢，俊傑在位，則有慶，慶以地。入其疆，土地荒蕪，遺老失賢，掊克在位，則有讓。一不朝則貶其爵，再不朝則削其地，三不朝則六師移之。是故天子討而不伐，諸侯伐而不討。五霸者摟諸侯以伐諸侯者也，故曰五霸者三王之罪人也。」此引申孔子「天下有道，則禮樂征伐自天子出」之說。

74　〈萬章下〉。

三代之法制，為梁齊諸王革命新邦之儀型也。抑又有進者，孟子既已不得詳聞周制，豈反能備徵堯舜三代之法。孟子曰：「盡信書則不如無書」[75]：可見其所稱先王之法，殆不過就古制之輪廓加以自創之理想，融鑄混合而成，不必全有歷史之根據。故孔子論三代之禮以為各有因革損益，孟子立戰國定一之制以為堯舜文王如規矩之永為師法。其相異如此者，正由前者較重史實，後者較逞主觀，非於擁護封建政治之基本態度有所不同也。至於孟子主張世祿之原因，亦當於戰國之環境中求之。按自宗法衰弛之後，列國君臣漸少舊族。平民馳譽於王侯，致位達卿相者，亦寖成習見之事。其末流之弊，遂至奔競成風。仕宦無一定之君，劃策皆詭遇之議。禍患所及，大則爭戰橫生，人民塗炭，小則貪權奪位，身家喪滅。蘇秦張儀之合從連衡，游相諸國，最足以代表當時之「投機分子」。此皆生與孟子同時，自當為其所聞見。孔子患世卿之鮮有德，故立以德致位之教，以圖矯正其失。乃布衣卿相，亦多蹈有位無德之舊弊，而加之干祿躁進所引起之不安。[76]此則誠非仲尼之所及料。而孟子遂復欲以世臣世祿矯之也。觀孟子論國無世臣之弊，謂「昔者所進今日不知其亡」，其針砭蘇、張流類朝秦暮楚之意至為顯明易覩。蓋人材登庸，才德固為理想之標準。然苟不能尊德，則自孟子視之，反不如世及以為禮。雖不得賢，猶可守法，[77]免致社會於紛紊矣。

第四節　一治一亂

　　孔子嘗謂周監二代，郁郁乎文，語意之中暗示文武方策為政治進步之結果。雖曰繼周者百世可知，孔子固就制度因革損益之大體言之，未必即信周文之後，復用夏殷之朴質也。孟子既認先王之法為百世不變之規矩，又發明「一治一亂」之史觀，於是孔子政治進步之暗示歸於隱滅，而政治循環之理論遂成為二千年中有力之學說。此與民為貴定於一同為孟子之重要貢獻，爰略論之。

75　〈盡心下〉。

76　〈滕文公下〉：「景春曰：公孫衍、張儀豈不誠大丈夫哉？一怒而諸侯懼，安居而天下息。」孟子斥之，以為「妾婦之道」。

77　韓愈〈對禹問〉論禹傳子。此借用其語。

孟子治亂之說，發於公都子問其好辯。其略曰：「天下之生久矣。一治一亂。當堯之時，水逆行氾濫於中國。蛇龍居之，民無所定。下者為巢，上者為營窟。書曰，洚水警余。洚水者洪水也。」此一亂也。「使禹治之。禹掘地而注之海，驅蛇龍而放之菹。水由地中行，江淮河漢是也。險阻既遠，鳥獸之害人者消，然後人得平土而居之。」此一治也。「堯舜既沒，聖人之道衰，暴君代作。壞宮室以為汙池，民無所安息。棄田以為園囿，使民不得衣食。邪說暴行又作。園囿汙池沛澤多而禽獸至。及紂之身，天下又人亂。」此又一亂也。「周公相武王誅紂伐奄，三年討其君，驅飛廉於海隅而戮之。滅國者五十。驅虎豹犀象而遠之。天下大悅。」此又一治也。「世衰道微，邪說暴行有作。臣弒其君者有之，子弒其父者有之。」[78]此又一亂也。

夫沿亂循環，按之吾國歷史不特三代為然，即秦漢以後二千年中亦未始不然。孟子此說誠具卓見。然孟子既謂聖王之法乃人倫之至，又謂苟能為善者子孫必王，[79]則堯、舜、禹、湯、文、武皆兼有至極之聖法善行，何以竟不能維持長久治安之局乎。孔子於此雖未有明白之解釋，然以其思想之內容推之，則「天命」殆為可能之答復。考孔子雖不言天道，而似深信天命。故曰，「天生德於予」，又曰，「天之未喪斯文」。[80]孟子襲其意而謂「吾之不遇魯侯，天也」；又謂「夫天未欲平治天下也。如欲平治天下，當今之世，舍我其誰也」。[81]然孔子言命，似限於個人之窮達。孟子乃以之論政權之變動。如堯舜之傳賢，夏禹之傳子，孟子皆以天意說之，謂「天與賢則與賢，天與子則與子。」[82]雖「天視自我民視」，民意為實際上政權最後之標準，而在理論上天意固為萬類最高之主宰。惟孟子此說，亦非自出心裁，而實得諸古學。《尚書》所載之言，意同孟子者不一而足。如祖己訓王則曰：「天監下民」；召公作誥則曰：「皇天上帝改厥元子」；成王告諭多方則曰，「天惟時求民

78　〈滕文公下〉。

79　〈梁惠王下〉對滕文公。

80　《論語》〈述而第七〉及〈子罕第九〉。又〈憲問十四〉謂道之將興或將廢「命也」。〈季氏十六〉謂君子「畏天命」。

81　〈梁惠王下〉告樂正子及〈公孫丑下〉對充虞。

82　〈萬章上〉。

主」。[83]孟子所引天民視聽之文，亦出《尚書‧泰誓》。夫「子罕言命」，不語怪神，於敬天之中，略寓存疑之態度。孟子則宗教之信仰較深。觀荀子譏斥五行幽隱之說，以子思孟子並舉，[84]即可想見。按尊天崇鬼，神道設教，本為古代社會之通習，〈表記〉所謂「殷人尊神」者，誠非無稽之談。然則孟子之屢言天命，又其思想復古，不用周道之一例也。[85]

孟子又有五百年為治亂一循環之說，則為《書》《傳》之所未載，或為其所自得。其對充虞問曰，「五百年必有王者興，其間必有名世者。」又取史實以證之曰，「由堯舜至於湯五百有餘歲。若禹、皋陶則見而知之，若湯則聞而知之。由湯至於文王五百有餘歲。若伊尹、萊朱則見而知之，若文王則聞而知之。由文王至於孔子五百有餘歲。若太公望、散宜生則見而知之，若孔子則聞而知之。」[86]此明言一治一亂，為一整齊固定之週期運動。按數推求，則百世之盛衰，可以前知而無誤。孟子所以毅然以「平治天下」自任，以「保民而王」勉人者，正由其胸中先有此世運當治之信念，深知文王以來七百餘歲，計數已過，論時則可也。孟子此說雖未盡合歷史事實，尚不失為一有趣之歷史哲學。宋世邵雍（1011-1077）「元會世運」[87]之系統，誠不得不奉孟子為其遠祖矣。

第五節　禮

孔子論政，立行仁與正名二要旨，前者得孟子而大申，後者經荀子而更備。吾人如謂荀子集先秦禮論之大成，似無重大之錯誤。

83　分見〈商書‧高宗肜日〉及〈周書〉之〈召誥〉〈多方〉。梁啟超《先秦政治思想史》附錄《尚書》言天命文言多則，頗便參閱，可取觀。

84　〈非十二子〉。其詳見下第七節。

85　〈表記〉又云「周人尊禮尚施，事鬼敬神而遠」。據此則孔子「敬鬼神而遠之」，乃從周也。

86　分見〈公孫丑下〉及〈盡心下〉。〈公孫丑下〉又云，「由周而來，七百有餘歲矣。以其數則過矣。以其時考之則可矣。」

87　《皇極經世書》。然邵子受道教之影響甚深，不盡出《孟子》。又按孔子雖信天命，而無五百年一治之說。故曰：「善人為邦百年，亦可以勝殘去殺矣。」又曰：「如有王者必世而後仁。」（〈子路第十三〉）

　　〈表記〉稱「周人尊禮尚施」，則孔、荀說禮，均從周道，而非自闢宗風。考諸古籍，春秋時人之論禮，含有廣狹之二義。狹義指禮之儀文形式，廣義指一切典章制度。《左傳・昭公五年》（前537年）載「公如晉，自郊勞至於贈賄無失禮。晉侯謂女叔齊曰：魯侯不亦善於禮乎！（中略）對曰：是儀也，不可謂禮。禮所以守其國，行其政令，無失其民者也。」[88]此於二義之區別，言之最為簡明。儒家之所重視而闡明者乃廣義之禮，並不以冠婚喪祭，揖讓週旋之事自限。[89]荀子之政治思想即以此廣義之禮為基礎，合以性惡之說，而蔚為一家之言。

　　荀子主性惡，在先秦儒家中殆為非常之創見。孔子曰：「性相近，習相遠也。」此明示先天無善惡之分，賢不肖成於後天之薰染。又曰：「惟上智與下愚不移。」是承認人性有上下之品級，雖陶融有所難變。孟子乃創為性善之論，舉上智下愚之差而平之，謂「人皆可以為堯舜。」其學已非孔子所能範圍。至荀子復攻孟子，一反其說，而亦與孔子之言不合。〈性惡篇〉曰，「人之性惡，其善者偽也。」蓋荀子以為人生而有好利，嫉惡之心，耳目聲色之欲。若聽其發展，不加節制，則爭奪殘賊，淫亂隨之興起，「正理平治」之社會生活無由實現矣。性惡之說既立，則禮之必要，不待深辨而已可知。〈禮論〉曰：「禮起於何也？曰：人生而有欲。欲而不得則不能無求。求而無度量分界則不能不爭。爭則亂，亂則窮。先王惡其亂也，故制禮義以分之，以養人之欲，給人之求。」「故櫽栝之生，為枸木也。繩墨之起，為不直也。立君上，明禮義，為性惡也。」由此足見荀子所謂禮，乃人類性惡之苦口良藥，而亦社會生活之基本條件。蓋主性善者必主率性，故孟子重仁。主性惡者必主制性，故荀子重禮。此皆由於理論上及邏輯上之需要，而各能自圓其說，成為統系者也。

　　雖然，吾人又當注意，荀子論禮，所以節欲，而非教人以絕欲。禮之真正

88　參〈莊公二十三年〉「公如齊觀社，非禮也，曹劌諫曰不可。夫禮所以整民也。故會以訓上下之則，制財用之節。朝以正班爵之義，帥長幼之序。征伐以討其不然。」亦見《國語・卷四・魯語上》，文小異。整民作正民。《禮記》中言禮之廣義尤詳。茲不具引。

89　儒者固亦嫻悉儀節，觀《儀禮》《禮記》所載可知。孔子本人有知禮之名。《墨子・非儒》謂儒者「繁飾禮樂以淫人」，均足為證。孔子之功在擴大禮之範圍加深其意義，遂為正民治國之要術。故曰「禮云禮云，玉帛云乎哉。」

目的乃在藉節欲之手段以圖全體人民物質生活最大限度之滿足。其方法雖近於消極，其效果則顯然積極。蓋荀子認定「人生不能無群」，必合作分工，然後可以圖存。然人性既惡，則合群生活之中勢必發生二重困難之問題。一曰個人之權利不定則爭享受，二曰個人之義務不定則怠工作。解決之道惟在制禮以明分，使權利與義務皆確定而週知。[90]於是社會安定，人民康樂。荀子述其禮治之理想曰：「德必稱位，位必稱祿，祿必稱用。」「朝無幸位，民無幸生。」[91]「改仁人在上則農以力盡田，賈以察盡財，百工以巧盡器械，士大夫以上至公侯莫不以仁厚智能盡官職。夫是之謂至平。故或祿天下而不自以為多，或監門、御旅、抱關、擊柝而不自以為寡。故曰斬而齊，枉而順，不同而一。夫是之謂人倫。」[92]在此「至平」之社會中，人欲不作無厭之求，財物以有節而可得。量物以足欲，「兩者相持而長」。故曰，「禮者養也。」[93]

　　禮之最後目的為養。故荀子於富國一事言之頗詳，而精當或有突過孟子之處。其所持足國之道包含「節用以禮，裕民以政」[94]之二大端。而所謂裕民以政，又不外乎「輕田野之稅，平關市之征，省商賈之數，罕興力役，無奪農時」之數事。此皆與孟子不甚相遠。其發孟子所未道者，當以其流通財物之說為最著。荀子設為經濟合作之理想，欲令天下之物產，以有易無，互相供給。故「澤人足乎木，山人足乎魚。農夫不斲削不陶冶而足乎械用，工賈不耕田而

---

90 〈富國篇〉：「欲惡同物，欲多而物寡，寡則必爭矣。故百技所成，所以養一人也。而能不能兼技，人不能兼官，離居不相待則窮，群而無分則爭，窮者患也，爭者禍也。救患除禍，則莫若明分使群矣。」又「事業所惡也，功利所好也。職業無分，如是則人有樹爭之患，而有爭功之禍矣。（中略）故知者為之分也。」

91 同前。

92 〈榮辱篇〉。

93 〈禮論篇〉。荀子有時以人民得養與否測國政之治亂。如〈王霸篇〉云：「夫人之情，目欲綦色，耳欲綦聲，口欲綦味，鼻欲綦臭，心欲綦逸。此五綦者人情之所必不免也。養五綦者有具。無其具則五綦者不可得而致也。萬乘之國可謂廣大富厚矣。加有治辨彊固之道焉，若是則恬愉無患難矣。然後養五綦之具具也。故曰百樂者生於治國者也。憂患者生於亂國者也。」《禮記》亦每發明禮順人情之旨。如〈坊記〉云：「禮者因人之情而為之節文，以為民坊者也。」〈禮運〉曰：「禮也者合於天時、設於地財、順於鬼神、合於人心、理萬物者也。」〈喪服四制〉曰：「凡禮之大體，體天地、法四時、則陰陽、順人情、故謂之禮。」按大、小戴《禮記》各篇中頗有與荀子內容相似者。殆一部分屬於荀學之系統歟？

94 〈富國篇〉。

足乎菽粟。」於是「四海之內若一家」，百姓皆得養而安樂。[95]吾人更當注意，荀子對人性雖悲觀，而對經濟生活則樂觀。荀子相信裕民之政策可使物質生產作無限度之增加，故富國之關鍵不在減低要求而在擴張供給。聖人制禮，宜量物以給欲。然欲望為生產之動力，故節用以禮，適可而止。如竟損之又損，則生產之動機為之消失，雖「若燒若焦」，[96]亦無以致天下於富裕，反竟有促使愈趨貧乏之危險。荀子於此所持之觀點頗有與近代西人相似之處。不僅大異墨家，亦復較孟子菽粟如水火之理想為進步。

禮之目的為養，其手段則為「別」。所謂別者，即「貴賤有等，長幼有差，貧富輕重皆有稱者也。」[97]別之具體表現為國家一切分等異級之制度。故曰，「禮者以財物為用，以貴賤為文，以多少為異，以隆殺為要。」[98]禮制既行，則人安其分，爭亂荒怠之事，將無由興起。其所以能致此者，全由以別易同，以不平等易平等，以不自由易自由。然而禮之別，別之不平等，非任意武斷而為之，必悉按個人之賢能為決定。〈王制篇〉曰：「無德不貴，無能不官。無功不賞，無罪不罰。朝無幸位，民無幸生。」又曰：「雖王公士大夫之子孫不能屬於禮義，則歸之庶人。雖庶人之子孫也，積文學身行，能屬於禮義，則歸之卿相士大夫。」陳義至高，於理甚當，於不平之中暗寓平等。上承孔子以德致位之理想，下開秦漢布衣卿相之風氣。以視孟子世祿之主張，則荀子於此更能解脫封建天下之影響而趨向於維新。

荀學為專制天下前夕之思想，又可於其尊君之態度見之。孟子貴民輕君，就戰國之世風論，實有生今反古之嫌。孔子不輕君，然亦未有君權絕對之明

95　〈王制篇〉。按荀子認社會為一分工合作之組織，意與孟子斥許行並耕之言相近，惟孟子未發揮盡詳耳。

96　〈富國篇〉：「墨子大有天下，小有一國，將蹙然衣麤食惡。憂戚而非樂。若是則瘠，瘠則不足欲，不足欲則賞不行。墨子大有天下，小有一國，將少人徒，省官職，上功勞苦，與百姓均事業，齊功勞。若是則不威，不威則罰不行。賞不行則賢者不可得而進也。罰不行則不肖者不可得而退也。則能不能不可得而官也。若是則萬物失宜，事變失應。上失天時，下失地利，中失人和。天下敖然，若燒若焦。墨子雖為之衣褐帶索，嚵（啜）菽飲水，惡能足之乎？既以伐其本，竭其原而焦天下矣。」

97　〈禮論篇〉、〈富國篇〉均有此文。

98　〈禮論篇〉。又《禮記‧坊記》曰，「子云：夫禮者所以章疑別微，以為民坊者也。故貴賤有等，衣服有別，朝廷有位，則民有所讓。」〈禮器〉所舉禮制頗詳可參閱。

言。[99]至荀子乃大唱尊君之論。〈儒效篇〉曰：「儒者法先王，隆禮義，謹乎臣子而致貴其上者也。」是以尊君為儒家要道之一。〈致士篇〉曰，「君者國之隆也。父者家之隆也。隆一而治，二而亂。」此與「天無二日」之旨尚無殊別。〈正論篇〉則謂「天子者勢位至尊，無敵於天下。（中略）南面而聽天下，生民之屬莫不振動服從，以化順之。天下無隱士，無遺善。同焉者是也，異焉者非也。」其意竟逼近法家之門戶，與孟學大有逕庭。推荀子所以尊君，其原因在環境者一，在學說者三。就環境論，孟、荀皆生國大君威之時代。孟子申古義以抗潮流，荀子就時勢以立學說。二子之環境略同，而其對環境之反應則大異。就思想之內容論，則荀子論禮，以明貴賤、別上下、異君臣為要義。不尊君則無以致別異之用。故君不可二，勢在獨尊。此皆顯而易見，無待探索。〈王制篇〉謂「分均則不偏，勢齊則不壹，眾齊則不使。」又謂「兩貴之不能相事，兩賤之不能相使，是天數也。」其意尤為明著。此荀子尊君由於理論上之需要者一。君主在荀子思想之中占極重要之地位。蓋荀子嘗謂「天地者生之始也。禮義者治之始也。君子者禮義之始也。」又謂「君者善群者也。」[100]「百姓之力、待之而後功，百姓之群、待之而後和，百姓之財、待之而後聚，百姓之勢、待之而後安，百姓之壽、待之而後長。」[101]「今嘗試去君上之勢，無禮義之化，去法政之治，無刑罰之禁，倚而觀天下民人之相與也，若是，則夫彊者害弱而奪之，眾者暴寡而譁之，天下之悖亂而相忘，不待頃矣。」[102]故政治組織既由聖智之君主以產生，政治生活亦賴繼體之君主而維持。治亂繫於一人，則尊榮殊於萬眾。此荀子尊君由於理論上之需要者二。復次，「人君者所以管分之樞要」，[103]故君主之職務為明定全國臣民之權利義務而監督之。儻使君主無至尊之位，至大之權，則此重要之職務必難於執行。此荀子尊君之又一理由也。因此種種之理由，荀子遂略變孔孟而接近申韓。唐宋儒者以孟子承正統，謂荀學為「小疵」。若就性惡、尊君二端言，誠不為無

99　然《禮記・坊記》載「子云：天無二日，土無二王，家無二主，尊無二上，示民有君臣之別也。」此僅示君位至尊，不必遂認君權為絕對，宜辨。

100　〈王制篇〉。

101　〈富國篇〉。

102　〈性惡篇〉。

103　〈富國篇〉。

據。抑又有進者,在孔、孟仁本之政治思想中,私人道德與政治生活雖先後一貫,而內外可分。有道則見,無道則隱。達則兼善,窮則修身。縱使天下大亂,猶可避世為賢。故政治生活之外,個人得有獨立之道德生活。荀子欲以君長之禮義,救人性之偏險。若君道或缺,則暴亂隨起。個人於此,方救死之不遑,豈能妄冀獨善。故立政以前,無以修身,而政治生活之外,不復有私人道德生活之餘地。荀子雖未明白肯定個人有絕對之政治義務,實已暗示法家重國輕人之旨。史稱韓非、李斯並出荀門,然則荀之所以為孔門異端者,正其所以為法家先進也。[104]

雖然,荀子尊君,固有與法家根本不同之點。法家傾向於以君為政治之主體,荀子則不廢民貴之義。蓋荀子尊君之主要理由,為君主有重要之職務。以今語釋之,荀子思想中之君主,乃一高貴威嚴之公僕,而非廣土眾民之所有人。若一旦不能盡其天職,則尊嚴喪失,可廢可誅。荀子嘗謂「天之生民,非為君也。天之立君,以為民也。」又謂「臣或弒其君,下或殺其上,粥其城,倍其節,而不死其事者,無他故焉,人主自取之。」又謂「天下歸之之謂王,天下去之之謂亡。故桀紂無天下而湯武不弒君。」[105]此與孟子「誅一夫」之說意義相同,而亦足證荀子不失為儒學之後勁。

第六節　治法與治人

荀子之理論,頗有接近法家之處,上節已略述之。禮、法間之界限本微細而難於驟定。法有廣狹二義,與禮相似。狹義為聽訟斷獄之律文,廣義為治政

---

104 按儒家中接近法家者在荀卿之前已有吳起李克二人,惜書不傳,學說不可詳考,又荀子雖重國,並未否認道德修養之必要,參閱〈修身〉〈不苟〉等篇。然荀子傾向於獎勵鄉愿,如〈榮辱篇〉云:「孝弟原愨軥（拘）錄,疾力以敦比其事業而不敢怠傲,是庶人所以取煖衣飽食,長生久視以免於刑戮也。」

105 分見〈大略〉〈富國〉及〈正論篇〉。又〈王制篇〉曰:「馬駭輿則君子不安輿,庶人駭政則君子不安位。馬駭輿則莫若靜之,庶人駭政則莫若惠之。選賢良,舉篤敬,興孝弟,收孤寡,補貧窮,如是則庶人安政矣。庶人安政,然後君子安位。《傳》曰,君者舟也,庶人者水也。水則載舟,水則覆舟。此之謂也。」〈王霸篇〉論暴君曰:「百姓賤之如尪,惡之如鬼,日欲伺間而相與投藉之,去逐之。」

整民之制度。就其狹義言之，禮法之區別顯然。若就其廣義言之，則二者易於相混。按封建宗法社會之中，關係從人，故制度尚禮。冠婚喪祭、鄉射飲酒、朝會聘享之種種儀文，已足以維秩序而致治安。及宗法既衰，從人之關係漸變為從地，執政者勢不得不別立「貴貴」之制度以代「親親」。然禮之舊名，習用已久，未必遽廢。於是新起制度亦或稱禮，而禮之內容遂較前廣泛，其義亦遂與廣義之法相混。[106]荀子之禮治思想殆即表現此過渡時期之趨勢，故言禮而不為純儒，近法而終不入申商之堂室也。

荀子尊君，認南面聽治者為國家治亂惟一之關鍵，其義斷非古禮所有。蓋當宗法盛時，貴族世卿預聞政事。臣室不可得罪，君主未能擅權。荀學變古，於此已可顯見。若按其所述禮之內容，則古今之義，錯雜並出，[107]而三十二篇之中所闡發者，似以今義為較多。故舉其大體言，荀學之主幹非封建天下之舊禮，而為新舊交糅之「治法」。茲舉其較重要者數端，略述於後。

一曰用人之法　荀子認君主應專權而不可獨治，必須有「便嬖左右足信者」以為「窺遠收眾之門戶牖嚮」，卿相輔佐以為「基杖」，「足使喻志決於遠方者」以使於四鄰諸侯。[108]如是則宮中府中，外交內部，均各得人，君主可以不勞而治。蓋荀子深信君臣分工，各有職守。下移上侵，均所不可。百官各有專司，人主則「以官人為能」。「今以一人兼聽天下，日有餘而治不足者，使人為之也。大有天下，小有一國，必自為之然後可，則勞苦耗顇莫甚焉。」人主苟能「論德使能而官施之」，令「士大夫分職而聽，建國諸侯之君分土而守，三公摠方，則天子共己而已」。[109]

荀子所論官人之精義，可以數語括之。〈君道篇〉曰：「取人之道，參之以禮。用人之道，禁之以等。行義動靜，度之以禮。智慮取舍，稽之以成。日

---

106 《周禮》一書，近代學者或謂非周初之制（如陳澧《東塾讀書記》），乃逐漸增改而成，如為六國時人略因古制所纂（錢穆《周官著作時代考》，據何休，見《燕京學報》十一期），則其內容正可代表此蛻變。然《周禮》雖或為周末所纂成，其變禮為法之傾向則或已始於周初。蓋周之封建似已變商部落組織之純粹宗法也。

107 如〈禮論〉除首段外大體申古義，〈王霸〉〈富國〉等篇則多陳新義。

108 〈君道篇〉。荀子又分人材為三等，（一）官人使吏之材，（二）士大夫官師之材，（三）卿相輔佐之材。

109 〈王霸篇〉。

月積久，校之以功。故卑不得以臨尊，輕不得以懸重，愚不得以謀智。是以萬舉不過也。」然所謂卑不臨尊者，乃指勞績官階之高下等第，非謂上品無寒門，官祿以世及也。蓋荀子所主張者正為打破門閥，專論材能之文官制度。故曰，「雖王公士大夫之子孫，不能屬於禮義則歸之庶人。雖庶人之子孫也，積文學身行，能屬於禮義，則歸之卿相士大夫。」此恰與世祿之制相反，用意至明，無待解說。按荀子官人主要之原則在立公制以屏私意。上述參禮禁等、稽成校功之說，皆本此而發。夫官人之私意，多生於君主。故立制度之公者，乃所以防君主之私。荀子嘗論私人之害曰：「明主有私人以金石珠玉，無私人以官職事業。是何也？本不利於所私也。彼不能而主使之，則是主闇也。臣不能而誣能，則是臣詐也。主闇於上，臣詐於下，滅亡無日，俱害之道也。」[110]荀子用人之法要旨略盡於此。考戰國之末，世卿既已消亡，有德無由致位。下則游談之士，躁進成風。蘇張之徒，乃其著例。上則君上專國，登寵便佞。如臧倉沮君，了之受國，皆嬖臣見用之明證。荀子官人之法，殆鍼對此種習俗而欲矯正其弊歟。

　　二曰勸禁之法　荀子於此較少新義。〈君子篇〉謂「古者刑不過罪，爵不踰德。故殺其父而臣其子，殺其兄而臣其弟。刑罰不怒罪，爵賞不踰德，分然各以其誠通。是以為善者勸，為不善者沮。刑罰綦省而威行如流。政令既明而化易如神。」荀子之主張大體不出儒家慎刑之範圍，[111]不必深論。

　　三曰正名之法　〈正名篇〉曰：「王者之制名，名定而實辨，道行而志通，則慎率民而一焉。故析辭擅作名以亂正名，使民疑惑，人多辨訟，則謂之大姦，其罪猶為符節度量之罪也。故其民莫敢託為奇辭以亂正名。故其民慤，慤則易使，易使則公。其民莫敢託為奇辭以亂正名，故壹於道法而謹於循令矣。如是則其迹長矣。迹長功成，治之極也。是謹於守名約之功也。」又曰：「夫民易一以道而不可與共故。故明君臨之以勢，道之以道，申之以命，章之以論，禁之以刑。故其民之化道也如神，辨說惡用矣哉。」[112]孔子曾謂「庶人

---

110 〈君道篇〉。

111 〈正論篇〉辨古無象刑，略謂「凡刑之本，禁暴惡惡，且懲其未也。」又謂「凡爵列官職賞慶刑罰皆報也。以類相從也。」似為孔孟之所未言及。

112 同篇又謂「見侮不辱，聖人不愛己，殺盜非殺人」，為「惑於用名以亂名」；「山淵平，情欲寡，芻豢不加甘，大鍾不加樂」，為「惑於用實以亂名」；「非而謁，楹有牛，馬非

不議」，又謂不可使知。荀子正名之法，其原固出於仲尼。然孔子以仁愛為政本。故雖輕視民智，而能行其術者尚不失為仁惠之專制。荀子以正名與性惡，禮治之說相連，已略失孔學溫厚之旨。及李斯受之以相始皇，更加推衍，遂發為「辨黑白而定一尊」之政策。然則荀之正名與李之愚民，一轉手間耳。且荀非純儒，又不僅此也。孟子固亦嘗以衛先聖之道自任。然孟子「距楊墨，放淫辭」，不過逞個人之口舌，招好辯之譏毀。觀其應對齊梁之君，固未嘗一露假手政府以息「邪說」之意。是孟子雖勇於衛道，尚不失西人以學說對學說，以言論攻言論之開明態度。至荀子為人君立正名禁惑之法，則不啻始皇焚書之始作俑者。其存心或不與孟子相異，其操術則大不相同也。

　　雖然，荀子極言治法，雖內容不純，而悉歸之於三代聖王，以為矩範。孔子自謂從周，又斥生今反古。荀子承其意而發為「法後王」之教。其言曰：「欲觀先王之迹，則於其粲然者矣。後王是也。彼後王者天下之君也。舍後王而道上古，譬之是猶舍己之君而事人之君也。」[113]孟子稱聖人人倫之至，又教人以法先王。荀子亦謂「言味者予易牙，言音者予師曠，言治者予三王。三王既已定法度，制禮樂而傳之，有不用而改自作，何以異於變易牙之和，更師曠之律。」[114]似荀子之論制度，本不與孔、孟相懸殊。吾人頃謂其操術不同者，其說有二。（一）吾人辨孔、荀治法之異同，當注意其內容，而不可徒觀其稱號。荀子謂「五帝之中無傳政」，「禹湯有傳政而無周之察」，一若武王周公之制，果粲然可徵，而有以異於前王者。然吾人於述孟子思想時，已由諸侯盡去周室班爵之籍，推知文、武方策殆已殘缺而不備。荀子之生，晚於孟子，豈竟得覩周禮之全。則其所謂後王之粲然者，殆未必真為事實。荀子曰：「欲知上世，則審周道。欲知周道，則審其人所貴君子。」[115]其中消息，於此已可窺知。然則荀子所謂後王，必非孔子所知之文、武。（二）吾人又可於荀子所舉治法之內容證之。上述治法數端，吾人已論其與古制古義不合之處。荀子謂「聲則凡非雅者舉廢，色則凡非舊文者舉息，械用則凡非舊器者舉毀。夫是之

　　馬」，為「惑於用名以亂實」；總稱之為「三惑」而欲均禁之。是荀子除儒家諸子外，凡宋、莊、墨與公孫龍諸家之學，具欲加以亂名之罪而以政府之法令禁之也。

113 〈非相篇〉。

114 〈大略篇〉。

115 〈非相篇〉「君子」，楊注「謂己之君也」。

謂復古。」[116]然其治法之內容既多雜以戰國之成分，則其自稱「復古」，殆不免躬蹈「用名以亂實」之禁，不足以證其真學孔子。

荀學誠有與孔、孟精神一貫之處，特不在其論治法而在其重治人。簡言之，荀子之政治思想以法為末，以人為本。故接近申、商者其皮毛，而符合孔、孟者其神髓也。

荀子論治人之言以〈君道篇〉為最著。蓋上承人存政舉、人亡政息之旨而加以發揮。其言曰：「有亂君無亂國。有治人無治法。羿之法非亡也，而羿不世中。禹之法猶存，而夏不世王。故法不能獨立，類不能自行。得其人則存，失其人則亡。法者治之端也。君子者治之原也。故有君子則法雖省，足以徧矣。無君子則法雖具，失先後之施，不能應世之變，足以亂矣。」按荀子此論，似含止反相連之二義。一曰徒法不能自行，二曰君子足以為治。〈王制篇〉曰：「法而不議，則法之所不至者必廢，職而不通，則職之所不及者必隊。」〈君道篇〉亦曰：「合符節、別契券者，所以為信也。上好權謀，則臣下百吏誕詐之人乘是而後欺，探籌、投鉤者，所以為公也。上好曲私，則臣下百吏乘是而後偏。衡石稱懸者，所以為平也。上好傾覆，則臣下百吏乘是而後險。斗斛敦槩者，所以為嘖也。上好貪利，則臣下百吏乘是而後豐取刻與，以無度取於民。故械數者，治之流也，非治之原也。」此皆闡明徒法不行之義。〈君道篇〉又謂「請問為國。曰：聞修身，未嘗聞為國也。君者儀也，儀正而景正。」又謂「上好禮義，尚賢使能，無貪利之心，則下亦將綦辭讓致忠信而謹於臣子矣。如是則雖在小民，不待合符節別契券而信，不待探籌投鉤而公，不待衡石稱懸而平，不待斗斛敦槩而嘖。故賞不用而民勸，罰不用而民服，有司不勞而事治，政令不煩而俗美。」此闡明君子足以為治之義也。凡此所言，皆與孔子之意相合，而足見荀學之根本異於法家。蓋法家寓君權於械數之內，荀子則欲君主之人格透露於法制之外。[117]前者專重治法，後者則求治人以行治法。此人法兼取之說，實亦直承孔子遺教，[118]而非荀子所新創。雖然，吾人不

116 〈王制篇〉。
117 〈正論篇〉曰：「世俗之說者曰：主道利周。是不然。主者民之唱也，上者下之儀也。彼將聽唱而應，視儀而動。唱默則民無以應也。儀隱則下無動也。不應不動，則上下無以相有也。若是則與無上同也。不祥莫大焉。」
118 見本書第二章第五節末段。

禁有感焉。孔、孟重君主之道德而不重其權勢，申、商重君主之權勢而不求其道德。荀子乃兼重之。集成並美，其說似臻盡善。然而一考其實，則當世之君或為其所及見者，齊則威、宣、湣，燕則子喻，楚則頃襄，趙則孝成，秦則昭襄，凡此諸君之中，無一可為荀子治人理想之根據者。及至秦漢以後，曲學之儒，竊取荀子尊君之義，附以治人之說，阿君之好，極盡推崇。流風所播，遂至庸昏淫暴之主，不僅操九有之大權，亦得被重華之美號。以實亂名，貽害匪淺。此雖荀子所不能逆覩，而其立說之有未安，亦由茲可以推見。尚不如孔、孟專重君德，或可補封建之闕，申、商倚任治法，或可防專制之弊。此後二千年中欲求荀子入秦所見之治，已不可多得，[119]則荀子所圖兼存者或竟兩害之歟。

第七節　天人之分

　　春秋時代之中國尚存上古神道設教之遺風。《左傳》一書所記迷信之事即數見不鮮。如楚成王論晉重耳出亡，謂「天將興之，誰能廢之。」王孫滿對楚子問鼎謂「周德雖衰，天命未改。」[120]此信興亡由於天命之例。又如士文伯對晉侯問日食曰：「國無政，不用善，則自取讁於日月之災。」宋湣公答魯侯弔大水曰：「孤實不敬，天降之災。」[121]此言天災生於惡政之例。又如內史過對周惠王問神降於莘曰：「國之將興，明神降之，監其德也。將亡，神又降之，觀其惡也。故有得神以興，亦有以亡。」[122]此謂鬼神兆應盛衰之例。其他彭生

---

119 〈彊國篇〉：「應侯（范雎）問孫卿子曰：入秦何見？孫卿子曰：其固塞險，形勢便，山林川谷美，天材之利多，是形勝也。入境觀其風俗，其百姓樸，其聲樂不流汙，其服不挑，甚畏有司而順，古之民也。及都邑官府，其百吏肅然，莫不恭儉敦敬，忠信而不楛，古之吏也。入其國觀其士大夫出於其門入於公門，出於公門歸於其家，無私事也。不比周，不朋黨，偶然莫不明通而公，古之士大夫也。觀其朝廷，其間聽決百事不留，恬然如無治者，古之朝也。（中略）雖然，則有其諰矣。兼是數具者而盡有之，然而縣之以王者之功名，則倜倜然其不及遠矣。」

120 分見〈僖公二十三年〉（前637年）及〈宣公三年〉（前606年）。

121 〈昭公七年〉（前535年）及〈莊公十一年〉（前683年）。

122 〈莊公三十二年〉（前662年）。亦見《國語‧卷一‧周語上》，文小異。

伯有之鬼，石言蛇鬭之妖，事尤不經，更難悉舉。足見迄周晚世，「殷人尊神」之習慣尚未盡除。然周人「事鬼敬神而遠之」，其政教所被，似非毫無影響。春秋時人能破除迷信者間亦有之。鄭子產不信神禆竈字星兆火之言，謂「天道遠，人道邇，非所及也，何以知之。」[123]其語最為透闢。孔子之態度雖不及子產之澈底，然觀其對子路問事鬼神則曰：「未能事人，焉能事鬼」，對樊遲問知復謂「敬鬼神而遠之」，[124]則孔子順從周道，事極顯然。然仲尼既為宋後，或則未盡棄殷人尊神之教。[125]《中庸》如果係子思所作，則其中鬼神諸說，[126]縱非孔門「心法」，亦或為祖孫家學。孟子大唱天命，其思想亦於此近古。至荀子乃極言天人之分，純用周道，為子產張目，與思孟相抗。

荀子力辨天命災異與政治人事無關，其說頗為明快。〈天論篇〉曰，「天行有常，不為堯存，不為桀亡。」又曰，「治亂天邪。曰日月星辰瑞曆，是禹、桀之所同也。禹以治，桀以亂。非天也。」夫治亂既非天命，非天人不相干涉。「人有其治」，所務在茲。人宄勝天，無所憂懼。「彊本而節用，則天不能貧，養備而動時，則天不能病，修道而不貳，則天不能禍。故水旱不能使之饑渴，寒暑不能使之疾，祅怪不能使之凶。」故曰，「明於天人之分，可謂至人矣。」又曰，「唯聖人為求不知天。」

荀子又進而釋災異不足畏之故，其說亦盡情合理，可以解蔽祛惑。荀子設為問對之辭曰：「星隊木鳴，國人皆恐。曰：是何也？曰：無何也，是天地之變，陰陽之化，物之罕至者也。怪之可也，而畏之非也。夫日月之有蝕，風雨之不時，怪星之黨見，是無世而不嘗有之。上明而政平，則是雖並世起，無傷也。上闇而政險，則是雖無一至者無益也。」然吾人應注意：荀子僅欲破除迷信，而不求變易習俗。故其言曰：「雩而雨，何也？曰：無何也。猶不雩而雨

---

123 《左傳‧昭公十八年》（前524年）。又十九年「子產弗許禳龍」，意略同。

124 《論語》分見〈先進十一〉及〈雍也第六〉。

125 孔子信天命已見本章註78。

126 第十六章：「子曰鬼神之為德，其盛矣乎。視之而弗見，聽之而弗聞，禮物而不可遺。」第二十四章：「至誠之道，可以前知，國家將興，必有禎祥。國家將亡，必有妖孽。見乎蓍龜，動乎四體。禍福將至，善，必先知之。不善，必先知之。故至誠如神。」第二十九章：「質諸鬼神而無疑，知天也。」按《論語》稱「子不語怪力亂神」（〈述而第七〉），「子罕言利，與命與仁」（〈子罕第九〉），子貢亦謂「夫子之言性與天道，不可得而聞也」（〈公冶長第五〉），孔子殆以周道授弟子，而傳殷道為家學歟。

也。日月食而救之，天旱而雩，卜筮然後決大疑，非以為得求也，以文之也。故君子以為文而百姓以為神。以為文則吉，以為神則凶也。」[127]

按天命鬼神之說，入人至深。雖仲尼之聖猶不能免其羈絆，荀子乃能申子產之意，大張非命無神之政治觀，不可謂非豪傑之士。所可惜者，結習難除，其言未必真得多數之聽從，而當荀子之世，鄒衍之徒已用五德天運諸說顯明於列王。及兩漢之世，董仲舒、韓嬰輩復唱天人感應之論，翼奉、京房等更以陰陽災異說政治經術。元、成之際圖讖又興。凡此諸端，皆幽怪詭僻，莫可名狀。以視先秦，殆有過之。於是王衍訂鬼，桓譚非讖，此亦破除迷信。足繼荀卿之絕學，而其徒勞鮮功，復約略相似也。雖然，尚有疑焉。中國春秋以前，君不專制。君權之運用，自有其限度。貴族世卿，大臣巨室，此君權之直接限制也。民心之向背，天命之與奪，鬼神之賞罰，卜筮之吉凶，[128]此間接之限制也。儒、墨、陰陽諸家天命民貴之理論，皆含有限制君權之作用。法家雖屏此諸端而不取，然其「法者君臣共守」之理想，亦不失為一種限制。漢人五行災異之論，實承古學，意在限君，似均未可厚非。今荀子非天命破災異，既取古人限君重要學說之一而攻之，又未如申、韓之明法尊制，則其學說必有流弊，而是非功過，尚難遽定矣。吾人請釋之曰：欲定荀學之得失，似應先論天命災異之實際效果。考政治上之神道設教，雖可收一時之效，而行之既久，其術終為帝王所窺破，遂盡失其原有之作用，兩漢之事，最足為吾人作明證，如文帝以日食下詔罪己，[129]哀帝則以天變策免丞相。[130]董仲舒以「天人相與」誠武

---

127 〈非相篇〉首段謂「相人，古之人無有也。學者不道也。古者有姑布子卿，今之世梁有唐舉，相人之形狀顏色而知其吉凶妖祥，世俗稱之，古之人無有也。學者不道也。故相形不如論心，論心不如擇術。形不勝心，心不勝術。術正而心順之，則形相雖惡，無害為君子也。形相雖善，而心術惡，無害為小人也。君子謂之吉，小人謂之凶。」此荀子闢俗之又一例。

128 《尚書·洪範》曰：「汝則有大疑，謀及卿士，謀及庶人，謀及卜筮。汝則從、龜從、筮從、卿士從、庶民從，是之謂大同，身其康彊，子孫其逢吉。汝則從、龜從、筮從、卿士逆、庶民逆，吉。卿士從、龜從、筮從、汝則逆、庶民逆，吉。庶民從、龜從、筮從、汝則逆、卿士逆，吉。汝則從、龜從、筮逆、卿士逆、庶民逆、作內吉、作外凶。龜筮共違於人、用靜吉、用作凶。」可見君不專斷。

129 《漢書·卷四·文帝紀》。

130 《漢書·卷八一·孔光傳》。

帝，[131]王莽則陳符命以篡漢祚。[132]班彪以王命論警隗囂，[133]公孫述則稱圖讖以據蜀。[134]此後魏、晉、六朝之篡竊，無不假口天運以為文飾，不僅上古敬畏天威之信仰完全消失，乃至並與天命而竊之，以遂其僭弒淫暴之毒，則荀子之所攻擊而圖破壞者，固未必果有政治之價值也。故平情而斷，荀子天論，尚非得不償失之作歟！

131 同書，卷五六，〈董仲舒傳〉。
132 同書，卷九九，〈王莽傳〉。
133 同書，卷一百上，〈敘傳第七十上〉。
134 《後漢書・卷四三・公孫述傳》。

第四章

墨子

第一節　墨子之身世及時代

　　墨子姓墨，名翟，魯人。[1]生卒年均難確考（約西元前490-約西元前403）。諸家頗有異議，似以生周敬王二十年前後，卒威烈王二十三年前後一說[2]為最可信。其一生行事，以記載缺失，古人所知甚少。墨子先世或為殷之遺民。[3]惟孔子以宋公族之裔為魯大夫，墨子則門閥無考而身為「賤人」。故穆賀疑其書以「賤人之所為而不用」，[4]惠子稱其大巧，工為車輗。[5]觀《墨

1　按《史記》無墨子傳，僅於〈孟子荀卿列傳〉附著二十四字云：「蓋墨翟宋之大夫，善守禦，為節用。或曰並孔子時，或曰在其後。」孫詒讓《墨子傳略》謂太史公「尊儒而宗道，蓋墨非其所憙。」方授楚《墨學源流》上卷頁201則謂史傳恐有佚亡，非遷之疏。墨子姓名古無異說。元，伊世珍《瑯環記》始謂姓翟名烏。清，周亮工《因樹屋書影》及近人江瑔《讀子卮言》承其說，皆謂墨非姓而為號。錢穆則主「墨翟非姓墨，墨為刑徒之稱。」方授楚《墨學源流》下卷第一章駁之，甚詳盡。今從舊說。墨子生地舊有宋、楚、魯三說。《史記》有「翟宋之大夫」一語。後人因疑為宋人。（葛洪《神仙傳》，《文選‧長笛賦》李注引，《荀子‧修身》楊注。）《呂氏春秋》〈當染〉、〈慎大〉高注以為魯人。畢沅《墨子注》敍及武億跋《墨子》因謂魯即魯陽，春秋時屬楚，故翟為楚人。孫傳定為魯人。張純一墨子魯人說承孫說而補充之，引〈非攻〉〈貴義〉〈魯問〉〈備梯〉諸篇之文為證。今從孫說。

2　汪中《述學》內篇三〈墨子序〉謂翟及見孔子。方授楚承之，定翟生敬王三十年，卒烈王二十三年以前。孫氏年表起定王元，迄安王二十六（西元前468-376）。梁啟超《墨子學案》修正孫說謂翟生定王元年至十年之間，卒安王十二至二十年之間。錢穆《諸子生卒年世約數表》定其生卒為西元前480-350（參《考辨》第三一及本書第一章註3。）

3　俞正燮（1775-1840）《癸巳類稿》卷十四「墨以殷後，多感激，不法周，而法古。」

4　《墨子‧貴義》。

5　《韓非子‧外儲說左上》。

經》〈公輸〉〈備城門〉諸篇所記，更足見墨子執業，殆非農非賈，而為擅長製械之工匠。

　　春秋之世，學術尚未普及。墨子既為賤人，則其學術之師承，洵為一大疑問。《呂氏春秋・當染篇》曰：「魯惠公使宰讓請郊廟之禮於天子。桓王使史角往。惠公止之。其後在於魯，墨子學焉。」此一說也。[6]《淮南子・要略訓》謂「墨子學儒者之業，受孔子之術，以其為禮煩擾而不悅，厚葬靡財而貧民，久服傷生而害事，故背周道而用夏政。」此又一說也。[7]二說雖不相同，而亦不必互相反背，然就墨學之內容論，其深受儒術之影響，事極顯明。《淮南》一說似更能得墨子師承之實況。[8]惟墨子如生於敬王三十年前後，則至孔子卒時，尚未達成童之歲，必不能受其親炙。其所得於洙泗者，儻非私淑，必由弟子之轉述。以墨子之「才士」而其名不預七十子之列，其故或在於此，不僅以其「非儒」背周，自立門戶，於孔學為異端也。惟吾人當注意，墨子雖或受教於史角之後及孔子之徒，然其學則融鑄古義，適應時需，自立創新之教，以成一家之言，非前人之所能範圍。《莊子・天下篇》謂墨子行禹道，《淮南子・要略訓》謂墨子用夏政。此皆不足以概墨學之全體。汪中〈墨子後序〉謂墨子「學焉而自為其道」，其書中「言堯、舜、禹、湯、文、武者六，言禹、湯、文、武者四，言文王者三而未嘗專及禹」，此論最得其實。蓋墨子覩晚周之世亂，故託古創教，思有以拯拔而改易之，其操心用術，大致亦不殊於孔子。

　　墨子少年時，多居魯國，常與魯之儒者相辯難，又嘗與魯君相問對。[9]惟其言既不行於宗邦，乃去之他國以求試用。適公輸般（一作公輸盤）為楚造雲梯將以攻宋。墨子聞之，乃起於魯，行十日十夜而至於郢，說楚而王罷之。[10]按墨子如為殷後，則與宋固有特殊之關係。其非攻之論，亦略近華元向戌之弭

6　《漢書・藝文志》謂墨家出於清廟之守，與此略同。汪中序承之，又據《志》以《尹佚》二篇列墨家之首，申論翟學出於古史。

7　孫星衍《墨子注・後序》承其說。

8　孫詒讓《傳略》謂《淮南》此說未是。

9　分見《墨子》〈三辯〉、〈耕柱〉、〈公孟〉、〈魯問〉諸篇。

10　《墨子・公輸》。

兵。[11]茲又有救侵之德。似墨學宜大行於宋。舊說稱翟仕宋為大夫。梁啟超辨其非是。[12]考墨子既止楚攻，北歸過宋，欲庇雨閭中，守者竟不肯納。[13]若翟已仕顯，豈得有此。且《史記·鄒陽列傳》稱「宋信子罕之計而囚墨翟」，或其學說招忌權臣，故不免身受其厄。抑又有進者，墨子弟子今可考見者絕少宋人。其仕宋者又僅有信道不篤之曹公子。[14]則墨學亦竟未大用於微子之國。以墨子重義輕祿，詎肯仕宋。梁氏斷其以平民終老，誠為磧論。墨子又嘗遊衛，與公良桓子言，勸其畜士以備患。又仕其弟子高石子於衛。衛雖「設之於卿」，卒以進言不行而之齊。是墨學亦未得試用於殷民七族之故地。墨子足跡所到者於北尚有齊國。先後曾以非攻之言說項子牛及太王、田和。[15]於時墨子年事已高，學術已顯。故墨徒頗多齊人。且墨子既使勝綽事項子牛，復得阨其從齊侵魯，「請而退之」。蓋其在齊之聲望，或有勝於在宋衛時也。墨子南遊，遠及楚國。少年時曾至楚，與公輸般論「鈎拒」。[16]其後又再赴郢止楚攻宋。及惠下（前487 前430）晚歲，墨子復遊楚獻書。王善之而不能用。[17]在楚時屢以非攻之義說魯陽文君。弟子耕柱仕楚。後學田鳩為楚將軍。鉅子孟勝善陽城君。[18]《莊子·天下篇》稱南方墨者有苦獲、巳齒、鄧陵子。三者若悉為楚人，[19]亦足為墨道南行之一證。至於東南之越與西北之秦，墨學雖曾被及，墨子似未嘗身往也。[20]孟子謂「楊墨之言盈天下」。墨徒遊士所及，區域至

---

11 俞正燮謂「兼愛非攻蓋宋人之蔽」。華向弭兵，墨子始講守禦之法。

12 《墨子學案》，頁3。大意謂墨子不以義耀，救宋非求仕。

13 〈公輸篇〉。又〈貴義篇〉墨子遊衛，自謂「上無君上之事」，亦足為證。

14 參孫詒讓《墨學傳授考》及方授楚〈墨子傳授表〉（《墨學源流》，頁136-142）。孟勝之後鉅子田襄子為宋人。然乃後學，非弟子。

15 均見〈魯問篇〉。〈貴義篇〉謂「子墨子北遊之齊」，「不遂而返」。又謂「子墨子自魯即齊，遇故人。」〈耕柱篇〉謂「高石子去衛之齊，見子墨子。」足徵墨子屢遊齊。

16 〈魯問篇〉。

17 〈貴義篇〉。錢穆《考辨》第四二，謂獻書與止攻宋乃同時事，說亦可通。

18 〈耕柱〉及〈魯問篇〉。田鳩見《呂氏春秋·首時篇》。孟勝見同書〈上德篇〉。

19 孫氏《傳授考》。

20 〈魯問篇〉謂墨子游公尚過於越。公尚過說越王。越王大悅，使束車五十乘迎墨子，許以故吳之地五百里封之。墨子以王必不能用其言，不欲以「義耀」，辭不赴。《呂氏春秋·首時篇》記田鳩游秦。同書〈去私篇〉謂鉅子腹䥍居秦，其子殺人，按「墨者之法」誅之。《淮南子·修務訓》有唐姑梁（呂書〈去宥〉作唐姑果）。

廣。孟子此說，誠非虛構，雖然，尚有疑焉。孔子為魯大夫，孟子居齊卿位，荀子亦令蘭陵。儒者之不耕而食，蓋有祿足以代耕。今墨子「上無君上之事，下無耕農之難」，而周行列國，又勢不得如少時之居肆為工，則墨子所賴以生養者果何道乎。〈耕柱篇〉曰：「子墨子游耕柱子於楚。二三子過之，食之三升，客之不厚。二三子復於子墨子曰：耕柱子處楚無益矣。二三子過之，食之三升，客之不厚。子墨子曰：未可知也。毋幾何而遺十金於子墨子曰：後生不敢死，有十金於此，願夫子之用之也。子墨子曰：果未可知也。」然則墨子學顯之後，雖不受公養官祿，而實取資於游仕各國之門徒，非畢身操勞以自謀衣食也。[21]

　　孔、墨不同道，世所習知。然此不免皮相之談。吾人考其行迹，則二者實有相似之處。述古學以自闢宗風，立治道以拯時弊。遊行諸國，終無所試。乃廣授門徒，冀其能行道而傳學。凡此皆孔、墨之所同也。其相異者一仕一不仕，[22]一由少賤而自躋於士大夫，一則終身以賤人自處，褐衣蹻服，枯槁不舍。推其同異之故，蓋由孔、墨之歷史時代及政治環境大體相同，而墨子又或受儒術薰陶，故行動思想，不免彼此相近。惟孔子為亡殷貴族之後，墨子則家

21　墨子並不因此放棄其「不賴其力者不生」（〈非樂上〉）之主張。蓋墨子承認社會之立，有待分工，不必人人為農工以自食。故曰：「能談辯者談辯，能說書者說書，能從事者從事，然後義事立也。」（〈貴義〉）抑墨子與許行並耕之術迥異。魯之南鄙人吳慮冬陶夏耕，而墨子非之，以為一人耕織之力，所能供養者至少，「不若誦先生之道而求其說，通聖人之言而達其辭，上說王公大人，次匹夫徒步之士。王公大人用吾言，國必治。匹夫徒步之士用吾言，身必修。故翟以為雖不耕而食饑，不織而衣寒，功賢於耕而食之、織而衣之者也。」（〈魯問〉）此論與孟子答公孫丑問不素餐語意略同（〈盡心上〉）。

22　墨子不仕，乃由時勢不宜，非立意高蹈，其出處之原則，實與孔子所立者相同。如墨子辭楚惠王之養曰：「翟聞賢人進，道不行不受其賞，義不聽不處其朝。今書未用，請行矣。」（〈貴義〉）又如墨子辭越王之聘曰：「意越王將聽吾言，用吾道，則翟將往量腹而食，度身而衣，自比於群臣，奚能以封為哉。抑越王不聽吾言，不用吾道，而我往焉，則是我以義糶也。」（〈魯問〉）又如高石子仕衛，以言不用辭去，高子疑衛君以己為狂，墨子曰：「去之苟道，受狂何傷。」（〈耕柱〉）凡此皆與孔子同宗旨也。又墨徒求仕，略似仲尼弟子。墨子游仕其徒亦承孔門之風氣。如子使漆雕開仕，即其一例。墨子乃更致力於此，如耕柱於楚，高石於衛（〈耕柱〉），公尚過於越（〈魯問〉），曹公子於宋，勝卓於齊（〈貴義〉），皆其可考者，且墨徒之中亦有干祿躁進者。如〈公孟篇〉載有游於墨子之門者。期年而責仕於墨子。其人似尚不及子張之堂堂乎有可稱也。方授楚《墨學源流》（頁207-8），墨徒媚秦之說果確，則曲學阿世者又不僅小人儒矣。

世不著，或其先本為殷遺之平民，其所以終身勞苦耗頷，甘行「役夫之道」者，殆受其家族生活影響之所致。吾人以為就大體言之，墨子乃一平民化之孔子，墨學乃平民化之孔學。二者之言行，儘有程度上之差異，而其根本精神則每可相通。孟子斥為禽獸，荀子詆為役夫，[23]此正韓愈（西元768-824）所謂「辯生於末學」，[24]不足證孔、墨之真相反背也。

　　史稱仲尼弟子三千，賢者七十。今就古籍所載考之，則墨徒之盛可相頡頏。墨子說楚王自稱「臣之弟子禽滑釐等三百人，已持臣守圉之器，在宋城上而待楚寇。」《淮南子》謂「墨子服役者百八十人，皆可使赴火蹈刃，死不旋踵。」《呂氏春秋》亦謂墨者鉅子孟勝以死為陽城君守，「弟子死之者百八十三人」。[25]墨徒之眾，可以推想。所可惜者記載闕失，學行不彰。弟子後學姓名今猶可考者不過四十人。墨家之書除《墨子》五十三篇尚存外，餘均散佚。[26]惟就現存之文獻觀之，似墨家政論為諸家所稱引攻擊者，其內容未越出《墨子》一書之外。《墨經》八篇如竟為「別墨」所著，[27]則墨子死後墨學進步之最重要者為名學與科學。[28]墨徒對於政治思想之貢獻殆不過補充修改墨子所立之諸要義，未必能如孟荀之推衍師說，成一家言。則諸書雖亡，墨家政治思想之大體尚未隨之消失，是亦不幸之幸矣。[29]

23　分見〈滕文公上〉及〈王霸篇〉。

24　《昌黎文集・讀墨子》。孔墨學說之同異當於本章下文詳論之。又儒學既根本相通，墨家欲自立門戶，勢不得不力攻儒學，顯其異而隱其同。亦如古希臘哲人亞里斯多德立教授徒必攻擊其師所立之柏拉圖學派矣。

25　分見〈魯問篇〉、〈奉族訓〉、〈上德篇〉。墨徒姓名可考者參上註14。

26　《漢書・藝文志》《墨子》七十一篇。其書殆非墨子自著，多為弟子後學所記（方授楚《源流》上卷第三章）。現存六十三篇之中，〈親士〉、〈修身〉、〈所染〉似並非墨徒所著（梁啟超《學案》），〈備城門〉以下十一篇或全出漢人偽託（錢穆《墨子》引朱希祖），或前七篇為戰國時作品（方授楚）。其他墨家書著錄《漢志》者為《尹佚》二篇，《田俅子》三篇，〈我子〉一篇，《隨非子》六篇，《胡非子》三篇。今均佚。田子以下四家，馬國翰《玉函山房輯佚書》有輯本。孫詒讓〈墨家諸子鉤沉〉（附《閒詁》後）補馬輯之未及。

27　畢沅（《墨子注》）及梁啟超（《墨經校釋》）等以《經》為翟自著。汪中（《墨子序》），孫詒讓（《閒詁》），胡適（《中國哲學史大綱》上卷頁185以下），方授楚（前書頁43）等均謂墨家後學所作。

28　方授楚前書上卷頁159-185。

29　古今學者每於不自覺間，注重儒墨生活情形之異，而忽略其同。孔、墨行迹略近，頃已及

第二節　兼愛交利

清張惠言（西元1761-1802）〈書《墨子經說解》後〉謂「墨之本在兼愛。」又謂「尊天、明鬼、尚同、節用者其支流也。非命、非樂、節葬，激而不得不然者也。」[30]張君此論，洵屬至當。

墨子生當戰國初期，列國篡殺攻伐之事日益多而害益烈。吳滅於越，楚滅

之，二家徒眾亦每有相似之言行。儒生學優則仕，墨徒亦游宦諸侯。孔門弟子多貧賤，墨徒亦少貴族。子貢貨殖，子路欲以肥馬輕裘與朋友共，然顏回、原憲之生活固不殊墨徒之自苦。說者又或謂儒多文弱，墨尚武俠。此亦不盡然。胡非子折屈將子使「帶劍危冠」而見者，解劍釋冠而請為弟子（孫《傳授考》引《太平御覽》），其事頗類子路初見孔子。且儒家亦尚俠義。曾子曰：「可以託六尺之孤，可以寄百里之命，臨大節而不可奪也。」（《論語‧泰伯第八》）子張曰：「士見危授命。」（〈子張十九〉）此俠義之說，由孔子殺身成仁（〈衛靈公十五〉）之旨引申以出者也。漆雕開為八儒之一，墨子謂「漆雕刑殘。」（〈非儒〉）韓非稱「漆雕之議，不色撓，不目逃。行曲則違於臧獲，行直則怒於諸侯。」（〈顯學〉）此與《胡非子》所論「君子之勇」意亦相通。至於子路結纓死出公之事（《史記》卷六七）正足媲美孟勝為陽城君守死其國（《呂氏春秋‧上德》）。惟先秦之時，儒較多文，墨較重俠，至秦漢以後，墨俠既亡，儒文末流之弊，遂至誦法先聖者多手無縛雞之力耳。二家師弟相與亦多類似之處。墨徒出仕，多受師命，墨子游仕弟子於各國。其背義貪位者則請而退之（如勝綽事齊項子牛，見〈魯問篇〉）。然耕柱子仕楚，未必能行其道。遺墨子十金，則曰：「果未可知也」，不聞有請退之事。高石子之辭衛卿，則似出於自動，非自師命（〈耕柱〉）。孔子亦嘗使漆雕開仕。又責冉求事季氏，為之聚斂，謂「小子鳴鼓而攻之可也。」（《論語‧先進》）是孔子亦監督指導門人之仕進。墨家有鉅子之設（《莊子‧天下》，「以巨子為聖人，皆願為之尸，冀得為其後世。」《呂書‧上德》，「墨者鉅子孟勝」將死，屬鉅子於宋之田襄子），似儒者所無，然孟子謂「昔者孔子沒，三年之外（中略）子夏、子張、子游以有若似聖人，欲以所事孔子事之，彊曾子，曾子不可。」（〈滕文公上〉）雖以曾子而不得立，其意則似欲立一人如墨之鉅子。惟墨徒既於宗師死後離析為三（《韓非子‧顯學》），而「別墨」又「倍譎不同」（《莊子‧天下》），則鉅子由前任選屬，何以竟能得全體之聽從乎？意者墨徒諸派，各有鉅子，不必異派之聽從乎？此則事之可疑而無由考定者。又《呂氏春秋‧去私篇》載鉅子腹䵍吞藥之子殺人，秦惠王已曲赦之，腹䵍曰：「墨者之法，殺人者死，傷人者刑。」卒誅之。是墨徒乃一有組織之團體，鉅子且操刑殺之權。此則儒家之所未有矣（參方著，上卷第六章）。

30　《茗柯文編》，《閒詁‧附錄》。梁啟超《學案》承其說。方《源流》上卷頁75，謂此就邏輯系統言。若就學說發生先後之次序言，則非攻乃第一義。其論亦通。又〈魯問篇〉載墨子言曰：「凡入國必擇務而從事焉。國家昏亂則語之尚賢尚同，國家貧則語之節用節葬，國家憙音湛湎則語之非樂非命，國家淫僻無禮則語之尊天事鬼，國家務奪侵凌即語之兼愛非攻。」按此墨子因地制宜，因人施教之說，兼愛終不失為其學之中心觀念也。

蔡、杞，其他小國如代、滕、郯、莒均先後為強者所併吞，國內之紛爭弒奪亦數見不鮮。如鄭弒哀公，三家亂晉，田氏專齊，皆其著者。凡此皆當墨子「所見之世」，而其所引起之苦痛災禍必為翟之所深曉。墨子推原其故，認定世亂由於人之自私。〈兼愛上〉曰：「當（嘗）察亂何自起。起不相愛。臣子之不孝君父，所謂亂也。子自愛不愛父，故虧父而自利。弟自愛不愛兄，故虧兄而自利。臣自愛不愛君，故虧君而自利。此所謂亂也。雖父之不慈子，兄之不慈弟，君之不慈臣，此亦天下之所謂亂也。父自愛也不愛子，故虧子而自利，兄自愛也不愛弟，故虧弟而自利，君自愛也不愛臣，故虧臣而自利。是何也，皆起不相愛，雖至天下之為盜賊者亦然。盜愛其主，不愛其異室，故竊異室以利其室。賊愛其身不愛人，故賊人以利其身。此何也。皆起不相愛。雖至大夫之相亂家，諸侯之相攻國者亦然。大夫各愛其家，不愛異家，故亂異家以利其家。諸侯各愛其國，不愛異國，故攻異國以利其國，天下之亂物，具此而已矣。察此何自起。皆起不相愛。」

　　吾人既知天下之亂，原於人之自私而不相愛，則救亂之方在去人之自私而使之相愛，其理至為顯明。墨子釋之曰：「若使天下兼相愛，愛人若愛其身。猶有不孝者乎？視父兄與君若其身，惡施不孝。猶有不慈者乎？視弟子與臣若其身，惡施不慈。故不孝不慈亡有。猶有盜賊乎？故視人之室若其室，誰竊？視人身若其身，誰賊？故盜賊無有。猶有大夫之相亂家，諸侯之相攻國者乎？視人家若其家，誰亂？視人國若其國，誰攻？故大夫之相亂家，諸侯之相攻國者亡有。若使天下兼相愛，國與國不相攻，家與家不相亂，盜賊無有，君臣父子皆能孝慈，若此則天下治。故聖人以治天下為事者，惡得不禁惡而勸愛。」雖然，墨子之時，天下既已不相愛而大亂，則兼愛之說推行匪易。墨子乃設為問難者一一解之，以證其術之必可用。一曰「先聖六王」，已親行之。而禹之治水，利及天下，文王治岐惠及百姓，[31]皆可為今日之法。二曰「君說之，故臣為之。」[32]靈王好細腰，則臣皆一飯。勾踐好勇士，則臣皆蹈火。況兼相愛

31　分見〈兼愛下、中〉。又此即「三表」中之「本」。〈非命上〉曰。「故言有三表。何謂三表？子墨子言曰：有本之者，有原之者，有用之者。於何本之。上本之於古者聖王之事。於何原之。下原察百姓耳目之實。於何用之。廢（發）以為刑政，觀其中國家人民之利。此所謂言有三表也。」中篇三表作三法，本原之釋義亦略異。

32　〈兼愛中〉。下篇語意略同。此即三表中之原。

交相利之事乎？三曰「無言而不讎，無言而不報。投我以桃，報之以李。即此言愛人者必見愛也。而惡人者必見惡也。」[33]兼愛之利如此，則其必為人所取法而踐行，可斷言矣。

　　墨子兼愛之主旨略如上述。其說與孔子之言泛愛博施，推己及人，果相同乎？抑相異乎？韓愈謂「墨子必用孔子」，孔子亦主兼愛。清汪中則謂墨子「學焉而自為其道。」近人方授楚承之而謂「墨子以前無墨學。」[34]吾人若採《淮南》之說，更就兼愛之內容論之，則韓愈所斷似近事實，而墨子之「愛」，乃襲孔子之仁而略加變易以成者也。約言之，其證有四：（一）仁愛二名之訓詁相通。《論語》記樊遲問仁，孔子答之以「愛人」。孟子亦謂「惻隱之心，仁之端也。」〈經上〉曰：「仁體愛也」。仁愛同訓，則其義豈相違？（二）泛愛與兼愛之大旨相通。仲弓問仁。孔子曰：「己所不欲，勿施於人。」子貢問仁，子曰：「己欲立而立人，己欲達而達人。」墨子釋兼愛則曰：「為彼者猶為己也。」[35]語雖相異，意實無殊。（三）墨家非儒，所舉多端。有命無鬼，厚葬久喪，繁禮飾樂，尊古棄事，[36]凡此皆攻擊之要點，旁及儒者之人品行為，而未嘗本兼愛之旨以攻孔門。若非二家為術，於此淵源一脈，何至七十一篇之中竟無相與討論之語。且〈公孟篇〉載「子墨子與程子辯，稱於孔子。程子曰：非儒，何故稱於孔子也？子墨子曰：是亦（其）當而不可易者也。」尤足見墨之有得於孔，惜乎此文不著所稱之言，不能考其是否涉及仁愛耳。[37]（四）儒家攻墨莫劇於孟子，至詆其兼愛為無父，為禽獸。清汪中已辨孟說之枉。此正韓氏所謂末學之辯，務售師說，不足據以斷二家之長短異同。惟孟子所以不斥墨子他說，而獨注目於兼愛者，推想其意，殆深知此乃二家最相接近之處，惡紫奪朱，故不得不力距之歟。今取孟子所言仁義之

33　〈兼愛下〉。中篇謂「夫愛人者人必從而愛之，利人者人必從而利之，惡人者人必從而惡之，害人者人必從而害之。」此殆即三表中之用。〈兼愛下〉又設為「兼士」、「別士」、「兼君」、「別君」，並斷定人之擇友擇君必取兼舍別似又合原用言之矣。

34　前書，上卷，頁73。

35　〈兼愛下〉。

36　見〈非儒下〉及〈公孟〉。

37　或墨家後學，惡其害己而去其籍，故書中所引《詩》《書》均同儒者，而竟無一處引孔子之言歟？

旨，持與墨子之愛利相較，平心以察，亦覺其根本契合，不相違忤。蓋孟子尚「義」而斥「利」者，乃以仁義之名示推恩不忍之政，而以利之一名示自私交征之事。[38]非謂仁者當國只須具有不忍之心，不必實行利民之政也。墨子所以主「兼以易別」者，乃以愛人若己為兼，而以虧人自利為別，亦正以公私判義利，非有他術以易仁義之說也。故〈天志中〉著墨子之言，謂三代聖王從兼去別，利及天人而並得稱為「仁義」。〈經上〉曰：「義，利也。」〈經說上〉釋之曰：「義，志以天下為芬（愛）而能能利之，不必用。」是此所謂愛利者，即儒家博施濟眾之旨，而孟子所斥之「利」正為墨家所棄之「別」。用名不同，立意實無殊也。

雖然，儒、墨言愛，按其施行之等差及其發生之原本，似有不同之處，不可不辨。請先論施愛之等差。儒家行仁，雖以仁民愛物，兼善天下為極點，然始終堅持按親疏近遠以為推恩先後之原則。故曰，「家齊而後國治。」又曰，「老吾老以及人之老，幼吾幼以及人之幼。」蓋孔、孟思想均不脫宗法之背景，勢必寓等差於博愛之中。墨子以賤人之身，對於宗法制度，既無親切之體驗，更無留戀之同情。故其兼愛之說，雖不否認家族倫理，[39]而較注重愛利之普及。孟子與夷之問難之語，殆最能表現二家之歧異。夷子曰：「儒者之道古之人若保赤子，此言何謂也。之則以為愛無差等，施由親始。」孟子駁之曰：「夫夷子信以為人之親其兄之子為若親其鄰之赤子乎？」[40]蓋各親其親，各子其子，乃人類之自然傾向。儒家利用之以為博愛之基礎，墨家則超越之而圖直達於大同。此墨子所以始有取於孔學之仁義，而終不免變易其旨，別樹兼愛之一幟歟？抑二家論仁愛之原本，亦復異趣。孔子言仁，以個人之仁心為起點。孟子言仁，以惻隱之心為發端。蓋皆注意主觀之情感，未嘗以客觀之效果，為仁愛之根基。墨子乃不復重視個人之品性，而傾向於依效果之利害，定愛惡之

---

38 〈梁惠王上〉：「孟子見梁惠王。王曰：叟，不遠千里而來，亦將有以利吾國乎？孟子對曰：王何必曰利，亦有仁義而已矣。王曰：何以利吾國？大夫曰：何以利吾家？士庶人曰：何以利吾身？上下交征利而國危矣。」

39 《墨子》書中，隨處有涉及父子兄弟夫婦之語。〈兼愛上篇〉復有孝慈等字。〈經上〉曰：「孝，利親也。」〈經說上〉「孝，以親為芬（愛）而能能利親，不必得。」〈尚同篇〉論上同之術，先家後國以及天下，其次序亦與儒家相同。

40 〈滕文公上〉。

取捨。故〈兼愛〉三篇之中所斤斤計較者多在兼別所收之報償，而絕口不言仁愛之主觀情感。不僅此也。孟子道性善。故其言仁心仁政，皆根諸人類自然之情感。《墨子》書中則一再暗示人之性惡。[41]〈尚同上篇〉所描寫「古者民始生未有刑政之時」，「天下百姓皆以水火毒藥相虧害」，其情形與《荀子·性惡篇》所述者實無大異。故墨子立兼破別，非以相愛乃人類之本心，而欲以交利之說矯人類自私互害之僻行也。如吾人此解尚非大誤，則可據以斷定儒、墨雖同宣仁愛之旨，而其出發點固大有區別。二家相異之要點，似在於此。

第三節　尚同

　　昔英人邊沁嘗謂「功利」乃左右人類行為之動力，而功利之運用則有賴於政治、道德、宗教諸制裁。[42]墨子之政治思想既以利害為起點，亦立為尚同、天志、明鬼諸義，以保障兼愛之施行。尚同者，蓋《墨子》中之政治制裁，而天志明鬼則其宗教制裁也。

　　兼愛之必有待於尚同，其主因在人之性惡。蓋利所得而喜，害所得而惡。趨利，避害，乃人性之本然。苟無外力以節制之，其勢不至於爭亂不止。故必設立天下共同之政權，以為萬姓行動之標準，使個人化除自私，而歸心於全體之公利。墨子所謂尚同，其要旨殆不過如此。吾人不妨引〈尚同上篇〉之文以證之。「子墨子言曰：古者民始生，未有刑政之時，蓋其語人異義。是以一人則一義，二人則二義，十人則十義。其人茲眾，其所謂義者亦茲眾。[43]是以人是其以非人之義，故交相非也。是以內者父子弟兄作怨惡，離散不能相和合。

41　《墨子》思想中含有功利主義之成分，其對於人性之觀察略有似英人邊沁處。〈經上〉曰：「利，所得而喜也。」「害，所得而惡也。」此與《道德與立法原理緒論》頁1所稱「功利者乃一事之特質對其關係者（個人或社會）能產生利益、優勝、愉樂、善良、或快樂（此數詞之意義全同），或能防止患害、痛苦、惡毒、或不樂之謂」，意頗相近。又荀子主性惡，在墨子之後。《荀子》書中斥墨子節用、節葬、非樂、上功用、僈等差諸義而不及兼愛一端，與孟子大異。

42　《道德與立法原理緒論》第三章。亦見〈政論鱗爪〉。

43　按〈經上〉：「義，利也。」此所謂一人一義殆非純指理論上之是非而指利害之見解。觀本篇全文及中、下篇可見。

天下之百姓，皆以水火毒藥相虧害。至有餘力不能以相勞，腐朽餘財不以相分，隱匿良道不以相教，天下之亂若禽獸然。夫明虖天下之所以亂者生於無政長。是故選（擇）天下之賢可者立以為天子。天子立，以其力為未足，又選擇天下之賢可者置立之以為三公。天子三公既已立，以天下為博大，遠土異國之民，是非利害之辯，不可一二而明知，故畫分萬國，立諸侯國君。諸侯國君既已立，以其力為未足，又選擇其國之賢可者置立之以為正長。正長既已具，天子發政於天下之百姓，言曰，聞善而不善，皆以告其上。上之所是，必皆是之，所非，必皆非之。上有過則規諫之，下有善則傍（訪）薦之。上同而不下比者，此上之所賞而下之所譽也。意若聞善而不善，不以告其上，上之所是弗能是，上之所非弗能非。上有過弗規諫，下有善弗傍薦，下比而不上同者，此上之所罰而百姓所毀也。」[44]

　　政治制度之建立，始於選擇天子，其事乃由上以及於下。然尚同工作之進行則始於一里一家，其事乃由下以達於上。墨子曰：「是故里長者，里之仁人也。里長發政里之百姓言曰：聞善而不善，必以告其鄉長，鄉長之所是，必皆是之，鄉長之所非，必皆非之。去若不善言，學鄉長之善言。去若不善行，學鄉長之善行。則鄉何說以亂哉！？察鄉之所（以）治者何也。鄉長唯能壹同鄉之義，是以鄉治也。鄉長者鄉之仁人也。鄉長發政鄉之百姓，言曰：聞善而不善者，必以告國君。國君之所是，必皆是之。國君之所非，必皆非之。去若不善言，學國君之善言。去若不善行，學國君之善行。則國何說以亂哉！？察國之所以治者，何也。國君唯能壹同國之義，是以國治也。國君者國之仁人也。國君發政國之百姓，言曰：聞善而不善，必以告天子。天子之所是，皆是之。天子之所非，皆非之。去若不善言，學天子之善言，去若不善行，學天子之善行。則天子何說以亂哉！？察天下之所以治者何也？天子唯能壹同天下之義，是以天下治也。」此〈尚同上篇〉所記墨子之語。中篇略同，下篇則不言鄉里而謂「試用家君發憲布令其家曰，若見愛利家者必以告，若見惡賊家者亦必以告，若見愛利家以告，亦猶愛利家者也。上得且賞之。眾聞則譽之。」又謂「家既已治，國之道盡此已邪？則未也。國之為家數也甚多。此皆是其家而非人之家，是以厚者有亂而薄者有爭。故又使家君總其家之義以尚同於國君。」

---

44 按墨子除以賞罰為「政治制裁」外，亦每以民間之毀譽為「社會制裁」。此即其一例。

於是國君復發憲總義，以尚同於天子，而天下臻於平治。蓋刑政既立之後，君長臨之於上，賞罰毀譽驅之於下，天下之人雖欲不兼愛交利，不可得矣。

　　尚同之義易曉，無待譬解申說。雖然，吾人應注意，墨子雖重視政治制裁，然並不似法家諸子之傾向於君主專制。簡言之，墨家尚同實一變相之民享政治論。蓋君長之所以能治民，由其能堅持公利之目標，以為尚同之準繩。若君長不克盡此基本之責任，則失其所以為君長而無以治。〈尚同中篇〉設為問對之辭以明之曰：「今天下之人曰，方今之時，天下之正長猶未廢乎天下也。而天下之所以亂者，何故之以也。子墨子曰：方今之時之以正長，則本與古者異矣。（中略）故古者之置正長也，將以治民也。譬之若絲縷之有紀而網罟之有綱也。將以運役（當作連收）天下淫暴而一同其義也。（中略）今王公大人之為刑政則反此。政以為便譬，宗於父兄故舊，以為左右，置以為正長。民知上置正長之非以治民也，是以皆比周隱匿，而莫肯尚同其上。是故上下不同義。若苟上下不同義，賞譽不足以勸善，而刑罰不足以沮暴。何以知其然也。曰，上唯毋而為政乎國家，為民正長，曰：人可賞，吾將賞之。若苟上下不同義，上之所賞則眾之所非，曰：人眾與處於眾得非。則是雖使得上之賞，未足勸乎。上唯毋立而為政乎國家，為民正長，曰：人可罰，吾將罰之，若苟上下不同義，上之所罰則眾之所譽，曰：人眾與處於眾得譽。則是雖使得上之罰，未足沮也。若立而為政乎國家，為民正長，賞譽不足以勸善而刑罰不（足以）沮暴，則是不與鄉吾本言民始生未有政長之時同乎。」夫墨子既曰「上之所是必皆是之，上之所非必皆非之」；又曰「上之所賞則眾之所非，上之所罰則眾之所譽」；非墨子自相牴牾也。墨子之意，蓋認公利為同義之最後標準，君長與人民皆應以之為目的。君長能本公利以執行政治制裁，則君長之義以能表示公利成為全體尚同之歸宿。非君長本身有決定是非之無上威權也。若君長不明此合群治眾之基本原理，則君長之「義」，實無殊於「一人一義」，又何能得百姓之上同乎？[45]

45　《墨子》書中無誅暴君之說，故其民本思想遠不如孟子之鮮明。馮友蘭《中國哲學史》第五章第八節，謂尚同之說頗似英人霍布士（Thomas Hobbes, *Leviathan*, pt. I, ch. 17; pt. II, ch. 29），不為無見。惟吾人應注意霍布士否認神權，而採用民約，墨子則承認天志而未有民約之觀念。〈經上〉「君臣民通約也」，或以為即歐人之民約。然孫注謂「通而約之，不過此三名」，故說云：「君以若名者也」。雖未必塙，尚不如釋為民約之牽強。蓋春秋戰國時代

抑又有進者，墨子思想中之政體不獨非絕對專制，且亦非一統專制。墨子當戰國初年，去始皇混一之期尚遠。雖不肯學孔子之擁護周室，亦不能如孟子之想望新王。此乃事之自然，毫不足異。故其尚同之說，必畫天下而分封，取國君之總義。嚮使其說果行，而合以兼愛非攻之術，則天子當陽，諸侯分治，列國可以並存，七雄無因以起，西周之制度，殆可復見於平王東遷之後矣。然則墨子尚同之理想，實與孔子之「禮樂征伐自天子出」均為封建天下政治背景之反映，非含有根本不同之創見也。

吾人於結束本節之先，尚有重要疑問二端，必須試為解決。其一，墨子嘗論刑政之初興，由於選立賢者以為天子。選立天子之事，果出何人之手乎？近人有謂墨子主張民選制度者。[46]按墨子既無民選之明文，而其思想系統以及歷史背景均無發生民選觀念之可能，吾人如強作解人，斷其必有，恐不免厚誣墨子。蓋當刑政未有之時，人各異義，相互爭殘，孰信此「亂若禽獸」之民，能詢謀僉同，選立賢者而共戴之乎？故曰：民選之說，與墨子之思想不合也。吾國古代傳說有傳賢禪位之事，然民選君長則絕未之聞。故以孟子之賞民，雖有得乎丘民為天子之論，而一究其實，亦不過承認人民於傳賢傳子人選既定之後，有表示歸心與否之機會，非謂人民可以選擇賢可，更非謂人民於政長未立之初，能於萬眾之中慎選而推定一人以為天下之元后也。故曰民選之說為歷史背景所不許也。吾人若放棄臆說專就墨子思想之大體推論，則天子之創立殆出於天志，而非由民擇。茲以敘述之便，留待下節論之。

吾人之第二疑問為尚同之作用，在建立具體之制度，以保證兼愛之推行。故在墨子思想中，尚同與兼愛之關係，略如孔子之正名與仁道。然孔子正名，標從周之義，墨子尚同則不專主任何一代之制度。其故安在乎？就吾人之臆測，墨子殷遺賤人之歷史背景，或為一可能之原因。蓋孔子生魯仕魯，雖為宋公族之後，卒不免深受周禮之薰陶。墨子則於周於魯，均無發生密切關係之可

絕無產生此說之可能。且墨子如果有此新說，豈不加以發揮，而只數語了之。其為附會明甚。

46　方授楚《墨學源流》上卷頁85，謂天子「對民負責」，「則選擇之者亦人民歟」。又謂選擇之文「或墨家後學，修正墨子之說，改天選而為民選。」楊幼炯《中國政治思想史》頁123則逕據〈尚同上篇〉之文謂「墨子更進而言政治制度之所以確立，乃由有系統有組織之民選制度而產生。」

能，其不同情於周禮，亦勢所必至也。且孔子嫻習掌故，明於歷代制度之因革，諸國政治之源流。舍短取長，遂因魯以從周。故其論及制度，大抵富有歷史及地方之意義。墨子則重實行，而未必致力於好古敏求之學術。其言雖引稱先王，其意僅在託古以教人而已，非真欲奉行古制也。而身為賤人，既不戀殷，更不從周，於當時諸國之政教亦未有所偏重。故其思想遂比較缺乏歷史性與地方性，而略帶大同主義之色彩矣。

第四節　天志明鬼

墨子既立尚同以為政治制裁，猶以此為未足，乃進而倡天志明鬼之說，以為宗教制裁。故〈尚同上〉曰：「天下之百姓皆上同於天子而不尚同於天，則菑猶未去也。今若天飄風苦雨溱溱而至者，此天之所以罰百姓之不上同於天者也。」

墨子天志之說，似立於三種根據之上：（一）墨子以為「天下從事者不可以無法儀」。規矩繩縣，此百工之法儀也。君師父母，此百姓之法儀也。然天下之為君師父母者眾「而仁者寡」。若以之為法，「此法不仁也」。夫君師父母既不足法，則可法者惟天而已。蓋「天之行廣而無私，其施厚而不德，其明久而不衰，故聖王法之」[47]也。（二）天為全體人類之唯一主宰，其賞罰嚴明普及而不可逃，非若得罪家長國君猶有鄰家鄰國足為奔避之所。故人之對天，不可不取絕對服從之態度。[48]（三）天有管治人類之無上威權，其賞罰雖天子亦不能免。故「子墨子言曰：今天下君子（欲）為仁義者，則不可不察義之所從出。既曰不可以不察義之所從出，然則義何從出。子墨子曰：義不從愚且賤者出，必自貴且知者出。何以知義之不從愚且賤者出，然必自貴且知者出也。曰：義者善政也。何以知義之為善政也。曰：天下有義則治，無義則亂，是以知義之為善政也。夫愚且賤者不得為政乎貴且知者，〔貴且知者〕然後得為政乎愚且賤者，此吾所以知義之不從愚且賤者出，而必自貴且知者出也。然則孰為貴，孰為知。曰：天為貴天為知而已矣。然則義果自天出矣。今天下之人

47　〈法儀〉。
48　〈天志上〉。

曰：當若天子之貴諸侯，諸侯之貴大夫，僑明知之。然吾未知天之貴且知於天子也。子墨子曰：吾所以知天之貴且知於天子者有矣。曰：天子為善，天能賞之。天子為暴，天能罰之。天子有疾病禍祟，必齋戒沐浴，潔為酒醴粢盛，以祭祀天鬼，則天能除去之。然吾未知天之祈福於天子也。此吾所以知天之貴且知於天子者不止此而已矣。又以先王之書馴天明不解之道也知之。曰：明哲維天，臨君下土，則此語天之貴且知於天子，不知亦有貴知夫天者乎？曰：天為貴，天為知而已矣。然則義果自天山矣。」[49]

夫既曰：「臨君下土」，則天之制天子，猶天子之制三公諸侯，國君家長之制庶民子弟也。[50]故墨子所想像之全部政治機構，頗似一寶塔式之層疊系統。天志為其顛頂，由此自上而下，歷天子、三公、國君、將軍、大夫、列士諸階級以達於庶民之底基。抑天子受制於天，又非渺茫無稽之空談。墨子以為古昔堯、舜、禹、湯、文、武諸聖王皆順天之意而得其賞，桀、紂、幽、厲諸暴王皆逆天之意而得其罰。「賢者舉而尚之，不肖者抑而廢之。」[51]善惡分明，報應如響。民心之向背從違，不過於天志既明之後，藉毀譽以為表示，非於事先有裁決或左右之能力。[52]試觀繼體主君之廢置，尚由天而非民，則刑政創設之初，天子之選立，亦必由天而非民，更可不言而喻。[53]吾人於前章曾述孟子之貴民學說，謂其引逸書「天視自我民視，天聽自我民聽」之語，足徵其立論在納「天與」於「人歸」。今觀墨子之天志，其宗旨殆正與孟子相反背，

---

49 〈天志中〉。

50 〈天志上〉。

51 〈尚賢中〉，〈天志上〉文小異。

52 〈尚賢中〉：「然則富貴為賢，以得其（天）賞者，誰也？曰：若昔者，三代聖王堯、舜、禹、湯、文、武者是也。所以得其賞何也？曰：其為政乎天下也，兼而愛之，從而利之，又率天下之萬民以尚尊天事鬼，愛利萬民。是故天鬼賞之，立為天子，以為民父母。萬民從而譽之曰聖王，至今不已。則此富貴為賢以得其賞者也。然則富貴為暴得其罰者誰也？曰：若昔者三代暴王桀、紂、幽、厲是也。何以知其然也？曰：其為政乎天下也。兼而憎之，從而賊之，又率天下之民以詬天侮鬼，賊傲（殺）萬民。是故天鬼罰之，使身死而為刑戮，子孫離散，室家喪滅，絕無後嗣。萬民從而非之曰暴王，至今不已。則此富貴為暴而以得其罰者也。」

53 〈尚同下〉：「是故天下之欲同一天下之義也，是故選擇賢者，立為天子。」孫詒讓疑首句上「天下」二字當作天。方授楚《源流》上卷頁84，據此謂「選擇者為天，乃王權神（天）授說也。」按不如就墨學大體說，似更明妥。

繫人歸於天與。然則墨子之政治思想，以今語舉之，乃一純粹之天權（或神權）論，與民權誠毫不相涉。

復次，墨子尊天之外又兼明鬼，以為鬼神之賞罰善惡，統治君民，一如天志。且歷引古昔神鬼之事以為證，以破無鬼之說。蓋墨子深知天下之亂，由於人民，「疑惑鬼神之有與無之別，不明乎鬼神之能賞賢而罰暴也。」[54]此亦與儒家遠鬼神之態度迥異。

考墨子所以推尊天鬼，其用意顯在藉神權以加強其學說之力量。故墨子平日所昌言之兼愛、非攻、節用諸義，皆定為天鬼所喜，而反此者皆其所惡。[55]於是奉行墨教者必受天鬼之降福，不僅可得君長之爵賞，鄰里之稱譽，他人之報酬已也。雖然，「神道設教」，果能起信化民，有助於墨學之流傳與實踐乎？吾人就事實以論之，可以斷定其未必然。例如《左傳》所記天鬼之事，不一而足。彭生、伯有之屬，尤報應不爽，至明且速。而春秋時之君臣，雖相與恐懼，終未嘗懲之而一變其淫僻之行。亦可知鬼神之說不足以儆戒癡頑矣。不寧惟是，神道設教，雖為初民社會必有之現象，然至民智稍開之世，則天真既鑿，勢不復能篤信天鬼之必有。據〈公孟篇〉所載其弟子已有致疑於鬼神能為禍福之言[56]者，而墨子乃持此以與儒家相抗，欲以之移風易俗，致天下於太平，其為計亦左矣。或者墨子立言乃以平民「賤人」為對象，故即取平民之迷信以助其說，與孔子之就士大夫觀點以立教者，其操術固不相同歟!?[57]

墨家之宗教思想，雖立說粗疏，不足深論，而其「非命」之旨，則頗具起

---

54 〈明鬼下〉（上、中篇均佚）。

55 〈天志中〉，〈明鬼下〉。

56 〈公孟篇〉：「有游於子墨子之門者，謂子墨子曰：先生以鬼神為明知，能為禍（人哉）福，為善者福之，為暴者禍之。今吾事先生久矣，而福不至。意者先生之言有不善乎？鬼神不明乎？我何故不得福也。」「子墨子有疾，跌鼻進而問曰：先生以鬼神為明，能為禍福，為善者賞之，為不善者罰之。今先生聖人也，何故有疾。意者先生之言有不善乎？鬼神不明知乎？」又墨子明鬼，未必真信有鬼。〈明鬼下〉謂即使鬼神誠無，則祭祀之酒食猶可合懽。

57 墨子天鬼或另有淵源。《淮南子・要略訓》謂翟背周道而用夏政。按《禮記・表記》云：「夏道尊命，事鬼敬神而遠之。」「殷人尊神，率民以事神，先鬼而後禮。」「周人尊禮，尚施，事鬼敬神而遠之。」據此則墨子貨周而不用夏，或以殷人之尊神先鬼，抗儒家之敬鬼神而遠之歟？又按翟如學於史角之後，則古者巫史相通，其〈天志〉〈明鬼〉殆承清廟之遺乎？

懦振迷之效用，為儒家之所不及。墨子曰：「執有命者之言曰：命富則富，命貧則貧，命眾則眾，命寡則寡，命治則治，命亂則亂，命壽則壽，命夭則夭，雖強勁何益哉？上以說王公之聽治，下以駔（阻）百姓之從事。故執有命者不仁。」[58]墨子釋之曰：「今也王公大人之所以蚤朝晏退，聽獄治政，終朝均分而不敢怠倦者，何也？曰：彼以為強必治，不強必亂，強必寧，不強必危，故不敢怠倦。今也卿大夫所以竭股肱之力，殫其思慮之知，內治官府，外斂關市山林澤梁之利，以實官府而不敢怠倦者何也？曰：彼以為強必貴，不強必賤，強必榮，不強必辱，故不敢怠倦。」下至農夫之所以強乎耕稼樹藝，婦人之所以強乎紡績織紝，其原因亦在強力則富，怠倦則貧。「今唯毋在乎王公大人藉若信有命而致行之，則必怠乎聽獄治政矣。卿大夫必怠乎治官府矣。農夫必怠乎耕稼樹藝矣。婦女必怠乎紡績織紝矣。」[59]墨子既證有命之不利於社會，又據「三表」以定命之必無。[60]其說固大致不誤。然吾人應注意，墨子非命，以之斥古之暴王則可，[61]以之攻儒家則未得其半。蓋孔孟雖持有命，然二子絕末教人以「聽天安命」。孔子「知其不可而為之」，孟子以「強為善」勸人。是孔孟之有命，與墨子所非者迥不相同。至於荀子主「天人之分」，其立說之精神實不殊於墨子所謂「昔者桀之所亂，湯治之。紂之所亂，武王治之。此世不渝而民不改，上變政而民易教，其在湯武則治，其在桀紂則亂。安危治亂，在上之發政也。則豈可謂有命哉？」故就孔、孟、荀三家論，似墨子以非命攻儒，幾如無的放矢矣。[62]

58　〈非命上〉。

59　〈非命下〉。

60　〈非命中〉。

61　《尚書・湯誓》桀謂「時日曷喪。」（從夏曾佑解，時日言生之時日，即命也。）〈西伯戡黎〉紂謂「我生不有命在天。」

62　墨子所非或為俗儒。按儒家大體上認善應得賞，惡應得罰，然行為與報酬，不必相應，個人盡其在己，「若夫成功則天也」。其論較墨子善必賞、惡必罰之天鬼說為少困難。蓋事實上善人未必富貴，惡人不必貧賤也。

第五節　尚賢

　　孔、墨同生於晚周世卿制度已壞而未盡泯，權臣政治方張而趨更盛之時代。[63]故孔子尊德，墨子尚賢。其立說雖有殊，其欲匡矯時弊之用心則不異也。

　　「不義不富，不義不貴，不義不親，不義不近。」「以德就列，以官服事，以勞殿賞，量功而分祿，故官無常貴，而民無終賤。」[64]墨子尚賢之大旨，此數語殆已盡之。蓋墨子之意，以為治國養民乃一至艱至鉅之事業。若非賢能之士，必不能勝此重任。故居上位者必有出眾之才，而尚賢乃「為政之本」。[65]由之者治，背之則亂。古今一理，天人同道，[66]未有或舛者也。至於用人之術，墨子亦立有極簡明妥當之原則。〈尚賢上篇〉曰：「故古者聖王之為政，列德而尚賢，雖在農與工肆之人，有能則舉之。高予之爵，重予之祿，任之以事，斷之以令。曰，爵位不高則民弗敬，蓄祿不厚則民不信，政令不斷則民不畏。舉三者授之賢者，非為賢賜也，欲其事之成。」〈尚賢中篇〉亦謂「故先王言曰貪於政者不能分人以事，厚於貨者不能分人以祿。事則不與，祿則不分，請問天下之賢人將何自至乎王公大人之側哉。」雖然，尚賢者不可不重用之，而亦不可不當其能。「夫不能治千人者，使處乎萬人之官，則此官什倍也。夫治之法將日至者也。日以治之，日不什脩。知以治之，知不什益。而予官什倍，則此治一而棄其九矣。」「故可使治國者治國，可使長官者長官，可使治邑者治邑。」蓋「進賢」者必「聽其言，迹其行，察其所能而慎予

63　參本書第一章註6至9及第二章第一、五節。又春秋時宗法餘意猶存者如魯之三桓專國政，雖孔子亦不能得志。宋亦桓族勢盛，子弟分掌六官（《左傳・成公十五年》）。至於單獻公棄親用羈而見殺（同書，〈昭公七年〉），吳起相楚，廢公族減世爵而支解（《史記》卷六五本傳，又《韓非子・和氏篇》，《淮南子・泰族訓》），尤足見貴族之雖微而勢猶大也。

64　〈尚賢上〉。

65　〈尚賢中〉墨子曰：「自貴且知者為政乎愚且賤者則治，自愚（且）賤者為政乎貴且知者則亂。是以知尚賢之為政本也。」

66　上、中、下篇均引歷史事實以為證。中篇又謂「雖天亦不辨貧富貴賤，遠邇親疏，賢者舉而尚之，不肖者抑而廢之。」故堯、舜、禹、湯、文、武「富貴為賢」而天賞之，桀、紂、幽、厲「富貴為暴」而天罰之。伯鯀「親而不善」，故天罰之。禹稷皋陶以能而天使之。

官」，[67]則庶幾無失矣。

墨子尚賢之大意略如上述。其義顯明，無待解說。雖然，尚有易生誤會之數事，吾人不可不加以注意。（一）墨子尚賢不僅反對官祿世及，實亦攻擊權臣佞幸之竊位。故墨子分析國政昏亂之原，既舉王公大人之使用親戚，復斥其使用「無故富貴，與面目佼好」[68]之人。夫所謂無故富貴，面目佼好者殆指權臣如魯之陽虎，嬖幸如子都、子之之流亞，皆與世卿貴戚無涉者也。（二）墨子尚賢，就大體論，乃於封建末世之舊制度中寓機會平等之新原則，非蕩平階級，泯尊卑貴賤之等差也。蓋墨子思想中之政治組織，仍為天子、諸侯、卿大夫、士、庶人等階級所合成。上者號令於下，下者服從其上。位分顯然，不可混夷。且許行倡君臣並耕之說，墨子則有取於分工之旨。[69]均是人也，愚而不賢則為「賤人」以從事於農工，智而有能則為官長以享高爵厚祿。墨子所注重者，官無常貴，民無終賤之機會平等，所提倡者以才能定身分之合理標準，而所欲廢置者親親愛私之不合理政策而已。於勞心者治人，勞力者事人之界限固亦承認而欲維持之也。觀墨子弟子多以出仕為務，而其得位者亦食祿如常人，高石子仕衛，耕柱子仕楚，尤其著者，則可知墨子尚賢真意之所在矣。荀子攻排墨子，一則曰：「大有天下，小有一國，必自為之然後可，則勞苦耗顇莫甚焉。如是則雖臧獲不肯與天子易勢業。」再則曰：「不知壹天下、建國家之權稱，上功用、大儉約而僈差等，曾不足以容辯異、縣君臣。」一若墨子果「無見於畸」，[70]而盡棄貴賤之等者。其為厚誣墨子，與孟子之以「無父」相譏，同無根據，殆可斷言。蓋墨子主節用，以堯舜及禹之形勞而養薄為理想之君主。荀子斷章取義，因以詆之。殊不知孔子固亦稱禹之惡衣食而卑宮差。墨僈差等，孔亦僈差等乎？且孟子嘗說君民同樂之義。今墨子節用，殆可謂上下同

---

67 〈尚賢中〉。

68 〈尚賢中〉。下篇作「骨肉之親，無故富貴，面目美好者。」上篇則以富貴親近與賢人對舉。

69 見本章註3。又〈非樂上〉云禽獸因羽毛而不衣，因水草以為食，故不耕織。「今人與此異者也。賴其力者生，不賴其力者不生。君子不強聽治即刑政亂，賤人又不強從事即財用不足。」

70 分見《荀子》〈王霸〉、〈非十二子〉，及〈天論〉。梁啟超《學案》頁156謂墨子「既主張平等主義，又說尚同而不下比。這是矛盾地方。」此亦未得尚同尚賢之真解。墨子尚賢與其節用之說別有衝突之處，見下節。

苦。同樂者不慢差等，同苦者豈慢差等乎？荀說之未得其平，於此更可見矣。
（三）墨子尚賢雖背周而不背儒。爵祿「世及」本為周代宗法社會之必然現
象。孔、墨並有「布衣卿相」之理想，頃已述及。墨子非儒，未嘗據尚賢以攻
孔子，[71]足見二家於此固有契合，蓋儒家雖重視家族，然其意在以孝弟之倫理
為修身立政之基礎，非欲以家族中之親親，易政治上之尚賢。故堯舜傳賢，周
公滅親，皆為儒家所稱許。孔門弟子出身微賤者多學南面治平之術。更足見孔
子矯正世卿之深意。若以此論之，則孔子之思想實未嘗一致從周也。[72]至於荀
子之學，則尤與「尚賢」相接近。〈君道篇〉謂「雖王公士大夫之子孫，不能
屬於禮義，則歸之庶人。雖庶人之子孫也，積文學身行，能屬於禮義，則歸之
卿相士大夫。」[73]其宗旨與墨子之官無常貴，民無終賤，竟完全吻合，如出一
口矣。[74]雖然，儒、墨之間固有一大不相同之處。儒家欲以「君子」代世卿，
其理想之君子不必出身華族，而必須修身立德，以為下民之師表。故儒家尚
賢，不徒取事功而兼重道德。墨子亦嘗反復說明賢人之效矣，〈尚賢中〉曰：
「賢者之治國也，蚤朝晏退，聽獄治政，是以國家治而刑法正。賢者之長官
也，夜寢夙興，收斂關市山林澤梁之利以實官府，是以官府實而財不散。賢者
之治邑也，蚤出暮入，耕稼樹藝，聚菽粟，是以菽粟多而民足乎食。」凡此所
言，皆斤斤於物質上之實利，是其所謂賢人，以儒家之眼光論之，不過具一能
一技之長，有敬事勤王之勞，而未足以語於化民成俗之極致。荀子譏墨子「蔽
於用而不知文」，此殆墨學為儒術平民化之又一證歟！

第六節　節用

　　墨子尚儉，乃其思想之一特點，亦每為別家所抨擊。考墨子崇儉，約含三

71　惟〈非儒下〉首段引「儒者曰：親親有術（殺），尊賢有等」，下文就婚喪諸禮以斥其悖
　　謬。然畢沅謂本篇乃墨徒「設師言以折儒」，非翟所著。又按所斥皆禮儀末節，無關政事。
72　參本書第二章第五節。
73　孟子有時擁護世祿，與墨不合。參本書第三章第二節末段。
74　夏曾佑謂「孔子親親，墨子尚賢。」又舉其他八事斷定墨子「無一不與孔子相反」（方授楚
　　《源流》上卷頁111引），似未確。

義：一曰節用，二曰節葬，三曰非樂。節用為主旨，節葬非樂則其分論也。

節用之直接目的在於充裕民生，其最後之目的則為實行愛利。故墨子謂古之聖王「愛民謹忠，利民謹厚」，於是制為節用之法。[75]然吾人應注意，墨子所主張者，非只以儉省費用為原則，而實重在免除無益之消耗。〈節用上〉曰：「聖人為政一國，一國可倍也。大之為政天下，天下可倍也。其倍之，非外取地也。因其國家，去其無用之費，足以倍之。」〈節用中〉申論節用具體之法「曰：凡天下群百工輪車，鞼，鞄、陶冶、梓匠，使各從事其所能。曰：凡足以奉給民用則止。諸加費不加于民利者聖王弗為。」按此標準，則飲食、衣服、宮室、器用皆有一定之限制。「足以充虛繼氣，強股肱，耳目聰明則止。不及五味之調，芬香之和，不致遠國珍怪異物。」此飲食之制也。「冬服紺緅之衣，輕且暖，夏服絺綌之衣，輕且清，則止。諸加費不加於民利者，聖王弗為。」此衣服之制也。「其旁可以圉風寒，上可以圉雪霜雨露，其中蠲潔，可以祭祀，宮牆足以為男女之別則止。諸加費不加民利者，聖王弗為。」此宮室之制也。「古者聖王為大川廣谷之不可濟，於是利為舟楫，足以將之則止。雖上者三公諸侯至，舟楫不易，津人不飾。」此器用之制也。

本此不加民利不為之原則，墨子又立為節葬非樂之論，以與儒家相抗。墨子反對厚葬久喪，其惟一之理由為行其術者，不可以富貧眾寡，定為理亂。蓋就墨子觀之，喪葬本為不得已而無所利之事，多一分費用，即多一分損失。故〈節葬下〉曰：「細計厚葬，為多埋賦（之）財者也。計久喪為久禁從事者也。財以成者扶（挾）而埋之，後得生者而久禁之。以此求富，此譬猶禁耕而求穫也。」且厚葬久喪之害又不止此。民不能富則衣食不足。於是怨其父兄君上而相為淫暴，以至於亂。民不從事則積委不充，城郭不修，上下不和。大國攻之則無以自守，以至於亡。民貧政亂則怠於祭祀，以致天鬼之罰。故墨子認厚葬久喪為儒者喪天下「四政」之一，[76]而制為薄葬短喪之法以易之也。

非樂之旨，與此大略相同。墨子所言不外六點：（一）作樂必有樂器。樂器非「直掊潦水，折壤坦而為之也，將必厚措斂乎萬民」，「虧奪民衣食之財」。（二）「民有三患，饑者不得食，寒者不得衣，勞者不得息。三者民之

75　〈節用中〉。

76　〈公孟篇〉。

巨患也。然即當為之撞巨鐘，擊鳴鼓，彈琴瑟，吹竽笙而揚干戚，民衣食之財
將安可得乎。即我以為未必然也。」（三）作樂不足以禁暴止亂，無補於事。
（四）作樂必有樂工，為樂工者必廢耕稼樹藝，紡績織紝之生產事業。（五）
聽樂者必怠於工作。「與君子聽之，廢君子聽治，與賤人聽之，廢賤人之從
事。」（六）古之聖王不為樂。[77]抑墨子非樂，不僅限於國家貧困之時。「公
孟子曰，國亂則治之，國治則為禮樂。國貧則從事，國富則為禮樂。子墨子
曰，國之治，〔治之故治也〕。治之廢，則國之治亦廢。國之富也，從事故富
也。從事廢，則國之富亦廢。故雖治國，勸之無饜，然後可也。」[78]

　　按墨子尚儉之說，雖針對社會全體而發，然就其內容以論，似尤注重王公
大人之接受奉行。故其稱頌儉德則舉堯舜之惡食菲衣。[79]其譏斥侈行則謂「當
今之主」，「單財勞力，畢歸之於無用」。[80]足見墨子尚賢之用意在拔賤人之
身分以上躋於君子，而其尚儉之效果欲使君長之生活皆下比於平民。儒家所重
視之隆殺差等，威儀文飾，墨子殆一無所取。其理想中之社會，以今語說之，
殆為一有服務而無享樂，重義務而輕權利之工作組織。雖然，墨子所以堅持此
「若燒若焦」，「使人憂，使人悲」之道術者，又非無故。蓋晚周之國君貴族
頗多縱恣奢淫，不恤民力。其例甚多，隨手可得。如晉作銅鞮之宮，楚有章華
之臺；「鄭伯有為窟室而夜飲酒」，齊人饋女樂而哀公不朝；周景王鑄無射之
鐘，衛懿公豢乘軒之鶴；齊則「宮室日更，淫樂不遠。內寵之妾肆於市，而外
寵之臣僭令於郡」。[81]孟子曰：「庖有肥肉，廄有肥馬。民有饑色，野有餓
莩。」孟子所感嘆於後者墨子已先有所見。是節用非樂之說，皆有為而言，有
激而發，故能深中時病，盡懇切之能事。誠不可以其「蔽於用而不知文」，遂
斥為謬說也。

　　雖然，吾人如舍戰國之特殊背景，而一論節用主張本身之得失，則墨子似
不免有矯枉過正，為道一偏之錯誤。約言之，其失有三：一曰違反人性。人類
於滿足最低限度之生活需要以後，勢必進而作更廣大之要求。社會之文明程度

77　〈非樂上〉。中、下篇均佚。
78　〈公孟篇〉。
79　〈節用中〉及《韓非子・五蠹》。
80　〈辭過篇〉。
81　《左傳・昭公三年》。

愈高，則人類生產之能力愈大，而其享受之範圍亦愈廣。於是向所視為奢侈之生活亦於不知不覺間公認為必需之享用。禽獸與人類顯著分別之一正在人類能作無限制之慾望擴張，而禽獸不能。野蠻人與文明人之不同亦在後者能實行擴張其享用至最大之可能限度，而前者不能。墨子節用之說雖不至抑人類於禽獸，然其具有阻遏文明進度之傾向則無可疑。[82]不寧惟是，人生工作之餘，不能無息游以為調濟。〈三辯篇〉載程繁難墨子之言曰：「夫子曰，聖王不為樂。昔諸侯倦於聽治，息於鐘鼓之樂。士大夫倦於聽治，息於竽瑟之樂。農夫春耕夏耘，秋斂冬藏，息於瓴缶之樂。今夫子曰：聖王不為樂。此譬猶馬駕而不稅，弓張而不弛，無乃非有血氣者之所能至邪。」此誠至恰至當，足令墨子無辭以解者也。復次，人類本有嬉戲之天性，其行為不必皆「有所為」。一切之娛樂及美術，皆根此以發展。[83]〈公孟篇〉載墨子「問於儒者，何故為樂？曰：樂以為樂也。子墨子曰：子未應我也。今我問曰：何故為室。曰：冬避寒焉，夏避暑焉，室以為男女之別也，則子告我為室之故矣。今我問曰：何故為樂。曰：樂以為樂也。是猶曰：何故為室？曰：室以為室也。」自墨徒視之，此誠語妙天下，足箝儒者之口。殊不知為室與為樂，不可同類而論。而其說如此，適足以暴露墨子之陋，只喻為室之心理而絕不能領會為樂之心理而已。莊子稱「其道大觳」，「以此教人，恐不愛人。以此自行，固不愛己」。又謂其「反天下之心，天下不堪。墨子雖獨能任，奈天下何。」[84]最為中肯之論。

尚儉之第二缺點曰不合治道。姑就儒、墨二家之說以明之。按墨子非禮樂，侵差等，其惟一之理由為禮樂無用。然自儒家視之，則安上治民莫善於禮，移風易俗莫善於樂。[85]是天下之大用將在於此。然則二家之見，果孰當乎？吾人若屏除成見，平心以論之，則禮樂有用，誠為不可否認之事實。吾人試一察古今中外諸國之所行，即可知此事實之普徧存在。墨子尚儉之極，不啻與此普存之事實宣戰。其不免困難，乃勢所必至。故墨子教節用則稱帝堯之食不兼味，而其說尚賢又主以高爵厚祿用人。先後違牾，互相歧異。使節用之說

82　荀子「養五綦」之說略得此意。近世學者似以譚嗣同《仁學》為最能發揮享用擴張之理論。

83　梁啟超《飲冰室文集》第三九有〈學問之趣味〉一文，頗能說明此理。

84　〈天下篇〉。

85　參《禮記・樂篇》及《荀子・禮樂論》二篇。

果行，則「衣褐帶索，饘菽飲水」，[86]瘠不足欲，「請問天下之賢人，將何自至乎王公大人之側哉」。[87]考墨子弟子亦有出仕而致厚祿者。而耕柱仕楚，「二三子過之，食之三升，客之不厚」，遂招無益之責言。墨子不以堯之黍稷不二，飯於土塯，正言以教二三子，而僅曰「未可知也」。觀此可知節用之說實不免偏激，雖墨徒亦不能全部踐行矣。抑又有進者，墨子之論節用，注重消極之縮減政策而未探求積極之生產方法，亦不免為一缺點。墨子知人類不能如禽獸純恃自然環境之給養以圖存，亦深感人力為生產之原動力，故主張早婚以增加人口。[88]然於生財之道則除「為者疾食者寡」，[89]一類空洞原則以外，幾乎一籌莫展。尚不如孟荀論裕民富國之井井有條。荀子謂不足「特墨子之私憂過計」，若就墨家不講求開源之術一端言，則誠非毫無根據矣。

第七節　非攻

　　吾人頃謂墨子節用之失，在徒有足民之心而未究生財之道。至其非攻，則於鮮明之理論外，復具防禦戰爭之優美技術。故就實際上之價值言，墨學之精，無逾此者。孔子不對衛靈公之問陣。孟子稱善戰者當服上刑。儒家固亦反對武力之侵略行為，非攻洵非墨子所獨創。然儒家能非攻而不能救攻，其言遂

86　《荀子・富國篇》。荀子謂「墨子之言昭昭然為天下憂不足。夫不足，非天下之公患也，特墨子之私憂過計也。（中略）我以為墨子之非樂也，則使天下亂。墨子之節用也，則使天下貧。非將墮之也，說不免焉。墨子大有天下，小有一國，將蹙然衣麤食惡，憂戚而非樂，若是則瘠，瘠則不足欲，不足欲則賞不行。墨子大有天下，小有一國，將少人徒，省官職，上功勞苦，與百姓均事業，齊功勞。若是則不威，不威則賞罰不行。賞不行則賢者不可得而進也。罰不行則不肖者不可得而退也。賢者不可得而進也，不肖者不可得而退也，則能不能不可得而官也。若是則萬物失宜，事變失應，上失天時，下失地利，中失人和，天下敖然若燒若焦，墨子雖為之衣褐帶索，饘菽飲水，惡能足之乎？」下文出荀子之正面主張，亦可參。

87　〈尚賢中〉。

88　〈非樂上〉：「今人與此（禽獸）異者也。賴其力者生，不賴其力者不生。」〈節用上〉：「故孰為難倍，唯人為難倍。然人有可倍也。昔者聖王為法曰：丈夫年二十毋敢不處家，女子年十五，毋敢不事人。」

89　〈七患篇〉。

鮮實效。墨子不徒堅持其說，強聒不舍。且大明守圉之術，精為守圉之械。[90]
又身率弟子，援助受侵之國，防止戰禍之起。救宋一事，遂為後世所羨稱。[91]
莊子譽為「天下之好」，誠非溢美。

　　墨子非攻之理論，亦有與儒家異趣者。宋牼欲以「不利」說罷秦楚之兵，
而孟子斥之，謂「先生之號則不可」。[92]墨子之說非攻，則隨時隨地皆以「不
利」為言。蓋自墨子視之，攻伐之起，多由侵略者認戰爭為有利之事。[93]故必
先破除此錯誤之估計，然後非攻之說可行。且戰禍之興，既多由於雄才大略之
君主。故其言不利亦多就君主之本身著想，冀其能惕然自警，免蹈自焚之危。
此所謂「卑之，勿甚高論」，較仁義之說當更切實而動聽也。綜墨子所陳攻之
不利約有三端。（一）侵略之戰「計其所自勝，無所可用也。計其所得，反不
如所喪者之多。」今攻三里之城，七里之郭，殺戮必多，勝負不定。縱使得
之，而「虛城」無用。（二）侵略者誤認攻伐可以兼併土地，富強國家。殊不
知有攻伐即有滅亡，而螳螂捕蟬，不悟黃雀已伺其後。吳以闔閭、夫差之義戰
而天下莫強，乃卒不免滅於勾踐。晉之智伯勢冠六軍，兼併為務，而終敗於三
家。[94]此皆前車之鑒，足為攻伐之不利之明徵。（三）抑攻伐禍害所及又不僅
限於君國。墨子曰：「夫取天之人以攻天之邑，此刺殺天民，剝振神位，傾覆

90　今本所存〈備城門〉以下十一篇起專論守圉之械術。其中容有秦漢偽託，然大體為墨子後學
　　因師教而演成。「墨守」至漢時為人所週知之事，故何休取以名其書也。

91　〈公輸篇〉記其事，略謂「公輸盤為楚造雲梯之械成，將以攻宋。子墨子聞之起於齊，行十
　　日十夜而至於郢。見公輸盤。」既以非攻之義說盤及楚王，而王不能忘情於雲梯。墨子「於
　　是見公輸盤。子墨子解帶為城以牒為械。公輸盤九設攻城之機變，子墨子九距之。公輸盤之
　　攻械盡，子墨子之守圉有餘。公輸盤詘而曰：吾知所以距子矣。吾不言。子墨子亦曰：吾知
　　子之所以距我，吾不言。楚王問其故。子墨子曰：公輸子之意不過欲殺臣。殺臣，宋莫能
　　守，可攻也。然臣之弟子禽滑釐等三百人已持臣守圉之器在宋城上而待楚寇矣。雖殺臣，不
　　能絕也。楚王曰：善哉！吾請勿攻宋矣。」

92　《孟子‧告子下》。

93　〈非攻中〉：「國家發政，奪民之用，廢民之利，若此甚眾，然而何為為之。曰：我貪伐勝
　　之名，及得之利，故為之。」

94　〈非攻中〉。〈非攻下〉又設為難者之言，謂楚、越、齊、晉、皆以數百里之小國，以攻伐
　　之故，四分天下而有之，不可為不利。墨子應之曰：「古者天子之始封諸侯也，萬有餘。今
　　以并國之故，萬有餘國皆滅而四國獨立。此譬猶醫之藥萬有餘人而四人愈也，則不可謂良醫
　　矣。」

社稷，攘殺犧牲，則此上不中天之利矣。意將以為利鬼乎？夫殺天之人，滅鬼神之主，廢滅先王，賊虐萬民，百姓離散，則此中不中鬼之利矣。意將以為利人乎？夫殺人之為利人也薄矣。又計其費，此為害生之本，竭天下百姓之財用不可勝數也。則此下不中人之利矣。」[95]

墨子又認定好名亦為侵略之主要動機，故連帶及之，以示攻伐之決不可為。〈天志下〉曰：「今是大國之君寬（囂）然曰：吾處大國而不攻小國，吾何以為大哉。是以差論爪牙之士，比列其舟車之卒伍，以攻伐無罪之國。入其邊境，刈其禾稼，斬其樹木，殘其城郭，以抑其溝池，焚燒其祖廟，攘殺其犧牲。民之格者則勁殺之，不格者則係操而歸。丈夫以為僕圉胥靡，婦人以為舂酋。則夫好攻伐之君不知此為不仁義，以告四鄰諸侯曰：吾攻國覆軍，殺將若干人矣。其鄰國之君亦不知此為不仁義也，又具其皮幣，發其徒遽，使人饗賀焉。則夫好攻伐之君又重不知此為不仁不義也，又書之竹帛，藏之府庫。為人後子者必且欲順其先君之行曰：何不嘗發吾府庫，視吾先君之法儀。」天下之人皆昧於侵略之為不義，「是以攻伐世世而不已」也。墨子乃正言以曉之曰：「今有人於此，入人之場圃，取人之桃李瓜薑者，上得且罰之，眾聞則非之。是何也？曰：不與其勞，獲其實，以非其所有取之故。」而況攻伐兼併，其所取「數千萬」倍於此乎。墨子又謂「今有一人入人園圃，竊其桃李，眾聞則非之，上為政者得則罰之。此何也？以虧人自利也。至攘人犬豕雞豚者其不義又甚入人園圃竊桃李。是何故也？以虧人愈多，其不仁茲甚，罪益厚」也。又況攻伐兼併，其虧人自利不止百倍於盜竊私人之財物乎？[96]總之，攻伐之君妄冀非義之利，濫得勇武之名，其蔽在不明自私之為公害。若以兼愛之標準定之，則「率土地而食人肉」者誠「罪不容於死」，[97]又何美譽之能得乎？

侵略之戰爭既不可為，則各國所講求者自衛自存之術而已。墨子擅長守圉，上文已經述及。蓋墨意深知攻伐不能猝止，乃主張以自衛對抗侵略，以息

<hr>

95　〈非攻下〉。
96　〈非攻上〉。
97　《孟子‧離婁上》。墨子亦曰：「殺一人謂之不義，必有一死罪矣。若以此說往，殺十人，十重不義，必有十死罪矣。殺百人，百重不義，必有百死罪矣。當此天下之君子皆知而非之，謂之不義。今至大為不義攻國，則弗知非，從而譽之謂之義。情不知其不義也。」見〈非攻上〉。

強大者之野心，其意略如近世所謂武裝和平。故曰：「備者國之重也，食者國之寶也，兵者國之爪也，城者所以自守也。」又曰：「凡大國之所以不攻小國者，積委多，城郭修，上下調和，是故大國不耆攻之。」[98]抑墨子不徒教人自衛而已，又主張以救弱睦鄰之外交方法，擴大武裝和平之範圍，使強大者立於必敗之地。其言曰：「夫天下處攻伐久矣。譬若僮子之為馬然。今若有能信效先利天下諸侯者，大國之不義也則同憂之，大國之攻小國也，則同救之。小國城郭之不全也，必使修之。布粟之絕則委之，幣帛不足則供之。以此效大國〔則大國之君說，以此效小國〕則小國之君說。人勞我逸則我甲兵強。寬以惠，緩易急，民必移。易攻伐以治我國，功必倍。量我師舉之費，以爭諸侯之斃，則必可得而享利焉。督以正，義其名，必務寬吾眾，信吾師。以此援諸侯之師，則天下無敵矣。」[99]凡此所論，皆大體精當，可無間然。惟吾人如以此武裝和平之理論為墨子所獨有，則與事實不合。孔子曰：「足食足兵。」又曰：「善人教民七年，亦可以即戎矣。」[100]荀子曰：「修禮以齊朝，正法以齊官，平政以齊民。然後節奏齊於朝，百事齊於官，眾庶齊於下。如是則近者競親，遠者致願。上下一心，三軍同力。聲名足以暴之，威強足以捶笞之。拱揖指揮，而強暴之國莫不趨使。譬之是猶烏獲與焦僥搏也。」[101]孔、荀所言，其主旨略似墨子，是亦二家思想接近之又一端也。至於墨子解禹征有苗，湯伐桀，武王伐紂，以為「彼非所謂攻，謂誅也。」[102]其說真與孟子所言「誅一夫」、「為天吏」，[103]荀子所謂「禁暴除害」、「仁義之兵」，[104]如出一口。或者墨子非攻之義，雖鍼砭時弊，亦承孔門之教而引申以成者歟！

---

98 分見〈七患〉及〈節葬下〉。又〈貴義篇〉載勸衛君畜士，用意正同。
99 〈非攻下〉。按僮子為馬，說見〈耕柱篇〉：「童子之為馬，足用而勞。」
100 《論語》〈顏淵十二〉，及〈子路十三〉。
101 《荀子‧富國》。
102 〈非攻下〉。
103 《孟子》〈梁惠王下〉及〈公孫丑下〉。
104 《荀子‧議兵》。

第五章

老子與莊子

第一節　老、莊之身世及時代

　　先秦思想大家事迹之最難考見者殆無過老子與莊生，而二者之中，老子為尤甚。不徒其行蹤幽隱，乃至姓名生卒亦眾說紛歧，莫衷一是。《史記・老子列傳》寥寥約三百言。且記其教誡孔子與孔子贊嘆之語幾占全篇之半。述及事狀，則文至簡略，又多疑辭。[1]夫以史遷之去古較近，已不能詳為考證，俾成信史，則兩漢以後之人，雖欲加以是正補充，而文獻愈少，其事更難，誠不免有徒勞無功之感。吾人惟有姑就古今諸家之說，取其比較近情易通者，折衷融會，以推定此道教宗師身世之大略而已。

1　《史記》卷六三。「老子者，楚苦縣，厲鄉，曲仁里人也。姓李氏名耳字伯陽，謚曰聃。周守藏室之史也。孔子適周，將問禮於老子。老子曰：子所言者其人與骨皆已朽矣。獨其言在耳。且君子得其時則駕，不得其時則蓬累而行。吾聞之，良賈深藏若虛，君子盛德容貌若愚。去子之驕氣與多欲，態色與淫志。是皆無益於子之身。吾所以告子，若是而已。（中略）老子修道德，其學以自隱無名為務。居周久之，見周之衰，迺遂去至關。關令尹喜曰：子將隱矣，彊為我著書。於是老子迺著書上下篇，言道德之意五千餘言而去，莫知其所終。或曰老萊子亦楚人也。著書十五篇，言道家之用。與孔子同時云。蓋老子百有六十餘歲，或言二百餘歲，以其修道而養壽也。自孔子死之後百二十九年而史記周太史儋見秦獻公（中略），或曰儋即老子，或曰非也。世莫知其然否。老子隱君子也。」又卷四七〈孔子世家〉載「南宮敬叔言魯君曰：請與孔子適周。魯君與之一乘車、兩馬、一豎子、俱適周問禮，蓋見老聃云。辭去而老子送之曰（中略），聰明深察而近於死者，好議人者也。博辯廣大危其身者，發人之惡者也。為人子者毋以有己，為人臣者毋以有己。」此外古籍稱孔子見老子者有《莊子》及《禮記・曾子問》。按老莊皆隱居避世，其行無迹，事無傳，乃勢所必至。孔子嘆其猶龍，史遷謂莫知所終，實足為老子最適當之按語。後人雖欲詳考身世，其如本少記載何。

　　老子姓李，名耳，字聃（約西元前571-前471）。其先宋人姓子，音轉為李。老或為其氏。[2]古代平民無氏，老子殆亡殷遺士，徙居苦縣。[3]以嫻習舊禮為周守藏室史。其年長於孔子，[4]嘗與論禮，為孔子所稱引。[5]然老子以亡國之裔，深明世亂不足有為，乃修道德之學，以「自隱無名為務」。避官隱去，不知所終。史稱其為關令尹喜著書。近世學者多疑《道德經》非聃所著。[6]按老子既避世藏形，未必果著書以自見，則此五千言者，殆其後學太史儋之所作歟。[7]

　　莊子（約西元前369-前286）「行而無迹，事而無傳」，略似老子。《史記》謂「莊子者蒙人也。名周。周嘗為蒙漆園吏。[8]與梁惠王齊宣王同時。[9]其學無所不窺，然其要本歸於老子之言。故其著書十餘萬言，大抵率寓言也，作〈漁父〉〈盜跖〉〈胠篋〉以詆訿孔子之徒，以明老子之術。畏累虛、亢桑子之屬皆空語無事實。然善屬書離辭，指事類情，用剽剝儒墨，雖當世宿學不能自解免也。其言洸洋自恣以適己。故自王公大人不能器之。楚威王聞莊周賢，

2　姚鼐《老子章義・序》。馬敘倫老子覈詁亦謂「老子宋人而子姓。」胡適〈中國哲學史大綱〉上卷則謂李姓、老字、聃名。老聃名字並舉，為春秋時人習尚，如孔父嘉、叔梁紇、孟施舍、孟明視之類。高亨《老子正詁》謂老子姓老，音轉為李。其證有二：（一）春秋時有老姓而無李姓，如宋司馬有老佐，魯司徒有老祁。（二）周秦諸子皆舉姓。

3　《史記索隱》苦縣本屬陳（敬王四十二年或前478年），楚滅陳，遂入於楚。按陳在宋南接壤，老子或其先人由宋徙居，事極可能。又陳為弱國，屢受侵侮。陳滅時老子或已先卒。

4　胡適據閻若璩考證老子長於孔子至多不過二十歲，殆生於靈王初年（西曆西元前571以後），近世學者頗疑問禮為附會之說，如汪中《老子考異》，崔述《洙泗考信錄》。

5　古籍載孔子見老子除《史記》世家及列傳外當以《禮記・曾子問》記孔、老論喪禮（孔子助葬於巷黨），及孔子引老子論七廟無虛主，下喪土周葬園中等為較重要。《莊子》各篇所記或多寓言不足據。

6　崔述《洙泗考信錄》，汪中《老子考異》，錢穆《考辨》七二。

7　汪中《老子考異》。宋葉適《習學記言》已先發之，惟論據不同。葉據思想之內容，汪則以事迹推定也。按五千言雖非春秋時人老子所著，其內容則大體上足以代表其思想。

8　《史記索引》據《別錄》謂蒙屬宋國。《漢書・藝文志》謂莊乃宋人。

9　惠王在位當西曆前369-前319年之間。宣王當西元前319-前301。威王當西元前339-前329。梁啟超推定莊子生卒為顯王三十四年至赧王四十年（西元前335-前275）。馬敘倫《莊子年表》（《天馬山房叢著》）起烈王七年迄赧王二十九年（西元前369-前286）。錢穆《考辨》第八八定莊子生於顯王元年至十年之間，卒於赧王二十六年至三十六年之間，而假定其生卒為顯王四年至赧王二十五年（西元前365-前290）。若從錢說則莊子少孟子約十歲。

使使厚幣迎之，許以為相。莊周笑謂楚使者曰：千金重利，卿相尊位也。子獨不見郊祭之犧牛乎？養食之數歲，衣以文繡，以入太廟。當是之時，雖欲為孤豚，豈可得乎？子亟去！無污我。我寧游戲污瀆之中自快，無為有國者所羈。終身不仕，以快吾志焉。」[10]

　　老、莊之事迹雖流傳甚少，然二者均與宋國有關，則事極明顯。宋為微子故封，乃殷遺民之祖國。[11]老、莊思想，殆有殷文化之背景，可與儒、墨並論。然儒、墨居衰周之世，欲以仁義愛利積極之治術，撥亂反正。其態度較為樂觀。老、莊則傾向於消極，以遜退寧靜之方為個人自全自得之術。其態度至為悲觀。蓋古之道術誠有「以濡弱謙下為表」之一宗，[12]為孔、老之所共喻。老子承柔順之教而發揮之，孔子變柔順以為弘毅，[13]而孔、老遂成兩家不同之學術。正考父之鼎銘謂「一命而僂，再命而傴，三命而俯，循牆而走，亦莫余敢侮。」[14]此孔氏之祖訓深有契於道家謙下之旨也，孔子曰：「邦無道危行言孫」，又曰：「賢者避世」，又曰：「以德報怨則寬仁之身也」。[15]曾子亦曰：「以能問於不能，以多問於寡。有若無，實若虛。犯而不校。昔者吾友嘗從事於斯矣。」[16]此足證孔門師弟固亦嘗預聞柔順保身之道也。至於《中庸》所引孔子對子路問強之語，謂「寬柔以教，不報無道，南方之強也，君子居之」，則更不啻為老子寫照矣。然孔子雖有取於柔順，其思想之大體則以弘毅濟濡弱而歸於中庸。故孔子立言屢致意於抑鄉愿，振士氣。對或問以德報怨則

10　《莊子・秋水篇》亦有辭楚聘事，惟以神龜為譬。

11　見本書第一章、第二章。

12　馬敍倫《老子覈詁》謂「論語之老彭即老子。」孔子稱其「述而不作，信而好古」，實由老學自有本原，非出新創，並舉四事以證之。（一）《道德經》第六章「谷神不死」四句偽，《列子》引作黃帝語。黃帝雖未必著書，此語必為古義，故《呂氏春秋》及賈誼《新書》均引之。（二）第三十六章「將欲奪之必固予之」，與〈周書〉文同。（三）四十二章「強梁者不得其死」，出周廟金人銘辭。（四）七十九章「天道無親，常與善人」，乃《易》逸文。按《國語・越語》勾踐三年（前494）范蠡論天道之言，亦足見老子之前已有「盈而不溢」之思想。

13　《胡適論學近著》第一集，頁68, 74-75。

14　《左傳・昭公七年》。

15　分見《論語・憲問十四》及《禮記・表記》。

16　《論語・泰伯第八》。《集注》：「馬氏以為顏淵，是也。」

曰：「何以報德」，而論志士仁人則主殺身成仁。[17]其尤堪注意者則孔子施教之目的不在個人之自全而重視天下之兼善。此正孔子精神，根本異於老、莊之處，不得以二人皆出殷裔而混同之也。蓋政治思想雖不能離環境以產生，而在同一歷史環境中，所有思想之內容不必皆出一轍。個人之品性，家庭之生活，師友之影響，凡此一切均可使個人對於同一環境發生不同之反應而促成其思想之分歧。孔、老之學可為一例。所惜其行迹留傳者太少，吾人不能詳考二家同源異趣之具體原因，而僅可對老子思想之形成作大致之推論耳。

　　老子之年略長於孔子。其所遭之世亦為晚周「無道」之天下。舉凡列國之侵奪篡殺，貴族之奢淫辟亂，苛政之甚於猛虎，法令之多如牛毛，孔、墨之所聞見者亦必為老子之所深曉。孔子雖殷宋遺士，然既已受周禮之薰陶，又復為魯國之羈臣，故其撥亂反正之術融合殷周，以正名矯文弊之縱侈，以行仁救禮極之虛空。墨子承之，稍變其教，而均圖以用世為救世之方，於政教本身之效用，初未嘗持懷疑之態度也。老子以子宋遺民，徙居陳國。史雖失記其先世出亡之由，或亦竟如防叔之奔魯。而陳為小國，不徒屢受外侵，亦復多生內亂。且舜後所封，與宋並為「亡國之餘」，以視周禮所在之魯國，尚略存開國之餘風者，其情形固大有區別。孔子所受周禮之影響，老子殆未嘗受之。故一則見周公於夢寐，一則感周政之煩苛。[18]一則冀平世之復興，一則居亂邦而多懼。思想分途，此或為原因之一。其次，孔、老學術取材不盡相同，殆亦思想互異之另一原因。孔子自稱好古敏求，然其所得，似以文、武之方策為主要。蓋杞、宋既不足徵，豈得觀更古之文獻。老子為周守藏室史，其所得之古學或視仲尼為更古舊。且老子既得縱覽載籍，深察史實，則於世傳溢美飾善之言，必洞悉誣枉，別有灼見。故孔子以從周而變古，復取殷道之寬簡以救文極之弊。老子則深信世亂之由，不在制度之不良，而在制度本身之不足為治。蓋因革損益，事近徒勞。仁義禮樂，愈增紛紜。殷既失之，[19]周亦未得。上至堯、舜、禹、稷亦何嘗有治安之長策？明主能臣之美譽，不免徒資竊國食政者之藉口。

17　分見《論語》〈憲問十四〉及〈衛靈公十五〉。
18　法令滋彰為周政文極之弊，見本書第二章第四節。
19　然古有殷政寬簡之傳說，老子雖不自謂從殷，或於不自覺中「實與而文不與」。且「無為」乃被征服者對政府極自然之願望，而柔順亦被征服者對政府最安全之態度。老子殷遺民之背景或於此流露。

於是人類對於社會之種種希望，種種幻想，皆煙消霧散，無復存餘。莊子又取老聃之所立者引申推闡之以極其致，而「無為」之政治哲學遂成為失望之有心人對於暴君苛政最微妙而最嚴重之抗議。[20]雖然，老、莊之政治思想並非完全消極，而自有其積極之成分。蓋老、莊懷疑政治之效用而肯定個人之價值。社會之一切幻想可以消除，而個人之生存與乎保全順適此生命之願望，則為不容否認之事實。社會制度苟有不利於個人之自全自適者則當裁抑之，損減之，以免枝葉之害及根本。故全生適性乃老、莊政治哲學之最後目的。孟子曰：「楊子為我」，老、莊思想誠先秦為我思想之最精闢閎肆而富於條理者也。[21]

第二節　反者道之動

《莊子‧天下篇》論老聃之道術曰：「知其雄，守其雌，為天下谿。知其白，守其辱，為天下谷。[22]人皆取先，己獨取後。曰：受天下之垢。」「人皆求福，己獨求全。曰：苟免於咎。以深為根，以約為紀。曰：堅則毀矣，銳則挫矣。常寬容於物，不削於人。可謂至極。」此誠老子道術最簡當之說明，而亦足證「濡弱謙下」，寬容遜退，為老學之要旨。

古之道術本有以柔順保安全之一宗，吾人於上節已經述及。老子「聞其風而悅之」，則其學固非新剏。然老子不徒闡揚其大旨，且取其觀察天道人事之所得，以為此道術之理論根據，使之成為一有故成理之思想系統，此則老子之貢獻，而其道教宗師之名所由致也。蓋天道循環，物理相對，乃老子思想中基

---

20 黃震《日鈔》謂「老子之書必隱士嫉世亂而思無事者為之。」已先發此論。

21 晚周為我思想乃一勢力雄厚之學派，老、莊二人為其中思想較有系統，文獻保存最多之代表。《漢志》所載，如《文子》、《蜎子》、《關尹子》、《列子》、《公子牟》、《田子》、《老萊子》、《黔婁子》諸書均佚（《文子》《列子》後人有偽作）。其他則或本未著書，或有書至漢已亡，故吾人僅述老、莊二家。參本書第一章第二節。又按先秦為我思想似有南北二支。北支以齊為中心，彭蒙（？）、田駢、接子、陳仲子（及《管子》之作者）等屬之，其學較偏重清靜無為之治術。漢初「黃老」之學殆承其緒，而太公沿齊之政策即其背景也。南支以宋、楚為中心，老聃、莊周、環淵、接輿等屬之，其學較偏重全生適性。晉代「老莊」之學所祖述也。馮友蘭《中國哲學史》第一篇第七章頁179謂「老子之學蓋就楊朱之學更進一層，莊子之學則更進二層也。」

22 亦見《老子》二十八章，文小異。

本原則之一。〈易傳〉曰：「無往不復」，「終則有始」，「日中則昃」，「月盈則食」。[23]老子觀察所得，與此相契。故曰：「有無相生，難易相成？長短相較，高下相傾，音聲相和，前後相隨。」又曰：「禍兮福之所倚，福兮禍之所伏」。又曰：「物或損之而益，或益之而損。」[24]老子更舉此天道物理，一言以蔽之曰：「反者道之動」。[25]此「反」之原則應用於全生處世，可得下列之五術：

一曰濡弱：世俗之人無不認強壯足以致勝之術，柔弱勢必招侮。於是務為勇健，努力競爭。推其最後之結果，殆皆不免於敗亡，自老子視之，此皆未喻於「反」道。蓋「弱者道之用」。[26]吾人試一察自然界之現象，即可知壯盛者衰微之先驅，剛強為滅亡之前奏。「人之生也柔弱，其死也剛強。萬物草木之生也柔脆，其死也枯槁。故堅強者死之徒，柔弱者生之徒。」[27]且不獨「物壯則老」[28]為有生者所同然，即天道亦不能免。「故飄風不終朝，驟雨不終日。孰為此者，天地。天地尚不能久，而況於人乎」。[29]若以人事證之，則「勇於敢則殺」，「強梁者不得其死」。[30]剛強之為害，尤為顯明。反觀柔順，則其用甚大。「天之道不爭而善勝」，此天以柔勝也。「天下莫柔弱於水，而攻堅強者莫之能勝」，[31]此水以柔勝也。夫弱柔足以自全而剛強必折，不爭可以致勝而無道早已，則「柔弱勝剛強」，[32]洵不移之至理而處世之要術也。

二曰謙下：謙下者亦柔順之一種表示。物理之最能說明其用者莫如江海。「江海所以能為百谷王者，以其善下之，故能為百谷王。」人事之最合於謙道

23　分見〈泰彖〉、〈蠱彖〉、及〈復彖〉。

24　分見二章、五十八章、四十二章。

25　四十章。七十八章曰：「正言若反。」

26　四十章。

27　七十六章。

28　並見三十及五十五章。「物壯則老，謂之不道，不道早已。」

29　二十三章。

30　七十三及四十二章。

31　七十三及七十八章。三十六章曰：「將欲歙之，必固張之。將欲弱之，必固強之。將欲廢之，必固興之。將欲奪之，必固與之。是謂微明。」

32　三十六章。四十三章亦曰：「天下之至柔馳騁天下之至剛。」

者莫如王公之自號。「人之所惡為孤寡不穀，而王公以為稱。」[33]若以謙下用之於政事，則安內和外，均可操必勝之券。蓋「善用人者為之下」，「是以欲上民，必以言下之。欲先民，必以身後之。是以聖人處上而民不重，處前而民不害。是以天下樂推而不厭。以其不爭，故天下莫能與之爭」。[34]謙下在內政上之效用如此。若以之應用於外交，其利亦至大而至確。蓋國際糾紛之起每由於大國挾勢以凌小，弱國負氣以抗強。苟能互以謙下相與，則難排紛解，相安無事矣。《老子》明之曰：「大國者下流，天下之交，天下之牝。牝常以靜勝牡，以靜為下。故大國以下小國則取小國，小國以下大國則取大國。故或下以取，或下而取。大國不過欲兼畜人，小國不過欲入事人，夫兩者各得其所欲，大者宜為下。」[35]

三曰寬容：武斷偏執，強人就己，亦為致亂之由。老子欲矯其弊，乃立為寬容之教曰：「聖人無常心，以百姓心為心。善者吾善之，不善者吾亦善之。德善。信者吾信之，不信者吾亦信之。德信。聖人在天下，歙歙為天下渾其心。」[36]夫君臨天下，操持政柄，不能別黑白而定一尊，乃歙歙焉心無所主，似未足以盡君長之用。然自老子視之，則前後相隨，是非相對，為天道物理之必然。若不明此理，立形名以檢物，則不徒有取者必有所棄，而強分高下，亦必大啟爭端，反不如渾其心者之息競奪而全物用也。故曰：「不尚賢使民不爭。」又曰：「聖人常善救人，故無棄人。常善救物，故無棄物。是謂襲明。」[37]雖然，為君長者以寬容泛遇百姓，其事尚非至難。真能澈底奉行寬容之術者，甚至私人之恩怨好惡，權利義務亦皆歙歙焉以處之，不加計較。於是「報怨以德」，「執左契而不責於人。」[38]此則事之尤難而道之至極者矣。

33　六十六及四十二章。八章曰：「上善若水。水善利萬物而不爭，處眾人之所惡，故幾於道。」意並同。

34　六十七及六十六章。

35　六十一章。郭象注「最小國，小國附之也。取大國，大國納之也。」

36　四十九章。郭注：「歙歙焉心無主也。為天下渾其心焉，意無所適莫也。」

37　分見三章及二十七章。按「襲明」，馬叙倫《老子覈詁》謂襲古通習。然郭注二十七章發明因任之旨，則襲明當指因人之明，不自立心。馬說殆非。

38　分見六十三及七十九章。郭注：「左契，防怨之所由生。」按〈曲禮〉「獻粟者執右契。」疏：「契券要也。右為尊。」《戰國策》卷二十八〈韓三〉「或謂公仲曰（中略）：安成君東重於魏而西貴於秦，操右契而為公責德於秦魏之主。」是左契當有卑下不責之意。

　　四曰知足：吾人既知天道循環而禍福相倚伏，則知足亦為處世之至術。蓋居高勢危，貪得易喪。故《老子》曰：「持而盈之，不如其已。揣而銳之，不可長保。金玉滿堂，莫之能守。富貴而驕，自遺其咎。功成身退天之道。」又曰：「甚愛必大費，多藏必厚亡。知足不辱，知止不殆。可以長久。」知足之利如此，「是以聖人去甚去奢去泰」也。[39]

　　五曰見微：吾人頃間所述已括老子全生處世學術之大體。雖然，猶有未盡者在。吾人雖知物極必反，功成宜退，儻不能行止及時，則知足之術亦苦難於運用，蓋禍福倚伏，其來以漸。成功之始與失敗之初皆甚小而不著。能見微知機者乃能制其肇端，使底於成，而敗無由致。《老子》曰：「圖難於其易，為大於其細。」又曰：「其安易持，其未兆易謀，其脆易泮，其微易散。為之於未有，治之於未亂。」[40]此術既明，則趨全避害之方益臻美備。

　　吾人於上節之末謂老子輕社會而重個人，於消極中寓積極。此就其思想之最後目的言也。本節所舉五術雖大致根據「弱者道之用」而成立，其作用似傾向於消極，而一察其實際則固亦寓積極於消極之中。蓋「反者道之動」，而動反者意在得正，非欲反而動反也。準是以論，則「守雌」者欲「為天下谿」也。柔弱者欲勝剛強也。以言下民者欲上之也。不爭不伐者欲己之有功而天下莫能與之爭也。總而言之，凡老子所謂「正言若反」者其作用皆在以退為進，又不僅以知足長保自限。故謂老子之學純以虛無為歸者，誠不免有所誤會矣。

　　老子濡弱謙下之道術尚含有一重要之趨勢，為吾人所未述及。老子曰：「聖人無常心，以百姓心為心。」又曰：「不敢為天下先。」曰：「欲上民必以言下之，欲先民必以身後之。」儻使治國臨民者果能一一奉行此諸道術，則天下萬民各行其是，各安其生。政府之所施行節制者，其事甚少，而又為百姓言行之所先示，非出於君長之專制獨斷，強令威迫。其說大異於儒、墨、法諸家之所持。墨子曰：「上之所是，必皆是之。上之所非，必皆非之。」荀子論民之從君亦謂同焉者是，異焉者非。韓非稱「人主者明能知治，嚴必行之。故雖拂於民心，立其治。」即以孔子之重仁德亦謂「民可使由之，不可使知

39　分見九、四十四、及二十九章。六十七章曰：「我有三寶，持而保之。一曰慈、二曰儉、三
　　曰不敢為天下先。」以綜括濡弱、謙下、寬容、知足四術。

40　六十三及六十四章。按此義未見於《莊子‧天下篇》老聃之道術，或非老子思想而為後人闌
　　入。姑存疑於此。

之。」[41]其使以一人之心，為萬民之主，固與商、韓不異。若以今語舉之，則孔、墨諸家皆接近君主專制之觀點，而老子獨傾向於「虛君」民治。所可惜者，吾國古代未有實際民治之制度，如古希臘之所曾見，使老子得據之以建立一積極具體之民治思想，其柔謙之術遂成為消極之政治抗議。此則限於歷史環境，不足為老子病也。

第三節　無為而無不為

老子思想中之基本概念有二：一曰反，二曰無。其政治哲學之主要部分乃以後者為根據，故尤為吾人所當注意。[42]

老子深觀宇宙，認天地萬物皆生於自然之道。[43]故有形生於無形，玄虛為實質之根本。[44]若就「有生於無」，進行之程序觀之，則宇宙之成乃由虛以至實，緣靜以生動，先簡而後繁。[45]且道生萬物，其事純出自然，成於無心，[46]決非有意之造作。吾人如謂大道自存，萬物自生，固亦未嘗不可也。有無之理既明，老子乃進而斷定後起之有，應以先存之無為法則。夫令後起者法先存，實不異使已往者復返。故此法先之事老子稱之為「觀復」，為「復命」，為「守母」，為「執古之道」。[47]具體言之，「復命」者「復歸於無物」，慎守

---

41 分見《墨子・尚同上》、《荀子・正論》、《商子・賞刑》、《韓非子・南面》、《論語・泰伯》。

42 易詞言之，「無」乃道之體，「反」乃道之用。無形者生生之原理，反動者有形之變易。故就哲學思想言，無亦較反為重要。

43 二十五章曰：「有物混成，先天地生，寂兮寥兮，獨立不改，周行而不殆，可以為天下母。吾不知其名，字之曰道，強名之曰大。」又曰：「人法地，地法天，天法道，道法自然。」

44 四十章：「天下萬物生於有，有生於無。」

45 四十二章：「道生一，一生二，二生三，三生萬物。」高亨《老子正詁》謂二乃天地，三乃陰氣、陽氣、和氣。

46 十章曰：「生而不有，為而不恃，長而不宰，是謂元德。」五十一章文略同。三十四章曰：「大道汜兮其可左右。萬物恃之而生而不辭，功成名不有，衣養萬物而不為主。」

47 十六章：「致虛極，守靜篤，萬物並作，吾以觀復。夫物芸芸，各復歸其根。歸根曰靜，是謂復命。復命曰常。知常曰明。不知常，妄作凶。」五十二章：「天下有始，以為天下母。既得其母，以知其子。既知其子，復守其母。沒身不殆。」十四章：「執古之道以御今之有。能知古始，是謂道紀。」

原始自然之道而已。[48]雖然，吾人又當注意，老子雖教人返本，以虛無、寧一、自然為貴，然未嘗欲舉一切有形之物而廓清之，以求反於太初之無形也。蓋無之生有，由於道之自然。雖非絕對之寧一終異於有意之作為。自然以生萬物，則「道常無為而無不為。」[49]萬物固已非道，而道則徧存於萬物。「譬道之在天下，猶川谷之於江海。」[50]故復命也者，非舍今存之萬物以重歸於混成，而欲於萬物之中保虛靜之德，勿更揠苗助長，以違自然之根本。故曰：「始制有名，名亦既有。夫亦將知止。知止可以不殆。」[51]

　　以此歸根復命之原理應用於政事，則為清靜無為之治。老子曰：「清靜為天下正。」又曰：「為無為則無不治」。又曰：「聖人處無為之事，行不言之教。」又曰：「為道日損，損之又損，以至於無為。」[52]夫既曰損之又損，則無為之第一義為減少政府之功用，收縮政事之範圍，以至於最低最小之限度。蓋天下之事，若聽百姓自為，則上下相安，各得其所。若強加干涉，大舉多端，其結果必至於治絲益棼，庸人自擾。此非危詞聳聽，而有人類之經驗以為佐證。「天下多忌諱而民彌貧。民多利器，國家滋昏。人多伎巧，奇物滋起。法令滋彰，盜賊多有。」[53]此有為政治所收之惡果也。然此猶假定有為之未至於苛政也。其實亂世之君，必不免多方暴虐於民，又不僅紛擾而已。計苛政病民之最甚者無過於厚斂、重刑、黷武之三端。「民之饑，以其上食稅之多，是以饑。」「朝甚除，田甚蕪，倉甚虛。服文彩，帶利劍，厭飲食，財貨有餘。」[54]此厚斂所生損不足以奉有餘之害也。「民不畏死，奈何以死懼之。」[55]此嚴刑重罰所生之反響也。「天下無道，戎馬生於郊。」「師之所處，荊棘生焉。大軍之後，必有凶年。」[56]此窮兵黷武之惡果也。如此治天

48　此與歐洲十八世紀「復歸自然」之意略近。盧梭早年文字即其一例。

49　三十七章。

50　三十二章。

51　三十二章。

52　分見四十五、三、二、及四十八章。

53　五十七章。又五十二章曰：「塞其兌、閉其門、終身不勤。開其兌、濟其事、終身不救。」

54　七十五章。又七十七章：「天之道其猶張弓與。高者抑之，下者舉之。有餘者損之，不足者補之。天之道損有餘而補不足。人之道則不然，損不足以奉有餘。」似亦譏厚斂。

55　七十四章。

56　六十四及三十章。

下，誠所謂非徒無益，而又害之，不如不治之為愈矣。

　　「苛政猛於虎」，不獨老子憂之，孔子亦思為之撥正。然儒家欲救以仁義忠孝之德，禮樂制度之文。自老子視之此皆同蹈有為，於事無補。蓋「大道廢，有仁義。智慧出，有大偽。六親不和有孝慈。國家昏亂有忠臣。」且「失道而後德，失德而後仁，失仁而後義，失義而後禮。夫禮者，忠信之薄而亂之首」[57]故仁義禮節既大背自然之根本，而欲以之救亂，直不異揚湯止沸之徒勞。然則除苛止暴，惟有「鎮之以無名之樸」，「輔萬物之自然而不敢為」，以俟天下之「自定」而已。「故聖人云：我無為而民自化，我好靜而民自正，我無事而民自富，我無欲而民自樸」[58]也。

　　「治大國若烹小鮮」，[59]此老子之語妙天下，最能描畫清簡之政治。然而無為之義尚不只此也。道生萬物，出於無心。故無為亦可訓為無所為而為之。蓋個人之私心亦為亂政之一大原因。爭奪奢侈之行，苛煩紛擾之政均可由之以起；故消除私意；乃可復於自然之無為。「是以聖人後其身而身先，外其身而身存。」「處無為之事，行不言之教。萬物作焉而不辭，生而不有，為而不恃，功成而不居。」如此則「功成事遂，百姓皆謂我自然」，[60]而天下治矣。雖然，貪多進取之心，乃人類所同具，[61]而貪取詐偽之行，又每由智慧以起。[62]故聖人既自行無為之治，又「常使民無知欲。」「不尚賢，使民不爭。不貴難得之貨，使民不為盜。不見可欲，使民心不亂。」[63]此寡欲之術也。「知者不言，言者不知。塞其兌，閉其門。挫其銳，解其分。和其光，同其塵。」「俗人昭昭，我獨昏昏。俗人察察，我獨悶悶。」[64]此棄智之說也。欲

57　十八及三十八章。

58　三十七、六十四及五十七章。

59　六十章。

60　七、二及十七章。

61　四十六章曰：「禍莫大於不知足，咎莫大於欲得。」

62　六十五章曰：「古之善為道者，非以明民，將以愚之。民之難治，以其智多。故以智治國，國之賊，不以智治國，國之福。」

63　三章。十九章曰：「見素抱樸，少私寡欲。」三十七章曰：「不欲以靜，天下將自定」，六十四章曰：「聖人欲不欲，不貴難得之貨」；皆申此旨。

64　五十六及二十章。十九章曰：「絕聖棄智，民利百倍。絕仁棄義，民復孝慈。絕巧棄利，盜賊無有。

寡智去，則「呈德之厚比於赤子。」[65]天下豈復有爭奪詐取之亂乎？抑吾人應注意。老子此教，雖似裁損個人，而目的則在謀其自足之樂。故寡欲去智者，欲排去個人生活中不必要之紛擾馳騖而使之合於自然之範圍，非欲取自然生活之本身而壓抑減縮之也。雖然，自然之界限何在乎？老子曰：「五色令人目盲，五音令人耳聾，五味令人口爽，馳騁畋獵，令人心發狂，難得之貨，使人行妨。是以聖人為腹不為目，故去彼取此。」又曰：「聖人之治虛其心，實其腹，弱其志，強其骨。」[66]足見老子所提倡之自然，乃人類最低限度之生活。一切由文明所產生之享受，皆在屏棄之列。如此以求無為，誠有釜底抽薪之妙用，不似禮樂仁義之舍本齊末矣。

惟吾人當注意，老子無為之政治哲學，略似歐洲最澈底之放任主義，[67]而究與無政府主義有別。蓋老子認學道與治國之最高原則皆為「無為而無不為」。[68]良以道生萬物，由有至無。而「樸散則為器，聖人用之則為官長。」[69]萬物以有形為自然，則政治上之無為，亦非毀棄君臣之制，以復於禽獸之無羈。所當慎避而勿蹈者，有為之失政而已。故就理論上言，老子所攻擊者非於治之本身，而為不合於「道德」標準之政治。老子嘗舉高下不同之政治數種，以為取舍之標準。「太上知有之」，此無為之治也。「其次親而譽之，其次畏之」，此用仁義刑法有為之治也。「其次侮之」。[70]此敗亡之苛政也。老子又述理想政治組織之內容曰：「小國寡民，使有什伯之器而不用。使民重死而不遠徙。雖有舟輿，無所乘之。雖有甲兵，無所陳之。使人復結繩而用之。甘其食，美其服。安其居，樂其俗。鄰國相望，雞犬之聲相聞。民至老死不相往來。」[71]

老子之政治理想如此。吾人若持以與晚周之政治相較，則其內容殆無一不

---

65 五十五章。

66 十二、三章。郭注曰：「為腹者以物養己，為目者以物役己」；又曰：「心懷智而腹懷食。」「骨無知以幹，志生事以亂。」

67 亦略似赫胥黎所謂「行政虛無主義」。

68 三十七及四十八章。

69 二十八章。

70 十七章。

71 八十章，按甘其食，美其服云云，意謂民皆知足，非謂務求甘美也。

與當時之實際情形相背。公輸之巧，見重於世，則非什伯不用，舟輿無乘也。列國侵伐會盟，不絕於書，則非甲兵無陳老死不徙也。而周室元后，實雖亡而名在。齊、晉諸國，地已大而民亦多，尤與小國寡民之意不合。就此以論，則老子所攻擊者不僅戰國以後之一統專制，即春秋以前之封建天下，當亦非其所許。古代制度與之略近者殆惟有殷初及殷前文化淺演之初民部落。夫初民部落，嚴格言之，固非真正之政治組織也。然則吾人即謂老子反對西周以後一切之政治制度，亦未嘗不可。[72]

第四節　齊物外生

老、莊思想均明「為我」之旨。老子以濡弱謙下諸術保障個人之自存。又立無為之術以保障一適宜於個人自存之社會環境。然老子所求個人「長保」「不殆」之目的，事實上殊不易達到。蓋人事綜錯繁複，變化莫測。個人身處其中欲求丁妥萬全之計，絕不可能。[73]況厚生貴己之情愈切，則安危存亡之念亦愈篤。個人縱得徼幸長保，亦不免沉浮於憂患之中，雖有生而無足欣樂。莊子殆有見於老學之缺點，[74]乃破除拘執之為我思想而發為齊物外生之說。[75]於是「天樂」「逍遙」遂為人生之最高境界，而「長保」「不殆」降居次要之地位。

莊子齊物外生，其說亦自天道推演而出。莊子認萬物皆生於無形之道，[76]

---

72 老子背周復古，尤甚於墨子。然老子不主張革命。其攻擊政府之言論僅為一種抗議，絕對不含「直接行動」之成分。

73 《莊子・山木篇》：「若夫萬物之精，人倫之傳則不然。合則離，成則毀，廉則挫，尊則議，有為則虧，賢則謀，不肖則欺，胡可得而必乎哉。」

74 《道德經》十三章：「吾所以有大患者為吾有身。及吾無身，吾有何患。」此亦示外生之意。

75 「外生」見〈大宗師〉女偊告卜梁倚以聖人之道，「三日而後能外天下」，又「七日而後能外物」，又「九日而後能外生」。參馮友蘭〈中國哲學史〉上篇，頁179及305。按莊子亦未盡廢長保之旨。〈人間世〉頗多發明老子守黑之術，櫟社樹及支離疏等寓言即其例。

76 卷五〈天地〉：「泰初有无，无有無名，一之所起，有一而未形。物得以生謂之德。未形者有分，且然無間謂之命，流動而生物，物生成理謂之形。形體保神，各有儀則謂之性。」

而道則徧存於萬物。[77]就其同出於「道」言，則物我之間難分畛域。「天地與我並生，萬物與我為一」。[78]就其性各有「德」言，則萬類相殊，各有其宜。「物固有所然，物固有所可。無物不然，無物不可。」[79]此義既立，則舉凡彼我是非貴賤之區別皆失其絕對之界限，而不齊之萬物自臻於齊一之地位矣。莊子設為北海若之言曰：「以道觀之，物無貴賤。以物觀之，自貴而相賤。以俗觀之，貴賤不在己。以差觀之，因其所大而大之，則萬物莫不大，因其所小而小之，則萬物莫不小。知天地之為稊米也，知毫末之為丘山也，則差數等矣。以功觀之，因其所有而有之，則萬物莫不有，因其所無而無之，則萬物莫不無。知東西之相反而不可以相無，則功分定矣。以趣觀之，因其所然而然之，則萬物莫不然，因其所非而非之，則萬物莫不非。知堯桀之自然而相非，則趣操覩矣。」[80]此齊一是非貴賤之說也。〈田子方篇〉設為老聃之言曰：「夫天下也者，萬物之所一也。得其所一而同焉，則四支百體將為塵垢，而死生終始將為晝夜，而莫之能滑。」〈大宗師篇〉託孔子論「遊方之外」曰：「彼方且與造物者為人而遊乎天地之一氣。彼以生為附贅縣疣，以死為決疣潰癰。夫若然者，又惡知死生先後之所在。假於異物，託於同體。忘其肝膽，遺其耳目。反覆終始，不知端倪。」同篇又設為子輿論「縣解」曰：「浸假而化予之左臂以為雞，予因以求時夜。浸假而化予之右臂以為彈，予因之以求鴞炙。浸假而化予之尻以為輪，以神為馬，予因而乘之，豈更駕哉。」[81]此齊一物我之說也。

老子曰：「及吾無身吾有何患？」今既齊物外生則「藏天下於天下」，「遊於物之所不得遯而皆存」。於是無古今，通生死。「安時而處順，哀樂不

77　《莊子》卷七〈知北遊〉：「東郭子問於莊子曰：所謂道，惡乎在？莊子曰：無所不在。」

78　〈齊物論〉。〈德充符篇〉亦曰：「自其同者視之萬物皆一也。」

79　〈齊物論〉。

80　〈秋水〉。〈齊物論〉亦託王倪之言，略謂人與禽獸居處食色各有其宜，無絕對之「正」。又設為長梧子言，謂爾我相辯，是非難決。若使第三者正之，則無論其意見與爾我同異，亦不能立是非之標準。

81　〈齊物論〉篇末莊周夢為胡蝶之寓言，謂「不知周之夢為胡蝶與？胡蝶之夢為周與？」亦寫此意境。按莊子所謂「心齋」（見〈人間世〉）、「天樂」（〈天道〉）諸境，或即詹姆士所謂「純粹經驗」（馮友蘭《中國哲學史》第一篇，頁298）。然莊學似亦可作較淺近之解釋。〈馬蹄篇〉「彼民有常性，織而衣，耕而食，是謂同德」之語，顯示至道存於日常自然生活之中，不以人滅天，即合於道矣。

能入。」[82]個人生活之美善，更無逾於此者。老子又曰：「反者道之動」，今莊子教人外生以獲至安至樂之生，則善學老子，亦更無過於此者。蓋吾人應注意，莊子所謂外生，非清靜寂滅，消除自我，而為因順自然，破除拘執。既不強人以同己，亦不舍己以從人。各遂其所自適，則無適而不逍遙。故曰：「彼正正者不失其性命之情。故合者不為駢，而枝者不為跂。長者不為有餘，短者不為不足。」[83]然則所謂外生者其旨在順生之自內，而齊物者其用在任物之自畸。若執一以齊眾，則天真既喪，物我兩殘。「牛馬四足是謂天。落馬首穿牛鼻是謂人。」[84]「鳧脛雖短，續之則憂。鶴脛雖長，斷之則悲。」[85]海鳥死於魯侯之養，[86]渾沌死於儵忽之鑿。[87]此皆強人同己，「以人滅天」。[88]我生未必遂而物性先敗矣。「臧與穀二人相與牧羊，而俱亡其羊。問臧奚事？則挾筴讀書。問穀奚事？則博塞以遊。二人者事業不同，其於亡羊均也。伯夷死名於首陽之下，盜跖死利於東陵之上。二人者所死不同，其於殘生傷性，均也。」[89]至於小人殉利，士殉名，大夫殉家，聖人殉天下，「若孤不偕、務光、伯夷、叔齊、箕子胥餘、紀他、申徒狄，是役人之役，適人之適，而不自適其適者也。」[90]如是則物性未必得而己生先敗矣。然則欲物我之兩全，惟有令物我之無涉。此術果行，則世界之上，除小己自適以外，殆無一事一物可以認為具有價值，而一切政治之裁制，社會之禮俗，亦悉成羈絆，無所用之。「無為」之政治思想遂為莊學之必然歸宿。

---

82 〈大宗師〉子輿「縣解」。
83 〈駢拇〉。
84 〈秋水〉。
85 〈駢拇〉。
86 〈至樂〉。
87 〈應帝王〉。〈馬蹄篇〉首段言伯樂治馬，陶匠治埴木，亦發明此旨。
88 〈秋水〉。
89 〈馬蹄〉。
90 〈大宗師〉。

第五節　在宥

莊子謂「天地與我並生，萬物與我為一。」僅就表面觀之，似與儒家「以天地萬物為一體」[91]之語意相同。然儒家一物我而使物我通休戚，莊子一物我則欲令物我絕連繫。二家思想主旨實不殊南北之相背。蓋儒學以行仁為宗，而莊學推為我之極。為我至極，勢不得不斷離物我。外生齊物，不過達此目的之巧妙途徑而已。莊子斷離物我，殆含二義。一曰不為物役，則我不干人。二曰自適其適，則人勿干我。引伸人我無干之義則得無治之理想與「在宥」之政術。

列子引楊朱之言謂「人人不利天下，天下治矣。」[92]莊子之無治理想，或即承楊子之餘緒。蓋個人欲全一己之天樂，勢不容承負社會之責任。《莊子》書中屢示此意。如〈秋水篇〉載「莊子釣於濮水。楚王使大夫二人先往焉。曰：願以境內累矣。莊子持竿不顧，曰：吾聞楚有神龜死已三千歲矣。王巾笥而藏之廟堂之上。此龜者寧其死為留骨而貴乎？寧其生而曳尾於塗中乎。二大夫曰：寧生而曳尾塗中。莊子曰：往矣！吾將曳尾於塗中。」[93]〈應帝王篇〉曰：「天根遊於殷陽，至蓼水之上，適遭無名人而問焉，曰：請問為天下。無名人曰：去，汝鄙人也。何問之不預也。予方將與造物者為人，厭則又乘乎莽眇鳥。以出六極之外，而遊無何有之鄉，以處壙埌之野，汝又何帛以治天下感予之心為。」若人人不以治天下感其心，治境內累其身，則君臣之迹，晦而不彰，而今世所謂政治與社會之生活亦將消隱於無形。「故至德之世，其行填填，其視顛顛。當是時也，山無蹊隧，澤無舟梁。萬物群生，連屬其鄉。禽獸成群，草木遂長。是故禽獸可係羈而遊，鳥鵲之巢可攀援而闚。夫至德之世，同與禽獸居，族與萬物並，惡知乎君子小人哉！」[94]如此則即使有君，實已無治。箇人各順其性，各行其是。雖群居共處，而毫無組織拘束。以今語舉之，此無治之理想泯義務，忘權利，實一絕對自由之境界。先秦之為我思想殆未有較此更為澈底者。

91　王守仁語，見《陽明集要‧理學集》卷二，〈大學問〉。

92　〈楊朱篇〉。

93　〈逍遙遊〉，堯讓天下，許由不受，謂「予無所用天下為」，語意微殊。

94　〈馬蹄〉。

　　雖然，尚有疑焉。至德之世既已無治，則又何必有君。有君無治，豈非近乎矛盾？而考莊子之言，則屢屢暗示上世有君。[95]其故安在乎？莊子既無明文，吾人殊難強解，或者齊物外生之結果重在自由而不在平等。祇須不立控御之實，無待消除貴賤之名。若得「民如野鹿」之天放無羈，儘可容「上如標枝」之自存而相忘。莊生之意或在此歟？

　　我不為君，君不立治，此莊子最後之理想也。然個人苟不免居君之位則當求治世之術。治術無他，以不治為治而已。「故君子不得已而臨蒞天下，莫若無為。無為也而後安其性命之情。」[96]然「無為」之名，早為老聃所立，莊子欲大張放任主義之精神，乃別立「在宥」之說曰：「聞在宥天下，不聞治天下也。在之也者，恐天下之淫其性也。宥之也者，恐天下之遷其德也。天下不淫其性，不遷其德，有治天下者哉！」[97]蓋莊子所以主放任者，由其認定天下之人無待於控御督責。「彼民有常性，織而衣，耕而食，是謂同德。一而不黨，命曰天放。」[98]此天放之民，自生自滅，無羈無束，不識不知，不爭不亂。若為其君者強立禮樂刑法以治之，誠無異續鳧斷鶴，毀璞羈馬，非徒無益，而又害之。故天下匪特不必治，實亦不可治。良以齊物之旨既明，則以一人之是非，定萬眾從違之標準，顯為大悖情理之舉也。然而儒、墨之徒尊德尚賢，猶冀壹同眾義，身正民從者，推其致「蔽」之由，殆原人我是非之見，橫於胸中，逐為在宥之障礙。莊子乃申齊物之旨以痛砭「剞核太至」[99]之政術。〈在

---

95 〈應帝王篇〉首設為蒲衣子言謂「有虞氏不及泰氏。有虞氏其猶藏仁以要人。亦得人矣，而未始出於非人。泰氏其臥徐徐，其覺于于。一以己為馬，一以己為牛。其知情信，其德甚真。而未始入於非人。」〈馬蹄篇〉末謂「赫胥氏之時民居不知所為，行不知所之。含哺而熙，鼓腹而遊。」〈胠篋篇〉曰：「昔者容成氏、大庭氏、伯皇氏、中央氏、栗陸氏、驪畜氏、軒轅氏、赫胥氏、尊盧氏、祝融氏、伏戲氏、神農氏，當是時也，民結繩而用之，甘其食、美其服、樂其俗、安其居。鄰國相望，雞狗之聲相聞。民至老死而不相往來。」〈天地篇〉曰：「至德之世，不尚賢，不使能。上如標枝，民如野鹿。端正而不知以為義，相愛而不知以為仁，實而不知以為忠，當而不知以為信。蠢動而相使，不以為賜。是故行而無迹，事而無傳。」凡此皆示無治而有君之境界。〈人間世〉曰：「臣之事君，義也。無適而非君也。無所逃於天地之間。」更明揭有君之旨。

96 〈在宥〉。〈天地篇〉亦曰：「玄古之君，天下無為也。天德而已矣。」

97 〈在宥〉。

98 〈胠篋〉。

99 語見〈人間世〉。

宥篇〉曰：「世俗之人皆喜人之同乎己而惡人之異於己也。同於己而欲之，異
於己而不欲者，以出乎眾為心也。夫以出乎眾為心者，曷嘗出乎眾哉！因眾以
寧，所聞不如眾技眾矣。而欲為人之國者，此攬乎三王之利而不見其患者也。
此以人之國僥倖也。幾何僥倖而不喪人之國乎？」〈應帝王篇〉又託為接輿之
言以申此義。「肩吾見狂接輿。狂接輿曰日中始何以語汝？肩吾曰：告我君人
者以己出經，式義度人，孰敢不聽而化諸？接輿曰是欺德也。其於治天下也猶
涉海鑿河而使蚉負山也。」

　　抑又有進者，同人於己，不僅世俗之人為之必敗，即賢智出眾者亦決不可
為。蓋鵬蜩異飛，賢愚殊事。強而同之，則拂性生禍。故「師是而無非，師治
而無亂」，「是猶師天而無地，師陰而無陽。其不可行明矣」。[100]莊子復寓言
以明之曰：「昔者堯問於舜曰，我欲伐宗、膾、胥敖，南面而不釋然，其故何
也？舜曰：夫三子者猶存乎蓬艾之間，若不釋然，何哉？昔者十日並出，萬物
皆照，而況德之進乎日者乎？」[101]然則我雖賢智，惟自安其賢智。彼性雖蚩
蒙，亦任其自蚩蒙。「不一其能，不同其事。名止於實，義設於適。」[102]兩忘
而各化於道，斯無為而天下治矣。

　　在宥之第二障礙為誤信仁義、禮樂、刑法諸術可以為治。莊子乃申老子
「大道廢、有仁義」之旨，反復辨明一切「有為」之治皆不能為治。蓋經國之
法，意在止亂。然人心詐偽，則反利用此止亂之法以為亂。〈胠篋篇〉之言最
為暢曉。「昔者齊國鄰邑相望，雞狗之聲相聞。罔罟之所布，耒耨之所刺，方
二千餘里。闔四境之內所以立宗廟社稷，治邑屋州閭鄉曲者，曷嘗不法聖人
哉？然而田成子一旦殺齊君而盜其國。所盜者豈獨其國邪？并與其聖知之法而
盜之。故田成子有乎盜賊之名，而身處堯舜之安。小國不敢非，大國不敢誅，
十二世有齊國。則是不乃竊齊國，并與其聖知之法，以守其盜賊之身乎。」
「為之斗斛以量之，則并與斗斛而竊之。為之權衡以稱之，則并與權衡而竊
之。為之符璽以信之，則并與符璽而竊之。為之仁義以矯之，則并與仁義而竊

100　〈秋水〉。

101　〈齊物論〉。郭象注曰：「今欲奪蓬艾之願而伐使從己，至於道豈弘哉？故不釋然神解耳。
　　若乃物暢其性，各安其所安，無遠近幽深，付之自若，皆得其極，則彼無不當，而我無不怡
　　也。」

102　〈至樂〉。

之。」「故逐於大盜，揭諸侯，竊仁義，并斗斛權衡符璽之利者，雖有軒冕之賞弗能勸，斧鉞之威弗能禁。」然則法度之不能治天下而反以資亂，斷無疑義矣。[103]至於儒家所標榜仁義智信之德，欲以為化民致治之根本者，自莊子視之，亦與法度械數同為無用。「自虞氏招仁義以撓天下也，天下莫不奔命於仁義。」[104]「今遂至使民延頸舉踵曰：某有所賢者。贏糧而趣之，則內棄其親而外去其主之事。足迹接乎諸侯之境，車軌結乎千里之外。」[105]殊不知民者有常性。不「任其性命之情」，[106]而以仁義知辨「攖人心」，則欲治天下而適以亂之。「昔者黃帝始以仁義攖人之心。堯舜於是乎股無胈，脛無毛，以養天下之形。愁其五臟以為仁義，矜其血氣以規法度。然猶有不勝也。堯於是放讙兜於崇山，投三苗於三危，流共工於幽都。此不勝天下也夫！施及三王而天下大駭矣。下有桀、跖，上有曾、史，而儒、墨畢起，於是乎喜怒相疑，愚智相欺，善否相非，誕信相譏，而天下衰矣。大德不同而性命爛漫矣。天下好知而百姓求竭矣。於是乎斤鋸制焉，繩墨殺焉，椎鑿決焉，天下脊脊大亂，罪在攖人心。」[107]吾人既知天下致亂之由，在於聖人以人滅天，妄立仁義法度，則補救之道惟有歸真反朴，在宥天下。故曰：「絕聖棄知，大盜乃止。摘玉毀珠，小盜不起。焚符破璽，而民朴鄙。掊斗折衡，而民不爭。殫殘天下之聖法而民始可以論議」[108]也。

惟吾人當注意，莊子對有為之政治雖持極悲觀之態度，而於人類之本性則持極樂觀之態度。莊子所始終堅持者為人性物性之各有其宜。凡出於自然者皆極美善，凡由於人為矯作者皆致禍亂。孟子道性善，荀子主性惡。以此標準衡之，則莊近於孟。[109]然孟子謂性含善端而未全善，故欲以教化致之完成。荀子謂性含惡端而趨於暴亂，故欲以禮義矯之，使歸平治。莊子獨認人性自然完

---

103 〈天運篇〉以孔子所持先王之道，比之既陳之芻狗，而論之曰：「禮義法度者，應時而變者也。」此則不反對法度之本身。

104 〈駢拇〉。

105 〈胠篋〉。

106 〈駢拇〉。

107 〈在宥〉。

108 〈胠篋〉。

109 莊子未明言性善，然此為其必然之假定，殆無可疑。

善，所須者社會之自由而無待乎君子之教化。蓋「至德之世」諸德自存。「端正而不知以為義，相愛而不知以為仁，實而不知以為忠，當而不知以為信。」[110]就其至性之天然流露觀之，則父子相親，「虎狼仁也」，[111]豈至於人反無天然之道德。然則孟子道性善而又欲「明人倫」，其事近乎揠苗助長。荀子主性惡而更欲「化性起偽」，其荒謬尤近乎削足以適履矣。老子曰：「上德不失德，是以有德。」[112]莊子曰：「余愧乎道德，是以上不敢為仁義之操，而下不敢為淫僻之行也。」[113]莊生此意實亦上承老聃。以天性絕對完美之假定為個人絕對自由之根據，就純理論言，誠哉其言之成理也！

　　莊子思想中尚有另一值得注意之點。莊子立言雖極盡深閎超脫之致，其用意則未嘗欲衝決現世，化平民以為「真人」。蓋就齊物之觀點論，蚩蚩萬眾，無一不自具絕對之價值，即無一而非自得之「真人」。彼民有常性，織而衣，耕而食。此時此地即至道之所在。此耕織之常性即「在宥」之所當施。〈天地篇〉曰：「上無為也，下亦無為也，是下與上同德。」莊子何嘗欲天下之人皆躋於端拱尸居之道乎？〈在宥篇〉曰：「卑而不可不因者，民也」，莊子又何嘗待天下之人皆化道出塵，然後實現在宥之治乎。[114]若夫泰氏之世，赫胥之民，御風之行，化蝶之夢，[115]類是者皆莊生寓言。吾人儻求「天樂」於六合之外，泰初之始，則眩於瓌瑋譎詭之辭而遺莊子之真諦，恐不免自蹈於「沉濁不可莊語」之流。

　　以尋常之民，行在宥之術。就此論之，莊子之政治思想誠古今中外最澈底之個人主義，亦古今中外最極端之自由思想。雖然，尚有一疑。歐洲之個人主義及自由思想往往引伸發展，成為反抗專制之革命潮流，或傾向共和之民治思想。莊子之學與老子既同為晚周衰世之抗議，何以未發革命民主之義乎？吾人就老莊思想之內容探索之，似不難得一解答。個人主義之發為革命民主思想

---

110 〈天地〉。

111 〈天運〉。

112 《老子》三十八章。

113 《莊子‧駢拇》，按莊子之思想反政治而不反道德，於茲可見。

114 此就吾人所見闡釋莊子之學說。至於莊子此說之是否合理，能否施行，另成問題，姑置不論。

115 分見〈應帝王〉、〈胠篋〉、〈逍遙遊〉及〈齊物論〉。

者，必其對個人之態度雖積極，而對社會與政治之態度非消極。其所反抗者非一切之制度，而僅為當前不滿人意之制度。其所以主張革命者，正冀以理想中之新制，保個人之幸福。若革命者未失政治之信心，則每以憲政、民主等制度為目的。若革命者對政治已完全失望，則每以「無政府」之社會組織為理想。此皆對人性不作澈底之樂觀而未認其可享絕對之自由，故猶視組織為必需。「蒿目而憂世之患」，遂欲以激烈之方法，達改造社會之志願也。莊子之學則對個人表無條件之信任，對組織持無限度之輕蔑。制度無論良窳，皆無益於個人之自由。「與其譽堯而非桀，不如兩忘而化其道。」[116]莊子生封建天下之末世，固未嘗有民主政治之觀念。即使有之，殆亦未必遂欲立之以代君主，舍濮水之竿而張革命之旗矣。雖然，就另一方面觀之，則莊子對個人之態度，似又較歐洲自由主義者為消極。例如約翰・穆勒之鼓吹自由，即以發展個人之智能為一重要之根據。[117]老、莊則堅持人類天然本性為可貴，而反對一切後天之培養發展。歐洲自由主義者欲政府「為道日損」，以謀個人之「為學日益」。老、莊則教個人以去智寡欲，求自得而不求自進，與君長各相契於損道。故在宥之術，無須「民智」，不待平等。除「干涉他人」一事外人人儘可各行其是。於是個人成為唯一之價值，自由非保障智能發展之手段而其本身即為最後之目的。故莊子「在宥」乃最澈底之自由思想，實亦最純粹之自由思想，吾人不得以其未明揭廢君之義，遂誤會其認約束羈管為必要也。[118]準此以論，則謂莊學為最極端之無政府思想亦嘗不可。[119]

---

116 〈大宗師〉。

117 見《論自由》（J. S. Mill: *On Liberty*）。參閱浦薛鳳《西洋近代政治思潮》下冊，頁775-781。

118 歐洲思想比較與老莊相近者為古希臘西閏學派與伊比鳩魯學派（Cyrenaic School, Epicureans）。前者尤近子華子。若就否認社會組織之需要一點論，則「犬儒學派」（Cynic）亦可並列。三派之不主革命亦略似老莊。參閱 Barker: *Greek Political Theory,* chs. 3-5; Mcllwain: *Growth of Political Thought in the West*, chs. 1,4。

119 歐洲之無政府主義每傾向於廢政治之裁制而存社會之約束。故在理論上不及《莊子・在宥》之澈底。其略近莊子者殆惟 Max Stirner（德文本名 Johann Kaspar Schmidt, 1806-1856），著有 *The Ego and His Own*（*Der Einzige und sein Eigenthum*, Original German, 1844）。

第六章

管子

第一節　管子之身世及時代

　　管子名夷吾，字仲，齊國潁上人（西元前719-前645）。[1]少貧賤，與鮑叔友善。「已而鮑叔事齊公子小白，管仲事公子糾。及小白立為桓公，公子糾死，管仲囚焉。鮑叔遂進管仲。」[2]管仲既用，任政於齊，齊桓公以霸，九合諸侯，一匡天下，管仲之謀也。[3]相桓公歷四十年而卒，[4]齊政遂衰。史傳雖未明言其著書，然司馬遷謂「吾讀管氏〈牧民〉、〈山高〉、〈乘馬〉、〈輕重〉、〈九府〉、及《晏子春秋》，詳哉其言之也」；又謂「其書世多有之」；[5]是漢時確有《管子》之書。晉唐以來，學者多疑《管子》非仲作，而認其全部或部分係出後人之纂集，偽託或附益。[6]按《管子》出於纂集，固已

[1]　張守節《史記正義》引韋昭曰：「管仲姬姓之後，管嚴之子敬仲也。」

[2]　管仲相齊之事迹及霸謀見《左傳》莊公僖公各處，《國語》卷六〈齊語〉，《史記》卷三二〈齊太公世家〉，及《管子》〈大匡〉〈中匡〉〈小匡〉諸篇。

[3]　《史記》卷六二〈管晏列傳〉。

[4]　〈齊太公世家〉。當西曆西元前645年。生年無考。始相桓公為前685年。

[5]　《史記‧管晏列傳》讚。裴駰《集解》引劉向《七略》曰：「九府書民間無有。山高一名形勢，皆管仲著書篇名。」張守節《正義》亦引《七略》曰：「《管子》十八篇在法家。」《韓非子‧五蠹篇》曰：「藏商、管之法者家有之。」是漢前已流行頗廣。

[6]　古今學者考證此書意見甚多，可約為（一）非自著而不偽；（二）後人綴輯附益而成，真偽相參；（三）純出偽託之三說。嚴可均《鐵橋漫稿》謂「先秦諸子皆門弟子或賓客，或子孫撰定，不必手著。」章學誠《文史通義‧詩教上》謂「春秋之時管嘗有書矣。然載一時之典章政教，則猶周公之有官禮也。記管子之言行則習管氏法者所綴輯而非管仲所著述也。」（中略）古人並無私人著書之事，皆是後人綴輯。」此代表第一說。傅玄《傅子》卷三十謂「《管子》之書過半是後之好事者所加。」朱熹《朱子語錄》曰：「《管子》非管仲所著，

成為定論。然吾人不可據此而即謂其內容與夷吾絲毫無涉。蓋細繹全書所含之政治思想頗多針對春秋之歷史背景，[7]與商、韓諸子之以戰國為背景者，有重要之區別。故其執筆者或有六國時人，其立論或參入專制天下前夕之觀念，而其思想之大體或非三家分晉，田氏代齊以後所能有。抑又有進者，時賢或謂法治思想乃戰國末年之產物，非《管子》所能有，因而斷定《管子》純出偽託。[8]殊不知《管子》書中雖主法治，而其觀點及內容均與申不害、公孫鞅、韓非、李斯諸家不盡相同。以商、韓之標準衡之，管氏法治恐不免「大醇小疵」之嘆。《漢書・藝文志》列之「道家」，《隋書》始改列「法家」之首。觀分類之不一，亦可想見其內容之不純。吾人如謂《管子》為商、韓學術之先驅，而非法家開宗之寶典，殆不至於大誤。其書是否確為管仲所作，或果承霸國遺教，尚屬次要之問題也。

第二節　尊君與順民

先秦諸子之政治思想，每有立說相通，難為界劃之處。例如儒家之正名謹禮，即易與法家之定分明法相混淆。雖然，區分儒法固有一極顯明而自然之標準，則「君」「民」在思想中所占地位之輕重是也。儒家貴民，法家尊君。儒家以人民為政治之本體，法家以君主為政治之本體。就此以觀二家之異，正如涇渭殊流，入目可辨。儒家諸子中，孟氏最能發貴民之旨。荀子雖有尊君之說，而細按其實，尊君僅為養民之手段而非政治之目的，[9]故孟貴民而輕君，

仲當時任齊國之政事甚多，稍閒暇時又有三歸之溺，決不是閒功夫著書的人。著書者是不見用之人也。其書想只是戰國時人收拾仲當時行事言語之類著之，併附他書。」此代表第二說。黃震《日鈔》曰：「《管子》之書不知誰所集，乃龐雜重複，似不出一人之手。」羅根澤《管子探源》更推定《管子》各篇之年代，早者戰國，晚至秦漢。此代表第三說。按前兩說均認《管子》之內容與管仲有關。

7　其最著者為（一）書中所論霸政乃變態之封建政治。（二）《管子》每露重視家族宗法之意。（三）《管子》不廢人治，且重禮教。（四）《管子》尊君而不廢順民之旨。其詳見本章第三節以下。

8　胡適《中國哲學史大綱》上卷。

9　說見本書第三章第五節之末。墨子論君民關係略近荀子。又馮友蘭《中國哲學史》上冊頁383謂儒、墨、老、莊「皆從人民之觀點以論政治」，法家則「專從君主或國家之觀點以論

荀尊君以貴民，以今語釋之，儒家之政治思想皆含「民享」「民有」之義。孟、荀相較，程度有差而本質無別。至於商鞅、韓非諸人，則君民地位，完全顛倒。尊君至極，遂認人民為富強之資，其本身不復具有絕對之價值。其甚者或視民如禽獸之愚頑必待君長之鞭策而後定。其立說與儒恰相反背，無可調融。考二家思想所以歧異至此者，殆由於歷史環境之變遷。儒家民本位之思想，大體承宗法封建社會之餘風，而法家君本位之思想則為宗法封建衰微以後之產物。蓋在宗法之中君主與貴戚分權而不獨尊，士民有族屬之誼而非真賤。[10]加以封建天下元后與諸侯相維，列國之際，大致相安，既無兼小攻弱之風氣，則不待富國強兵以自存。民生衣食之外實無更重要之政治目的。民之可貴，理有固然。及至宗法破壞，貴族消亡，君民之地位，遂漸懸絕。民無所貴，君日愈尊，蚩蚩眾庶既失其族屬身分之憑依，乃悉淪為君上之臣屬，一視私人本身之賢愚通塞以定其社會地位之升降，一聽君上之賞罰予奪以定其政治地位之高低。無形之中，君與國合為一體而民遂轉為君主統治之對象。且封建政治既隨宗法社會相共渙解，諸侯力征，滅亡日眾。國非富強無以應世變，君非專斷無以圖富強。日用布帛菽粟之事不復能為要政，而民力民財皆為君國富強所取資，不得任個人之私有。君之必尊，亦時勢所趨，不得不然。儒、法二家思想實為此重要歷史變遷之反映，非苟為悖譎以相水火也。

儒法根本之區分既明，吾人可進而判斷《管子》思想之宗派。《管子》一書蓋取法家君本位之觀點以論政，而猶未完全脫離封建與宗法歷史背景之影響者也。

荀子認人君職在「管分之樞要」，故其位不可不尊，其勢不可不重。《管子》論君道，其大旨與此略同。〈任法篇〉謂「生法者君也」。〈君臣上、下篇〉則謂「道德賞罰出於君」。人君一身既為全國治亂之所係，故「安國在乎尊君」。[11]尊君者賦以至高無上專有獨斷之權位而勿使動搖之謂。蓋「君之所

政治」，已先發明此意。

10　奴隸當除外。《孟子・萬章下》：「下士與庶人在官者同祿。」此或有所據，足見民不盡賤。

11　〈重令第十五〉。

以為君者勢也」，[12]而「令不高不行，不專不聽」，[13]欲勢固令行，其術在獨據崇高之位以專擅賞罰之柄。「故明主之所操者六。生之、殺之、富之、貧之、貴之、賤之。此六柄者主之所操也。主之所處者四。一曰文、二曰武、三曰威、四曰德。此四位者主之所處也。藉人以其所操，命曰奪柄。藉人以其所處，命曰失位。奪柄失位而求令之行，不可得也。」[14]君能獨守其勢，則「威不兩錯，政不二門。以法治國，則舉錯而已。」[15]抑吾人當注意，就法律上之地位言，君之當尊乃由其所居之職位。其私人之品格或道德，與此殊無直接之關係。故〈小筐篇〉載桓公自稱有好田、好酒、好色之「三大邪」，而管子對以「惡則惡矣，然非其急者也。」〈法法篇〉則曰：「凡人君之德行威嚴，非獨能盡賢於人也。曰人君也，故從而貴之，不敢論其德行之高下。」此說最能表明尊君之精義，足為法家思想特點之一，而與歐洲近代之主權觀念相暗合。

雖然，《管子》之論君術未全與商、韓相合也。荀子斥「主道利周」之說，此乃儒、法二家人治論與法治論之必然衝突。儒家據宗法之背景以立政治理想，欲君主以身作則，化正萬民。故君德不彰，不足以資眾目之瞻視。法家棄宗法而別樹專制為理想，惟恐君身以私意亂法而為姦臣所乘。故不求君有明德，而欲其藏情隱意，不可窺測。《管子》則已先倡戰國任法之議，而猶未脫封建宗法之影響。於是糅雜人治法治，幾成自相牴牾之論。曰：「人君也，故從而貴之，不敢論其德行之高下。」此商、韓法治之說也。曰：「君之在國都也，若心之在身體也。道德定於上則百姓化於下矣。戒心形於內則容貌動於外矣。」[16]此孟、荀人治之說也。晉唐以來學者頗以《管子》內容雜亂，疑其非

---

12 〈法法第十六〉。

13 〈霸言第二十三〉。

14 〈任法第四十五〉。〈禁藏五十三〉曰：「賞誅為文武。」

15 〈明法第四十六〉。〈七臣七主第五十二〉亦曰：「權勢者人主之所獨守也。」〈霸言〉曰：「主尊臣卑，上威下敬，令行人服，理之至也。使天下兩天子，天下不可理也。一國而兩君，一國不可理也。一家而兩父，一家不可理也。」

16 〈君臣下第三十一〉。〈七臣七主第五十二〉曰：「故一人之治亂在其心，一國之存亡在其主。天下得失，道出一人。主好本則民墾草萊，主好貨則人賈市，主好宮室則工匠巧，主好文采則女工靡。夫楚王好小腰而美人省食，吳王好劍而國士輕死。死與不食者天下之所共惡也。然而為之者何也？從主之所欲也。」其意尤近儒家「草上之風必偃」之語。又按《管子》不論德行，或就君主之法律地位立言。正己化民，則就君主之政治作用言。如此解之，

出一手。此殆其令人致疑之一例歟？

　　僅就「尊君」一端觀之，管、荀二家尚無顯著之分別。若持此以與《管子》論民諸說合觀，則二者殊途異趨之迹立見。吾人曩謂荀子禮治之最後目的為全體人民生活之滿足。故治國所以養民，而君之與國不過達此目的之工具。《管子》所標之政治目的則大異於是。故其言曰：「凡牧民者欲民之可御也。」[17]又曰：「計上之所以愛民者為用之，故愛之也。」[18]蓋人心從令，人力效忠，乃富強不可少之憑藉。民為君用，則所圖可成。〈法法篇〉明之曰：「凡大國之君尊，小國之君卑。大國之君所以尊者何也。曰：為之用者眾也。小國之君所以卑者何也。曰：為之用者寡也。然則為之用者眾則尊，為之用者寡則卑，則人主安能不欲民之眾為己用也。」民之作用如此，故「爭天下者必先爭人」。[19]爭人者非徒爭人數之多也。「人眾而不理，命曰人滿。」雖使各得足食豐衣而不為君國所用，不肯「蹈白刃、受矢石、入水火以聽上令」，[20]則何益於君國乎？吾人既知愛民為手段而非目的，則於《管子》書中一切重視民生之主張可以不生誤會而引以為孟、荀之同調。例對桓公問霸政之本，「《管子》對曰：齊國百姓，公之本也。人甚憂饑而稅斂重，人甚懼死而刑政險，人甚傷勞而上舉事不時。公輕其稅斂則人不憂饑，緩其刑政則人不懼死，舉事以時則人不傷勞。」[21]此與孟子所主「省刑罰，薄稅斂」，「勿奪其時」者操術略同而存心迥異矣。

　　人民既為君主之用具，則君民間最理想之關係為君有所令，民無不從。易詞言之，管氏之法行，則在政治組織之中，君之意志有絕對之權威，民之意志無絲毫之力量。良以民意儻得干政，則「令出雖自上而論可與不可者在下，是威下繫於民也。威下繫於民而求上之毋危，不可得也。」[22]故「明君在上位，

或可勉強相調融也。

17　〈權修第三〉。
18　〈法法第十六〉。
19　〈霸言第二十三〉。
20　〈法法〉。
21　〈霸形第二十二〉。
22　〈重令第十五〉。

民毋敢立私議自貴者」，而「倨傲易令、錯儀、畫制、作議者盡誅」。[23]且人君行獨斷之政，雖逆民意而有利於國，則亦屬行之而無所恤。「夫至用民者殺之、危之、勞之、苦之、饑之、渴之，用民者將致此之極也，而民毋可與慮害己者。明王在上，道法行於國，民皆舍所好而行所惡。」於是「引而使之，民不敢轉其力。推而戰之，民不敢愛其死。不敢轉其力然後有功，不敢愛其死然後無敵。是故仁者、知者、有道者不與大慮始。」[24]而「為國者反民性然後可以與民戚」[25]也。考民意所以不足聽者，其故在民心之習苟安而昧於真利，解自私而不能自治。蓋「民者服於威。殺然後從，見利然後用，被治然後正，得所安然後正者也。」[26]

　　《管子》又復有「順民」之說，與頃間所述似反背而實相表裡。〈牧民篇〉曰：「政之所興在順民心，政之所廢在逆民心。民惡憂勞，我佚樂之。民惡貧賤，我富貴之。民惡危墜，我安存之。民惡絕滅，我生育之。能佚樂之則民為之憂勞，能富貴之則民為之貧賤，能安存之則民為之危墜，能生育之則民為之滅絕。」〈形勢解〉亦曰：「人主之所以令則行，禁則止者，必令於民之所好而禁於民之所惡也。民之情莫不欲生而惡死，莫不欲利而惡害。故上令於生利人則令行，禁於殺害人則禁止。令之所以行者必民樂其政也。」按《管子》之意蓋謂民有根本之利益，得之則民生遂而國力增。人民於此切身之真利每為一時小利之所蔽而不能知。然而為人君者當以政令督禁，使民能得其根本之真利。方令之初下，民必以君上遏其小利而不悅。就此言之，則為「反民性」。及其事既成，則民得真利而亦心喜。就此言之，則為「順民心」。[27]故曰：「民未嘗可與慮始而可與樂成功」[28]也。復次，人民之於真利，不僅能待令行事遂見之，亦可於多數同意知之。〈君臣上篇〉曰：「夫民別而聽之則愚，合而聽之則聖。雖有湯武之德，復合於市人之言。是以明君順人心，安性

23　〈法法第十六〉。
24　均見〈法法〉。
25　〈侈靡第三十五〉。下文云：「民欲佚而教以勞，民欲生而教以死。勞教定而國富，死教定而威行。」
26　〈正世第四十七〉。
27　此略似盧梭「公善」、「公意」、「私意」諸學說。見《民約論》。
28　〈牧民第一〉。

情，而發於眾人之所聚。是以令出而不稽，刑設而不用。先王善與民為一體。與民為一體，則是以國守國，以民守民也。然則民不便為非矣。」反之，若人君發政施令大背人民之真利，而又不顧其心之從違，則勢替令沮，覆亡可待。「雖有天子諸侯，民皆操名而去之，則捐其地而走矣。故先王畏民」[29]也。雖然，《管子》既主禁人民私議，則何由表示其從違。〈桓公問篇〉稱管仲勸桓公立「嘖室之議」，藉得「察民所惡以為戒」，其意殆在設公議以代私議，略似鄭人之「鄉校」，[30]與尊君之根本學說亦相輔而不衝突。蓋聽其議，順人心，遂其利者，惟一之目的在使民能為君用，非於民之本身有所愛恤。故曰：「知予之為取者政之寶也。」[31]孔子曰：「民可使由之，不可使知之。」又曰：「天下有道則庶人不議。」[32]孟子曰：「得乎丘民而為天子。」[33]荀子曰：「天下去之謂之亡。」[34]若非《管子》論政之目的與儒家根本有異，則徒觀其順民反民之說，誠足與「仁義」相混。孟子謂「五霸假之」，[35]殆為管學之定評。雖然，「詢民」本為封建政治之流風，吾人前已論及。[36]《管子》本尊君之旨，行順民之術，實上承封建之遺意，下開商、韓之先河。內容間雜，乃過渡思想之通例，此其較著者耳。霸者「假之」亦自有其歷史上之原因，非出於偶然也。

29　〈小稱第三十二〉。

30　《左傳・襄公三十一年》。梁啟超《管子傳》（《飲冰室專集》第二十八）頁25謂嘖室「與今世之國會極相近」，乃「人民監督政府之一機關」。按嘖室之功用至多不過如近世之諮詢機關，其中所發表之意見是否果然採用，權衡在君，與國會票決議案之事迥不相同。梁氏此篇作於宣統元年，有為言之，不辭附會，未足信也。

31　〈牧民第一〉。按「順民」不必與專制衝突。狙公之朝三暮四，朝四暮三，未嘗不順狙意，固不得謂狙公非專制也。蓋古今中外最專制的政府無有不賴多數人民之信服以維持者。專制與民治之實際區別，在人民是否有監督政府，操縱政治之法定權力而已。

32　《論語・泰伯第八》及〈季氏第十六〉。

33　〈盡心下〉。

34　〈正論第十八〉。

35　〈盡心上〉。

36　說詳本書第三章註42。

第三節　以法治國

　　一君專制，《管子》所立之國體也。國體既明，當進論治術。〈明法篇〉曰：「威不兩錯，政不二門。以法治國則舉錯而已。」「法治」者《管子》治術之主幹也。

　　吾人於前節之首，曾謂禮法二名，每相淆亂。蓋禮法均有廣狹之二義。禮之狹義為儀，法之狹義為刑。禮法之廣義為一切之社會及政治制度。以儀文等差之教為維持制度之主要方法，而以刑罰為輔，則為「禮治」。以刑罰之威為維持制度之主要方法，而以儀文等差輔之，則為「法治」。故禮法之間無絕對之分界。禮治不必廢刑法，法治不必廢禮儀。荀、管二家之思想正可為吾人作明證。[37]荀子屢立明刑而不失為儒家後勁，《管子》有時明禮而不失為法家先驅，其說亦在於此。

　　《管子》書中所立「法」之先後界說不一。雖含義不盡相同，合而觀之，則法為一切政治制度之總稱，似無可疑。舉其要者如「法者所以一民使天下也」；[38]「法者所以興功懼暴也」；[39]「法者天下之儀也，所以決疑而明是非也」；[40]「尺寸也，繩墨也，規矩也，衡石也，斗斛也，角量也，謂法」；[41]「法制不議」，「刑殺毋赦」，「爵祿無假」，「三者藏於官則為法」；[42]凡此皆就法之內容及作用言之也。此外復有律、令、刑、政之四名，與法號異而用同，或竟包括於法內。蓋「律者所以定分止爭也。令者所以令人知事也。」[43]「制斷五刑各當其名，罪人不怨，善人不驚曰刑。」[44]「正之、服之、勝之、

37　孔子欲使民無訟，示禮治之最後理想。商子以禮樂為「六蝨」之一，表極端之任法主義。

38　〈任法第四十五〉。

39　〈七臣七主第五十二〉。

40　〈禁藏第五十三〉。

41　〈七法第六〉。

42　〈法禁第十四〉。《尹文子・大道上》曰：「法有四呈。」「一曰不變之法，君臣上下是也。一曰齊俗之法，能鄙異同是也。三曰治眾之法，慶賞刑罰是也。四曰平准之法，律度權量是也。」與此相發明。

43　〈七臣七主第五十二〉。

44　〈正第四十三〉。此狹義之法。〈心術上第三十六〉：「簡物小未一道，殺僇禁誅謂之法。」

飭之，必嚴其令，而民則之曰政。」[45]吾人既知法為制度之總稱，則《管子》所謂「以法治國」者實無異於謂治國者必須立固定之制度，而非任君主隨時以私意為裁斷也。故曰：「不法法則事毋常。」

治國必憑制度，儒家亦明此理，而荀子言之尤審。《管子》論制度所以必要，尚不逮荀子之詳審，而其行法之術雖商韓亦有所未到。《管子》認定禁令與組織乃國之所由建立。故〈君臣下篇〉曰：「古者未有君臣上下之別，未有夫婦妃匹之合，獸處群居，以力相征，於是智者詐愚，彊者凌弱，老幼孤獨不得其所。故智者假眾力以禁強虐而暴人止，為民興利除害，正民之德而民師之。是故道術德行出於賢人。其從義理兆形於民心則民反道矣。名物處違是非之分，則賞罰行矣。上下設，民生體，而國都立矣。是故國之所以為國者民體以為國；[46]君之所以為君者賞罰以為君。」

國有經常之制度，君按制度以行賞罰，法治之原則不過如此。雖然，欲成法治，必用二術。一曰立法之術，二曰行法之術。《管子》於前者尤多創見。《管子》嘗謂「生法者君也」；[47]然君雖生法，非憑一己之私心，任意為之，而必以人性天則為標準。〈七法篇〉曰：「根天地之氣，寒暑之和，水土之性，人民鳥獸草木之生，物雖不甚多，皆均有焉，而未嘗變也，謂之則。」「不明於則而欲出號令朝夕於運鈞之上，檣竿而欲定其末。」天則之表現於人者為人類本能中之好惡。此人情之好惡即為立法之一重要標準。〈形勢解〉曰：「人主之所以令則行，禁則止者，必令於民之所好而禁於民之所惡也。民之情莫不欲生而惡死，莫不欲利而惡害。故上令於生利人則令行，禁於殺害人則禁止。」其次，人民之能力有一定之限度，亦立法者所當顧及。〈形勢篇〉曰：「毋彊不能。」〈形勢解〉釋之曰：「明主度量人力之所能為而後使焉。故令於人之所能為則令行，使於人之所能為則事成。亂主不量人力，令於人之所不能為，故其令廢，使於人之所不能為，故其事敗。」「故曰：毋彊不能。」〈乘馬篇〉亦謂「智者知之，愚者不知，不可以救民。」「非夫人能之也，不可以為大功。」復次，人民對於法令之服從亦有天然之界限，立法者尤

---

45 〈正第四十三〉。

46 注曰：「貴賤成禮方乃為國。」易詞言之，即有政治組織也。

47 〈任法第四十五〉。

不應率爾超過。故〈法法篇〉曰：「求多者其得寡，禁多者其止寡，令多者其行寡。」〈正世篇〉則謂「治莫貴於得齊。制民急則民迫，民迫則民失其所葆。[48]緩則縱，縱則淫，淫則行私，行私則離公，離公則難用。」凡此皆人性對於立法之影響也。然人類為自然之一體，立法者又不可不參考天時地利以為制令之根據。《管子》曰：「令有時」；「聖王務時而寄政」。[49]春、夏、秋、冬各有應行之事。[50]「人與天調然後天地之美生」；[51]號令不時，則「作事不成，必有大殃」。[52]《管子》又認定人之生性隨不同之水土而殊異。「齊之水道躁而復，故其民貪麤而好勇。楚之淖弱而清，故其民輕果而賊。越之水重濁而泊，故其民愚疾而垢。秦之水汙最而稽，淤滯而雜，故其民貪戾，罔而好事。齊晉之水枯旱而運，沈滯而雜，故其民諂諛葆詐，巧佞而好利。燕之水萃下而弱，沉滯而雜，故其民愚戇而好貞，輕疾而易死。宋之水輕勁而清，故其民閒易而好正。」「是以聖人之治世也，不人告也，不戶說也。其樞在水。」[53]雖然，立法者將操何術立何制以矯水病而得其宜乎？惜乎《管子》無一語以告讀者耳。

　　行法之術，大端有三：一曰事先之準備，二曰施行之態度，三曰推動之力量。《管子》主張於行法之前，開導人民，使能知法而奉守之。不教而誅，乃其所不取。〈權修篇〉曰：「厚愛利足以親之，明智禮足以教之，上身服以先之，審度量以閑之，鄉置師以說道之。然後申之以憲令，勸之以慶賞，振之以刑罰。故百姓皆悅為善，則暴亂之行無由至矣。」然而徒加開導，猶未足取信

48　注「葆、所恃為生者也。」又「齊、謂無非人也。」殆誤。「齊」當讀為分劑之劑。

49　〈四時第四十〉。

50　〈禁藏第五十三〉舉四時之政，且謂「四時備而民功百倍」，〈四時篇〉春、夏、秋、冬各發五政。〈五行篇〉一歲中凡五出令，各七十二日而畢。〈幼官第八〉及〈幼官圖第九〉則以四時五方配政事。

51　〈五行第四十一〉。

52　四時。按此諸說略同《禮記》及《呂氏春秋》之〈月令篇〉。羅根澤《管子探源》謂四時及五行乃戰國末陰陽家所作，或可信。然吾人應注意，《管子》書中有天人、陰陽、五行、四時諸說而不及生尅災異，主運終始，大小九州等，似其作者當在鄒子之前。又《管子》「令有時」之說其中亦有合於天人之自然關係者，如春令修溝瀆，禁田獵，秋令趣收聚，補缺塞坼，尚不失農業社會之本色。或管仲本有按時施政之制，後人「語增」而為此近乎陰陽家之言歟？

53　〈明法〉。

於民。「是故明君知民之必以上為心也，故置法以自治，立儀以自正也。故上不行則民不從。彼民不服法死制，則國必亂矣。是以有道之君行法修制，先民服也。」[54]

教導與先服為心理上之準備，法律上之效用則由條文之公佈而開始。〈法法篇〉論此至為明白。「令未布而民或為之，而賞從之，則是上妄予也。」「令未布而罰及之，則是上妄誅也。」「令已布而賞不從，則是使民不勸勉、不行制、不死節。」「令已布而罰不及，則是教民不聽。」「布」之重要如此，故其手續亦當極其慎重。[55]

施行法制之態度有三：曰必信，曰有常，曰無私。「見必然之政，立必勝之罰，故民知所必就而知所必去。」「故法不煩而吏不勞，民無犯禁，故百姓無怨於上。」[56]此必信之說也。「號令已出又易之，禮義已行又止之，度量已制又遷之，刑法已錯又移之。如是則慶賞雖重，民不勸也，殺戮雖繁，民不畏也。故曰上無固植，下有疑心，國無常經，民力必竭，數也。」[57]此有常之說也。雖然，有常者不可「朝令夕更」之謂，非謂法制一成不變也。蓋「法者不可恒也。」「古之所謂明君者非一君也。其設賞有薄有厚，其立禁有輕有重。迹行不必同，非故相反也。皆隨時而變，因俗而動。」[58]

行法之難莫過於無私。而害法之甚亦莫過於私。「私者亂天下者也。」[59]蓋群臣每圖以私亂法。「為人上者釋法而行私，則為人臣者援私以為公。」[60]故「離法而聽貴臣，此所謂貴而威之也。富人用金玉事主而來焉，主離法而聽

54　〈法法第十六〉。

55　〈立政第四‧首憲〉曰：「正月之朔，百吏在朝，君乃出令，布憲於國。五鄉之師，五屬大夫，皆受憲於太史。太朝之日，五鄉之師，五屬大夫，皆習憲於君前。太史即布憲，入籍於太府，憲籍分於君前。五鄉之師出朝，遂於鄉官，致於鄉屬，及於游宗，皆受憲。憲既布，乃反至令焉。然後敢就舍。（中略）五屬大夫皆以行車朝。出朝不敢就舍遂行，至都（五屬之都）之日，遂於廟至屬吏，皆受憲。憲既布，乃發使者致令以布憲之日，早晏之時。憲既布，使者已發，然後敢就舍。（中略）憲既布，有不行憲者謂之不從令，罪死不赦。考憲而有不合於太府之籍者，侈曰專制，不足曰虧令。罪死不赦。」

56　〈七臣七主第五十二〉。

57　〈法法第十六〉。

58　〈正世第四十七〉。

59　〈心術下第三十七〉。

60　〈君臣上第三十〉。

之，此所謂富而祿之也。賤人以服約卑敬悲色告愬其主，主因離法而聽之，此所謂賤而事之也。近者以偪近親愛有求其主，主因離法而聽之，此所謂近而親之也。美者以巧言令色請其主，主因離法而聽之，此所謂美而淫之也。」「此五者不禁於身，是以群臣百姓人挾其私而幸其主。彼幸而得之則主日侵，彼幸而不得則怨日產。」[61]如是則主危矣。抑又有進者，大凡曲法行私，多在貴近之臣。然而「令之行也，必待近者之勝也而令乃行。故禁不勝於親貴，法不行於便嬖，法禁不誅於嚴重而害於疏遠，慶賞不施於卑賤二三，而求令之必行，不可得也。」[62]故明君之治必以去私為務。「天不為一物枉其時，明君聖人亦不為一物枉其法。」[63]「不知親疏、遠近、貴賤、美惡，以度量斷之。其殺戮人者不怨也，其賞賜人者不德也。」[64]夫群臣與百姓，豈無足愛。然而明君一斷於法而無所恤者，別有當愛者在也。蓋君尊由於國威，國威由於令行，「故不為重寶虧其命，故曰令貴於寶。不為愛親危其社稷，故曰社稷戚於親。不為愛人枉其法，故曰法愛於人。不為重爵祿分其威，故曰威重於爵祿。」[65]人君苟明此理，則「動無非法」，[66]「塊不失道」。[67]「治人如治水潦，養人如養六畜，用人如用草木。」此則無私之極致矣。吾人又當注意，「凡私之所起，必生於主」，[68]臣民之私皆乘主私而後得遂。故法治之最後關鍵在君主本人之守法。管子深知此理，不憚反復明言。如〈法法篇〉稱明君「置法以自治，立儀以自正。」又謂「不為君欲變其令，令尊於君。」〈任法篇〉則曰：「君臣上下貴賤皆從法，此之謂大治。」[69]

行法之第三要件為推動之力量。易詞言之，即以賞勵其行，以罰止其犯。〈法法篇〉曰：「法而不行，則修令者不審也。審而不行，則賞罰輕也。重而不行，則賞罰不信也。」〈七法篇〉亦曰：「言是而不能立，言非而不能廢，

---

61 〈任法第四十五〉。

62 〈重令第十五〉。

63 〈白心第三十八〉。

64 〈任法第四十五〉。

65 〈七法第六〉。

66 〈明法第四十六〉。

67 《莊子・天下》論彭蒙、田駢、慎到。

68 〈七臣七主第五十二〉。

69 〈七臣七主第五十二〉亦曰：「法者君臣之所共立也。」

有功而不能賞，有罪而不能誅，若是而能治民者，未之有也。」夫行法之有待於賞罰，而賞罰足以為法治之動力者，由於人性中有好惡之本能。「凡人之情見利莫能勿就，見害莫能勿避。」[70]為君主者審利害之所在，以為賞罰，則民隨其意以為去就。雖然，賞罰須重而必信，乃能生效。「賞薄則民不利，禁輕則邪人不畏。」[71]故賞罰宜重也。「見必然之政，立必勝之罰，故民知所必就而知所必去。」[72]故賞罰貴必也。

法治既行，其效何如乎？〈君臣上篇〉曰：「有道之君上有五官以牧其民，則眾不敢蹈軌而行矣。下有五橫以揆其官，則有司不敢離法而使矣。朝有定度衡儀以尊王位，衣服緯絻盡有法度，則君體法而立矣。君依法而出令，有司奉命而行事，百姓順上而成俗。著久而為常，犯俗離教者眾共姦之，則為上者佚矣。」〈白心篇〉亦曰：「名正法備則聖人無事。」然則「無為而治」者，乃法治之最後結果也。

《管子》法治之理想，雖多可取之處，然而吾人又不可持以與歐洲之法治思想並論。歐洲法治思想之真諦在視法律為政治組織中最高之威權。君主雖尊，不過為執法最高之公僕而已。故法權高於君權，而君主受法律之拘束。其說初盛於中世，[73]後此則英法諸國之貴族及平民每持之以抗王權。[74]近世民主國中之立憲思想復發揚之以防止政府之專制。[75]晚近學者陳義尤高，甚至認國家之形成後於法律。[76]凡此法本位之思想無論內容如何分歧，其與吾國先秦

70　〈禁藏第五十三〉。

71　〈正世第四十七〉。

72　〈七臣七主第五十二〉。〈九守第五十五〉曰：「用賞者貴誠，用刑者貴必。」〈版法第七〉曰：「正法直度，罪殺不赦，殺僇必信，民畏而懼。」〈法法第十六〉曰：「凡赦者小利而大害者也。」皆明此旨。

73　如 Hincmar of Rheims, *De Regis Persona*, 6，或 Sedulius Scotus, *De Rectoribus Christianis*, 8，二者均九世紀人。參 R. W. Carlyle and A. J. Carlyle, *A History of Medieval Political Thought in the West*, Vol. 3.

74　英國 1215 年之〈大憲章〉即由諸侯迫脅約翰王所訂。此後幾經波折，英之法權日趨確定，王權日受限制，卒成近世民治國之先進。可閱 G. Adams, *The Origin of the English Constitution*（1912）或 W. Stubbs, *Constitutional History of England*（1874）。

75　美國革命之成文憲法觀念乃法治思想之具體表現，Thomas Paine 謂「憲法先政府而產生，政府乃憲法所締造。」《人權論》二頁309（1792）頗能示其精神。法國革命受美之影響，亦時有立憲之要求。閱浦薛鳳《西洋近代政治思潮》下冊第五章。

76　如 Leon Duguit 及 Hugo Krabbe 等。後者之《近代國家觀念》有王檢重譯本。

「法治」思想以君為主體而以法為工具者實如兩極之相背。[77]故嚴格言之，《管子》之「以法治國」，乃「人治」思想之一種，與孔、墨、孟、荀諸家以君主為治權之最高執掌人者，根本不異。其相異者，儒、墨以人民生活之美滿為目的，而《管子》則尊君，孟、荀以仁義禮樂為治術，而《管子》則任法。若僅就治術一端而論，認管學為法治思想以別於儒家之德治、禮治，固無不可。然其為術，與歐洲法治思想設法權於君權之上者，則迥不相同也。

　　雖然，吾人不可以此而少《管子》。歐洲尊法思想胎孕甚久，發育以漸，而推原其產生之由，實大受歷史環境之賜。古代既先具民治之政體，中世亦誠有限君之事實。[78]以民為國家之主體，以法抗政府之專橫，二者相合，而法治思想遂得成立。[79]吾國先秦時代之政治背景則與此懸殊。就大勢言，各國之中，始則君主與貴族分權，既則貴族侵君而亂國，終則權臣奪國，貴族消亡，而君位亦替，當貴族之方張則尊君有必要，及貴族之已衰則尊君為必然。任法之術又適大盛於此際。則「今世立憲國之言法治，凡以限制君權，而《管子》之言法治乃務增益君權」，[80]又何足怪乎！

77　先秦法治之君權觀略近羅馬帝國之法家。如 Ulpian（西元 170-228）謂「君無法律之約束」（Princeps legibus solutus est）。

78　按限君之事見於日爾曼民族。其君主所受法律之限制有三：（一）習慣法，（二）羅馬法，（三）經臣民同意所訂之法。見 Carlyle 前書，冊一，頁235。

79　就歷史事實言，法治與民治有不可離之關係。法治不得民治不立，民治不得法治不固。蓋專制之法憑君意以行廢。管子雖數言令尊於君，實無術以保證君不違法。民治而無法勢必流為古希臘之「暴民政治」，其毒殆不減於專制。故凡法治之國必為民治，而專制之國必尚「人治」。

80　梁啟超《管子傳》，頁20。梁氏又謂「管子之時君權未確立也。」（頁5）其出身又屬微賤，則欲任法以尊君主，抑貴族，亦事之可能者。此論如不誤，則管以法裁抑齊貴族，孔以禮裁抑魯貴族，操術不同而用心則略似。《管子》固非仲書，就此論之，其內容亦尚與春秋之歷史背景相應。作者或出孔後而必在商、韓之前，殆無可疑。蓋商、韓已不憂貴族之侵君（所憂者權奸嬖倖之奪君亂國），而《管子》書中猶每承認貴族勢力之存在，不僅其法治思想不及二子之徹底也。下文當更論之。

第四節　經俗

　　《管子》所立政治之目的為尊君。故其論治民也，於消極方面求其不亂，於積極方面求其可用。其主要之方法則為「以法治國」。故欲設經常之制度，明必信之賞罰，使全國人民從令不疑，行動齊一。吾人於上節中已將此治術之大概論述簡要。本節及此下二節當進述建立法治之基礎。〈重令篇〉曰：「朝有經臣，國有經俗，民有經產。」此三者即完成法治之主要條件也。

　　「何謂國之經俗。所好惡不違於上，所貴賤不逆於令。毋上拂之事，毋下比之說。毋侈泰之養，毋踰等之服。謹於鄉里之行而不逆於本朝之事者，國之經俗也。」[81]蓋法治所期在臣民安分而從令。賞罰嚴明，雖可致此，然必俟人民習久成性，法治之效始能深遠而穩固。《管子》所謂經俗實為法治之心理基礎，而經俗之養成則有待於適宜之教育政策。《管子》認定人類之政治組織，有賴於道德之維持。此立國不可或少之政治道德，《管子》名之曰「四維」。四維者，「一曰禮、二曰義、三曰廉、四曰恥。禮不踰節，義不自進，廉不蔽惡，恥不從枉。」[82]《管子》書言禮義二端尤詳，幾可奪荀子之席，其旨亦頗有相近之處。〈心術上〉曰：「登降、揖讓、貴賤有等、親疏之體，謂之禮。」此禮之狹義也。〈五輔篇〉曰：「上下有義，貴賤有分，長幼有等，貧富有度，此八者，禮之經也。」此禮之廣義也。義與禮內容互殊而相輔為用。「義有七體。七體者何？曰孝弟慈惠以養親戚，恭敬忠信以事君上，中正比宜以行禮節，整齊撙詘以辟刑僇，纖嗇省用以備饑饉，敦懞純固以備禍亂，和協輯睦以備寇戎。」[83]社會中各級之臣民皆謹守禮義之教，則政府之威柄可不待用而正理平治矣。

81　〈重令第十五〉。

82　〈牧民第一〉。

83　〈心術上第三十六〉曰：「禮者因人之情，緣義之理，而為之節文者也。故禮者謂有理也。理也者明分以諭義之意也。故禮出乎義，義出乎理，理因乎宜者也。」又曰：「君臣父子人間之事謂之義。」〈立政第四〉曰：「度爵而制服，量祿而用財。飯食有量，衣服有制，宮室有度。六畜人徒有數，舟車陳器有禁修。生則有軒冕服位，穀祿田宅之分，死則有棺槨絞衾壙壟之度。雖有賢身貴體，毋其爵，不敢服其服。雖有富家多資，毋其祿，不敢用其財。」凡此均與荀子意近。《論語・八佾第三》載孔子謂管仲器小，或人因疑其知禮。殆管仲本有以禮治齊之說，今書雖非自著，而實有所承歟？

　　四維之張，有待教育。故〈權修篇〉曰：「凡牧民者使士無邪行，女無淫事。士無邪行，教也。女無淫事，訓也。教訓成俗而刑罰省數也。」然教訓成俗不可期月而致，必俟習慣之逐漸培養。[84]俗化未成之先政府又必須隨時監督勸懲，以助教訓之行。故管子令鄉長及五屬大夫任薦善舉過之責，使賢材登庸，不善遏誅。美俗既成，風化自正。「罷士無伍，罷女無家。士三出妻，逐於境外。女三嫁，入於舂穀。是故民皆勉為善士。」[85]

　　《管子》認社會制度亦有教育之功用、故頗注意及之。其所欲利用者家族及鄉鄰之二組織。「君臣父子人間之事謂之義」，而「孝弟慈惠以養親戚」復為義之一體。故「公修公族，家修家族，便相連以事，相及以祿，則民相親矣。」[86]孝弟之教既立，則又當「敬宗廟，恭祖舊。」蓋「不敬宗廟則民乃上校，不恭祖舊則孝弟不備。」[87]如此則禮義之化亦乃遭阻礙而難行。《管子》所論鄉鄰之組織其意尤為週詳。蓋舉凡治安、風化、功罪、賦役諸要政，均寄於鄉里什伍等組織。[88]而人民復各按職業，異地分居，不得相與混雜。〈小匡篇〉釋之曰：「士、農、工、商四民者，國之石民也。不可使雜處，雜處則言哤，其事亂。是故聖王之處士必於閒燕，處農必就田墅，處工必就官府，處商必就市井。」如此則「少而習焉，其心安焉，不見異物而遷焉。是故其父兄之教不肅而成，其子弟之學不勞而能。夫是故士之子常為士」，「農之子常為農」，「工之子常為工」，「商之子常為商」。[89]四民既有定居恆業，則人皆謹於職守，盡其本分。「是故非誠賈不得食於賈，非誠工不得食於工，非誠農不得食於農，非信士不得立於朝。」[90]其「身無職業，家無常姓」[91]者，為法所當禁。

84　〈七法第六〉曰：「漸也、順也、久也、服也、習也，謂之化。」
85　〈小匡第二十〉。
86　〈小匡〉。
87　〈牧民第一〉。〈問第二十四〉亦曰：「無亂宗廟則人有所宗。」
88　〈立政〉、〈乘馬〉、〈小匡〉、〈度地〉諸篇所言地方制度互有歧異，亦《管子》非出一手之明證。
89　篇中又言：「制國以為二十一鄉，商工之鄉六，士農之鄉十五。」《國語》卷六〈齊語〉文與此異同。
90　〈乘馬第五〉。
91　〈法禁第十四〉。

孔子曰：「道之以政，齊之以刑，民免而無恥。道之以德，齊之以禮，有恥且格。」[92]《管子》以「經俗」之術，為法治之基，其說頗與孔子相近。然而吾人試略一深究，即知二家於此，亦有根本不同之處。儒家以教為政，其目的在兼善天下，使人人皆有「成人」之機會。易詞言之，儒家以個人道德之發展為政治之最高理想。故其治術雖禮義與刑法兼用，而禮義為主。《管子》教育之目的則不在個人道德發展之完成，而在人民之順服以事君國。故〈立政篇〉曰：「期而致，使而往，百姓舍己，以上為心者，教之所期也。始於不足見，終於不可及，一人服之，萬人從之，訓之所期也。未使之而往，上不加勉而民自盡竭，俗之所期也。」〈法禁篇〉亦曰：「昔者聖人之治人也，不貴其人博學也，欲其人之和同以聽令也。」既欲人之和同聽令，則一切違俗自異之行皆勢所必禁。[93]蓋其行為不合於國之經俗者乃「不牧之民」，「不牧之民，繩之外也。繩之外誅。」[94]孔子曰：「鄉愿，德之賊也。」又曰：「不得中行而與之，必也狂狷乎。狂者進取，狷者有所不為也。」又曰：「以道事君，不可則止。」又曰：「邦有道危言危行。」[95]此其為教顯與《管子》相遠。至於孔子之行事，如博學多聞，聚徒論道。從政者譏為「斗筲之人」，禮「拜下」則不恤違眾。[96]繩以「經俗」恐不免蹈「不牧」之愆矣。由此觀之，《管子》非儒，皎然甚著。孔子以教為政，《管子》以教行法。[97]二家之操術於此亦恰相反也。

雖然，《管子》之法治又與商、韓有異。商、韓主任法而棄一切仁德禮義之教化，《管子》則猶欲藉禮教以行法，此其相異者一。商、韓傾向於以國法君威為控制人民之唯一力量，《管子》則猶重視家族人倫之關係，此其相異者二。吾人於此亦可推知《管子》思想之背景尚在六國時期之前，而當封建影響

92　《論語‧為政第二》。

93　〈法禁篇〉中列舉「聖王之禁」幾二十事。其中如「其身毋任於上者」，「拂世以為行，非上以為名，常反上之法制以成群於國者」，「身無職業，家無常姓，列上下之間，議言為名者」，「詭俗異禮，大言法行，難其所為而高自錯者」，尤限制個人之發展。

94　〈法法第十六〉。

95　《論語》，分見〈陽貨第十七〉，〈子路第十三〉。

96　分見〈先進第十一〉，〈憲問第十四〉。

97　《管子‧任法第四十五》曰：「所謂仁義禮樂者皆出於法。」

未盡消失之際。書中所含封建遺意，不只一端。[98]如四民定居恆業之制，即非六國時人所能主張。《逸周書》謂「士大夫不離於工商。」「工不族居不足以給官族，不鄉別不可以入惠。」[99]《左傳》謂「士競於教，庶人力於農穡，商工皂隸不知遷業。」[100]晏子亦謂「民不遷，農不移，工賈不變，士不濫。」[101]凡此皆與《管子》大意相近。故《管子》雖由後人綴輯，其內容則非盡杜撰，此又其一例也。

第五節　經產

建立法治之另一基礎為「民有經產。」「何謂之經產。畜長樹藝務時，殖穀力農墾草，禁止末事者，民之經產也。」[102]

孟子謂民無恆產者無恆心，《管子》重視經產，用意略同。故曰：「倉廩實則知禮節，衣食足則知榮辱。」又曰：「民不足，令乃辱。民苦殃，令不行。」[103]蓋管子深知民生為政治之要件。民生之豐嗇可以決定政治之安危。其原因之大者有二：一曰心理上之原因，二曰物質上之原因。「夫民必得其所欲，然後聽上，聽上然後政可善為也。」[104]且「民富則安鄉重家，安鄉重家則敬上畏罪，敬上畏罪則易治也。民貧則危鄉輕家，危鄉輕家則敢陵上犯禁，陵上犯禁則難治也。故治國常富而亂國常貧。是以善為國者必先富民，然後治之。」[105]此心理上之原因也。「以人猥計其野，草田多而辟田少者雖不水旱，

98　本章第二節之末及第一節註7。

99　朱右曾《逸周書集訓校釋》（《續清經解》卷一五一）〈程典解第十二〉。參〈作雒解第四十八〉「農居鄙」一段。學者雖有致疑此書者，然朱序「要亦非戰國秦漢人所能偽作」之斷語，似尚不誤。

100〈襄公九年〉子囊語。

101《左傳・昭公二十六年》。《晏子春秋・外篇第七》文小異。

102〈重令第十五〉，按《管子》論經濟財政等事約占全書四分之一。

103分見〈牧民第一〉，〈版法第七〉。

104〈五輔第十〉。

105〈治國第八〉。又〈立政第四〉曰：「民不懷其產，國之危也。」〈侈靡第三十五〉曰：「足其所欲，瞻其所願，則能用之耳。今使衣皮而冠角，食野草，飲野水，孰能用之。」注：「言民既乏於衣食則君不能用也。」

饑國之野也。若是而民寡則不足以守其地，若是而民眾則國貧民饑，以此遇水旱則眾散而不收。彼民不足以守者其城不固，民饑者不可以使戰，眾散而不收則國為丘墟。」[106]此物質上之理由也。

　　管子樹立經產之術以重農政策為中心而輔之以節用、輸財、濟困諸端。其所立之重農政策大意與他家無甚差異。如〈牧民篇〉謂「積於不涸之倉者務五穀也。藏於不竭之府者養桑麻育六畜也。」〈治國篇〉曰：「民事農則田墾，田墾則粟多，粟多則國富。」皆以農產為富源。[107]振興農業之要圖不外予農民以耕稼之便利，及鼓勵人民使務農本而舍末作。故「司空」修水利，「由田」辦地宜，「鄉師」勸力作。[108]然而工商之利厚於農業，政府不加干涉，則民將舍本而逐末。「故先王使農、士、商、工四民交能易作，終歲之利無道相過也。是以民作一而得均。」[109]節用之說亦鮮新義。〈八觀篇〉曰：「國侈則用費，用費則民貧，民貧則奸智生，奸智生則邪巧作。」然而所謂侈者，耗費財物而無益於事業之謂。若必須之用，則亦勿吝。故曰：「儉則傷事，侈則傷貨也。」[110]〈五輔篇〉「德有六興」之說，殆可以包括經產政策積極方面之全部。「何謂六興。曰：辟田疇、利壇宅、修樹藝、勸士民、勉稼穡、修牆屋，此謂厚其生。發伏利、輸滯積、修道途、便關市、慎將宿，此謂輸之以財。導水潦、利陂溝、決潘渚、潰泥滯、通鬱閉、慎津梁，此謂遺之以利。薄徵斂、輕征賦、弛刑罰、赦罪戾、宥小過，[111]此謂寬其政。養長慈幼孤恤鰥寡、問疾病、弔禍喪、此謂匡其急。衣凍寒、食饑渴、匡貧寠、振罷露、資乏絕，此謂振其貧。」「六者既布，則民之欲無不得矣。」

　　抑吾人當注意，管子完成經產之作用在富國而不在富民。人民必須享充裕之衣食，而私人不容積甚厚之資財。蓋私人積資則貧富相懸，相懸既遠則危機以生。故〈五輔篇〉謂「貧富無度則失。」〈侈靡篇〉亦謂「甚富不可使，甚

---

106 〈八觀第十三〉。注：「猥、眾也。以人眾之多少，計其野之廣狹也。」
107 〈八觀〉曰：「時貨不遂，金玉雖多，謂之貧國也。」注：「時貨、穀帛畜產。」
108 〈立正第四〉。
109 〈治國第四十八〉。按注：「交能易作，謂雖士亦善於農，雖農亦通於士業」，似誤，此當作通工易事解，即近世所謂分工合作耳。
110 〈乘馬第五〉。
111 此與〈版法〉、〈法法〉諸篇有罪不赦之說不合。

貧不可恥。」[112]〈國蓄篇〉釋之曰：「民富則不可以祿使也，貧則不可以罰威
也。法令之不行，萬民之不治，以貧富不齊也。」欲均貧富，其術不外均農田
之利與均工商之利。《管子》書中有「方一里九夫之田也」之說，殆亦主張井
田一類之土地制度。土地雖分而市價不平，則農民之間亦可發生過度之貧富懸
殊。故管子主將工商之利大體收歸國有。其主要之方法為（一）政府以貨幣操
縱市價，[113]（二）官山海，[114]（三）給耕農之需要。[115]如此則大利歸於國，豪
強無所資，政府自控財源而用足矣。[116]

　　《管子》八十六篇中論理財之處，幾占全書四分之一，頗多精義，足為古
代經濟思想之要籍。[117]然而傅玄謂「輕重諸篇尤鄙俗」，葉適謂其「尤謬妄者

---

112 〈乘馬第五〉。

113 〈國蓄第七十三〉曰：「歲有凶穰，故穀有貴賤。令有緩急，故物有輕重。然而人君不能
　　治，故使蓄賈遊市，乘民之不給，百倍其本。分地若一，強者能守。分財若一，智者能
　　收。」「則君雖強本趣耕，而日為鑄幣而無已，乃令使民下相役耳，惡能以為治乎？」救之
　　之術如下：「夫民有餘則輕之，故人君斂之以輕，民不足則重之，故人君散之以重。斂積之
　　以輕，散行之以重，故君必有什倍之利而財之擴可得而平也。」〈山至數第七十六〉曰：
　　「幣重而萬物輕，幣輕而萬物重。」「人君操穀幣金衡而天下可定也。」

114 〈海王第七十二〉曰：「桓公問於管子曰：吾欲藉於臺雉，何如？管子對曰：此毀成也。吾
　　欲藉於樹木。管子對曰：此伐生也。吾欲藉於六畜。管子對曰：此殺生也。吾欲藉於人，何
　　如。管子對曰：此隱情也。桓公曰：然則吾何以為國。管子對曰：唯官山海為可耳。桓公曰
　　何謂官山海？管子對曰：海王之國謹正鹽筴。」下文又言「鐵官」，按器之輕重加稅。〈輕
　　重乙第八十一〉亦謂山鐵之利，「與民量其重，計其贏，民得其十（疑當為七），君得其
　　三。」此外其他礦產亦「謹封而有禁」（〈地數第七十七〉），森林亦按木材之大小課稅
　　（〈山國軌第七十五〉）。

115 《管子》主解除貧民對豪強之債務，政府以資本及器具貸給農人。〈輕重丁第八十三〉謂令
　　鮑叔等分赴四方查明債戶及債額總數，桓公以「鏤枝蘭鼓」償民負「使無契券之責」。〈山
　　國軌〉謂「泰春」、「泰夏」、「泰秋」、「泰冬」，「此物之高下之時也。此民之所以相
　　兼并之時也。」「無貲之家」「皆假之械器」「公衣」，「故力出於民而用於上」。〈國蓄
　　第七十三〉曰：「耒耜械器種饟糧食畢取贍於君，故大賈蓄家不得豪奪吾民矣。」

116 《管子》不主增稅。註114引〈海王篇〉足證。〈國蓄〉曰：「租籍者所以彊求也。租稅者
　　所慮而請也。王霸之君去其所以彊求，廢其所慮而請，故天下樂從也。」注：「在工商曰租
　　籍」，「在農曰租稅」。然非盡去稅也。〈山國軌〉曰：「去其田賦，以租其山。巨家重葬
　　其親者服重租，小家菲葬其親者服小租。巨家美修其宮室者服重租，小家為室廬者服小
　　租。」（從梁氏《管子傳》頁69校改）

117 梁啟超《管子傳》第十一章〈管子之經濟政策〉雖偶失附會，頗多發明，可參。

無過於輕重諸篇」。黃震疑管仲不至如〈輕重篇〉之屑屑「多術」，[118]此皆據儒家主觀之標準以致疑，未足憑信。吾人若一考管子之歷史背景，則可知書中所立之經濟政策未必出於後人之虛構。《史記‧齊太公世家》謂「太公至國修政，因其俗，簡其禮。通商工之業，便魚鹽之利，而人民多歸齊。」[119]是齊開國政策為放任之重商主義。至管仲時已近四百年，其末流之弊，殆為工商之過度發展與私人坐擁豪資。[120]管仲欲興霸政，勢不得不力矯二弊。故一方面重農節用，一方面抑豪強，止兼并。使利歸於國，民無困乏，以收富強之效。且大富之家，每為貴族。〈輕重丁篇〉謂齊東方「稱貸之家丁、惠、高、國。」高子、國子乃當時重臣。豪族之財力既張，國君之威勢受損。管子出身微賤且嘗躬為賈人。[121]民間情偽，必所備知。貨殖之術，亦所嫻習。其一變開國之放任主義而樹立集權之干涉政策，亦事之自然而可信者。以屑屑多術而致疑其書者，誠不知何所憑據矣！[122]

第六節　經臣

國賴君以立制度，資民以為富強。佐君以整民者則為各級之官吏。故經臣與經俗、經產同為法治不可缺之條件。

「何謂朝之經臣。察身能而受官，不浮於上。謹於法令以治，不阿黨，竭能盡力而不尚得，犯難離患而不辭死。受祿不過其功，服位不侈其能，不以**毋實虛受**者，朝之經臣也。」[123]

---

118 分見《傅子》卷三十，《習學記言》及《日鈔》，均見張心澂《偽書通考》下，頁763-765引。

119 參同書，卷一二九〈貨殖列傳〉。

120 實際情形如何，今已難考。然臨淄之富則古人所常道。如《戰國策》卷八〈齊策一〉載蘇秦為趙合從說齊宣王，有「臨淄甚富而實，其民無不吹竽鼓瑟，擊筑彈琴，鬥雞走犬，六博蹋踘者。臨淄之途車轂擊，人肩摩。連衽成帷，舉袂成幕，揮汗成雨。家敦而富，志揚而高」之說。雖不免有所渲染，亦足推想富庶之大概。

121 《史記》卷六二〈管晏列傳〉：「管仲曰：吾始困時，嘗與鮑叔賈。」

122 書固非仲所著，吾人僅謂其內容有所依據。

123 〈重令第十五〉。

　　欲得經臣，則用人當得其術。《管子》所主張者可一言以蔽之，曰：「使法擇人」而已。「今主釋法，以譽進能，則臣離上而下比周矣。以黨舉官，則民務交而不求用矣。」「比周以相為匿是，忘主死交，以進其譽，故交眾者譽多。外內朋黨，雖有大姦，其蔽主多矣。是以忠臣死於非罪而邪臣起於非功。所死者非罪，所起者非功也，然則為人臣者重私而輕公矣。十至私人之門，不一至於庭。百慮其家，不一圖國。屬數雖眾，非以尊君也。百官雖具，非以任國也。此之謂國無人。」[124]如此則何經臣之能得乎。

　　以法擇人之重要如此。然其事初非繁難。具體言之，不過用人當按一定標準，及依一定手續之二大端。管子所立之標準可以「爵祿無假」[125]一語概之。其意與荀子所謂「論德使能而官施之」[126]者大致相同。然荀子極言用人只校其才能，不問其身分。《管子》於此則未嘗明言。觀其立四民定居之制，似未必有取於蕩平階級之旨。而國子、高子與桓公分鄉以治，則更襲封建世卿之遺意，與荀子異趣。《管子》又有鄉里察舉之選官手續，亦為荀子所未道。〈立政篇〉曰：「凡孝悌忠信，賢良儁才，若在家長子弟臣妾屬役賓客，則什伍以復於游宗，游宗以復於里尉，里尉以復於州長，州長以計於鄉師，鄉師以著於士師。」此鄉里自舉之制也。〈小匡篇〉謂正月之朝鄉長與五屬大夫復事，國君親問鄉屬修德有才之士。有則君親見而役之官，「令官長期而書伐以告」。君「宣問其鄉里而有考驗，乃召而與之坐，省相其質，以參其成功成事，可立而時設，問國家之患而不肉（齊語：可立而授之設之以國家之患而不疚。此肉字乃疚之誤），退而察問其鄉里以觀其所能而無大過，登以為上卿之佐，名之曰三選。」此國君察問之制也。

　　經臣當擇之以法，而已得之後又當以任之以法。管子所尤致意者為君臣權職之劃分。蓋「生法者君也，守法者臣也。」[127]「是故主畫之，相守之。相畫

---

124 〈明法第四十六〉。

125 〈法禁第十四〉。〈立政第四〉亦曰：「君之所審者三。一曰德不當其位，二曰功不當其祿，三曰能不當其官。此三者治亂之原也。故國有德義未明於朝者則不可加於尊位，功力未見於國者則不可授以重祿，臨事不信於民者則不可使任大官。」又曰：「凡上賢不過等，使能不兼官。」

126 見本書第三章註107。

127 〈任法第四十五〉。

之，官守之。」「論材量能謀德而舉之，上之道也。專意一心守職而不勞，下之事也。人君者下及官中之事則有司不任。為人臣者上共專於上則人主失威。」「上之人明其道，下之人守其職，上下之分不同任而合為一體。」如此則君身不勞，臣得盡力而國之諸務皆舉矣。[128]

《管子》於中央與地方之官制亦數論及。其言先後不盡一致，勿庸加以述論。然有二事值吾人之注意。其一為注重地方政府。〈權修篇〉曰：「鄉與朝爭治。」又曰：「朝不合眾，鄉分治也。」又曰：「有鄉不治，奚待於國。」《管子》之重視分治如此，故所定地方之官吏名目頗繁而職責亦重。足見其所立之政體為君主專制而非行政集權。其次，《管子》雖或「欲用其祖國使為天下共主」，[129]然而其所想像者仍為封建天下之元后而非一統之帝王。〈君臣上篇〉謂「天子出令於天下，諸侯受令於天子。」〈度地篇〉謂「天下有萬諸侯也，其中有公侯伯子男焉，天子中而處。」此與孔子所謂「天下有道，禮樂征伐自天子出」者，殊少分別，亦《管子》思想內容具有春秋時代歷史背景之一徵也。

---

128 又〈君臣下第三十一〉曰：「夫君人者有大過，臣人者有大罪。」「君有過而不改謂之倒。臣當罪而不誅謂之亂。」蓋君為主權者而不負行政之責任，故可有過而不能有罪耳。

129 梁啟超《管子傳》頁5。按管仲相桓公挾天子以令諸侯，似未有取周而代之之意，觀其勸桓公下拜受襄王賜文武胙，彤弓矢，大路，可見（《史記・齊太公世家》），與晉文公之致王於河陽者已有遜傲之別，豈遂有問鼎之心乎？《管子》書中則每言王天下，此亦不出仲手之證。

第七章

商子與韓子

第一節　商、韓之身世及時代

　　吾人曾就學派成立之先後，斷定法家政治思想為先秦四大家之殿。[1]蓋《管子》書固非出於仲手，而考其內容，復多駁雜，不足以為開宗之代表。《管子》以外春秋時人與法家思想有關者尚有鄧析。《左傳・定公九年》載駟歂殺鄧析而用其竹刑。[2]杜預（西元222-284）注謂其「欲改鄭所鑄舊制，不受君命而私造刑法。書之於竹簡，故云〈竹刑〉。」[3]是鄧析為深通律文之士，《呂氏春秋・離謂篇》又曰：「子產治鄭，鄧析務難之。與民之有獄者約，大獄一衣，小獄襦袴。民之獻衣襦袴而學訟者不可勝數。以非為是，以是為非。是非無度而可與不可日變。所欲勝，因勝。所欲罪，因罪。鄭國大亂，民口讙譁。」[4]是析之所行大類後世之訟師。合私造律文與舞文亂法之二事觀之，則鄧析之術適與商、韓等定法一民之旨相悖。況〈竹刑〉今已無傳，《漢書・藝文志》《鄧析》二篇列於名家，[5]即係真書，亦與法治無涉。然則鄧析不足為

1　本書第一章第四節末段。儒、墨、楊相攻甚烈而不及法家，亦法晚起之旁證。

2　《荀子・宥坐》，《列子・力命》及《呂氏春秋・離謂》均謂子產殺。《漢書・藝文志》注，顏師古已辨明子產卒於昭公二十年，以駟歂殺為可信。按昭公二十年當西曆前522年，定公九年當前501年。

3　《左傳・昭公六年》（西元前536）子產鑄〈刑書〉。

4　同篇又謂「鄭國多相縣以書者。子產令無縣書，鄧析致之，子產令無致書，鄧析倚之。令無窮則鄧析應之亦無窮。」

5　劉向敘云：「其論無厚者言之同異，與公孫龍同類。」《荀子・不苟篇》謂「山淵平，天地比」諸說，「惠施、鄧析能之」。〈非十二子〉亦惠、鄧連舉，足與《漢志》相印證。今本「無厚」之說與《莊子・天下》所舉惠施之意不同，必偽無疑。

法家宗師，與《管子》無異矣。

李悝、慎到、尸佼、申不害、商鞅（西元前390-前338）、韓非（約西元前281-前233）、李斯均戰國時人。李斯相始皇於混一之後，純為實行之政治家，可置不論。李悝「相魏文侯富國強兵」，[6]且有《李子》三十二篇，足為法家之先進。惜其書不傳，思想無考。慎子趙人，與田駢、接子、環淵，「皆學黃老道德之術」。「同為稷下先生」。「慎到著十二論」，[7]「其學尚法而無法」，「蔽於法而不知賢」。「有見於後，無見於先。」[8]「棄知去己而緣不得已，泠汰於物以為道理。」與彭蒙、田駢之「公而無當，易而無私，決然無主」[9]者同道。《漢志》著其書四十二篇，列入法家。然宋時已佚亡殆盡，今本殘缺偽亂，殊不足據。[10]故此六國時「黃老」大師之思想亦僅存片段。幸其論勢之旨尚見於《韓非子》中。尸佼，晉人，秦相衛鞅客。「商君謀事畫計立法理民，未嘗不與佼規也。商君被刑，恐佼併誅，乃亡逃入蜀。其書二十篇，今亦不傳。」[11]申不害「故鄭之賤臣，學術以干韓昭侯，昭侯用為相，內修政教，外應諸侯十五年。」「申子之學本於黃老而主刑名。著書二篇，號曰《申子》。」[12]今亦久佚。其術治之大意亦可於《韓非子》中見之。

先秦尊君權任法術之思想至李、尸、慎諸子殆已約略具體。然嚴格之法治思想必俟商鞅而後成立。韓非則綜集大成，為法家學術之總滙。此二人者，不僅思想之內容可觀，而其文獻之尚存者亦最為豐富。故吾人欲述法家之政治思想，不可不以商、韓為主。

6　《漢志》法家首列《李子》三十二篇。註如上引。魏文侯在位當西曆前445-前396。又李學兼儒，見本書第一章，註57。

7　《史記》卷七四〈孟子荀卿列傳〉。

8　分見《荀子》〈非十二子〉、〈解蔽〉及〈天論〉。

9　《莊子‧天下》。

10　通行者有（一）嚴可均輯校本（《守山閣叢書》），（二）慎懋賞校本（《四部叢刊》），（三）錢熙祚校本（《諸子集成》）等。

11　《史記》卷七四「楚有尸子」，《集解》引劉向《別錄》。《漢志》在雜家。注云：「魯人、秦相，商君師之。」按商君被刑在秦惠文王元年（前337）。《尸子》今有汪繼培輯本二卷，存疑一卷（《湖海樓叢書》）。

12　《史記》卷六三〈老莊申韓列傳〉。按申不害相韓昭侯在八年至二十二年之間，當西曆前355-341。《漢書‧藝文志》法家《申子》六篇，今佚。馬國翰之《玉函山房輯佚書》本存其片段。

「商君者，衛之諸庶孽公子也。名鞅，姓公孫氏，其祖本姬姓也。鞅少好刑名之學，事魏相公叔痤。為中庶子。」公孫痤既死，鞅入秦，說秦孝公，孝公以為左庶長。鞅「定變法之令，令民為什伍，而相收司連坐。不告姦者腰斬。告姦者與斬敵首同賞，匿姦者與降敵同罰。民有二男以上不分異者倍其賦。有軍功者各以率受上爵。為私鬥者各以輕重被刑。大小僇力本業耕織。致粟帛多者復其身，事末利及怠而貧者舉以為收孥。宗室非有軍功論不得為屬籍。明尊卑爵秩等級各以差次。名田宅臣妾衣服以家次。有功者顯榮，無功者雖富無所芬華。令既具未布，恐民之不信已，乃立三丈之木於國都市南門，募民有能徙置北門者予十金。民怪之，莫敢徙。復曰：能徙者予五十金。有一人徙之，輒予五十金，以明不欺。卒下令。令行於民，期年，秦民之國都言初令之不便者以千數。於是太子犯法。衛鞅曰：法之不行，自上犯之。將法太子。太子君嗣也，不可施刑。刑其傅公子虔，黥其師公孫賈。明日，秦人皆趨令。行之十年，秦民大說。道不拾遺，山無盜賊。家給人足。民勇於公戰，怯於私鬥。鄉邑大治。秦民初言令不便者，有來言令便者。衛鞅曰：此皆亂化之民也。盡遷之於邊城。其後民莫敢議令。於是以鞅為大良造。」旋說孝公破魏，「封於商十五邑，號為商君。」及孝公卒，太子立為惠文王（前388年）。公子虔之徒告商君欲反。鞅出走不得。秦發兵攻殺之。車裂以徇，遂滅其家。[13]商君為實行之政治家，曾否著書，頗成疑問。[14]然司馬遷自稱嘗讀開塞耕戰書。[15]《韓非子》謂「藏商、管之法者家有之。」[16]《漢志》著錄至二十九篇之多。今所傳二十四篇中頗有商君死後事。「蓋《商君》與《管子》同，亦出於傳學者之手。」[17]雖非鞅著，其內容固非盡偽也。

「韓非者，韓之諸公子也。喜刑名法術之學，而其旨歸於黃老。」「與李斯俱事荀卿。」韓王安不能用。「故作〈孤憤〉、〈五蠹〉、〈內外儲〉、〈說林〉、〈說難〉十餘萬言。」韓王安五年[18]秦攻韓，韓使非使秦，因留

---

13 《史記》卷六八〈商君列傳〉。按商君死於孝公二十四年，當西曆前338年。又桓譚《新論》之言如可信，則商子之學受自李悝《法經》。

14 《四庫書目提要》。

15 《史記》卷六八〈贊〉。

16 〈五蠹第四九〉。

17 顧實《漢書藝文誌講疏》，張心澂《偽書通考》下，頁770引。

18 《史記》卷四五〈韓世家〉。韓王安五年當西曆234年。

之。李斯、姚賈毀之，遂下獄死，時始皇之十四年。[19]距滅六國，一天下，僅十二三年耳。今存《韓子》五十五篇，與《漢志》著錄之數相合。其中雖或有後人增附，[20]而大體可信。

商、韓之死，相距百年。然其思想，則均發揮尊君重國之極致，反映專制天下前夕之歷史環境，與《管子》之尚含封建成分者，顯有相當之距離。蓋先秦法家思想既非一人所創，尤非一時所成。其淵源發展之迹，固猶約略可尋。亦猶儒家先有孔子之因古學以立言，而後有孟、荀之承孔教而變其學。進展之情形有異，其具有進展之痕迹則無殊也。韓非為法家之殿，而實集前人之大成。其思想中「法」「術」「勢」之三主要觀念，皆為歷史環境之產物，孕育長養，至非而達其最後成熟之形態。

孕育長養此諸觀念之歷史環境，一言以蔽之，即封建天下崩潰過程中之種種社會政治事實而已。就政治方面言，封建崩潰之直接結果為天子微弱，諸侯強盛。然強盛之諸侯非舊日分土之世家，而每為新興之權臣所篡奪。其倖保君位者，多不免名存實亡，成一「政由寧氏，祭則寡人」之局面。始則卿大夫侵君，繼則家臣凌主。[21]於是昔日維繫社會之綱紀逐漸失效。且諸侯強大之事實，與攻伐兼併，互為因果。強大者致力兼併，既兼併而愈臻強大。侵略與自衛皆有待於富強。於是君權之擴張遂同時成為政治上之需要與目的，而政治思想亦趨於尊君國任法術之途徑矣。

吾人如作較具體之分析，則法治思想淵源最早，發展較先。尊君思想隨之以起而約略同時。兩者皆肇端於春秋之世。術治思想則流行最晚，至戰國始臻興盛。姬周政治本有任法之傾向，吾人前已述及。[22]惟成周立政，未必澈底徧行於列國。其任法之精神亦與封建社會之習俗相融混。持以與六國時尊君國，泯階級，重械數之法治相較，顯有重要之分別。及宗法大壞，士民相雜，個人解放，「禮」失效用。鄭晉諸國在吾人所謂「周文化」區域以內者，[23]尤得風氣之先，乃先後採取任法之政策。此外則楚國之封建根基較淺，故在春秋時亦

19　《史記》卷六及六三。始皇十四年當西曆前233年。
20　《四庫書目提要》，胡適《中國哲學史大綱》，張心澂《偽書通考》下，頁781-2。
21　篡國者齊田氏，晉三家。專國者魯三桓，衛元咺。凌主者季氏之陽虎。此皆較著之例。
22　本書第二章，第三、四節。
23　本書第一章第五表。

已有固定之刑書。[24]然當春秋之世，法治在事實雖已必要，而守舊者心理上尚不能與以接受。故子產相鄭作〈刑書〉，叔向詒書譏之，略謂「民知有辟，則不忌於上。並有爭心，以徵於書而徼幸以成之。」晉鑄〈刑鼎〉，孔子亦譏之曰：「夫晉國將守唐叔之所受法度以經緯其民，卿大夫以序守之。民是以能尊其貴，貴是以能守其業。貴賤不愆，所謂度也。」「今棄是度也，而為〈刑鼎〉。民在鼎矣，何以尊貴，貴何業之守？貴賤無序，何以為國？」蓋就叔向與孔子觀之，立國固當有法。然法度如公布於民，則貴族失其原有之權位，而封建政治之基礎因以動搖矣。[25]

　　當時思想家覩社會空前之鉅變而圖為積極應付之方者，約可分為二派。其一惜封建之潰而欲挽救之，其二雖知封建之不足救而任其消亡。孔子為前者最著之代表。其正名復禮之主張實在裁抑春秋時專橫淫恣之貴族使得自存，而因以安定社會。商鞅則承子產、趙盾輩之餘風而變本加厲，為第二派最極端之信徒。荀子、管子之學則糅合禮法，而代表二者間之過渡思想。吾人如舍以前之淵源不論，認〈刑書〉〈刑鼎〉為法治思想之濫觴，則禮與法之消長自西元前六世紀之末葉至四世紀之末葉，為時共約200年。

　　勢治之起，基於尊君。封建盛世，君主與貴族世臣分權守位，上下相維各有定界，君主殆無獨尊之義。逮權臣侵國，君主微弱。例如魯「悼公之時，三

24　《左傳‧僖公二十七年》（前633）晉文公作被廬之法。其內容不詳。然文公六年（晉襄公七年，前621）《傳》曰：「宣子（趙盾）於是始為國政，制事典，正法罪，辟刑獄，董逋逃，由質要，治舊汙，本秩禮，出淹滯。既成，以授太傅陽子與太師賈佗，使行諸晉國，以為常法。」首啟仁法之風。此後景公復「講聚三代之典禮，於是乎修執秩以為晉法。」注：「晉文公蒐於被廬，作執秩之法。自靈公以來闕而不用。」（《國語》卷二〈周語中〉，按事當在前599-前586之間。）頃公時因范宣子所為刑書以鑄刑鼎（《左傳‧昭公二十九年》，當西曆前513），乃大開任法之風，鄭子產於昭公六年（前536）鑄刑書。其後鄧析作竹刑，駟歂殺之而用竹刑（《左傳‧定公九年》，前501），竹刑殆視刑書為週詳縝密，故見採用。《左傳‧昭公七年》謂楚有僕區之法。及六國時法典之編製公布者更多。楚莊王（前613-前591在位）有茆門之法（《韓非子‧外儲說右上》）。又懷王使屈原作〈憲令〉（《史記》卷八四）。魏有大府之憲（《戰國策》卷二五〈魏策四〉）。此後李悝又參諸國法作《法經》。此外尚有其例，不備舉。

25　錢穆《先秦諸子繫年考辨》，頁17，論鄧析云：「蓋自刑之有律，而後賤民之賞罰得不全視乎貴族之喜怒而有所徵以爭。鄧析之竹刑殆即其所以教民為爭之具，而當時之貴者乃不得不轉竊其所以為爭者以為治也。此亦當時世變之一大關鍵也。」

桓勝，魯如小侯，累於三桓之家。」[26]其他弒君篡國者更不待論。擁護封建者於是起而抑僭臣以扶衰君。孔子「事君盡禮」，致討責於「亂臣賊子」，實已暗啟尊君之說，至荀子而其旨大明。雖然，儒家之尊君，意在矯臣強之失，非以尊君為政治之目的也。及權臣僭國，漸致富強，公族世臣，消亡殆盡，中央集權，已成事實，則君之受尊，遂有不得不然之勢。法家承認此新史實而加以說明，權勢之理論，於是成立。慎到飛龍騰蛇之言殆足為其開宗之代表。

「術」治成於申子，亦與尊君有關，而尤與世卿制度廢棄後之政治需要相應。春秋之世弒君專國之事屢見，至戰國而益之以竊國奪位。論者推其原因，不得不歸咎於君主御臣之無術。且當封建之未壞，國君任人分職，有階級宗法以為標準。君不得任意進退，則亦勦負衡量品評，選擇鉤稽之責，及孔、墨因時矯弊，提倡蕩平階級之後，國少世臣，「棄親用羈」。[27]人有一材一技之長，不問其國籍門閥，每得仕進。雖列國殘餘之貴族，猶時起抗，如吳起見害於楚，[28]商鞅遭禍於秦，然二人皆以羈臣得執大政，不獨與管子所謂勿仕異國之人者相背，亦與孟子「不得罪於巨室」之言不合。風氣一開，游談眩技者日眾。人君苟無術以判別能否，則用人為難。且人以勢利而來，其心多不可測。若又無術以控馭忠姦，則國危位替，有此種種之需要，於是論君道者遂發為術治之學說，而此宗最著之代表[29]則為申不害。

慎到明勢，「申不害言術，而公孫鞅為法。」[30]韓非綜合三家，以君勢為體，以法術為用，復參以黃老之無為，逐創成法家思想最完備之系統。

26　《史記》卷三三〈魯周公世家〉。
27　《左傳・昭公七年》，單獻公見殺事。
28　《史記》卷六五〈孫子吳起列傳〉，謂起「相楚明法審令，捐不急之官，廢公族疏遠者以撫養戰鬭之士。（中略）故楚之貴戚盡欲害吳起。及悼王死，宗室大臣作亂而攻吳起。」《韓非子・和氏篇》謂其教悼王「封君之子孫三世而收其爵祿。」
29　錢穆《考辨》頁223論申子遺事謂「要其歸在於用術以取下，與往者商鞅吳起變法圖強之事絕不類。其所以然者，殆由游仕既漸盛，爭以投上所好而漁權鈞勢，在上者乃不得不明術以相應。」甚確。《淮南子・要略訓》之說似未盡合。
30　《韓非子・定法八》。

第二節　勢

法家尊君，非尊其人而尊其所處之權位。《管子・法法篇》曰：「君之所以為君者勢也。」勢之一名，法家每用以概舉君主之位分權力。《管子》略發其意，[31]至韓非承慎到之說而其旨大暢。「慎子曰：飛龍乘雲，騰蛇遊霧。雲罷霧霽而龍蛇與蚯蚓同矣，則失其所乘也。賢人而詘於不肖者，則權輕位卑也。不肖而能服賢者，則權重位尊也。堯為匹夫不能治三人，而桀為天子能亂天下。吾以此知勢位之足恃而賢智之不足慕也。」[32]如此極端之論，自不免動人之疑問。韓子乃設為難者之言曰：「飛龍乘雲，騰蛇遊霧，吾不以龍蛇為不託於雲霧之勢也。雖然，夫釋賢而專任勢，足以為治乎？則吾未得見也。夫有雲霧之勢而能乘遊之者，龍蛇之材美也。今雲盛而蚯弗能乘也，霧濃而蚓不能遊也。夫有盛雲濃霧之勢而不乘遊者，蚯蚓之材薄也，今桀紂南面而王天下，以天子之威為之雲霧而天下不免乎大亂者，桀紂之材薄也。」[33]韓非反駁之詞文有訛奪，意欠明晰。吾人若就其思想之大體言，非似認君主之為治，有賴於其法律上之權與其實際上之力。[34]而權力之操存又賴君主所處之地位。人民承認君主之地位而服從之，君主憑藉此地位以號令人民。凡此種種之關係，即韓非所說之勢。私人之道德材能，與此並無直接關係。蓋人君發號施令而民奉行之者，非以其為聖人賢人之所發，而以其為君主之所發。人民如較量發令者之品格如何以定從違，則命令本身失其威權。推其極致，則社會中只有道德之制裁而無政治之命令。「桀為天子，能制天下。」其故在桀有人民共認之權力。「堯為匹夫，不能正三家。」其故在道德非政治之命令。此理歐洲政治學者多能言之，而吾國先明之者則管子、慎、韓也。

難者謂桀紂憑勢，能亂天下，其所疑者在勢之不足為治。韓子復進而釋

31　本書第六章第二節。

32　《韓非子・難勢四十》，〈功名二八〉亦曰：「夫有材而無勢，雖賢不能制不肖。故立尺材於高山之上，下臨千仞之谿，材非長也，位高也。桀為天子，能制天下，非賢也，勢重也。堯為匹夫，不能正三家，非不肖也，位卑也。」

33　文有衍誤，依王先慎說改。

34　註32引〈功名篇〉「桀為天子」云云，似即指今人所謂法律上之威權。〈人主五二〉曰：「夫馬之所以能任重引車致遠者，以筋力也。萬乘之主，千乘之君，所以制天下而征諸侯者，以其威勢也。威勢者人主之筋力也。」

之，其大意在說明勢治以中材之主為條件，既不能防下材之為亂，亦不必俟上材而後治。其言曰：「堯、舜、桀、紂千世而一出，反是比肩隨踵而生也，世之治不絕於中。吾所以為言勢者中也。中者上不及堯舜，而下亦不為桀紂，抱法處勢則治，背法去勢則亂。今廢勢背法而待堯舜，堯舜至乃治，是千世亂而一治也。抱法處勢而待桀紂，桀紂至乃亂，是千世治而一亂也。」且所謂不待堯舜者，蓋以憑藉勢位則中材可以為治，非即欲委勢於桀紂也。難者以聖狂對舉而疑勢治，一若「治非使堯舜也，則必以桀紂亂之。此味非飴蜜也，必苦菜亭歷也。此則積辯累辭，離理失術，兩未之議也。」[35]

　　雖然，儻使憑勢者竟為桀紂之下材而亂天下則當如何？韓子於此仍堅持尊君之旨，認臣民必須效忠於暴主而反對孟子一夫可誅之說。故其言曰「堯、舜、湯、武或反君臣之義，亂後世之教者也。堯為人君而君其臣，舜為人臣而臣其君，湯武為人臣而弒其主，刑其尸，而天下譽之，此天下所以至今不治者也。」蓋韓子以「臣事君，子事父，妻事夫」為天下之常道。君父享絕對之權利，臣子盡無限之義務。「人主雖不肖，臣不敢侵。」臣子雖賢惟君父之所用。「父之所以欲有賢子者，家貧則富之，父苦則樂之。君之所以欲有賢臣者，國亂則治之，主卑則尊之。今有賢子而不為父，則父之處家也苦。有賢臣而不為君，則君之處位也危。然則父有賢子，君有賢臣，適足以為害耳，豈得利焉哉。」抑又有進者，臣子不僅不可侵奪君父，即加以間接之評論，亦分所不容。「夫為人子而常譽他人之親曰：某子之親，夜寢早起，強力生財，以養子孫臣妾，是誹也。為人臣常譽先王之德厚而願之，誹謗其君者也。」「故人臣毋稱堯舜之賢，毋譽湯武之伐，毋言烈士之高，盡力守法，專心於事主者為忠臣。」[36]

　　儒家盛稱傳賢伐暴之功，而又惡亂臣賊子之弒奪。蓋儒家以民為政治之目的，以道為生活之標準。故責禮於君，責忠於臣，責慈於父，責孝於子，君主無絕對之權利，上下負交互之義務。子雖無叛父之理而臣則有正君之分。臣民之順從與否，以君主之有道與否為條件。韓子之尊君則與此大異。其勢治之說，不問君主之行為如何而責臣民以無條件之服從。於是君主本身遂成為政治

35　〈難勢〉。
36　〈忠孝五十一〉。

上最後之目的，惟一之標準，而勢治亦成為君主專制最合邏輯之理論。且儒家混道德政治為一談，不脫古代思想之色彩。韓非論勢，乃劃道德於政治領域之外，而建立含有近代意味純政治之政治哲學。[37]無論其內容是否正確，其歷史上之地位則甚重要。宋明諸儒不知儒、法二家同道尊君而其旨根本有別。大唱「三綱」之教，自命承統於洙泗。實則暗張慎、韓，「認賊作父」。且又不能謹守家法，復以尊德貴民之微言與專制之說相混淆。於是下材憑勢亦冒堯舜之美名以肆其倍蓰於桀紂之毒害。按其為弊，又不徒理論上之非驢非馬已也。[38]

　　抑吾人當注意，韓非不僅摒道德於政治範圍之外，且認私人道德與政治需要根本上互不相容，而加以攻擊。儒家極重家族，甚至於家國之義務相衝突時主張舍國以全家，[39]韓非一反其道，故〈五蠹篇〉曰：「楚之有直躬，其父竊羊而謁之吏。令尹曰：殺之，以為直於君而曲於父，報而罪之。以此觀之，夫君之直臣，父之暴子也。魯人從君戰，三戰三北。仲尼問其故。對曰：吾有老父，身死莫之養也。仲尼以為孝，舉而上之。以是觀之，夫父之孝子，君之背臣也。故令尹誅而楚姦不上聞，仲尼賞而齊民易降北。上下之利若是其異也。」至於私人道德則尤與君國之利益相反。〈八說篇〉曰：「為故人行私謂之不棄，以公財分施謂之仁人，輕祿重身謂之君子，枉法曲親謂之有行，棄官寵交謂之有俠，離世遁上謂之高傲，交爭逆令謂之剛材，行惠取眾謂之得民。」〈六反篇〉亦曰：「畏死遠難，降北之民也，而世尊之曰貴生之士。學道立方，離法之民也，而世尊之曰文學之士。遊居厚養，牟食之民也，而世尊之曰有能之士。語曲牟知，偽詐之民也，而世尊之曰辯智之士。行劍攻殺，暴傲之民也，而世尊之曰廉勇之士。活賊匿姦，當死之民也，而世尊之曰任譽之士。」[40]考韓非毀私德之用意顯在排私以利公。易詞言之，即舉凡無益於君國

37 治歐洲政治思想史者每以馬克亞維利（Machiavelli 1469-1527）為近代思想之先鋒，其理由之一為《君道》一書（*Il Principe*, 馬君武譯名「霸術」）明劃道德於政治之外。

38 本書第三章第六節之末段可參閱。又章炳麟《太炎文錄》一，《釋戴》論明朝「任法律而參閩洛」之禍，亦可同看。

39 《論語・子路十三》：「葉公語孔子曰：吾黨有直躬者，其父攘羊而子證之。孔子曰：吾黨之直者異於是。父為子隱，子為父隱，直在其中矣。」《孟子・盡心上》：「桃應問曰：舜為天子，皋陶為士，瞽瞍殺人，則如之何。孟子曰（中略）：舜視棄天下猶棄敝蹝也。竊負而逃，遵海濱而處，終身訴然，樂而忘天下。」

40 下文復曰：「赴險殉誠，死節之民也，而世少之，曰：失計之民也。寡聞從令，全法之民

之德行名譽皆所不取。推其論之所極，則政治社會中殆無復個人生活之餘地。儒家認窮則獨善其身，隱居以求其志，為個人高尚生活之一種。而自韓子視之則此為國法之所不能容。故舉太公望對周公問誅隱士之言曰：「彼不臣天子者，是望不得而臣也。不友諸侯者，是望不得而使也。耕作而食之，掘井而飲之，無求於人者，是望不得以賞罰勸禁也。且無上名雖智不為望用。不仰君祿，雖賢不為望功，不仕則不治，不任則不忠。」[41]如此則不誅何待乎！

　　韓非尊君抑民，可謂至極。其歷史上之原因，前已述及，無待重申。其理論上之根據則頗足注意。荀子謂人之性惡而可以為善。法家諸子則更進一步，認定人之性惡而無為善之可能。於是其刻薄寡恩，專用威勢之主張遂成為理論上不可避免之結果。蓋韓子認定自私為人類之本性，雖家庭骨肉之間所不能免。「父母之於子也，產男則相賀，產女則殺之。此俱出父母之懷衽，然男子受賀，女子殺之者，慮其後便，計之長利也。故父母之於子也，猶用計算之心以相待也，而況無父子之澤乎？」[42]且人類不但無仁厚之情感，更乏遠大之見識。「民智之不可用，猶嬰兒之心也。夫嬰兒不剔首則復痛，不副痤則寖益。剔首副痤，必一人抱之，慈母治之，然猶啼呼不止。嬰兒子不知犯其所小苦，致其所大利也。」「昔禹決江濬河而民聚瓦石。子產開畝樹桑，鄭人謗訾。禹利天下，子產存鄭，皆以受謗。夫民智之不足用亦明矣。」[43]人性之涼薄愚蒙如此，則非仁恩德教之所能化，而專制君威，誠惟一治民之術矣。故曰：「民者固服於勢，寡能懷於義。」以仲尼之聖而所服不過七十人，以哀公（前494-前465）之庸而號令一國。「不才之子，父母怒之弗為改，鄉人譙之弗為動，師長教之弗為變。」「州部之吏操官兵，推公法，而求索姦人，然後恐懼，變

也，而世少之，曰：樸陋之民也。力作而食，生利之民也，而世少之，曰：寡能之民也，嘉厚純粹，整穀之民也，而世少之，曰：愚戇之民也。重命畏事，尊上之民也，而世少之，曰：怯懾之民也。挫賊遏姦，明上之民也，而世少之，曰：讕謗之民也。」又〈詭使第四十五〉文意略同。

41　〈外儲說右上三十四〉。又《孟子‧滕文公下》，猶許於陵仲子為齊士巨擘。《戰國策》卷十一〈齊策四〉，趙威后問齊使者曰：「於陵仲子尚存乎？是其為人也，上不臣於王，下不治於家，中不索交諸侯，此率民而出於無用者，何為至今不殺乎？」此言足與《韓子》相發明。荀子亦暗示政治以外無生活之意，參本書第三章第五節末二段。

42　〈六反四十六〉。

43　〈顯學五十〉。

其節易其行矣。」[44]儒家稱家齊而後國治。韓非此說則幾乎謂國治而後家齊，不徒與儒家相反，即與管子認家族為佐治之一具者亦自不同矣。

儒者又每信上世風俗淳美，為今人所當效法。韓非破其說曰：「古人亟於德，中世逐於智，當今爭於力。古者寡事而備簡，樸陋而不盡，故有珧銚而推車者。古者人寡而相親，物多而輕利易讓，故有揖讓而傳天下者。」[45]「古者丈夫不耕，草木之實足食也。婦人不織，禽獸之皮足衣也。不事力而養足，人民少而財有餘，故民不爭。是以厚賞不行，重罰不用，而民自治。今人有五子不為多，子又有五子，大父未死而有二十五孫，是以人民眾而貨財寡，事力勞而供養薄，故民爭。雖倍賞累罰而不免於亂。」「是以古之易財，非仁也，財多也。今之爭奪，非鄙也，財寡也。」[46]然則上古之淳風，不能掩人性之本惡。後世之爭奪，適以證民之不足為善。君主專制誠為治平亂世必要之政體。抑又有進者，韓子尚承認上古之民有自治之能力。商子則並此加以否認。〈開塞篇〉曰：「天地設而民生之。當此之時也，民知其母而不知其父，其道親親而愛私，親親則別，愛私則險。民眾而以別險為務，則民亂。當此時也，民務勝而力征。務勝則爭，力征則訟。訟而無正則莫得其性也。故賢者立中正，設無私，而民說仁。當此時也，親親廢，上賢立矣。凡仁者以愛私為務，而賢者以相出為道。民眾而無制，久而相出為道，則又亂。故聖人承之，作為土地貨財男女之分。分定而無制，不可，故立禁。禁立而莫之司，不可，故立官。官設而莫之一，不可，故立君。既立君，則上賢廢而貴貴立矣。然則上世親親而愛私，中世上賢而說仁，下世貴貴而尊官。」「親親者以私為道也，而中正者使私無用也。」「上賢者以道相出也，而立君者使賢無用也。」[47]商、韓社會演變之理論如此，[48]其廢棄儒家德化民本之說，而專任君勢以為治體，在邏輯

44　〈五蠹四十九〉。

45　〈八說四十七〉，珧，音遙，《說文》，蜃甲也，銚，七遙反，田器。古以蜃甲耕也。

46　〈五蠹〉。

47　簡書《商君書箋正》。同篇又曰：「古者民藂生而群處亂，故求有上也。」

48　馮友蘭《中國哲學史》上冊頁387曰：「此所說上世、中世、下世，自人類學及社會學之觀點觀之，雖不必盡當。然若以之說春秋戰國時代之歷史，則此段歷史正可分此三時期也。」春秋之初期為貴族政治時期，其時即「上世親親而愛私」之時也。及後平民階級得勢，儒墨皆主「尊賢使能」，「汎愛眾而親仁」，其時即「中世尚賢而說仁」之時也。國君或國中之一二貴族以尚賢之故，得賢能之輔，削異己而定一尊。而「賢者」又復以材智互爭雄長，

上固屬無懈可擊矣。

第三節 農戰

　　人君處權乘勢以制臣民，則治體已立，政治社會之最要條件已具。然列國環伺，時相侵凌，非有富強之國力，則亦無以自存。商子曰：「國之所以重，主之所以尊者力也。」[49]韓子曰：「力多則人朝，力寡則朝於人。故明君務力。」[50]務力之方在使民致身於農戰之二事，而此外與二者無益或有害者皆在抑止之列。蓋勤農可以培經濟力量，習戰所以培軍事力量，其理固甚淺顯，[51]亦非二家之刱說。[52]然商韓之重耕戰，幾乎欲舉一國之學術文化而摧毀掃蕩之，使政治社會成為一斯巴達式之戰鬥團體，此則其獨到之見解，亙千古而鮮匹者也。

　　欲獎農兵，必先去游食坐談之士。商子曰：「農戰之民千人，而有詩書辯慧者一人焉，千人皆怠於農戰矣。農戰之民百人而有技藝者一人焉，百人皆怠於農戰矣。國待農戰而安，主待農戰而尊，夫民之不農戰也，上好言而官失常也。」[53]韓子亦曰：「博習辯智如孔、墨，孔、墨不耕耨，則國何得焉？修孝寡欲如曾史，曾史不戰攻，則國何利焉？」[54]且有害農戰者又不僅「貞信之行」與「微妙之言」，即討論實用之學，而不躬親兵農之事者亦有害於治。「今境內之民皆言治。藏商、管之法者家有之，而國愈貧。言耕者眾，執耒者

　　「以相出為道」。久而「相出為道則又亂」，君主惡而又制裁之。戰國之末期即「下世貴貴而尊官」之時也。「立君者使賢無用也」，此為「尚賢之弊之反動，而戰國末期之現實政治即依此趨勢進行也。」此論大致甚確。足見法家在當時為適應潮流之維新思想。又法家諸子如韓非之立論，頗重史實，每陳一義，輒引古今人事以為例證，其方法亦略近馬克亞維利。

49　〈慎法二十五〉。

50　〈顯學五十〉。

51　《商子‧算地篇》曰：「夫地大而不墾者與無地大同。民眾而不用者與無民眾同。」

52　《管子》已論富彊之要，但不及商韓之徹底。又按孔子以「足食足兵」答子貢問政（《論語‧顏淵十二》），《荀子》亦有〈富國〉〈議兵〉等篇。儒家亦重視兵農。然其目的不在擴張君國之勢，與商韓迥異，宜辨。

53　〈農戰三〉。又〈慎法二十五〉意略同。

54　〈八說四十七〉。

寡也。境內皆言兵。藏孫、吳之書者家有之，而兵愈弱。言戰者多，被甲者少也。」[55]

　　獎進農戰之方法二家所持者略同，其政策之綱要為「邊利盡歸於兵，市利盡歸於農。」[56]韓子推行此政策之具體辦法，不外〈五蠹篇〉所言「明主之國無書簡之文，以法為教。無先王之語，以吏為師。無私劍之捍，以斬首為勇。是境內之民，其言談者必軌於法，動作者歸之於功，為勇者盡之於軍。是故無事則國富，有事則兵強。」商子之「壹賞」「壹教」[57]之法，則欲使「富貴之門必出於兵。是故民聞戰而相賀也，起居飲食所歌謠者戰也。」[58]抑商子不但推行軍國民之教育，且復有全國皆兵之主張。〈兵守篇〉曰：「壯男為一軍，壯女為一軍，男女之老弱者為一軍，此之謂三軍也。壯男之軍，使盛食屬兵，陳而待敵。壯女之軍，使盛食負壘，陳而待令。客至而作土以為險阻，發梁撤屋，使客無得以助攻備。老弱之軍，使牧牛馬羊彘，草木之可食者收而食之，以獲其壯男女之食。」流風所被，至漢時關西諸郡「婦女猶戴戟操矛，挾弓負矢」，[59]足見商君壹賞壹教之成功。然此極端尚武之主張又為韓非所不取。其言曰：商君之法曰：「斬一首者爵一級，為官者為五十石之官。斬二首者爵二級，欲為官者為百石之官。官爵之遷，與斬首之功相稱也。今有法曰，斬首者令為醫匠，則屋不成而病不已。夫匠者手巧也，而醫者齊藥也。而以斬首之功為之，則不當其能。今治官者智能也。今斬首者勇力之所加也。以勇力之所加而治智能之官，是以斬首之功為醫匠也。」[60]

55　〈五蠹四十九〉。又〈外儲說左上三十二〉李疵告趙主父謂中山君好巖穴之士，民必怠於農戰，故可攻。

56　《商子・外內二十二》。又曰：「欲農富其國者，境內之食必貴，而不農之徵必多，市利之租必重。」〈算地〉亦曰：「利出於地則民盡力，名出於戰則民致死。」

57　〈賞刑十七〉曰：「所謂壹賞者，利祿官爵一出於兵，無有異施也。」「所謂壹教者，博聞辯慧，信廉禮樂，修行群黨，任譽消濁，不可以富貴，不可以評刑，不可獨立私議以陳其上。堅者破，銳者挫。雖曰聖知巧佞厚樸則不能以非功罔上利。然富貴之門要存戰而已矣。」

58　〈賞刑十七〉。

59　《後漢書》卷一〇〇〈鄭太傳〉。又譙周《古史考》（孫星衍輯，平津館叢書）謂「秦用商鞅計，制爵二十等，以戰獲首級者計而受爵。是以秦人每戰勝，老弱婦女皆死，計功賞至萬數。」足見三軍之制，已付實行。

60　〈定法四十三〉。按《商君書・境內》曰：「得爵首一者賞爵一級，益田一頃，益宅九畝，

第四節　法

　　韓非曰：「人主之大物，非法即術也。法者編著之圖籍，設之於官府，而
布之於百姓者也。術者藏之於胸中，以偶眾端，而潛御群臣者也。故法莫如顯
而術不欲見。」[61]又曰：「申不害言術而公孫鞅為法，術者因任而授官，循名
而責實，操殺生之柄，課群臣之能者也。此人主之所執也。法者憲令著於官
府，刑罰必於民心，賞存乎慎法，而罰加乎姦令者也。此臣之所師也。君無術
則蔽於上，臣無法則亂於下。此不可一無，皆帝王之具也。」[62]申商雖各以
「大物」名家，然「二子於法術皆未盡善」，且專用一具雖有功而不能遠
大。[63]韓子乃集二家之成，運術以安君馭君，立法以治民定國。二者相輔為用
而後其效始宏。

　　法治之根本意義，吾人於述《管子》時已經道及。商、韓並無新創之見
解，其論行法之方法，則頗有《管子》所不能範圍者。姑舉較重要之數端言
之。

　　一曰廣佈法律之知識；以律令之文宣示大眾，其事實肇端於〈刑書〉〈刑
鼎〉。《管子》書中亦有布憲施教之說。商、韓承之，其說更詳，而商子尤為
完備。商子立治在使天下之吏民無不知法者。吏明知民知法令也，「故吏不敢
以非法遇民，民不敢犯法以干法官。」蓋「法令明白易知」，則「萬民皆知所
避就，避禍就福而皆以自治」。商君所規劃之制度頗密。其大致為置法官法吏
「以為天下師」。「天子置三法官」，「諸侯郡縣皆各為置一法官及吏」。
「諸官吏及民有問法令之所謂也於主法之吏。皆各以其故所欲問之法令明告
之。」其竄改條文，及有問不答者皆科以罪。而答問皆以符書繫其年月日時及
吏名，以左券予問者而吏藏其右，[64]用意亦在杜絕姦弊。韓非曰：「法莫如

除庶子一人。」是戰功兼致富貴。韓子未抨其益田，或以其無關政治。然《通典》引吳氏謂
「秦制戰得甲首益田宅，五甲首而隸五家，兼併之患自此起。」漢代董仲舒班固（《漢書》
卷二四上《食貨志》）均以秦法致弊為言。
61　〈難三三十八〉。
62　〈定法四十三〉。
63　〈定法〉謂法制不一，「則申不害雖十使韓昭侯用術而姦臣猶有所諉其辭」。「戰勝則大臣
　　尊，益地則私封立，主無術以知姦也。商君雖十飾其法，人臣反資其用。」
64　〈定分二十六〉。

顯」；又曰：「以吏為師」。[65]其說雖簡，旨則相同。[66]

　　二曰以賞罰為制裁。行法之必賴賞罰，其理甚明。[67]商、韓思想之特點在主張重賞嚴罰，不必與功罪相當。而商子罰惡而不賞善之說尤為偏激。韓子認定「賞厚者則所欲之得也疾，罰重則所惡之禁也疾。」論者每以厚賞費財，重刑傷人為疑。不知「厚賞者非獨賞功也，又勸一國。」重刑者「重一姦之罪而止境內之邪」，盜賊被刑而良民恐懼。又況「以重止者未必以輕止也。以輕止者，必以重止矣。是以卜設重刑而姦盡止。姦盡止則此奚傷於民也。」[68]商君重刑之理論與此略同。[69]其治秦實際上所採之手段亦與理論相符。[70]然韓子賞刑並重，商君則謂「治國刑多而賞少」，「故善為治者刑不善而不賞善」。[71]商子所以有如此極端之主張者，由其深信人性無為善之可能，而政治之直接效用為維持秩序而非推進道德。政治生活之中，固得有善惡之區別，然而其標準則當以法律而不以道德為根據。行合法者為善，不合法者為惡。守法既為人人無可推卸之責任，則惡者犯罪之行為，而善者公民之本分。由此言之，則「賞善之不可也，猶賞不盜。」且「刑重者民不敢犯，故無刑也。而民莫敢為非，是一國皆善也。故不賞而民善。」[72]雖然，商君非謂賞絕不可用也。其所反對者「賞施於民所義」，而其所主張者「賞施於告姦」。商君釋之曰：「夫利天下之民者莫大於治，而治莫康於立君。立君之道莫廣於勝法，勝法之務莫急於去姦，去姦之本莫深於嚴刑。故王者以賞禁，以刑勸，求過不求善，藉刑以去

65　〈五蠹四十九〉。

66　《史記》卷六〈始皇本紀〉，三十四年博士淳于越勸法古封建，李斯上議焚書，「若欲有學法令吏為師」。制曰可。則此主張之實行也。

67　《商君書・錯法九》：「夫人情好爵祿而惡刑罰。人君設二者以御民之志而立所欲焉。」《韓非子・八經四十八》：「人情有好惡，故賞罰可用。賞罰可用，故禁令可立，而治道具矣。」

68　〈六反四十六〉。

69　〈說民五〉曰：「行刑重其輕者，輕者不生，則重者無從至矣。」「行刑重其重者，輕其輕者，輕者不止，則重者無從至矣。」

70　《史記》卷六八〈商君列傳〉贊，《集解》引《新序》曰：「衛鞅內刻刀鋸之刑，外深鐵鉞之誅，步過六尺者有罰，棄灰於道者被刑。一日臨渭而論囚七百餘人，渭水盡赤，號哭之聲動天地。」

71　分見〈開塞七〉及〈畫策十八〉。

72　〈畫策〉。

刑。」[73]

　　商、韓重刑諸說雖失之偏激，然二子學說亦有粗合於近代法律平等原則者。商君「壹刑」之主張，尤為明晰。「所謂壹刑者，刑無等級。自卿相將軍以至大夫庶人有犯國禁，亂上制者，罪死不赦。有功於前，有敗於後，不為損刑。有善於前，有過於後，不為虧法。」[74]此與封建法律之議親、故、賢、能、功、貴等事而弛減刑罰[75]者根本異趣。史稱商君治秦「法令必行，內不私貴寵，外不偏疏遠。是以令行而禁止，法出而姦息。」[76]雖太子犯法猶刑其師傅。[77]則商君可謂能得行法之要道。抑吾人當注意，管子深知「法之不行，自上犯之。」故欲正本清源，教人君自身守法。所惜管子未立制君之法，故其學與歐洲之法治思想尚有可觀之距離。至商、韓言法，則人君之地位超出法上。其本身之守法與否不復成為問題，而惟務責親貴之守法。君主專制之理論至此遂臻成熟，而先秦「法治」思想去近代法治思想亦愈遼遠矣。[78]

　　三曰任法必專，不為私議善行所搖，有吏師以導其先，有刑賞以制其後，法之施行已大體可期。然而任法不專，則雖行而不能久。故商、韓皆主張以法令為政治生活中惟一之標準。此外一切私議善言悉在摒棄之列。私議之所以當廢者，蓋以發言盈廷，既無一定之是非，而一惑其說，則法治之客觀標準因以動搖。商子明之曰：「世之為治者多釋法而任私議，此國之所以亂也。先王縣權衡，立尺寸，而至今任之，其分明也。夫釋權衡而斷輕重，廢尺寸而意長短，雖察，商賈不為用，為其不必也。夫倍法度而私議，皆不類者也。」「是故先王知自議私譽之不可任也，故立法明分，中程者賞之，毀公者誅之。賞誅

73　〈開塞〉。《史記》卷六八曰：「令民為什伍而相收司連坐。不告姦者腰斬。告姦者與斬敵同賞，匿姦者與降敵同罰。」殆即「以賞禁。以刑勸」之實施也。

74　〈賞刑十七〉。

75　《周禮・小司寇》。《禮記・曲禮》曰：「禮不下庶人，刑不上大夫。」不平等之意尤明。

76　《史記》卷六八，《集解》引《新序》。《戰國策》卷三〈秦策一〉文略同。

77　《韓非子・外儲說右上三十四》曰：「荊莊王（前613-前591）有茅門之法曰：群臣大夫諸公子入朝，馬蹄踐霤者，廷理斬其輈，戮其御。於是太子入朝，馬蹄踐霤。廷理斬其輈，戮其御。太子怒，入為王泣曰：為我誅戮廷理。王曰：法者所以敬宗廟，尊社稷。故能立法從令，尊敬社稷者，社稷之臣也。焉可誅也。」可與此參看。

78　及秦漢以後專制政體亦趨成熟，除極少數之明君外，賞罰之行每撓於親貴，則並商韓之義亦廢。

之法不失其議，故民不爭。」韓子亦曰：[79]「明主之國，令者言最貴者也。法者事最適者也。言無二貴，法不兩適。故言行而不軌於法令者必禁。若其無法令而可以接詐應變，生利揣事者，上必采其言而責其實。言當則有大利，不當則有重罪。是以愚者畏罪而不敢言，智者無以訟。」[80]如此則法令大行，而「言無定術，行無常議」[81]之紊亂現象無由產生矣。至於善言德行，尤足以眩惑人心，更為商、韓所深惡。商君曰：「法已定矣，不以善言害法。」又曰：「法已定矣，而好用六蝨者亡。」「六蝨曰禮樂，曰詩書，曰修善，曰孝弟，曰誠信，曰貞廉，曰仁義，曰非兵，曰羞戰。」[82]韓非所言視此尤為透徹。〈八說篇〉謂「錯法以導民也，而又貴文學，則民之所師法也疑。賞功以勸民也，而又尊行修，則民之產利也惰。」〈八經篇〉曰：「行義示則主威分，慈仁聽則法制毀。」「明主之道臣不得以行誼成榮，不得以家利為功。功名所生必出於官法。法之所外，雖有難行，不以顯焉。」[83]「故大臣有行則尊君，百姓有功則利上。」抑又有進者，韓子以為不徒臣下行法外之德足以害法，即君主自身行之，亦必產生惡果。「夫施與貧困者此世之所謂仁義，哀憐百姓，不忍誅罰者此世之所謂惠愛也。夫施與貧困則無功者得賞，不忍誅罰則暴亂不止。」[84]皆非所以為治也。雖然，不用仁惠者以其亂法耳，非謂暴政可行也。「仁人在位則下肆而輕犯禁法，偷幸而望於上。暴人在位則法令妄而臣主乖，民怨而亂心生。故曰：仁暴者皆亡國者也。」[85]

　　仁義害法，故不可用。假使仁義之本身自有治國之效用，則人君或不妨釋法度以任之。然而就韓子觀之，則仁義者徒具美名，實無所用，儒家賤視政

79　〈修權十四〉。

80　〈問辯四十一〉。

81　〈顯學五十〉。《史記》卷六，始皇三十四年李斯別黑白、定一尊之議與此意同。

82　〈靳令十三〉。

83　〈外儲說右下三十五〉曰：「秦昭王有病，百姓里買牛而家為王禱。公孫述出見之入賀。」「王曰訾之，人二甲，夫非令而擅禱，是愛寡人也。夫愛寡人，寡人亦且改法而心與之循，是法不立。法不立，亂亡之道也。」

84　〈姦劫弒臣十四〉。〈外儲說右下〉曰：「秦大饑，應侯請曰：五苑之草著蔬菜橡果棗栗，足以活民，請發之。昭襄王曰：吾秦法使民有功而受賞，有罪而受誅。今發五苑之蔬草者，使民有功與無功俱賞也。夫使民有功與無功俱賞者，此亂之道也。」

85　〈八說四十七〉。

刑，薄其僅能使「民免而無恥」。不知此乃唯一可行之治術，而其所樂道之「天下歸仁」則渺茫無稽之幻想也。蓋人性非善，前已言之。利誘威脅而外別無馭民之方。「陳輕貨於幽隱，雖曾、史可疑也。懸百金於市，雖大盜不敢也。」[86]故無刑法則號稱君子者生小人之心，用刑法則小人亦可有君子之行。又況一國之中號為君子者為數至少。是以「聖人之治國，不恃人之為吾善也，而用其不得為非也。恃人之為善也，境內不什數。用人不得為非，一國可使齊。為治者用眾而舍寡，故不務德而務法。」[87]由此觀之，儒家所標榜之仁義，誠為無用之虛名。「今巫祝之祝人曰：使若千秋萬歲。千秋萬歲之聲聒耳，而一日之壽無徵於人。此人之所以簡巫祝也。今世儒者之說人主不言今之所以為治，而語已治之功，不審官法之事，不察姦邪之情，儒皆道上古之傳，譽先王之成功。儒者飾辭曰：聽吾言則可以霸王。此說者之巫祝，有度之主不受也。」[88]

鄧析子曰：「民一於君，事斷於法。」商子曰：「明主慎法制。言不中法者不聽也，行不中法者不高也，事不中法者不為也。」[89]韓子曰：「治強生於法，弱亂生於阿。君明於此，則正賞罰而非仁下也。爵祿生於功，誅罰生於罪。臣明於此則盡死力而非忠君也。君不通於仁，臣不通於忠，則可以王矣。」[90]行法至此，乃足稱為圓滿而無遺憾。

雖然，吾人當注意，法為固定明確之制度而非永久不變之制度。法家諸子深知社會演變之理，故其政治哲學絕無守舊之成分。管子如此，商、韓更著。商子曰：「聖人之為國也，不法古，不修今，因世而為之治，度俗而為之法。」[91]韓子曰：「時移而法不易者亂。能眾而禁不變者削。故聖人之治民法與時移，而禁與能變。」[92]又曰：「聖人不期修古，不法常可，論世之事因為

86　〈六反四十六〉，《商君書·畫策十八》亦曰：「善治者使跖而可信，而況伯夷乎！不能治者使伯夷可疑，而況跖乎。勢不能為姦，雖跖可信也。勢得為姦，雖伯夷可疑也。」
87　〈顯學五十〉。
88　〈顯學〉。上文曰：「善毛嬙西施之美，無益於面。用脂澤粉黛則倍其初。言先王之仁義，無益於治。明吾法度，必吾賞罰者亦國之脂澤粉黛也。」
89　〈君臣二十三〉。
90　〈外儲說右下三十五〉。
91　〈壹言八〉。又〈更法一〉，專述變法之議，可參。
92　〈心度四十五〉。

之備。」[93]凡此皆理極顯明，無待於申詳解說。然孔子謂生今之世反古之道者
栽及其身。[94]是孔子未必不同情於因時立制之主張。又謂三代之禮，損益可
知。[95]是孔子非不知制度之當變。韓非乃謂孔墨「欲審堯舜之道於三千歲之
前」，「非愚則誣」，[96]或不足為完全持平之論歟。

第五節　術

韓非曰：「明主治吏不治民」，[97]此雖專制思想自然之結論，亦為政治演
進必然之趨勢。在封建諸侯之中，貴族與君主共治其民，君民直接相通，而政
教所施，人民實唯一之對象。此不徒受宗法制度之賜，列國地狹人少之事實亦
有以致之。及小國併而為萬乘之大邦，公族既盡，世卿同滅。君主勢不能復為
親民之長。臣屬浸失其共治之地位而淪為君民間承上馭下之佐治階級。其本身
亦遂成受治之對象。秦漢以後二千年間之政治關係大較如此，其端開自周末，
而韓非此語則其理論上反響也。

法所以治民，亦所以治吏。韓子論官人治吏之法，大意不出荀子之範
圍。[98]其言曰：「明主使法擇人，不自舉也。使法量功，不自度也。」[99]又
曰：「明主使其群臣不遊意於法之外，不為惠於法之內，動無非法。」[100]又
曰：「人主使人臣雖有智能不得背法而專制，雖有賢行不得踰功而先勞，雖有

93　〈五蠹四十九〉。〈南面十八〉曰：「不知治者必曰毋變古，毋易常。變與不變，聖人不
　　聽，正治而已。然則古之無變，常之毋易，在常與古之可與不可。」

94　《中庸》第二十八章。

95　《論語・為政第二》。

96　〈顯學五十〉。《莊子・天運篇》以孔子所持之道比之既陳之芻狗，又謂「禮義法度者應時
　　而變者也」亦與韓非同意。蓋孔子雖認制度可變，而始終不放棄封建政治之根本原則，與莊
　　韓諸人之舍棄封建者，勢難相容。就此論之，則莊韓之攻擊孔子亦未始為無的放矢也。

97　〈外儲說右下三十五〉。

98　本書第三章第六節。

99　〈有度六〉。〈用人二十七〉曰：「治國之臣，效功於國以履位，見能於官以授職，盡力於
　　權衡以任事。」「明君使事不相干故莫訟，使士不兼官故技長，使人不同功故莫爭。」

100　〈有度〉。

忠信不得釋法而不禁。」[101]又曰：「為人臣者陳言，君以其言授之事，專以其事責其功。功當其事，事當其言，則賞。功不當其事，事不當其言則罰。」「昔者韓昭侯醉而寢。典冠者見君之寒也，故加衣於君之上。覺寢而說，問左右曰：誰加衣者？左右對曰：典冠。君因兼罪典衣，殺典冠。其罪典衣，以為失其事也。其罪典冠，以為越其職也。非不惡寒也，以為侵官之害甚於寒也。」[102]凡此殆皆上承師說而亦與商子之學相通。

儒家謂徒法不能以自行。韓子亦有得於此旨，故論公孫鞅之任法曰：「法雖勤飾於官，主無術於上。」[103]於是採申不害之「術」以救法治之所不及，使君位鞏固，臣不得侵，國本既定，則法治乃可成立。故術者「人主所執」以「潛御群臣」而保持其自身之權勢者也。其異於法者有三。法治之對象為民，術則專為臣設，此其一。法者君臣所共守，術則君主所獨用，此其二。法者公布眾知之律文，術則中心暗運之機智，此其三。

術治發生之歷史原因本章第一節之末已述及之。韓非殆承申子之餘緒而加以補正。韓子假定君臣之間絕無仁愛信義之相與。君之權位，臣所覬覦。臣處心積慮以侵奪此權位，君處心積慮以保持其權位。故曰：「上下一日百戰。」[104]又曰：「知臣主之異利者王，以為同者劫，與共事者殺。」[105]為君者當知臣下侵奪之所由而執術以潛取之。若徒恃法令制度，則恐姦邪之臣緣法為姦，併與斗斛權衡而竊之也。

韓子所論用術之方頗為詳細，吾人不必一一縷述。其最要之點為明察臣下之姦，削滅私門之勢。前者根本防止侵奪，後者則與權臣以直接之打擊。韓非曰：「人主之所以身危國亡者，大臣太貴左右太威也。」[106]故為君位之安全計，君主當「數披其木，毋使枝葉扶疏。」[107]然而披木之直接手段，僅可用之

101　〈南面十八〉。
102　〈二柄七〉。
103　〈定法四十三〉。
104　〈揚權八〉。
105　〈八經四十八〉。
106　〈人主五十二〉。〈八說〉曰：「明主之國，有貴臣，無重臣，貴臣者爵尊而官大也。重臣者言聽而力多者也。」
107　〈揚權八〉。

於臣勢未大之時。否則不免如魯哀公之謀伐三桓，晉出公之圖去三家，[108]事有未成反為所制。故拔木之術，當及早行之。而最妥善安全之辦法為預防權臣之產生。韓子於是分析權臣坐大之主要原因而發為「五壅」之說。其言曰：「人主有五壅。臣閉其主曰壅，臣制財利曰壅，臣擅行令曰壅，臣得行誼曰壅，臣得樹人曰壅。」[109]去壅之術無他，明察下姦，固持上柄而已。

　　天下未有甘受篡奪之君主，而卒不免於篡奪者，其最大之原因為明有所蔽，私寵專聽，而臣下乘之以養其勢也。二者之中私寵為害尤烈，且往往又為專聽之原因。故韓非於此不憚反覆詳言。如論人臣成姦「八術」，所舉「同牀」、「在旁」、「父兄」、「養殃」，[110]皆嬖倖逢君因以亂政侵權之事。又如論「擅主之臣」謂「凡姦臣皆欲順人主之心以取親幸之勢者也。是以主有所善，臣從而譽之，主有所憎，臣因而毀之。」[111]此於佞臣邀寵之慣技，尤能揭發無遺。且當邀寵之初，姦臣一以順承為能事，其害尚不易見。及得寵既專，則君明日蔽而威日替，雖欲復求振作，而事已無及。一人擅君則耳目盡廢，[112]「國狗」「社鼠」並為障害。[113]故曰：「毋專信一人而失其都國焉。」。[114]

─────────────

108 《史記》卷三三〈魯公世家〉，卷三九〈晉世家〉。

109 〈主道五〉。

110 〈八姦九〉。「何謂同牀？曰：貴夫人，愛孺子，便嬖好色，此人主之所惑也。」「何謂在旁？曰：優笑侏儒，左右近習，此人主未命而唯唯，未使而諾諾，先意承旨，觀貌察色以先主心者也。」「何謂父兄？曰側室公子，人主之所親愛也。大臣廷吏，人主之所與度計也。此皆盡力畢議，人主之所必聽也。」「何謂養殃？曰：人主樂美宮室臺池好飾子女狗馬以娛其心，此人主之殃也。」姦臣利用前三者之地位，又迎合君主之嗜好，而「樹私利其間」鮮不成事者。

111 〈姦劫弒臣十四〉。

112 〈內儲說上三十〉。「衛靈公之時彌子瑕有寵，專於衛國。侏儒有見公者，曰之夢賤矣。公曰：何夢。對曰：夢見竈，為見公也。公怒曰：吾聞見人主者夢見日，奚為見寡人而夢見竈。對曰：夫日，兼燭天下一物不能當世，人君兼燭一國，一人不能擁也。故將見人主者夢見日。夫竈，一人煬焉，則後人無從見矣。今或者一人有煬君者乎？則臣雖夢見竈，不亦可乎。」參〈孤憤十一〉論大臣之壅君曰：「當途之人擅事要，則外內為之用矣。是以諸侯不因則事不應，故敵國為之訟。百官不因則業不進，故群臣為之用。郎中不因則不得近主，故左右為之匿。學士不因則養祿薄禮卑，故學士為之談也。」「人主不能越四助而燭察其臣，故人主愈弊而大臣愈重。」

113 〈外儲說右上三十四〉。

114 〈揚次八〉。

　　欲毋專信，則消極之術為無所信任，而不與臣下以逢迎窺伺之機，積極之術為君心獨斷，而不令臣下有弄權竊勢之機。韓子曰：「人主之患在於信人。信人則制於人。人臣之於其君非有骨肉之親也，縛於勢而不得不事也。故為人臣者窺覘其君心也，無須臾之休，而人主怠傲處其上，此世之所以有劫君弒主也。」[115]臣既不可信，則當以「七術」馭之。七術者，「一曰眾端參觀，二曰必罰明威，三曰信賞盡能，四曰一聽責下，五曰疑詔詭使，六曰挾知而問，七曰倒言反事。」[116]二、三兩端屬於法治之範圍，可置不論。其餘則一、五、六、七均術治之要旨。「張儀欲以秦韓與魏之勢伐齊荊而惠施欲以齊荊偃兵。二人爭之，群臣左右皆為張子言。」惠子曰：「凡謀者疑也。疑也者誠疑，以為可者半，以為不可者半。今一國盡以為可，是王亡半也。劫主者固亡半者也。」此眾端參觀之說也。「商太宰使少庶子之市，顧反而問之曰：何見？」「對曰：市南門之外甚眾牛車，僅可以行耳。太宰因誡使者無敢告人，吾所問於汝。因召市吏而誚之曰：市門之外何多牛矢。市吏甚怪太宰知之疾也，乃悚懼其所也。」此疑詔詭使之說也。「韓昭侯握爪而佯亡一爪，求之甚急。左右因割其爪而效之。昭侯以察左右之臣不割。」此挾知而問之說也。「有相與訟者，子產離之，而無使得通辭，倒其言以告而知之。衛嗣公使人為客過關市，關市苛難之，因事關市以金與關吏，乃舍之。嗣公謂關吏曰：某時有客過爾所，與汝金，而汝因遣之。關市乃大恐，而以嗣公為明察。」[117]此倒言反事之說也。

　　雖然，僅用七術猶不足以馭臣也。君主固以權術窺臣，臣亦操心慮以伺君。故為君者又須避免為臣下所窺伺。韓子曰：「明主務在周密。」[118]申子曰：「上明見，人備之。其不明見，人惑之。其智見，人飾之。其不智見，人匿之。其無欲見，人伺之。其有欲見，人餌之。」[119]「故曰：去好去惡，群臣見素。群臣見素則大君不蔽矣。」[120]

---

115 〈備內十七〉。
116 〈內儲說上〉。
117 均見〈內儲說上三十〉。
118 〈內儲說〉。
119 〈外儲說右上三十四〉。
120 〈二柄七〉。

人君致蔽之由既去，則所當慎行者獨斷專制一事而已。老子曰：「魚不可脫於淵，國之利器不可以示人。」[121]韓非本尊君之旨而釋之曰：「勢重者，人君之淵也。君人者，勢重於人臣之間，失則不可復得也。」「賞罰者、邦之利器也。在君則制臣，在臣則勝君。」[122]此理雖顯而易見，人所共喻。然君主治國不得不任吏以治民。偶一不慎則大權漸侵，旁落於姦邪之手。韓非舉例以明之曰：「司城子罕謂宋君曰：慶賞賜予者，民之所好也，君自行之。誅罰殺戮者，民之所惡也，臣請當之。於戮細民而誅大臣，君曰：與子罕議之。居期年，民知殺生之命制於子罕也，故一國歸焉。故子罕劫宋君而奪其政法，不能禁也。」[123]人主既知「權借在下」之危，[124]則惟有行絕對之專制，人權獨攬，予奪由躬。[125]「民一於君，事斷於法。」[126]則群臣者人君之僕役。驅之去，招之來，生殺貴賤一聽君意，又何篡奪之能為乎？

韓子術治學說之大意如此。在今日視之似無足稱道。然當戰國末年君權方興之際，韓子已參照歷史之經驗，改進前人之成說，於專制政體之蔽，幾乎備見無遺。其六微、七術、八姦、十過諸說亦幾成秦漢以後二千年中昏君失政之預言。吾人如謂韓非術治為吾國古代最完備之專制理論，殆無溢美。抑又有進者，儒家謂徒法不能自行。商子亦謂「國皆有法而無使法必行之法」。[127]韓子取申之術以合於商之法，其意殆在補法治之不及。易詞言之，韓子之學實調合人治與法治兩派之思想。雖然，吾國古代法治思想，以近代之標準衡之，乃人治思想之一種。蓋先秦諸子之重法，皆認法為尊君之治具而未嘗認其本身具有制裁元首百官之權威。然當君權尚未大盛之時，論者猶有法者與君臣共守之主張，與近代法治思想相接近。推原其故，殆由論者徒知法治之實際效用生於共守，而未注意理論上君權既屬至高，則決不容有任何制裁加於其上。逮及韓非

---

121 三十六章。

122 〈喻老二十一〉。〈內儲說下三十一〉篇首文略同。

123 〈外儲說右上〉。同篇又引田成子市惠於民以奪齊，及孔子止子路私餉役夫事。

124 〈內儲說下〉。

125 〈八說四十七〉曰：「酸甘鹹淡不以口斷而決於宰尹，則廚人輕君而重於宰尹矣。上下清濁不以耳斷而決於樂正，則瞽工輕君而重於樂正矣。治國是非不以術斷而決於寵人，則臣下輕君而重於寵人矣。」

126 《鄧析子》。

127 〈畫策十八〉。

之時，則君主專制之事實及法家之專制思想均趨於成熟。於是法與術顯然悉降為專制之治具，君主之權位遂超越於臣民法度之上而絕無絲毫之限制。故韓子之學就近代法治思想言，不免為「祖型再現」之退化，而就先秦歷史背景言，則為法家思想之最高發展。其地位之重要，誠不容否認也。

　　吾人於此可進而一論商、韓思想之得失。商、韓之思想既為絕對之君主專制，則其全部思想之有用與否，當以能得適合專制條件之君主與否為決斷。韓非論勢，謂治國無待堯舜之異材，中主可以勝任。夫法治之無待堯舜，固矣。然而韓子所謂中主，就其論法術諸端察之，殆亦為具有非常才智之人。身居至高之位，手握無上之權，而能明燭群姦，操縱百吏，不耽嗜好，不阿親幸，不動聲色，不撓議論，不出好惡，不昧利害。如此之君主，二千餘年之中，求其近似者寥寥無多，屈指可數。其難能可貴殆不亞於堯舜。儒家設聖君為理想，聖君不出則仁義禮樂之政治無由實現。韓非詆仁義為空談，而不知其法術難得實行之機會，正復相同。試觀孝公始皇以後，法治未嘗一度大行，則可見吾人之非為苛論也。昔柏拉圖論治，先立哲君專制之理想，旋審其事實上為不可能，乃更立法治之政體，欲以可守之良法代不可期之明君。後此幾經發展，乃蔚為近代憲政之理論與實施。商、韓則認仁義無用而不悟明君難得，於是發為君本位之法治思想，徒為後世梟雄酷吏開一法門，而卒不能與孔、孟爭席，就此一端而論，其智殆在柏拉圖之下矣。

　　吾人於結束本章之先，尚有一極堪注意之問題，不可不略加討論。法家諸子之中，慎到與彭蒙、田駢皆學黃、老。《管子》書中多道家言，韓非亦有〈解老〉〈喻老〉之篇。法家與黃老之關係究竟如何乎？

　　吾人若舍歷史淵源而僅據思想之內容論，則道、法二家思想之相近者皮毛，而其根本則迥不相同。黃、老論治之要點，無過於清靜無為。法家諸子固亦時發其義。申子論君道曰：「鼓不預五音而為五音主。」[128]又曰：「惟無為可以規之。」[129]韓子曰：「有智而不以慮，使萬物知其處。有賢而不以行，觀臣下之所因。有勇而不以怒，使群臣盡其武。」「故至安之世，法如朝露，純

---

128 馬國翰《玉函山房輯佚書》引《意林》。

129《韓非子・外儲說右上三十四》。

樸不散。心無結怨，口無煩言。」[130]管子亦曰：「虛無無形之謂道」，「名正法備則聖人無事」。[131]凡此諸語，若置之《道德經》中，未必覺其不類，然而吾人只須略事剖辨，則道法之異，顯而易見者至少有三大端。一曰無為而治之理想相似，而致此之途徑相殊。老子曰：「損之又損，以至於無為。」[132]仁義孝慈，既無所用，「法令滋彰」，[133]更非所許。君主以百姓心為心，[134]任天下之自然，而天下治矣。申韓之致無為，則欲由明法飭令，重刑壹教之方法，以臻「明君無為於上，群臣悚懼乎下」之境界。[135]其操術正為老子所說「其次畏之」[136]之第三流政治，其地位尚在儒家仁政之下。老子以放任致無為，申韓以專制致無為。故曰二家所循之途徑相異也。二曰無為之操術既殊，其所懸之鵠的尤異。老子曰：「小國寡民」，「使民重死而不遠徙。雖有舟輿，無所乘之。雖有甲兵，無所陳之。」「甘其食，美其服，安其居，樂其俗。」[137]蓋黃、老之無為，其目的在立清靜之治以保人民之康樂。法家諸子則教君主行無為之法術，以鞏固君主之權位而立富強之基礎。其術既行則「臣有其勞，君有其成。」「有功則君有其賢，有過則臣任其罪。」[138]故申韓之主無為，其消極之作用，在防權臣之侵奪，其積極之作用在保障君主之專制，與黃、老之消極縮減政府職權，積極擴張人民自由者，用意幾乎相反。三曰無為之目的既殊，行術者之地位亦異。吾人曾謂老子無為之思想暗含民主政治之傾向。[139]「聖人無常心，以百姓為心。」放任寬容之極，則君位等於虛設，威勢無所施用。故曰：「太上民知有之。」[140]黃、老思想中君主之地位殆遠遜封建小君之重要尊

---

130 分見〈主道五〉及〈大體二十九〉。

131 分見〈心術三十六〉及〈白心三十八〉。

132 《道德經》四十八章。

133 五十七章。

134 四十九章。

135 《韓非子・主道》。

136 《道德經》十七章。七十四章曰：「民不畏死，奈何以死懼之」

137 《道德經》八十章。

138 《韓非子・主道五》。

139 本書第五章第二節末段。

140 《道德經》十七章。

嚴，而惟其荒古之部落酋長，或可勉強相比。[141]申、韓思想中之君主則為始皇混一前夕之專制大君，集威勢於一身，行賞罰於萬眾，急耕養戰，一令齊法。一切政策皆與黃、老之無為相反。獨於推行法治術治之時，設為無為之理想。而一按其實，則法治所臻者「名正法備則聖人無事」，術治所期者「明君無為於上，群臣悚懼乎下。」故無為者乃「藏刑匿智」之別名，不可與「歙歙為天下渾其心」[142]者相提並論。君臣一日百戰，則君心一日萬幾。方寸之間求所以「偶眾端」「馭群臣」而運用「疑詔詭使」諸術者殆極盡明察有為之致。然則為申、韓之君者非韓昭侯、秦始皇、魏武帝之流不足以任之。若漢文帝之略近黃、老者固當謙讓未遑耳。

　　吾人曩論儒、法之言禮法，意義相混，二家根本區別在貴民與尊君之一端。道、法之說無為，語亦相混。吾人若就「為我」與尊君一端察之，則二家之根本區別亦立見。《史記》謂申、韓源於老、莊，《漢書》以《管子》列於法家，就現存之文獻以論，此皆不揣本而齊末，取形貌而略大體，未足為定論也。

---

141 本書第五章第三節末段。
142 《道德經》四十九章。

第二編

專制天下之政治思想
因襲時期

第八章

秦漢之墨與法

第一節　墨學之消沉

秦滅六國為吾國政治史上空前之鉅變。政制則由分割之封建而歸於統一之郡縣，政體則由貴族之分權而改為君主之專制。[1]政治思想與此鉅變相應，亦轉入一新段落。其大略之情形，緒論中已經述及。本章及以下數章當分敘秦漢以後先秦主要學派之概況。

墨學衰微乃秦漢思想史中最引人注目之一事。孫詒讓（西元1848-1906）謂「墨氏之學亡於秦季。故墨子遺事在西漢時已莫得其詳。」[2]桓寬曰：「昔秦以武力吞天下，而斯、高以妖孽累其禍。廢古術，隳舊禮，專任刑法，而儒

1　秦始皇帝二十六年（前221）滅齊，六國皆亡，分天下為三十六郡。然君主專制與郡縣制度前此已開始發展，至此乃確定耳。六國君之雄者皆有圖王之心，雖歸失敗，其權位則具體而微之始皇。秦莊襄王元年伐韓，置三川郡（《史記》卷八八〈蒙恬傳〉）。楚惠王十年滅陳而縣之（《史記》卷四十〈楚世家〉）。考烈王時黃歇請以所封淮北十二縣為郡。晉頃公十二年六卿滅公族，分其邑以為縣（《史記》卷三九〈晉世家〉）。韓有宜陽，秦相甘茂謂「名曰縣，其實郡也。」（《史記》卷七一〈甘茂傳〉）趙武靈王置雲中鴈門代郡（《史記》卷一一〇〈匈奴傳〉）。魏置河西上郡（《史記》同上）。燕昭王使樂毅下齊七十餘城以為郡縣（《史記》卷八十〈樂毅傳〉）。皆其例也。又秦漢亦為社會改變之時期。趙翼《二十二史箚記》卷二，漢初布衣卿相之局謂「秦漢間為天地一大變局。自古皆封建諸侯各君其國、卿大夫各世其官。」春秋七國時其習漸變。范睢、蔡澤、蘇秦、張儀、孫臏、白起、樂毅、廉頗、王翦等皆以布衣為將相。漢初諸臣除張良為韓相子，張蒼、蕭何等為秦官吏外，餘如陳平、王陵、陸賈、酈商等為白徒，樊噲屠狗，「周勃以織薄曲為生」，灌嬰販繪，婁敬輓車，出身尤微。按劉邦以亭長得天下，亦開後世布衣天子之局。

2　《墨學傳授考》。

墨既喪焉。」[3]雖當《淮南》成書之時，尚有墨徒，[4]而史遷猶及「獵儒墨之遺文」，[5]然墨家「顯學」之地位[6]至武帝時殆已失去。故建元元年（前140）丞相衛綰奏罷郡國所舉賢良治申、商、韓、蘇、張之言者[7]不及墨徒。漢初數十年中儒道法三家互爭雄長，為勢頗烈，而墨徒不預。[8]此後則宗風愈微，幾乎息絕。[9]夫以言盈天下之顯學，不及百年而一蹶不振，此誠至可驚異之事。學者推考其故，意見不一。綜其要點，不外他家之攻擊，環境之改變，與墨學本身之困難三端，而後二者似較重要。門戶相攻，為學派間無可避免之現象。勝負之分不必繫於攻擊之強弱。秦皇用法而抑百家，儒、道卒未消滅，漢武爭儒而黜百家，道、法依然存在。墨氏一宗獨趨式微，則其非由他家攻擊所致，事甚顯明。[10]吾人欲得較確之原因，當於歷史環境與思想內容中求之。《莊子·天下篇》評墨子謂「其道大觳」，「反天下之心，天下不堪。墨子雖獨能任，奈天下何？」[11]王充亦謂「墨議不以心而原物，苟信聞見。」「雖得愚民之

_____

3　《鹽鐵論·論誹二十四》。

4　同書，〈晁錯八〉曰：「日者淮南、衡山修文學，招四方遊士，山東儒墨咸聚於江淮之間，講議集論，著書數十篇。」然今《淮南子》中絕少墨家言，且每譏墨徒。（如〈俶真訓〉謂「孔墨之弟子皆以仁義之術教導於世，然而不免於儡身。身猶不能行也，又況所教乎？是何則？其道外也。」）或其力已微，故不能與他家抗歟？

5　《史記》卷一三〇〈自序〉。按《史記》以墨子事附〈孟荀傳〉後，僅二十四字。語意不完，或有佚奪。

6　《韓非子·顯學五十》。《呂氏春秋》卷二〈當染四〉亦曰：孔墨「皆死久矣。從徒彌眾，弟子彌豐，充滿天下。」

7　《前漢書》卷六〈武帝紀〉。董仲舒對策，尊六藝，滅百家，在元光元年（《漢書》卷六）或建元五年（齊召南《漢書考證》），後於綰奏數年。

8　王充《論衡·薄葬》曰：「今墨家非儒，儒家非墨。」此似就二家思想內容之牴牾言，不必定指墨徒與儒者勢力相等。故同篇又謂「墨議不以心而原物，苟信聞見。」「雖得愚民之欲，不合知者之心。」「此蓋墨術所以不傳也。」則充時墨傳已絕矣，又論者或謂遊俠承墨氏利天下之遺風，然俠無學說，不足以繼墨統也。

9　晉惠帝時（西元290-306在位）魯勝有《墨辯注》，其書已佚，序見《晉書·隱逸傳》，唐樂臺有《墨子注》，著錄於《通志·藝文略》，書亦不傳。清乾嘉以後治墨學者漸眾。然皆訓詁考訂，無補於思想之發展。

10　胡適《中國哲學史大綱》上冊頁250以儒家反對為墨衰之第一原因。

11　參本書第四章第六節。

欲，不合知者之心。」[12]又曰：「儒、道傳而墨、法廢者，儒之道義可為而墨之法義難從也。何以驗之？墨家薄葬右鬼，道乖相反。」「今墨家謂鬼審人之精也。厚其精而薄其屍。此於其神厚而於其體薄也。」「人情欲厚惡薄，神心猶然。用墨子之法事鬼求福，福罕至而禍常來也。以一況百，而墨家為法皆若此類也。廢而不傳，蓋有以也。」[13]此皆純就墨學之本身以推求其衰廢之故，持論尚近公平，並非門戶之偏見。抑又有進者，儒、墨二家思想之內容，實有根本相合之處。漢人每以儒、墨並舉，而二家思想亦偶相混。[14]然儒家論政總括古今，淵雅贍博，足以「合文通治」，[15]動君長士大夫之聽，固非墨學立言淺近，僅「得愚民之欲」者所及。而儒者「與時遷徙，與世俯仰」，[16]更非墨徒謹守師說，不肯變通者之所及。[17]故墨家政治思想中兼愛尚賢諸要義附儒學以流傳，而其門戶則因其特殊之平民色彩而消滅。[18]

雖然，墨家衰亡之最大原因，似在乎環境之改變，而墨徒不能修改師說以適應之。嬴氏統一封建易為郡縣。諸侯盡滅，皇帝獨尊。銷大卜兵器以為鐘鐻金人。如是則尚同非攻之說無所用矣。始皇「每破諸侯，寫放其宮室，作之咸陽北阪上，南臨渭，自雍門以東至涇渭，殿屋複道，周閣相屬，所得諸侯美人鐘鼓以充入之。」[19]「穿治驪山」，「下銅而致椁，宮觀百官奇器徙滿藏

---

12 《論衡・薄葬》。

13 同上案書。夏曾佑為之辯護曰：「墨子既欲節葬，必先明鬼。有鬼神則身死猶有其不死者存，故喪可從殺。天下有鬼神之教如佛教、耶教、回教、其喪禮無不簡略者。」（《中國古代史》頁90）此說近於回護，不足據。

14 本書第四章已述及。

15 〈禮運〉即一著例。

16 《墨子・非十二子六》。

17 《荀子・儒效八》。

18 說見本書第四章第一節末段。

19 《史記》卷六〈秦始皇本紀〉。又卷八七〈李斯列傳〉，二世與趙高謀曰：「吾既已臨天下矣。欲悉耳目之所好，窮心志之所樂。」又責李斯曰：「夫所貴於天下者，豈欲苦形勞神，身處逆旅之宿，口食監門之養，手持臣虜之作哉。此不肖人之所勉也。非賢者之所務也。彼賢人之有天下也，專用天下適己而已矣。」李斯阿其意為書引《申子》曰：「有天下而不恣睢，命之曰以天下為桎梏。」二世雖非賢君，其所言實足代表二千年中多數皇帝之心理。而此享樂之人生觀，雖英主亦不能免。故劉季「縱觀秦皇帝喟然太息曰：嗟乎！大丈夫當如此也。」（《史記》卷八〈高祖本紀〉）黃宗羲《明夷待訪錄・原君篇》所論秦漢以後之君以

之。」[20]則節用、節葬、非樂不能行矣。宗法久亡，世卿絕迹。白屋出公卿，亭長為天子，則蕩平階級之尚賢主張，為既陳之芻狗矣。神仙方士五行陰陽符命災異之迷信盛行，其說週密動聽，[21]則天志明鬼之神道設教，必以簡單樸拙而見擯矣。墨家政治思想本鍼對晚周之歷史背景而產生，其不能昌明於一統之專制天下，誠勢所必至。至於思想內容之優劣，乃另一問題，吾人殊不必據成敗以定之也。[22]

第二節　李斯（西元前280?-前208）

法家思想為秦政之礎石。其術大行於商鞅，其學大成於韓非。至李斯則盛極而衰，法家之政治遂隨秦以共亡。「李斯者楚上蔡人也。年少時為郡小吏」，旋「從荀卿學帝王之術」。[23]知六國不足有為，乃入秦，因呂不韋以說始皇。二十餘年中由長史仕至廷尉。天下既定，斯奉詔議封建，獨排眾論，以郡縣為長久安寧之術。後為丞相，建議焚書。始皇混一六國，「同文書，治離宮別館，周徧天下」、「外攘四夷，斯皆有力焉」。[24]三十七年（前210）始皇崩於沙丘。斯與趙高同謀立二世，殺扶蘇。二世信任趙高，縱恣自娛，重刑多殺。斯恐被誅，乃阿上意，為書勸其「行督責之道」。然高卒譖其謀反，下

天下為一己之私產，供一人之享用，誠至當而不可易。

20　《史記》卷六。

21　其詳見下章。

22　方授楚《墨學源流》上卷頁205-210舉（一）墨學自身矛盾，（二）理想過高，（三）組織破壞，（四）擁秦嫌疑四端為墨亡之因。一二兩端同蹈方所指梁啟超就墨學本身推尋原因之失。「如果此為真因，則墨子之學應及身而絕。何以成為顯學，經二百年而後亡耶？」第三點似牽強。第四點頗新穎。然僅據《論衡・福虛篇》改〈明鬼下〉之鄭穆公為秦，證尚欠確。頁209謂「墨學本以舊貴族社會之崩潰而發生，在改革過程中其主張雖激，尚有以活動也。迨變革已經完成，政局穩定，此反統治階級之學派非所宜也。」除反統治一名易起誤會外，其論頗是。方氏《評胡適〈中國哲學史大綱〉》，梁啟超《評胡適之〈中國哲學史大綱〉》，李季《胡適〈中國哲學史批判〉》（頁174），及郭沫若《中國古代社會研究》（初版頁72-3）等論墨亡原因各點，大致亦可取。

23　《史記》卷八七〈李斯列傳〉。

24　《史記》卷六〈秦始皇本紀〉，按斯入秦當莊襄王三年（前247）。為廷尉議封建在始皇二十六年（前221）。

獄誣服，腰斬咸陽市，時二世二年七月，[25]距秦之亡不及兩年也。計其平身生業，與秦之國祚，實相終始。

李斯雖無著述，然其政治主張猶可於始皇所行之政策及斯所發之議論見之。綜其要者，約有四端。

一曰尊君　始皇二十六年初並天下，令丞相御史議帝號。斯為廷尉，與王綰、馮劫上議，略謂「昔者五帝地方千里，其外侯服夷服；諸侯或朝或否，天子不能制。今陛下興義兵誅殘賊，平定天下，海內為郡縣，治令由一統。自上古以來未嘗有，五帝所不及。臣等與博士議曰：古有天皇，有地皇，有泰皇，泰皇最貴。臣等昧死上尊號王曰泰皇。命為制，令為詔。天子自稱曰朕。」[26]始皇雖略變之，自稱皇帝，然從此先秦王侯之謙稱盡廢，君主遂成為至尊無上之人物。觀史文於丞相御史之外特舉廷尉，則其議或由斯主之也。

二曰集權　始皇因丞相綰請立諸子為王，以鎮新亡六國之地，下其議於群臣。李斯曰：「周文武所封子弟同姓甚眾，然後屬疏遠，相攻擊如仇讎。諸侯更相侵伐，周天子弗能禁止。今海內賴陛下神靈一統，皆為郡縣。諸子功臣以公賦稅重賞賜之，甚足易制，天下無異意，則安寧之術也，置諸侯不便。」[27]始皇從其議，二千年郡縣天下之局遂歸確定。

三曰禁私學　始皇三十四年（前213），齊人淳于越復興封建之議，謂「事不師古而能長久者，非所聞也。」李斯上書曰：「古者天下散亂，莫能相一。是以諸侯並作，語皆道古以亂今，飾虛言以亂實。人善其所私學，以非上所建立。今陛下并有天下，辯黑白而定一尊。而私學乃相與非法教之制。人聞令下，即各以其私學議之。入則心非，出則巷議。非主以為名，異趣以為高，率群下以造謗。如此不禁，則主勢降乎上，黨與成乎下。禁之便。臣請諸有文學詩書百家語者，蠲除去之。令到滿三十日弗去，黥為城旦。所不去者醫藥卜筮種樹之書。若有欲學者，以吏為師。」[28]始皇可其議，於是震驚千古之焚書

25　《史記》卷八七。斯死時當前208。錢穆《考辨》頁156假定斯入秦時年三十餘，則當生於前280左右。

26　《史記》卷六。

27　《史記》卷六。按此為二千年中關於封建郡縣之首次爭議。

28　《史記》卷八七。〈始皇本紀〉文小異。「臣請」以下作「史官非秦紀皆燒之。非博士官所職，天下敢有藏《詩》《書》百家語者，悉詣守尉雜燒之。有敢偶語《詩》《書》，棄市。

政策遂以出現。當封建天下方盛之時，學術為貴族所專有。私家本無著述，故私學不待禁而自止。春秋以後，學術漸佈於平民。儒、墨大盛，而孔子「有教無類」，其廣播知識，促進思想之功績，尤為可觀。雖末流之弊至於「邪說」縱橫，是非易眩，然就文化史之觀點論，吾人固不得不認周季之群言淆亂為一進步。至秦用斯言，禁止私學，思想自由之風遂遭一重大之頓挫。此後帝王多襲始皇之故智，「持所謂表彰某某，罷黜某某者為一貫之精神。」[29]此雖為專制政體必有之政策，而斯亦行其師說，[30]責任不在個人，然其對中國學術之影響實至深遠難測。後世學者不於此措意，徒斤斤於始皇所焚乃私書而非官書之考辯，[31]何其所見之小也。

　　四曰行督責　二世責問李斯，謂「吾願肆志廣欲，長享天下而無害，為之奈何？」斯以書對之，其所言者實二千年中最明白最極端之專制理論。斯謂「申子曰：有天下而不恣睢，命之曰以天下為桎梏者，無他焉，不能督責而顧以其身勞於天下之民，若堯禹然，故謂之桎梏也。夫不能修申韓之明術，行督責之道，專以天下自適也。而徒務苦形勞神以身徇百姓，則是黔首之役，非畜天下者也，何足貴哉！夫以人徇己，則己貴而人賤，以己徇人，則己賤而人貴。故徇人者賤而所徇者貴，自古及今，未有不然者也。」[32]吾人曩謂法家思想之特點為認君主之本身為政治之目的。李斯此論不徒發商、韓之真諦，亦揭專制君主之隱情，其明快雖商、韓有所不及。斯又論恣睢之術曰：「儉節仁義之人立於朝則荒肆之樂輟矣。諫說論理之臣聞於側則流漫之志詘矣。烈士死節

以古非今者族。吏見知不舉者與同罪。令下三十日不燒，黥為城旦。所不去者醫藥卜筮種樹之書。若欲有學法令，以吏為師。」辦法較為嚴厲。按〈本紀〉文語意不屬，挾書城旦而偶語棄市，似亦不倫。疑有竄亂。

29　梁啟超《清代學術概論》頁144。

30　《荀子‧正名篇》曰：「夫民易一以道而不可與共故。明君臨之以勢，道之以道，申之以命，章之以論，禁之以刑，故其民之化道也如神，辯說惡用矣哉！」

31　如康有為《偽經考》卷一〈秦焚六經未嘗亡缺考〉謂始皇焚民間詩書，而博士所藏者固在。其說已為劉大櫆所先發。《海峰文集‧焚書辯》謂六經之亡，非由始皇而實亡於漢。蓋蕭何至咸陽收丞相律令圖書，而不及博士所掌。項羽入關，燒秦宮室，而古籍遂悉為灰燼矣。劉康熙乾隆間人。崔適《史記探源》卷三亦謂始皇帝焚民間之書，禁私授學術，然可詣博士受業。

32　《史記》卷八七。

之行顯於世則淫康之虞廢矣。故明主能外此三者，而獨操主術以制聽從之臣，而修其明法，故身尊而勢重也。凡賢主者必將能拂世摩俗，而廢其所惡，立其所欲。故生則有尊重之勢，死則有賢明之謚也。是以明君獨斷，故權不在臣也。然後能滅仁義之塗，掩馳說之口，困烈士之行，塞聰揜明，內視獨聽。故外不可傾以仁義烈士之行，而內不可奪以諫說忿爭之辯。故能犖然獨行恣睢之心而莫之敢逆。若此然後可謂能明申韓之術而修商君之法。法術修明而天下亂者未之聞也。」人君能獨斷，故能自恣。然而不用重刑以憺服臣下，則其術猶未盡。李斯又引「韓子曰：慈母有敗子而嚴家無格虜者，何也？則能罰之加焉必也。故商君之法，刑棄灰於道者。夫棄灰，薄罪也。而被刑，重罰也。彼唯明主為能深督輕罪。夫罪輕且督深，而況有重罪乎！故民不敢犯也。」「若此則謂督責之誠，則臣無邪。臣無邪則天下安。天下安則主嚴尊。主嚴尊則督責必。督責必則所求得。所求得則國家富。國家富則君樂豐。故督責之術設則所欲無不得矣。群臣百姓救過不給，何變之敢圖。」[33]凡此「獨斷」「督責」「深督輕罪」諸術，李斯自言本之商韓，實亦為商、韓之要議。吾人責斯語非其人則可，不得以為厚誣古人也。

　　雖然，吾人有一疑問。尊君重刑之術，商鞅用以相孝公而秦富強，李斯用以佐始皇而得天下。〈行督責書〉中所陳固猶引申前王習用之術。乃二世用之不數年而身弒國亡。豈其術「唯明主為能行之」，非胡亥所及，抑法家思想本身有重大之缺點，不足以立長久之治乎？

　　二世為人昏庸驕恣，歷代帝王中尟出其右者。《漢書‧古今人物表》列入「下中」，實失之寬假。以如此之君，居專制之位，無論其採用何種政理政策，殆終難免於覆敗。就此論之，則胡亥固當負亡秦之責。然而吾人若遽謂商、韓之學足以為治，則又未確。蓋先秦之法家思想，實專制思想之誤稱。其術陽重法而陰尊君。故其學愈趨發展，則尊君之用意愈明，而重法之主張愈弱。《管子》書中頗注重君主之立法自守，而亦屢言納諫節欲諸事。故君權雖尊，而猶多限制。韓非不復持「令尊於君」之說，則去法治愈遠而距專制愈近。然〈十過篇〉斥「不務聽治而好五音」，「耽於女樂不顧國政」，「離內遠遊而忽於諫士」，「過而不聽於忠臣而獨行其意」諸事，其用意在限約君

33　《史記》卷八七。又《索引》「督者察也。察其罪，責之以刑罰也。」

主，不任恣睢。故韓子之專制思想雖較管子為進步，而尚未臻於極致。及李斯佐始皇助其營治宮室，勸其拒諫，隨之遠遊。相二世則逢迎其恣睢之欲，發為督責之書。於是並韓非所立之限制亦一舉廢除。「獨制於天下而無所制」[34]之絕對君主專制理論與事實，遂赫然出現於中國。夫權力無限則易流於濫用，繼體之君多庸愚而少英明，此二則乃人類政治生活中不可否認之事實。專制思想之危險，正在其集大權於一人之身而又無術以保證君之必賢。二世誠不足道，即始皇不死於三十七年，恐亦未必能久維治安。觀其求長生，娛耳目，用趙高，遠扶蘇等事，已足知其不過中材之主，襲孝公之餘蔭而得天下。以韓非〈大體篇〉之標準衡之，誠有謬以千里之感。然而始皇能任李斯蒙恬，尚有知人之明，其「恣睢」亦略有限度。且每有要政，必下其議於群臣。是始皇之專制，尚略存韓非之遺意，視督責書中之絕對專制，猶有遜色。則關東群盜不起於始皇之時，亦非無故也。

　　古今論秦政者或譏其任刑法以致亡；或惜其行法治而不能久。吾人頃間所論如尚不誤，則秦以專制失道而早亡，與法治殊少關係。法治與專制之別，在前者以法律為最高之威權，為君臣之所共守，後者為君主最高之威權，可以變更法律。持此以為標準，則先秦固無真正之法治思想，更未嘗有法治之政府。秦自孝公（前361-前338）以來即用商、韓之法。吾人若加以分析，其重要之條目不外尊君重國，勤農務戰，嚴刑必罰，明法布令諸事。其中無一端足認為法治之主旨。前二者故無待論。嚴刑明法，似與法治有關。然商、韓所謂重刑，李斯所謂深督，皆失法律之平，為近代法治之所不許。明法布令，制定條文，而宣示大眾，又為任何政體中不可或缺之政事。以此為法治，則凡政府皆法治，豈秦之所得專美。章炳麟（西元1868-1936）謂中國二千餘年中無法治，「獨秦制本商鞅，其君亦世守法。」[35]其致誤之由，殆在不明法治之真諦，[36]而有意揚始皇以抑漢唐之主。吾人平心一繹史文，則始皇李斯相與為治者何其多近章氏所謂「武斷」，而不覩「聽法」之迹也。

　　抑吾人又有進者，商、韓之專制思想，嬴秦之專制政府，貌似法治，而實

---

34 〈行督責書〉中語。

35 《太炎文錄》一，〈秦政記〉。

36 然章氏於人治法治之別則言之甚晰。《文錄》一，〈非黃〉曰：「凡政惡武斷。武斷與非武斷者則聽法尚賢為之分。」

與法治根本不相容。專制為君本位之思想，法治為法本位之思想，吾人已屢言之。專制既以吾意為最高之標準，則法律不過為佐治之工具。君主可隨意更定條文，則法律無限君之力量。「趙高故嘗教胡亥書及獄律令法律」，[37]足見二世非不知法者。然即位未久，即用高言「更為法律」[38]以遂其自恣之私欲。故專制政體中之法律，其性質殆近於君主意志之成文紀錄，不能超君意而有效。縱使君能守其自定之法，此亦出於君意之自由，非法律本身具有約束之力量也。法治以法律為最高之標準，君主乃行法之機關。故立憲之君主不僅無任意更法之權力，且不容有違法之行為。即在歐洲中世法治思想盛行，專制尚未發達之時，法、德諸國之君，亦受所謂根本大法之限制。有違背者，貴族每起而糾彈抗拒之。[39]其權有限，非如二世之「得肆意極欲」，「獨制於天下而無所制」。綜上所言，足見專制與法治乃相反之兩種政體，[40]依據法家思想以建立之秦政乃專制而非法治，而秦之覆亡乃專制之失敗，非法治之失敗，其事愈明。夫以秦之任法猶不足以為法治。漢唐至明清諸代則並此任法之政策亦廢。然則二千年中何嘗一見法治之政體乎？

37　《史記》卷六。

38　《史記》卷八七。

39　法治只能在兩種環境之下實現。一為貴族政治，一為立憲政治。蓋以貴族有抵抗君權之實力，法律亦限制君意之利器。貴族藉法律以自保其利益，法治每憑之以樹立也。立憲政府之一切職權胥以法律劃定（即無明文規定，亦有習慣或成例之界限）。不僅憲法高於一切，即尋常之法律亦不容政府任意違反。近世之憲政乃法治最高之表現，貴族抗君之法治則為其雛形也。英國之憲法史正可作法治由貴族抗君以進於君主立憲之著例。中國古無法治，殆由於歷史上之偶然因緣。春秋以前之宗法社會，以禮相維，尚與法治相貌似。春秋時禮變為法，貴族尚在，似有發生法治之可能。所惜貴族多愚昏縱恣，權臣輒侵君奪位，尊君之需要大於限君。故孔荀言禮，管商言法，皆注意於裁抑貴族與權臣。於是法律反成為尊君之工具。及階級蕩平，小民既無抗君之勢，任法思想遂轉為純粹之專制思想。故中國古代實行法治之惟一機會消逝於春秋時代。至始皇之時則早已無復適行法治之環境矣。參本書第六章註74-79。

40　梁啟超《先秦政治思想史》第十三章認法家思想為「法治主義」，第十四章又以「勢治」為「專制」，「術治」為「人治主義之一種」，皆與法治相反背（專集本，頁138-9）。蓋梁氏以「任法」與「法治」相混。第十六章謂「法家最大缺點在立法權不能正本清源」，而以君意定法。「欲法治主義言之成理，最少亦須有如現代所謂立憲政體者以盾其後」（頁148-9），此則大致不誤。至其謫法治主義「以道家之死的、靜的、機械的、唯物的人生觀為立腳點」（頁154），則不僅誤會道法之關係，且未能了解任法思想之真意義矣。

第三節　法家思想之餘波

依現存之文獻以為斷，韓非乃發展法家理論之後勁，李斯為實行法家政術之殿軍。秦亡之後，歷朝君臣既無行純粹任法之政治者，[41]而申、韓之學術亦終止理論上之進展。其後學及私淑在漢時雖頗有其人，如河南守吳公、張叔、晁錯、樊曄、周紆、陽球等殆皆學有師承，[42]此外言行合於尊君重刑諸旨者，為數尤夥。然皆襲前人之成說，以應當世之實用。不復致意於著書，[43]亦無觔新之見解。雖其勢力尚大，上為天子所好，下與儒學爭雄，遠勝於墨家之頓歸衰歇。而就思想史之觀點以論，則漢之刑名，不過申、韓之餘波，澤猶未斬，已無復川淵之含蘊。以視墨學，五十與百步之差耳。

漢代申、韓後學似有任法、重刑、擁專制、圖富強之數派。趙禹「據法守正」，[44]武帝時以刀筆吏仕至大中大夫，與張湯論定諸律令，[45]開用法深刻之風氣。為人廉平，「絕知友賓客之請」。吏務為嚴峻過度，而禹為少府，治反加緩，以求其平。[46]綜禹所行，足為任法者之楷模。此外如郅都，景帝時為中

41　孝文帝雖「本好刑名之言」（《史記》卷一二一〈儒林傳〉），其治則大體用黃老。宣帝「信賞必罰，綜核名實。」（《漢書》卷八〈宣帝紀贊〉）「所用多文法吏，以刑名繩下。」然對太子諫則曰：「漢家自有制度，本以霸王道雜之，奈何純任德教，用周政乎？」（同書卷九〈元帝紀〉）宣帝亦非純任法也。此後則魏武帝與蜀相諸葛亮之治最近法家。以視始皇李斯，亦不同也。

42　吳公文帝時人，「故與李斯同邑而嘗學事焉」（《史記》卷八十〈賈誼傳〉）；張叔「孝文帝時人，以治刑名言事太子」（同書，卷一〇三〈張叔傳〉）；晁錯「學申商刑於軹張恢先所」（同書，卷一〇一，本傳）；樊曄光武帝時人，「政嚴猛，好申韓法」（《後漢書》卷一〇七〈酷吏傳〉）；「周紆和帝時人，為人刻削少恩，好韓非之術」（同上）；陽球靈帝時人，「性嚴厲，好申韓之學」（同上）。

43　《漢書・藝文志》法家有《晁錯》三十一篇為例外，惜失傳。然觀其現存之言論，既非純法，亦無新說。

44　《史記》卷一二二〈酷吏列傳〉贊。《漢書》卷九〇同。

45　漢初律令幾經增定，益趨細密。高祖入關，約法三章，為漢律之始。蕭何為丞相，「攈摭秦法，作律九章。」（《漢書》卷二三〈刑法志〉）叔孫通又益律所不及為《傍章》十八篇（《晉書・刑法志》）。武帝時，「招進張湯趙禹之屬，條定法律，作見知故縱監臨部主之法。」其後禁網寖密，律凡三百五十九章（《漢志》）。此皆實用之法典，性質與春秋時刑書刑鼎略同，非學術思想也。

46　《史記》卷一二二及《漢書》卷五九〈張湯傳〉，卷九〇〈酷吏傳〉。

尉，「行法不避貴戚。列侯宗室見都側目而視，號曰蒼鷹。」寧成繼都為中尉，亦效奴治。義縱武帝時為長安令，「直法行治，不避貴戚。」[47]董宣光武帝時為洛陽令，按治湖陽公主蒼頭殺人罪。主告上，欲殺之。宣曰：「陛下聖德中興，而縱奴殺良人，將何以理天下乎？」[48]凡此諸人，所行均深得商子「刑無等級」之旨。而董宣對光武之言尤與管子「令之行也必待近者之勝」一語相契。至於文帝時名臣張釋之雖反對秦治苛察，其思想顯與商、韓異趣，然為公車令則劾太子與梁王違制乘車不下司馬門，其意與韓子所記楚莊王廷理糾正太子違犯「茅附之法」一事相類，後為廷尉，復不任文帝越法誅中渭橋犯駕及高廟盜環者，竟以《管子》「不為君欲變其令，令尊於君」之理想見諸實行。觀其對文帝之言曰：「法者天子所與天下公共也。今法如此而欲重之，是法不信於民也。」[49]此任法之要義，自李斯以專制亂之，久歸湮沒。不圖張氏學非申、韓，乃能大明之也。

漢代實行商子「重刑罰輕罪」之主張者，較遵奉管子守法之教者為多。〈酷吏傳〉之所載，大半為其同道。其較著者如義縱為定襄太守，一日殺四百餘人，「郡中不寒而慄。」[50]王溫舒為河內太守，殺人「至流血十餘里。」「郡中毋聲，毋敢夜行，夜無犬吠之盜。」[51]嚴延年為河南太守論囚，「流血數里，河南號曰屠伯。令行禁止，郡中甚清。」[52]「王吉為沛相，凡殺人皆磔屍車上，隨其罪目，宣示屬縣。夏日腐爛，則以繩連其骨，周徧一郡乃止。見者駭懼。視事五年，凡殺萬餘人。」[53]此皆酷吏之尤，視商君渭水盡赤之事，殆有過之。

酷吏已不足語法治，[54]而崇君主擁專制者更多陽任法而陰枉法，張湯、杜

47　《史記》卷一二二及《漢書》卷九〇。

48　《後漢書》卷一〇七〈酷吏傳〉。光武既不罪宣，使謝主，宣不肯。帝使人彊抑之，終不俯。主曰：「文叔為白衣時藏亡匿死，吏不敢至門。今為天子，威不能行一令乎？帝笑曰：天子不與白衣同。因勑彊項令出。」宣博擊豪強，莫不震慄，京師號為「臥虎」。

49　《史記》卷一〇二本傳。《漢書》卷五〇同。

50　《史記》卷一二二。《漢書》卷九〇同。

51　同註50。義、王皆武帝時人。

52　《漢書》卷九〇。嚴宣帝時人。

53　《後漢書》卷一〇七。王吉靈帝時人。

54　《後漢書·酷吏傳序》曰：「漢承戰國餘烈，多豪猾之民。其兼并者則陵橫邦邑，桀健者則

周殆其渠魁也。杜周為武帝廷尉，「善候伺，上所欲擠者因而陷之。上所欲釋者，久繫待問，而微見其冤狀。客有讓周曰：君為天下決平，不循三尺法，專以人主之意指為獄。獄者固如是乎？周曰：三尺法安出哉。前主所是著為律，後主所是疏為令。當時為是，何古之法乎？」[55]張湯所行，與此相似。「湯為廷尉決獄，鄉上意所便。」「即上意所欲罪，予監吏深刻者。即上意所欲釋，予監吏輕平者。」此皆暗襲李斯逢迎君主之故技，與趙禹張釋之等之守法不阿相反背。而迹湯所行，又有甚於周者。史稱「禹志在奉公孤立，而湯舞知以御人。」湯調護親友，「交通賓客」，「造詣諸公，不避寒暑。」「深刻吏多為爪牙，用者依於文學之士。」養譽營私，樹勢邀寵，為御史大夫時至於「丞相取充位，天下事皆決於湯。」[56]此正韓非所謂「擅主之臣」，「順人主之心以取親幸之勢者也。」[57]為明主之所當誅。是湯之擁護專制，又大異於商君相秦，多為君國之利益著想。[58]雖然，合於法家尊君標準之忠臣，漢世未嘗無之。如郅都誅殺豪強，不營私利，嘗謂「已倍親而仕身，固當奉職死官下，終不顧妻子矣。」[59]此則並非杜、張所及也。[60]

漢世言農兵富強者先有文帝時之晁錯，而武帝時張湯、桑弘羊等繼之。晁錯謂欲「國富法立，必使民務農。」「欲民務農，在於貴粟。貴粟之道，在於使民以粟為賞罰。今募天下入粟縣官，得以拜爵，得以除罪。」始則入粟塞上以備邊。邊食足支五歲，又入粟郡縣以裕民。文帝從其言，卒致富庶。[61]錯又為文帝畫屯兵備禦匈奴之策，以為「塞下之民祿利不厚，不可使久居危難之

雄張閭里。且宰守曠遠，戶口殷大。故臨民之職，專事威斷，族滅姦軌，先行後聞。」是酷吏亦適應環境之需要，惟非法治耳。又酷吏盛於武帝時，高祖文帝時均尚寬簡。范序所言，似漢初已專事威斷，易起誤會，宜辨。

55 《史記》卷一二二。《漢書》卷六〇本傳同。

56 《史記》卷一二二。《漢書》卷五九本傳同。

57 〈姦劫弒臣十四〉。

58 張湯營私，其志獨在權勢。杜周阿主，則兼圖富貴。故湯死後家產直不過五百金。而周「初徵為廷史，有一馬且不全。及身久任事，至三公列，子孫尊官，家貲鉅萬矣。」

59 《史記》卷一二二。《漢書》卷九〇同。

60 章炳麟《檢論》三，〈原法〉引桓範《世要論‧辨能篇》，略謂商韓任刑名為伊周之罪人。寧成郅都縱殘殺，順君意，又商韓之罪人。然其抑強撫孤，背私立公，尚有可取。「晚世之所謂能者，乃犯公家之法赴私門之勢。」是又商韓寧郅之罪人。似可移作周湯之讞。

61 《漢書》卷二四上〈食貨志上〉。

地。」故宜以高爵重賞募罪人，奴婢及良民徙邊擊虜。且為之營邑立城，界田築室，使「民至有所居，作有所用。」立伍里連邑自治之組織，以教戰睦民。[62]凡此殆略襲《管子》鄉里之制及商子市利歸農，邊利歸兵之法，而加以變通者。張桑輩之言利，則重在理財，略似《管子》「輕重」之意，顯與商君異趣。張湯「請造白金及五銖錢，籠天下鹽鐵。排富商大賈，出告緡令，鉏豪強并兼之家，舞文巧詆以輔法。」[63]桑弘羊請郡縣置均輸鹽官，「令遠方各以其物貴時商賈所轉販者為賦，而相灌輸。置平準於京師，都受天下委輸。召工官治車，諸器皆仰給大農。大農之諸官盡籠天下之貨物。貴即賣之，賤則買之。如此富商大賈無所牟大利，則反本而萬物不得騰踊。故抑天下物，名曰平準。」[64]武帝開邊建告諸費，得有所資，則桑大夫之功為不可沒也。

第四節　法、儒之爭勝與合流

吾人頃言漢代法家雖已終止學術上之發展而猶與儒爭勝。今日文獻不豐，詳情難考。其大略則可從舊籍中窺見二一。《史記》載黃生與轅固生論湯武事於景帝前。轅固據齊《詩》之旨，以湯武為得民而受命。黃生則謂「湯武非受命，乃弒也。」蓋命臣之義絕對不容紊亂。「冠雖敝必加於首，履雖新必貫於足。何者？上下之分也。今桀紂雖失道，然君上也，湯武雖聖，臣下也。夫主有失行，臣下不能正言匡過以尊天子，反因過而誅之，代立踐南面，非弒而何也？」[65]按征誅之義，為儒家之所共執。雖以荀子之尊君猶承認「桀紂無天下而湯武不弒君」，[66]而黃生所言又與韓非「堯舜湯武或反君臣之義」[67]一語根本相合，則黃轅爭論為法儒思想衝突之一例，殆無可疑。

然漢代儒法衝突最詳之紀錄，無過桓寬之《鹽鐵論》。[68]寬以治公羊春秋

62　《漢書》卷四九，本傳。

63　《漢書》卷五九，本傳。

64　《史記》卷三〇〈平準書〉。桑亦主入粟拜爵贖罪。

65　《漢書》卷八八，〈儒林列傳〉同。冠履二句顏師古注謂出《六韜》。

66　〈正論〉。

67　〈忠孝〉。

68　鹽鐵之始末大概可參歐宗佑〈鹽鐵均輸之由來及性質〉（《中山大學歷史語言研究所週刊》

之儒於宣帝時追述昭帝始元六年（西元前81）[69]儒、法兩家之爭辯，既非實紀當時之言詞，[70]且亦偏袒儒家，有失公正。[71]然鹽鐵之議確為史實，而書中所舉雙方辯論之內容亦確能代表西漢中葉法儒思想之正面衝突。蓋《鹽鐵論》中之爭議，雖經桓寬推衍增廣，而參加辯論之人，今猶略可考見。寬去始元未久，豈能向壁虛造以誣逝世未久之古人乎？[72]書中討論鹽鐵等事因及政治原則，反覆攻駁逾百餘次。立言不盡扼要，語意復有重出。不合邏輯之處亦數見不鮮。綜括要點，不外（一）文教與武功，（二）農本與工商，（三）仁義與功利，（四）刑法與道德等數端。雙方所主均不出先秦儒、法思想之範圍。茲分別略舉其說如下。

　　文學首提罷鹽鐵、酒榷、均輸之議。大夫答之，以為諸事為征備匈奴軍費所資，罷之不便。文學曰：「古者貴以德而賤用兵。孔子曰：遠人不服，則修文德以來之。既來之，則安之。今廢道德而任兵革，興師而伐之，屯戍而備之。暴兵露師，以支久長。轉輸糧食無已，使邊境之士饑寒於外，百姓勞苦於內。立鹽鐵，始張利，官以給之，非長策也。」[73]此種「仁者無敵」之理想決非法家所能接受。故大夫反駁曰：「昔徐偃王行義而滅，好儒而削。」[74]「周室修禮長文，然國窮弱不能自存。」「秦既并天下，東絕沛水，并滅朝鮮，南取陸梁，北卻胡狄，西略氐羌。立帝號，朝四夷。舟車所通，足迹所及，靡不

一卷七期），張純明〈鹽鐵論之政治背景〉（《南開大學經濟季刊》一卷二期）。本章所引據王先謙校刊小識改正。

69　當前81年。宣帝在位當前73-49。

70　《漢書》卷六六〈車千秋傳〉贊曰：「所謂鹽鐵議者，起始元中，徵文學賢良，問以治亂，皆計願罷郡國鹽鐵酒榷均輸。」御史大夫桑弘羊以為所以安邊境，制四夷，國家大業，不可廢也。當時相詰難，頗有其議文。至宣帝時汝南桓寬「推衍鹽鐵之議，增廣條目，極其論難，著數萬言，亦欲以究治亂成一家之法焉。」

71　《藝文志》以此論入儒家。全書六十篇，一至四十一為正式辯論，其結果為大夫等之敗北。四十二至五十九為罷議後之詰難，其結果又為公卿之屈服。第六十篇寬託「客曰」以著其排法尊儒之意見。

72　據《漢書》及論代表官方者為丞相（車千秋），御史大夫（桑，多簡稱大夫），丞相史及御史。大夫發言最多，丞相始終緘默。文學賢良預議者六十餘人。中有茂陵唐生，魯國萬生，中山劉子雍，九江祝生。桑，昭帝元鳳元年誅死（前80）。文學賢良中至寬時殆猶有存者。

73　〈本議一〉。

74　〈和親〉。

畢至。非服其德，畏其威也。力多則人朝，力寡則朝於人矣。」[75]文學於此亦殊少妙論以折之，惟有秦祚短促以反證「禮讓為國者若江海流彌久不竭」而已。

　　大夫見軍事上之理由不能定論，乃從經濟上說明其政策之需要。「古之立國者開本末之途，通有無之用。」「故工不出則農用乖，商不出則寶貨絕。」「鹽鐵均輸所以通委財而調緩急。」[76]此便民之利一也。「王者塞天財，禁關市，執準守時，以輕重御民。豐年歲登，則儲積以備乏絕，凶年惡歲，則行幣物流有餘而調不足也。」「往者財用不足，戰士或不得祿。今山東被災，齊趙大饑。賴均輸之蓄，倉廩之積，戰士以奉，飢民以賑。故均輸之物，府庫之財，非所以賈萬民而專奉兵師之用，亦所以賑困乏而備水旱之災也。」[77]此濟民之利二也。「善為國者，天下之下我高，天下之輕我重。以末易其本，以虛蕩其實。今山澤之財，均輸之藏，所以御輕重而役諸侯也。汝漢之金，纖微之貢，所以誘外國而釣羌胡之寶也。」[78]此富國之利三也。「燕之涿薊，趙之邯鄲，魏之溫軹，韓之滎陽，齊之臨淄，楚之宛陳，鄭之陽翟，三川之二周，富冠海內，皆為天下名都。非有助之耕其野而田其地者也。居五諸侯之衢，跨街衝之路也。故物豐者民衍。宅近市者家富。富在術數，不在勞身。利在勢居，不在勞耕也。」蓋國家不必務農而可以致富，亦不必節用以為高。「古者宮室有度輿服以庸。采椽茅茨，非先王之制也。君子節奢刺儉，儉則固。」[79]此工商之利四也。「交幣通施，民事不給，物有所并也。計本量委，民有饑者，穀有所藏也。智者有百人之功，愚者不更本之事。人君不調，民有相妨之富也。此其所以或儲百年之餘，或不厭糟糠也。民太富則不可以祿使也，太彊則不可以威罰也。非散聚均利者不齊。」[80]且「家人有寶器，尚函匣而藏之，況人主之山海乎？夫權利之處必在深山窮澤之中，非豪民不能通其利。異時鹽鐵未

75　〈誅秦四四〉。參〈險固〉、〈備胡〉、〈地廣〉、〈結和〉等篇。「力多」二句見《韓非子・顯學》。

76　〈本議〉。

77　〈力耕二〉。

78　〈力耕二〉。

79　〈均通有三〉。

80　〈誤幣四〉。「民太富」句似本《管子・侈靡》：「甚富不可使」。

籠，布衣有胸邸，人君有吳王，皆鹽鐵初議也。」「太公曰：一家害百家，百家害諸侯，諸侯害天下，王法禁之。今放民於權利，罷鹽鐵以資暴強，遂其貪心。眾邪群聚，私門成黨，則彊禦日以不制，而并兼之徒姦形成也。」[81]故必須設平準：「籠天下鹽鐵之利以排富商大賈」，[82]「然後山海有禁而民不傾，貴賤有平而民不疑。」[83]此齊民之利五也。

　　文學賢良於此諸理由，一一加以駁斥。其主要之說為傳統之農本思想，認耕稼為唯一之富源。欲濟其水旱困乏，亦無他術，惟在力耕蓄穀，寡欲節用。遠方珍異之物，無救饑寒，乃君子之所不取。[84]至於齊民利國之計，亦似是而實非。「天子藏於海內」，則山海不應有禁。且「秦、楚、燕、齊土力不同，剛柔異勢。巨小之用，居句之宣，黨殊俗易，各有所便。縣官籠而一之，則鐵器失其宜而農民失其便。」[85]「總其原，壹其價，器多堅硻，善惡無所擇。吏數不在，器難得。家人不能多儲，多儲則鈇生。棄膏腴之日遠市田器則後良時。鹽鐵價貴，百姓不便。貧民或木耕手耨，土耰淡食。鐵官賣器不售，或賦與民。」[86]凡此足見官山海之政策病民而未必利國。抑文學等反對鹽鐵諸政之根本理由尚不在其施行利與不利，而在否認功利為政治之目的。大夫曰：「秦任商鞅，國以富強。」[87]此極端之功利主義也。文學於發議之始即謂「竊聞治人之道，防淫佚之原，廣道德之端，抑末利而開仁義，勿示以利，然後教化可興而風俗可移也。」蓋「導民以德則民歸厚，示民以利則民俗薄。」[88]由此可知「禮義者國之基也，而權利者政之殘也。」[89]「故天子不言多少，諸侯不言

81　〈禁耕五〉。此亦襲《管子》官山海、抑豪強之意。

82　〈輕重十四〉。

83　〈禁耕五〉。

84　均據〈本議〉，〈力耕〉及〈通有〉。

85　〈禁耕〉。

86　〈水旱三十六〉。《漢書》卷二四下〈食貨志下〉，記卜式為御史大夫，「見郡國多不便縣官作鹽鐵器，苦惡價貴，或彊令民買之。」（卷五八〈卜式傳〉略同）足證此所言非真如公卿奏詞所斥「不明縣官事」也。

87　〈非鞅七〉。

88　〈本議〉。

89　〈輕重〉。

利害，大夫不言得喪。」[90]仁義足以化民，焉用桑大夫「以心計策國用」乎？

雙方詰難之又一要點為刑法德教。大夫盛讚商君治秦，「立法度，嚴刑罰，姦偽無所容。」[91]蓋以「民者敖於愛而聽刑。」「故人君不畜惡民，農夫不畜無用之苗。」「鉏一害而眾苗成，刑一惡而萬民悅。」賢良不否認刑法之當有，而相信其不必用。故曰：「古者篤教以導民，明辟以正刑。刑之於治，猶策之於御也。良工不能無策而御，有策而勿用。聖人假法以成教，教成而刑不施。」為人上者當先白正其身，不當督責民之過失。「故民亂反之政，政亂反之身。身正而天下定。」[92]雖然，此論能否成立，一視人民是否可以服教化善。大夫假定人性由於天賦，不能改移。故絕對否認教化之效。[93]蓋「賢不肖有質而貪鄙有性。君子內潔己而不能純教於彼。」以周公子產之聖賢猶不能化管、蔡、鄧析之邪偽。豈當以庶民之為非一一責之有司乎？賢良於此似無滿意之答覆，僅堅持「上之化下，若風之靡草」，而以刑一正百解管、蔡、鄧析之誅而已。[94]

大夫襲商子之教，又主嚴刑。其言曰：「令者所以教民也，法者所以督姦也。令嚴而民慎，法設而姦禁。綱疏則獸失，法疏則罪漏，罪漏則民放佚而輕犯禁。故禁不必，法大徽倖。誅誠蹢躅不犯。」此種主張尤為文學等所難接受。其反對之理由為「法令眾，民不知所避。」其證據為「秦法繁於秋荼而綱密於凝脂。然而上下相遁，姦偽萌生。」「方今律令百有餘篇，文章繁，罪名重。郡國用之疑惑，或淺或深自吏，明習者不知所處，而況愚明乎？律令塵蠹於棧閣，吏不能徧覩，而況於愚民乎？此斷獄所以滋眾而民犯禁滋多也。」[95]

頃述詰難之語，皆就禁止之環境立言。御史更就時代需要以為法家辯護曰：「夫善為政者弊則補之，決則塞之。故吳子以法治楚魏，申商以法彊秦韓

90　〈本議〉。

91　〈非鞅〉。〈大論五九〉亦曰：「夫治民者若大匠之斲，斧斤以行之，中繩則止。」下文稱杜大夫（周）王中尉（溫舒）之治而斷之曰：「治者因法。」

92　〈後刑三四〉。

93　〈毀學〉曰：「司馬子言，天下穰穰，皆為利往。趙女不擇醜好，鄭嫗不擇遠近，商人不醜恥辱，戎士不愛死，力士不在親。事君不避其難，皆為利祿也。」此暗示人之「性惡」。

94　〈疾貪二三〉。殊路曰：「性有剛柔，形有好惡，聖人能因而不能改。」亦否認教化之用。

95　〈刑德五五〉。

也。」[96]大夫亦申為治寬猛，「異時各有所施」之義，而謂「俗非唐虞之時，而世非許由之民，而欲廢法以治，是猶不用隱括斧斤，欲撓曲直枉也。」[97]文學加以反駁，認定申、商之治，乃「煩而止之，躁而靜之，上下勞擾而亂益滋。」不能治標，反傷其本。欲救一時之弊，致壞長久之基。故申、商決不可用，而當效法聖人。「聖人從事於未然，故亂原無由生。」[98]德教既立，又何弊之待救乎？

　　觀《鹽鐵論》所述漢代儒、法之爭，不僅思想衝突，感情亦至決裂。故預議者互詆對方之人格，[99]互毀對方之宗師。[100]似乎各趨極端，無可調協。然一考事實，則又不盡然。蓋漢代政治始終兼用儒法。二家勢力有起伏而無廢絕。朝廷之政治如此，則士大夫有意仕進者自不免兼取二術以求易售。其著者如「張湯決大獄，欲傅古義，乃請博士弟子治《尚書》、《春秋》，補廷尉史，亭疑法。」[101]此任法而飾以儒學之例。董仲舒以經義斷獄，作《春秋決事比》，[102]此以儒術應用於刑法之例。至如賈誼晁錯諸人，兼受孔、孟、申、商之學，[103]尤為儒、法合流之明證。二家皆致用之學，呈此混雜之現象，乃專制天下環境中自然之結果，不足異也。

96　〈申韓五六〉。

97　〈大論五九〉。

98　分見〈申韓〉、〈大論〉。

99　可閱〈褒賢〉、〈相刺〉等篇。

100如〈論儒〉、〈非鞅〉。

101《史記》卷一二二。《漢書》卷五九同。《史記》卷一二二〈公孫弘傳〉，弘少為獄吏，年四十餘乃學春秋雜說。「習文法吏事而又緣飾以儒術」。似可與湯並論。

102書已久佚。陳立《公羊義疏》卷文公十七年「夫人姜氏歸於齊」注引《御覽》卷所存一事曰：「甲夫乙將船，會海盛風，船沒，溺流死亡不得葬，四月甲母丙即嫁甲。欲皆何法？或曰：甲夫死未葬，法無許嫁。以私為人妻，當棄市。議曰：臣愚以為《春秋》之義言夫人歸于齊，言夫死無男，有更嫁之道也。婦人無專制擅恣之行，聽從為順。嫁之者歸也。甲又尊者所嫁，無淫之心，非私為人妻也。明於決事皆無罪，不當坐。」

103《史記》卷一三〇，「賈生晁錯明申商。」賈誼《新書》《漢志》列儒家。晁錯學申、商刑名，又受伏生《尚書》（《漢書》卷四九）。其言論見於史傳及〈食貨志上〉（《漢書》卷二四上）者顯然混雜儒、法。以無新說，不述。

第九章

賈誼至仲長統

第一節　儒學之復興

　　儒家思想至漢代取得正統學派之地位。此人所共知，無待贅述。然吾人如襲舊說，謂秦滅古學，至漢驟興，則又與事實不盡相符。夏曾佑謂秦漢兩朝為「中國文化之標準」，[1]蓋漢制固多因秦，而所採文化政策亦有相似之處。自荀子論秦治以任法無儒為其所短，[2]後人遂視為定論，相緣不改。實則始皇混一之後，既不真行法治，亦未摒棄儒術。始皇二十八年（前219）行郡縣，「與魯諸儒生議刻石訟秦德，議封禪望祭山川之事。」三十四年（前213），「置酒咸陽宮博士七十人前為壽。」博士雖不必皆儒者，然觀扶蘇諫坑咸陽諸生謂「皆誦法孔子」，[3]可知始皇所用儒者數不在少，而叔孫通「秦時以文學徵待詔博士」。二世間陳勝兵起，召博士諸儒問之，通亦預議，[4]足徵始皇坑儒，不過死咸陽犯禁者諸生四百餘人，非盡數屠殺廢禁。至於會稽及他處刻石，本一統同文之意，為防民正俗之詞，[5]尤為始皇用儒之明證。焚書之舉，不過恐私學亂教，[6]非欲消滅儒術也。考嬴秦任法廢儒之政治，實與孝公商君相終始。惠、昭致力於攻伐，尚承繼農戰之國策。呂不韋（死於前235年）相莊襄王，招客著書，始明背商君舊教，容納詩書游談之士。及至始皇吞滅六

1　《中國古代史》頁226。

2　〈彊國十六〉。

3　《史記》卷六〈始皇本紀〉。

4　《史記》卷九九，本傳。《漢書》卷三四同。

5　文見《史記》卷六。此顧炎武說，見《日知錄》卷十三。

6　已詳本書第八章註31。

國，樹立一統專制之政權，知「儒術為最便於專制之教」，[7]於是取以緣飾政事，且禁私學，而令博士壟斷天下之學術。故始皇之治，兼用法、儒。上背孝公之舊制，下與武帝相契合。所不同者，始皇以任法為主，列儒術為諸子之一，武帝尊孔子為宗師，用管、商以佐治而已。

雖然，始皇既禁私人論學，項羽復焚咸陽官書（時在前206年），先秦學術確有中衰之勢。所幸百家之遺編後學，猶有存者。陳涉稱王，魯諸儒持孔氏之禮器往歸之，而孔甲（孔子第八代孫）為其博士。[8]叔孫通以秦博士迭事項梁、懷王、項王、漢祖。[9]他如酈食其、陸賈輩皆以秦儒佐高祖定天下。[10]惠帝四年（前191）除挾書之律，[11]一反秦代消極統制之政策，而逐漸入於積極之提倡。文景時韓生、轅固生治《詩》為博士。董仲舒、胡母生治《春秋》為景帝博士。文帝使晁錯就故秦博士伏生受《尚書》。[12]蓋儒學勢力在漢初之五十年中顯已開始進展。至武帝時用丞相衛綰言，罷賢良治申韓蘇張之言者。建元五年（前136）復置五經博士。[13]公孫弘以治《春秋》白衣為天子三公，封平津侯，而天下之學士靡然嚮風。[14]五經立為官學，民間不禁講習。詩書可致利名，經術足文吏事。經此種種鼓勵，儒術遂臻空前之盛況。

漢代儒學大體雖襲先秦之舊，然亦非絕無變動。兩京四百年間之儒家政治思想似可按其內容變遷之大概，分為下列三期。第一期約當高、惠、文、景四朝。此六十年中黃老頗盛，儒家亦不免受其影響而兼尚無為。賈誼其最著之代表也。第二期自武帝迄於王莽，為時約百六十年。儒家至此雖已脫黃老之羈絆，獨尊於世，然其內容已非先秦之純儒而大異於孟荀。始則與陰陽五行之言相揉雜，終之以符命讖緯之迷信。董仲舒其聲名最著之大師也。第三期約當後漢之二百年。其時朝廷猶信圖讖禎祥，而一部分之儒者則已對之發生反感，於

7　夏曾佑前書，頁256。
8　《史記》卷一二一〈儒林列傳〉。《漢書》卷八八略同。
9　《史記》卷九九。
10　《史記》卷九七本傳。
11　《漢書》卷二〈惠帝紀〉。
12　《史記》卷一二一。
13　《漢書》卷六。
14　《史記》卷一二一。《漢書》卷八八文小異。

是放棄妖言，崇尚實際。即或宗述天人，大旨亦歸於人事。然而儒學至此，勢已衰微。強弩之末，更鮮生氣。言治術則重匡救，對專制亦漸抱悲觀。中葉以後之王符、荀悅、仲長統等乃此期較著之代表。此外儒生，如叔孫通、公孫弘之流不過曲學阿世，[15]在孔門為干祿小人之儒，不足以語學術思想。

第二節　賈誼（前200-前168）

秦以任刑黷武得天下，享祚不及四十年。漢初人士引為前車之鑑，每欲矯正其失。鍼對煩苛之弊，故行黃老之無為。鍼對刑殺之弊，故道儒家之仁義。就其大體言之，漢初六十年中之政治思想乃軼、斯政治失敗後之反動思想。賈誼即生此時代之中，調和孔、孟與黃老以成一家言者也。誼，雒陽人，少通諸子百家之書，以廷尉吳公薦，文帝召為博士。一歲中超遷至大中大夫。屢進計議，又勸改制，悉更秦法。為周勃、灌嬰、張相如、馮敬之屬所排，不得大用，出為長沙王及梁懷王太傅，悒鬱以死。時文帝十二年，得年三十三歲。[16]所著書三十八篇，[17]《漢志》列入儒家。《史記》有「賈生、晁錯明申、商」之語，[18]又為吳公所重，後有以之入法家者。[19]吾人一按其言論即知賈生之政治思想以孔、孟為主幹而參取黃老。雖偶有近於刑名陰陽之處，並非其立言之宏旨。史文明言其通百家之書。故嚴格言之，其學當入雜家，[20]不可與晁桑並論。

15　叔孫通為秦博士，二世問山東兵亂，通迎合其意以對，全身亡去，此後歷事多君，「皆面諛以得親貴」。既為高祖定朝儀，其徒百餘人得為郎賜金，皆喜曰：「叔孫生誠聖人也，知當世之要務。」（《史記》卷九九本傳）「公孫弘治《春秋》不如董仲舒，而弘希世用事，位至公卿。董仲舒以弘為從諛，弘疾之。」屢加譖害（《史記》卷一二一）。

16　《史記》卷八四，本傳，《漢書》卷四八文略同。汪中（西元1745-1795）《述學》內篇三，推定誼生於高祖七年（前200年）

17　今存五十六篇，《新唐志》始題曰《新書》。自宋以來即多疑之者。姚鼐至斥為「妄人偽為」。《四庫提要》以為後人編錄，「其書不全真，亦不全偽。」近人余嘉錫《四庫提要辨證》補正此說，似較近事實。張心澂《偽書通考》下，頁634-7。

18　卷一三〇〈自序〉。

19　如姚舜欽《秦漢哲學史》第一編第三章。

20　《宋志》始列入雜家。

　　賈生論政，以民為其最後之目的，以道為其最高之原理。〈大政下〉曰：「夫民者諸侯之本也。教者政之本也。道者教之本也。」民本之說，實遠承孟子。誼加以發揮而其義更顯。〈大政上篇〉之言最為暢曉。其略曰：「聞之於政也，民無不為本也。國以為本，君以為本，吏以為本。故國以民為安危，君以民為威侮，吏以民為貴賤。」蓋政府之職守，在圖人民之康樂，而君國之安危，一繫於民心之向背。「夫民者為君者有之，為人臣者助君理之。故夫為人臣者以富樂民為功，以貧苦民為罪。故君以知賢為明，吏以愛民為忠。」君明臣忠則民心歸之。君臣不盡厥職則必為兆民所棄。然則民不僅為政治之最後之目的，亦即政治上之最後權威。君主之本身，並無絕對之尊貴。「故紂自謂天王也，桀自謂天子也。已滅之後，民以相罵也。以此觀之，則位不足以為尊，而號不足以為榮矣。故君子之貴也，士民貴之，故謂之貴也。故君子之富也，士民樂之，故謂之富也。」抑士民之賞罰，殊不限於名號之予奪，而並操存亡之柄。「民者大族也」，「多力而不可敵」。「自古及今，與民為讎者，有遲有速，而民必勝之。」「故夫菑與福也，非粹在天也，必在士民也。士民之重如此，則其志不可不要。」[21]人君以知賢為明，而知賢莫若聽民。「夫民者雖愚也明。上選吏焉，必使民預焉。故士民譽之，則明上察之，見歸而舉之。故士民苦之，則明上察之，見非而去之。故王者取吏不妄，必使民唱，然後和之。故夫民者吏之程也。」[22]

　　頃間所述民本諸說悉以孟子為依據，並非新剏。然賈生於西漢初年大明其旨，則頗具歷史上之意義。儒、法二家思想之根本區別，在貴民與尊君之點一。尊君思想自申、商見諸實行，至秦更變本加厲，風靡天下，而貴民思想幾成絕學。今賈生重申之於百年之後，正足窺見亡秦政治所激起思想反動之深切。其次，商、韓之學，號為任法而實主專制，其立說正與孟子所謂得民心者相背。賈生欲民唱而君和，則又足表現其對於亡秦專制之反感。孟子謂逃楊必歸於儒。若以政治思想言，則逃韓之尊君專制而歸於孟之貴民，亦勢所難免也。[23]

21　此上並見〈大政上〉。
22　〈大政下〉。
23　由此更可知賈生不應列入法家。

賈生論政體，純襲儒家。其論治術則兼採黃老。誼言「道」為政教之本。「道者所從接物也。其本者謂之虛，其末者謂之術。虛者言其精微也，平素而無設施也。術者所從制物也，動靜之數也。」易詞言之，虛者清靜無為，術者化德正治。「明主者南面而正，清虛而靜，令名自宣，命物自定。」「此虛之接物也。」「人主仁而境內和矣，故其士民莫弗親也。人主義而境內理矣，故其士民莫弗順也。人主有禮而境內肅矣，故其士民莫弗敬也。人主有信而境內貞矣，故其士民莫弗信也。人主公而境內服矣，故其士民莫弗戴也。人主法而境內軌矣，故其士民莫弗輔也。」[24]「此術之接物也。」「虛」無為而「術」有為，二者似相衝突。其關係如何，惜賈生未加解釋。若就五十八篇所言考之，則誼陳治術泰半屬於儒家之範圍。[25]此亦懲秦任法之失，故欲反其道以為治。賈生認定取天下與治天下不同術。秦人緣取術以為治術，故十三年而覆滅。「商君遺禮義，棄仁恩，并心於進取。行之二歲，秦俗日敗。」[26]「秦王懷貪鄙之心，行自奮之智，不信功臣，不親士民，廢王道而立私愛，焚文書而酷刑法，先詐力而後仁義，以暴虐為天下始。」「鄉使二世有庸主之行而任忠賢，臣主一心而憂海內之患，縞素而正先帝之過。」「使天下之人皆得自新，更節循行，各慎其身，塞萬民之望而以盛德與天下，天下息矣。」[27]吾人既知秦人成功之術，即其失敗之因，則治道為何，可以不言而喻。賈生之理想為「移風易俗，使天下回心而向道。」[28]俗吏「不知大體」，不明禮義刑罰之用，而致意於刀筆筐篋。「夫禮者禁於將然之前，法者禁於已然之後。是故法之所用易，而禮之所為生難知也。」然而「以禮義治之者積禮義，以刑罰治之者積刑罰。刑罰積而民怨背，禮義積而民和親。」「道之以德教者，德教洽而民氣樂。毆之以法令者，法令極而民風衰。哀樂之感，禍福之應也。」[29]

　　人民皆知苦樂貧裕之分，而未能自至於仁義智信之德。君上之教，實為政

24　〈道術〉。

25　〈服鳥賦〉，「至人遺物」云云，意近莊子。然此非論政。至其勸文帝「改正朔，易服色，法制度，定官名，興禮樂，色尚黃，數用五。」（《史記》本傳）則幾乎董生技倆矣。

26　《漢書》卷四八，本傳。《新書·時變》文小異，有舛誤。

27　《新書·過秦中》。

28　〈俗激〉。

29　《漢書》卷四八。

治中之要務。「夫民之為言也，瞑也。萌之為言也，盲也。故惟上之所扶而以之，民無不化也。」故民雖「積愚」而無不可治。其關鍵在君上之自正。「苟上好之，其下必化之。」[30]「故君能為善則吏必能為善矣。吏能為善則民必能為善矣。故民之不善也，吏之罪也。吏之不善也，君之過也。」[31]孟子嘗謂「君仁莫不仁，君義莫不義。」「一正君而國定。」賈生此論，實承古學。然孟子第言君身為安危所繫而未嘗注意於保證君身之必正。賈生乃彌補其闕，以教太子為培良君之方法，儒家之人治思想於此遂更趨週密。[32]其言曰：「天下之命懸於太子，太子之善在於早諭教與選左右。心未濫而先諭教則化易成也。開於道術智義之指則教之功也。若其服習積慣則左右而已。」[33]至於訓誨太子及士民之教材，大致以修身齊家孝弟德行為主要。賈生深病秦人破壞家庭倫理之舉，而歸其獄於商君。「秦人家富子壯則出分，家貧子壯則出贅。借父櫌鉏，慮有德色。母取箕帚，立而誶語。抱哺其子，與公并倨，婦姑不相悅，則反唇而相稽。其慈子嗜利，不同禽獸者亡幾耳。」此皆商君相秦二歲之結果。[34]賈生欲矯正其俗，恢復以家族為中心之政治生活。故曰：「事君之道不過於事父」，「事長之道不過於事兄」，「使天下之道不過於使弟，慈民之道不過於愛子」，「居官之道不過於居家」。[35]此家國一理之論，早為吾人所熟知，不待費詞申解。

雖然，吾人慎毋誤會，賈生注重政教合一之人治理想，遂認制度刑法為不必要。孔子正名，荀子謹禮，其旨亦為賈生所服膺。賈生謂「等級分明則下不得疑，權力絕尤則臣無異志。」故治國者當使「貴賤有級，服位有等。等級既設，各處其檢，人循其度。擅退則讓，上僭則誅。建法以習之，設官以牧

---

30 《新書・大政下》。〈六術篇〉以仁義禮智信樂為人本性所有之「六行」。然「凡人弗能自至。是故必待先王之教乃知所從事。」

31 〈大政上〉。

32 柏拉圖欲以教育方法培養選擇哲君，亦保證人治之一種設計。其說卒無所試。至西拉古國訓諭暴主帶阿尼西亞（Dionysius）之經驗則為痛苦之失敗，殆由施教未早，左右未選歟？

33 《漢書》卷四八。《新書・保傅》文小異，教諭之方法，可閱〈傅識〉、〈連語〉、〈容經〉、〈胎教〉等篇。

34 同上註26。

35 〈大政下〉。

之。」「尊卑已著，上下已分，則人倫法矣。」[36]全國君臣皆守禮循度，悖亂之事自無由生。抑賈生不獨明君臣之分，又欲重整周代階級之組織。天子庶民之間，「內有公卿大夫士，外有公侯伯子男。古者禮不及庶人，刑不至君子。」[37]故大臣不加戮辱，刑罰只限於百姓。商君謂「刑無等級」，今賈生於階級蕩平之後意圖使其復現，此其矯正亡秦政治之又一表示。

復次，賈生對於始皇之郡縣制亦不能同情。始皇廢除封建，不信功臣，其失固不待論。儻使二世能「裂地分民以封功臣之後，建國立君以禮天下」，[38]何至一夫作難而天下土崩。漢制郡國兼用本所以矯秦之弊。然分土過廣，授權太大，故高祖時已多叛國，文帝時尚伏危機。賈生乃建議使諸王分封子孫，數世之後國土自然縮小。蓋治安之計，「莫如眾建諸侯而少其力。力少則易使以義，國小則無邪心。」[39]如此則天子當陽，郡國相維，「海內之勢如身之使臂，臂之使指，莫不從制。」[40]賈生此論欲兼用封建郡國之長，蓋亦根據漢代之實際經驗以立言，又非純懲秦弊矣。[41]

---

36 〈服疑〉。參《禮》。

37 〈階級〉。

38 〈過秦中〉。

39 〈藩彊〉。

40 〈五美〉。賈生論封建除已引用外，詳〈宗首〉、〈藩傷〉、〈大都〉、〈等齊〉、〈益壤〉、〈權重〉、〈審微〉諸篇。按賈生於〈制不定篇〉雖有「體髀之所，非斤則斧」之喻，其所主分封之辦法實不失「仁義恩厚」之意。與晁錯削諸侯支郡之計有別。

41 與賈生時代相近，思想略似者尚以有「客從高祖定天下」之陸賈。賈向高祖稱說《詩》《書》，高祖罵之曰：「乃公居馬上而得之，安事《詩》《書》。」賈曰：「馬上得之，寧可以馬上治之乎？」（此即賈生攻守異術之意）乃受命著書十二篇，道秦漢興亡之故，名曰「新語」（《史記》卷九七，《漢書》卷四三本傳）。其書《漢志》二十三篇入儒家。今本十二篇，學者疑信參半（《偽書通考》下，頁628-633）。其內容則頗與賈生契合。〈無為四〉云：「夫道莫大於無為」，此賈生所謂虛也。又曰：「秦始皇帝行車裂之誅，以歛姦邪。」「事逾煩天下逾亂。法逾滋而姦逾熾。」又曰：「法令者所以誅惡非所以勸善」。〈道基一〉曰：「虐行則怨積，德布則功興。」皆與賈生重德教，輕刑殺之旨相合。〈道基篇〉又有「先聖」制器尚象，興利除害。「中聖」立教興德，「後聖」修藝定經之說，為賈生所未道。然其大旨固亦與《新書‧六術篇》相近也。二生思想相似，故附著陸生於此，以略省篇幅。

第三節　董仲舒（約前179-前104）

天人相應之說，起源遠在春秋之前。[42]子思、孟子承之，發為五行妖祥之論。[43]荀子闢之，方主聖人不求知天。鄒子五德終始，雖於儒學以外別立門戶，而其旨固有與儒相通者。[44]秦用陰陽家言，「亦頗推五勝」。[45]「白蛇」「赤帝」並為劉邦開國之符。[46]此則戰國以前所未有，至秦漢而大行，逐漸開展，蔚為朝廷上公認之政治信仰。舉凡《史記》〈律歷〉〈天官〉等書，《漢書》〈天文〉〈五行〉諸志所述錄，以及「數術」各家所推演者，[47]雖操術各殊，而其根源於天人感應之信仰則一。考數術之所以驟興，殆半由時代之需要。天命神權，盛行於上古，至周季而中衰。觀墨子致意於天志明鬼，可知其早不為王公大人所信奉。然戰國時君權大張，漸趨專制。鄒子五德九州之天談，其意正在以異說警時君，使其知主運可移而威勢難恃。漢儒懲秦專制之失，略襲其旨，欲以災異符命戒懼人主，使之自斂，不復為縱恣專橫之事。此蓋圖以天權限制君權，藉防君主專制之流弊。[48]凡言天人相應而注重革命之義者，皆其流派也。然天命可持以釋前代失國之因，亦可用以明時君得位之故。秦以西方諸侯滅八百年之宗周，絕六國之君統。以力服人，其政權殊少心理上及理論上之根據。故陳涉起事，群雄爭託名六國之後以攻秦。劉邦崛起於末吏，其政權基礎，無以大勝於始皇。於是儒生效忠者乃以五德天命之術，附會造作，以宗教之信仰，擁已立之政權。凡言天人而注重「受命」之義者，皆其

42　馮友蘭《中國哲學史》上冊，頁46-65。顧頡剛〈五德終始說下之政治〉（載《清華學報》）可參。

43　此假定《中庸》為子思學派之書，並從《荀子‧非十二子》之說。

44　見本書第一章第二節末段。按《尚書‧洪範》及《禮記‧月令》與陰陽言相通。

45　《史記》卷二六〈曆書〉。參〈始皇本紀〉二十六年。

46　《史記》卷八〈高祖本紀〉。

47　《漢書》卷三〇，〈藝文志〉「數術」六種中有「天文」「五行」等。「天文者序二十八宿，步五星日月。以紀吉凶之象。聖王所以參政也。」「夫觀景以譴形，非明王亦不能服聽也。」「五行者五常之刑氣也。」「其法亦起五德終始，推其極則無不至。而小數家因此以為吉凶而行於世，寖以相亂。」

48　見本書第三章第七節末段。按元帝一朝為天人革命極盛之期。十餘年中，每有災異，必下詔自責求言。初元三年且令「丞相御史舉天下明陰陽災異者各三人」，於是「言事者眾，或進擢召見。人人自以為得上意。」（《漢書》卷九〈元帝紀〉）

流派也。抑就現存之文獻考之，當西漢元帝以前，革命派之勢力殆占上風。及漢祚既衰，君微臣強，限權之意難行。[49]於是天命流為圖籙讖緯，災異成為具文。[50]景星慶雲，黃龍丹鳳之禎祥，數見章奏。小之為俗儒逢迎之憑資，大則為姦雄篡竊之藉口。就秦漢時期言，新莽之政治，即此天人思想腐化之最後結果。董仲舒則闡明天權以限制君意，而為西京諸儒之巨擘。

董仲舒少治《公羊春秋》，景帝時為博士，為學者所師尊。武帝時舉賢良對策，尊孔氏，明天人。出相江都易王。「易王帝兄，素驕好勇，仲舒以禮義匡正，王敬重焉。」「仲舒治國以春秋災異之變推陰陽所以錯行。」後居家論高祖園廟災，主父偃竊其草藁奏之。「上召視諸儒。仲舒弟子呂步舒不知其師書，以為大愚。於是卜仲舒吏，當死，詔赦之。仲舒逐不敢復言災異。」年老以壽終於家。[51]所著書見〈藝文志〉者有董仲舒百二十三篇，《公羊董仲舒治獄》十六篇。今傳之《春秋繁露》八十二篇，雖未必偽作，決非仲舒手訂也。[52]

欲明董子之政治思想，當先略述其哲學思想。董子謂「元者為萬物之本。」[53]又曰：「謂一元者大始也。」[54]其意殆謂一切事物皆有本原。人臣之元為父與君。[55]然君父不能自生，推其大始，則天又為君父之元。[56]抑六合之中成形具象者，無一非天地之所生，則天地又為萬物之元。[57]然則元與天地，

---

49 見本書第三章註39至134。

50 諸史〈五行志〉即其例。

51 《漢書》卷五六本傳。董子生卒年無考。蘇輿《春秋繁露義證》〈董子年表〉起文帝元年，迄武帝太初元年（前179-前104），殆近事實。

52 胡應麟《四部正譌》謂今八十二篇乃《漢志》百二十三篇缺失之餘，好事者以公羊治獄十六篇合之，又妄取班氏所記繁露之名係之。大致可從。餘說見《偽書通考》上冊，頁412-6。

53 《春秋繁露·重政十三》。

54 〈玉英四〉。

55 〈王道六〉曰：「王者人之始也。」〈立元神十九〉曰，「君人者國之元。」

56 〈堯舜不擅移，湯武不專殺二五〉曰：「王者亦天之子也。」〈順命七〇〉曰：「父者子之天也。天者父之天也。無天而生，未之有也。」〈為人者天四一〉曰：「為生不能為人，為人者天也。人之人本於天。天亦人之曾祖父也。」

57 〈觀德三三〉曰：「天地者萬物之本，先祖之所出也。」〈順命七〇〉曰：「天者萬物之祖，萬物非天不生。」

實一事而兩名。就其抽象之原理言則謂之元，[58]就其具體之運用言則謂之天地，「天地之氣，合而為一」，[59]則天可統地，而天者真萬物最先之本原矣。

「人受命於天，固超然異於群生。」[60]故萬物之中，天人之關係最為密切。天人既為人之「曾祖父」，人之形體性情皆「上類天」，而「天之副在乎人」。[61]夫人為天所生而又象天，則當敬奉上天而以之為行事之法則。故董子謂「道之大原出於天。」[62]然而天道高遠。非凡人所及，必俟君之教導。於是天子遂為天人間之媒介。「唯天子受命於天，天下受命於天子。」[63]「春秋之法以人隨君，以君隨天。」[64]其故在此。

上文所釋如尚非誤，則董子天人關係之理論實為天君關係之理論。其要旨之一為法天。董子謂「為人君者其法取象於天。」[65]又謂「王者承天意以從事」，「欲有所為，宜求其端於天。」[66]天之意象固非渺茫無憑。「天地之氣合而為一，分為陰陽，判為四時，列為五行。」[67]垂象於日月星辰風雨，示命於禽獸蟲魚草木。法天者，即此諸端以求天道而以人事隨之也。例如「王者制官三公、九卿、二十七大夫、八十一元士，凡百二十人而列臣備。」其名額並非出於臆定。「三人而為一選，儀於三月而為一時也。四選而止，儀於四時而終也。三公者王之所以自持也。天以三成之，王以三自持。立成數以為植而四重之，其可以無失矣。」[68]此官制象天之時以定也。東方者木，司農所主，尚仁。務農本，足衣食。倉庫充實則「司馬食穀。」司馬者火也。「故曰：木生

---

58 姚舜欽《秦漢哲學史》頁120引何休說，以元為天地之本，似未妥。參馮友蘭《中國哲學史》二編二章頁504「元在天地之天之前」，此指「物質之天」，非「自然之全體」。

59 《繁露·五行相生五八》。

60 《漢書》卷五六〈對策三〉。《繁露·制服象十四曰》：「天地之生萬物也以養人。」

61 〈為人者天四一〉。又曰：「人之形體化天數而成，人之血氣化天志而仁，人之德行化天理而義。人之好惡化天之暖清，人之喜怒化天之寒暑，人之受命化天之四時。」「人副天數五六」「人有三百六十節」云云，引申此說。

62 《漢書》卷五六〈策三〉。

63 《繁露·為人者天》。

64 〈玉杯二〉。

65 〈天地之行七八〉。

66 《漢書》卷五六〈策一〉。

67 〈繁露·五行相生五八〉。

68 〈繁露·官制象天二四〉。下文推衍尚多，不備引。

火。」南方者火也。司馬所主，尚智。「昭然獨見存亡之機」，以輔其君，以定天下。「天下既寧，以安君官者司營也。故曰火生土。」中央者土，司營所主，尚信。「明見成敗，微諫納善，防滅其惡。」「應天因時之化，威武強禦以成大理者司徒也。司徒者金也。故曰土生金。」西方者金，司徒所主，尚義。「臣死君而眾人死父。親有尊卑，位有上下，各死其事，事不踰矩。執權而伐，兵不苟克，取不苟得，義而後行。」是以百姓附親，邊境安寧，寇賊不發，邑無訟獄，則親安執法者司寇也。司寇者水也。「故曰金生水。」北方者水，司寇所主，尚禮。禮治既立，上下有序。「百工維時，以成器械。器械既成，以給司農。」司農者木，「故曰水生木。」[69]若五官失職，則五行失序，相生者轉為相勝。司農為姦，農民叛亂。司徒誅之，為金勝木。司馬為讒，熒惑其君。司寇誅之，為水勝火。司營失職，上奢下叛。民弒其君，為木勝土。司徒為賊，不能使眾。司馬誅之，為火勝金。司寇為亂，阿黨不平。司營誅之，為土勝水。[70]此官職象天之五行以定也。董子又謂「天地之氣，陰陽相半。」人類社會政治之基本組織，皆取法於陰陽。蓋「凡物必有合。」「陰者陽之合，妻者夫之合，子者父之合，臣者君之合。」「君臣父子夫婦之義皆取諸陰陽。」[71]陽尊而陰卑，「故人主南面，以陽為位也。」[72]

　　政制象天，則政事亦必勢與陰陽五行相應。「天之道春暖以生，夏暑以養，秋清以殺，冬寒以藏。暖暑清寒異氣而同功，皆天之所以成歲也。聖人副天之所行以為政。故以慶副暖而當春，以賞副暑而當夏，以罰副清而當秋，以刑副寒而當冬。慶賞罰刑異事而同功，皆王者之所以成德也。慶賞罰刑與春夏秋冬以類相應也如合符。」「四政者不可以相干也，猶四時不可相干也。四政者不可以易處也，猶四時不可以易處也。」[73]雖然，慶賞罰刑固亦有輕重之

69　〈五行相生五八〉。此五官之制與上三公制關係如何，書中未有說明。

70　〈五行相勝五九〉。以近代眼光觀，此皆無意義，著之以見董子思想之特色。

71　〈基義五三〉，下文又曰：「王道之三綱可求於天。」

72　〈天辨在人四六〉。

73　〈四時之副五五〉。參〈王道通三四四〉，「人主以好惡喜怒變習俗，而天以暖清寒暑化草木。喜怒時而當則歲美，不時而妄則歲惡。天地人主一也。」又〈五行之義四二〉曰：「木居東方而主春氣，火居南方而主夏氣，金居西方而主秋氣，水居北方而主冬氣。是故木主生而金主殺，火主暑而水主寒。」此以五行配四時。

殊。「天道之大者在陰陽。陽為德，陰為刑。刑主殺而德主生。是故陽常居大
夏而以生育長養為事。陰常居大冬而積於空虛不用之處。以此見天之任德不任
刑也。」「王者承天意以從事，故任德教而不任刑。刑者不可以治世，猶陰之
不可任以成歲也。」[74]

　　《中庸》謂聖人贊天地之化育，與天地參。董子法天之理想與此契合。故
曰：「聖人之道，同諸天地。」[75]「人主立於生殺之位，與天共持變化之
勢。」「天地人主一也。」[76]君位之尊，可謂至極。然人主者「事天與父同
禮」，[77]法天承天以治人，其權力實以天意為根據而即受其限制。天權對君權
之限制有二：一曰予奪國祚，二曰監督政事。前者為革命受命之理論，後者為
災異譴告之理論。

　　秦漢先後以武力取天下，就一方面觀之，似政權轉移由於人力，而君主本
身足以獨制天下之命。董子天命之說，殆意在攻破此傾向於絕對專制之思想。
〈賢良對策〉曰：「臣聞天之所大奉使之王者必有非人力所能致而自至者。此
受命之符也。天下之人同心歸之，若歸父母，故天瑞應誠而至。《書》曰：白
魚入於王舟，有大火復於王屋，流為烏。此蓋受命之符也。」[78]有受命之符而
得天下，則其得之也出於天意，不可不改變制度「以明自顯。」[79]故湯武受
命，皆易統改號，不相沿襲。足見天命無常，唯德是處。[80]蓋天之生民，非為
王也，而天立王，以為民也。故其德足以安樂民者，天予之，其惡足以賊害民
者，天奪之。詩云：殷士膚敏，裸將於京，侯服於周，天命靡常。言天之無常
予，無常奪也。天之予奪，假手於人。「故夏無道而殷伐之，殷無道而周伐

74　《漢書》卷五六〈策一〉。《左傳·昭公二十五年》，子太叔述子產論禮之言與此意略近，
　　可參。
75　《繁露·基義五三》。
76　〈王道通三四四〉。
77　〈堯舜不擅移，湯武不專殺二五〉。
78　《漢書·策一》。按董子不舉高祖斬蛇赤帝諸事。正足見其在警時君，與何休媚漢者不同。
79　《繁露·楚莊王一》。
80　〈三代改制質文二三〉定一改制之系統。惟文有缺誤，語意多不明。其大概為（一）黑白赤
　　三統迭興。（二）「一商一夏，一質一文。商質者主天，夏文者主地，春秋者主人。」
　　（三）「主天法商」，「主地法夏」，「主天法質」，「主地法文」，「四法如四時然，終
　　而復始。」《漢書·策三》謂「夏上忠、殷上敬、周上文」，與此相異。

之，周無道而秦伐之，秦無道而漢伐之，有道伐無道，此天理也。」[81]夫君位由天予奪，有德可行征誅，則人主雖尊，不能自恣。為國之本元者，既為天之臣子，其權力猶有所制也。

天不僅於君位之予奪制裁人主，即在日常政事之中亦時時鑒臨，因其得失而示以妖祥。董子〈賢良對策〉開端即謂「臣謹案春秋之中，視前世已行之事，以觀天人相與之際，甚可畏也。國家將有失道之敗，而天乃先出災害以譴告之。不知自省，又出怪異以警懼之。尚不知變，而傷敗乃至。以此見天心之仁愛人君而欲止其亂也。自非大亡道之世者天盡欲扶持而安全之。事在勉彊而已矣。」[82]董子又據周代之事以說明之，謂武王雖以受命而得天下，「然及至後世淫佚衰微，不能統理群生。諸侯背叛，殘賊良民以爭壤土，廢德教而任刑罰。刑罰不中則生邪氣。邪氣積於下，怨惡畜於上。上下不和則陰陽繆戾而妖孽生矣。此災所緣而起也。」[83]《春秋》書日蝕星隕，山崩地裂，鶂退鸜巢等異，其用意在「以此見悖亂之徵」，警告人上，「亦欲其省天譴而畏天威，內勤於心志，外見於事情，修身審己，明善心以反道者也。」[84]董子又有五行感應之理論，列舉失政所召之災異及補救之方法。[85]其大旨與《尚書‧洪範》「五行」「庶徵」之說相合。董子雖以言災異下吏，然觀《漢書》〈天文〉〈五行〉兩志所述，足知「天人相與」已成為西京之顯學，而仲舒乃其重要之大師。抑吾人當注意，董子言天人，其意實重革命而輕受命，詳災異而略禎祥。試案現有之文獻可證此論之非誣。[86]蓋其學猶有鄒子談天之遺意，與漢代曲學阿世之儒，推天命以媚時君者，皮毛相似，而精神迥殊。吾人不可因其同持五行陰陽之說而混之也。

天人之關係既明，吾人可進述董子所持君職及治術之理論。君主之職務，

81　〈堯舜不擅移二五〉。

82　《繁露‧必仁且智三〇》「天地之物」云云，與此文意相近。

83　《漢書‧策一》。《繁露‧王道六》「周衰」云云，列舉失政及災異。視此為詳，可參。

84　〈二端十五〉。

85　〈見治亂五行六二〉，〈五行變救六三〉，〈五行五事六四〉。

86　董子言受命均含天命不常之旨，言禎祥僅《繁露》及《對策》各二處。蒙文通〈儒家政治思想之發展〉（國立四川大學講義，專題研究之二，此文後發表於國立東北大學《志林》二期），頁22，謂董子變其學以委曲於漢，無以異於公孫弘之阿世，似近苛論。

簡約言之，為代天宣化，完成天所不能執行之工作。蓋人雖類天，而凡民不能自盡其性中之善。「性者質也。」「故性比於禾，善比於米。米出禾中而未可全為米也。善出性中而性未可全為善也。善與米人之所繼天而成於外，非在天所為之內也。天之所為，有所至而止。止之內謂之天性，止之外謂之人事。」[87]「止之內謂之天性，止之外謂之王教。」[88]「天生民，性有善質而未能善，於是為之立王以善之。此天意也。民受未能善之性於天，而退受成性之教於王。王承天意以成民之性為任者也。」[89]董子此說精闢暢曉，然實發揮儒家君師同體，政教一貫之舊理，非出自剙。至其論施教之方法，亦不外以修身立範為起點，以仁義禮樂為教材，以正名定制為條件。董子曰：「君者民之心也，民者君之體也。心之所好，體必安之。君之所好，民必從之。」[90]又曰：「君人者國之元。發言動作，萬物之樞機。」[91]又曰：「道者所由適於治之路也。仁義禮樂皆其具也。」[92]凡此亦儒家之陳言，無待贅述。惟董子以正名為承天之一事，為前人所未發。其論定制則鍼砭時弊，更非空泛襲古之談。董子謂「治國之端在正名。」[93]「名號之正，取之天地，天地為名號之大義也。古之聖人謞而效天地謂之號，鳴而施命謂正名。」「名號異聲而同本，皆鳴謞而達天意者也。天不言，使人發其意。弗為，使人行其中。名則聖人所發天意，不可不深觀也。」「故號為天子者宜視天如父，事天以孝道也。號為諸侯者宜謹視所侯，奉之天子也。號為大夫者宜厚其忠信，敦其禮義，使善大於匹夫之義，足以化也。士者事也。民者瞑也。士不及化，可使守事從上而已。」[94]夫

87　〈深察名號三五〉。

88　〈實性三六〉。

89　〈深察名號三五〉。篇中又謂孟子道性善乃「善於禽獸之善」，與孔子「善人吾不得而見」之善不同，蓋孔子所謂善乃「聖人之善」也。然董說又與荀子主性惡有別。

90　〈為人者天四一〉。

91　〈立元神十九〉。《漢書・策一》引孔子德風草偃之語，又謂「上之化下，下之從上，猶泥之在鈞，唯甄者之所為，猶金之在鎔，唯冶者之所鑄。」意亦同。

92　《漢書・策一》。〈立元神十九〉「禮樂之教」連舉「立辟雍庠序，修孝弟敬讓」等事。〈仁義法二九〉釋仁義曰：「春秋之所治，人與我也。所以治人與我者仁與義也。以仁安人，以義正我。」「仁之法在愛人不在愛我，義之法在正我不在正人。我不自正，雖能正人，弗予為義。人不被其愛，雖厚自愛，不予為仁。」

93　〈玉英四〉。

94　〈深察名號三五〉。下文有君號王號大意各五科之說，與此小異。

名號既為天意之表現，正名實不異於法天。其所為治道之端者原因在此。

治道以教化為歸宿，然不可無制度以為綱紀。廣義言之，則治國者當使全國上下之人「飲食有量，衣服有制，宮室有度，畜產人徒有數，舟車甲器有禁。生則有軒冕之服位，貴祿田宅之分，死則有棺槨絞衾壙壟之度，雖有賢才美體，無其爵不敢服其服。雖有富家多資，無其祿不敢用其財。」[95]狹義言之，則制度之用在調均貧富，毋使生過度之差別，「孔子曰：不患貧而患不均。故有所積重則有所空虛矣。大富則驕，大貧則憂。憂則為盜，驕則為暴。此眾人之情也。聖者則於眾人之情，見亂之所從生。故其制人道而差上下也。使富者足以示貴而不至於驕，貧者足以養生而不至於憂。以此為度而調均之，是以財不匱而上下相安易治也。」[96]董子又認定貴人爭利與富人并田為不均之兩大原因，其論爭利曰：「夫天亦有所分予。予之齒者去其角，傅其翼者兩其足。是所受大者不得取小也。古之所予祿者不食於力，不動於末。是亦受人者不得取小，與天同意者也。夫已受大，又取小，天不能足，而況人乎？此民之所以囂囂苦不足也。身寵而載高位，家溫而食厚祿，因乘富貴之資力，以與民爭利於下，民安能如之哉？是故眾其奴婢，多其牛羊，廣其田宅，博其產業，畜其積委，務此而亡已，以迫蹵民。民日削月朘，浸以大窮。富者奢侈羨溢，貧者窮急愁苦。窮極愁苦而上不救，則民不樂生，民不樂生，尚不避死，安能避罪。此刑罰之所以蕃而姦邪不可勝者也。」[97]其論并田曰：秦「用商鞅之法，改帝王之制，除井田，民得買賣。富者田連阡陌，貧者亡立錐之地。又專山澤之利，管山林之饒。荒淫越制，踰侈以為高。邑有人君之尊，里有公侯之富。小民安得不困。」「漢興循而未改。古井田法雖卒難行，宜少近古，限民名田，澹不足，塞并兼之路。鹽鐵皆歸於民。去奴婢，除專殺之威。薄賦斂，省繇役，以寬民力。然後可善治也。」[98]按封建之世，貴族皆為地主，平民助耕公田。故「伐冰之家不畜牛羊」，非不與民爭利，實無人與之爭。董子之時，封建久亡，古代階級之不平，亦早消失。然而專制天下固另有經濟上之困難。武帝承文景休養之政，即位之初，本豐物阜。「於是罔疏而民富，役財驕

95　〈服制二六〉。

96　〈制度二七〉。

97　《漢書・策三》。

98　《漢書》二四上〈食貨志上〉。

溢，或至兼并。豪黨之徒，以武斷於鄉曲。宗室有土，公卿大夫以下爭於奢侈。」[99]董子之言，乃對此背景而發。推想其意，殆未必圖以封建天下自然之事實為專制天下應有之理想。就限田一端觀之，尤屬顯而易見。蓋公田乃貴族所有而民為其農奴，限田則地皆私有而欲小民得以自耕。董子明言井田不能復，[100]則亦知土地私有制度之難於動搖也。

第四節　董子以後之天人論

西漢今文經師多言天人災異。董子而外，其言較著而其政治思想足供吾人論述者，《春秋公羊》有眭弘，《穀梁》有劉向。《書》有李尋。《易》有谷永。《詩》有翼奉。此皆意在匡正時君，與董學宗旨小有出入。至於扇圖錄瑞應之妖言，以取媚時君，惑世欺俗者，哀平以後，數不在少。自隋禁其書，讖緯多亡。[101]今日只可於舊籍中見其片段而已。

眭弘字孟。從嬴公受《春秋》。昭帝元鳳三年泰山有大石自立，昌邑有枯社木復生，上林苑中枯柳亦自立生，有蟲食樹葉成文字曰：「公孫病已立。」「孟推春秋之意以為石柳皆陰類，下民之象。泰山者岱宗之嶽，王者易姓告代之處。今大石自立，僵柳復起，非人力所能為。此當有從匹夫為天子者。枯社木復生，故廢之家公孫氏當復興者也。」復上書曰：「先師董仲舒有言，雖有繼體守文之君，不害聖人之受命。漢家堯後有傳國之運。漢帝宜誰差天下，求索賢人，禪以帝位，而退自封百里，如殷周二王後，以承順天命。」[102]時霍光秉政，惡之。孟坐妖言大逆，伏誅。

劉向字子政，本名更生。元帝時以宗室輔政，患外戚宦官弄柄，數上書言

99　同註98。

100　《繁露・爵國二八》述井田制乃解《春秋》，非政治主張也。

101　胡應麟曰：讖緯盛於西漢末，自隋文禁絕，其書久亡。今存《乾坤鑿度》乃妄人偽作，并舉諸經之緯書名目數十種。緯書多不依經，流傳尤少。並舉名目十種。其詳見《四部正譌》（《偽書通考》上，頁95-99引）。但《玉函山房輯佚書》存緯書片段多種。下文皆從此引用。

102　《漢書》卷七五本傳。元鳳三年當西曆前78。「誰差」，孟康曰：問擇也。按〈儒林傳〉嬴公學於胡母生，生與董「同業」。

災變，以去讒遠邪為救天怒之要圖。成帝時王鳳用事，「向見《尚書》〈洪範〉箕子為武王成五行陰陽休咎之應。向乃集合上古以來，歷春秋六國至秦漢符瑞災異之記，推迹行事，連傳旤禍福，著其占驗，比類相從，各有條目，凡十一篇，號曰《洪範五行傳》。」[103]

李尋字子長，治《尚書》，好〈洪範〉災異，又學天文月令陰陽，事丞相翟方進。成帝時外戚王根輔政，以災異問尋。尋見漢家有中衰陀會之象，其意以為且有洪水為災。乃說根求賢修德，以圖自保。[104]哀帝即位復以災問尋。尋就日月星辰之變，勸帝遠女謁，放佞人，順時令，抑外親。後以附和賀良私習甘忠《天官曆》《包元太平經》，[105]以漢歷中衰當更受命。勸帝改元易號，以應天譴。其言不驗，減死一等，徙敦煌郡。[106]時建平二年（前5年）六月也。

谷永字子雲。元帝建始三年（前30年）應詔言災異。史稱「其於天官京氏易最密」，[107]故善言災異。前後所上四十餘事，略相反覆。專攻上身與後宮而已，黨於王氏。然其成帝元延元年（前12年）對災異問，固亦足與董子相發明。永謂「天生烝民，不能相治，為立王者以統理之。方制海內非為天子，列土封疆非為諸侯，皆以為民也。垂三統，列三正，去無道，開有德，不私一姓，明天下乃天下之天下，非一人之天下也。王者躬行道德，承順天地。」「則卦氣理效，五徵時序。」「符瑞並降，以昭保右。失道妄行，逆天暴物，」「則卦氣悖亂，咎徵著郵。上天震怒，災異屢降。」「終不改寤，惡洽

---

103 《漢書》卷三六本傳。向上書文見傳中。

104 尋引「書曰，歷象日月星辰。此言仰視天文，俯察地理，觀日月消息，候星辰行伍，揆山川變動，參人民繇俗，以制法度，考禍福。舉錯詩逆，咎敗將至，徵兆為之先見。明君恐懼修正，側身博問，轉禍為福。」

105 其大意在「言漢家逢天地之大終，當更受命於天。天帝使真人赤精子下教我此道。」

106 《漢書》卷七五本傳。

107 京房字君明。從魚延壽治《易》。長於災變。分六十四卦，更值日用事。以風雨寒溫為候，各有占驗。元帝寵任石顯，房諷諫之，至以幽厲為比。建昭二年卒為顯所陷，伏誅，年四十一（前77-前37）。見《漢書》卷七五本傳。今存《京氏易傳》三卷（津逮秘書及學津討源本）言占候。蒙文通謂「干寶傳京氏《易》，而與『三基』『六情』之說相應，是《齊詩》《京易》同法。」「孫盛述《易》本之干寶，其曰：「古之立君，所以司牧群黎。若乃淫虐是縱，酷彼群生，則天人殛之，加其獨夫之戮。是故湯武抗鉞，不犯不順之譏。漢高奮劍，而無失節之義。何者？誠四海之酷讎而神人之所擯故也。」是《京易》之傳，猶孟荀《齊詩》之說也。」（《儒家政治之發展》頁20）

變備。不復譴告，更命有德。詩云：乃眷西顧，此惟予宅。夫去惡奪弱，遷命聖賢，天地之常經，百王之所同也。」[108]

西漢經師政治思想略具新說者殆以治《齊詩》之翼奉為最。奉字少君，與蕭望之、匡衡同師，而獨好律歷陰陽之占。事元帝，數上書言災異占候。初元二年（前47年）因地震山崩下詔，求直言極諫之士，奉上封事曰：「臣聞之於師曰：天地設位，懸日月，布星辰，分陰陽，定四時，列五行，以視聖人，名之曰道。聖人見道，然後知王治之象。故畫州土，建君臣，立律歷，陳成敗，以視賢者，名之曰經。賢者見經，然後知人道之務，則《詩》、《書》、《易》、《春秋》、《禮》、《樂》是也。《易》有陰陽，《詩》有五際，《春秋》有災異。皆列終始，推得失，考天心，以言王道之安危。」此天人相應之基本原理也。以之應用政事則可由災異以占吉凶。「臣奉竊學《齊詩》，聞五際之要，〈十月之交〉篇，知日蝕地震之效，昭然可明。猶巢居知風，穴處知雨。」當時外戚太強，故奉以陰氣盛張，應在地震為言也。奉於次年對元帝延問時又指斥元帝費用太繁之失，謂三代積德以王，傳世不過數百年。以成王之賢，周公猶戒之曰：「殷之未喪師，克配上帝。宜監於殷，駿命不易。」漢以武力得天下，德化未洽。至元帝已「八世九主」，而天變民困，實有亡國之懼。「臣願陛下因天變而徙都，所謂與天下更始者也。」[109]「天道終而復始，窮則反本。故能延長而無窮也。」[110]

《齊詩》特有之學說為「五際」，略與《公羊春秋》之「三統」相當，皆闡革命之義。五際者，卯、酉、午、戌、亥也。「陰陽終始際會之歲，於此則有改變之政也。」[111]再加分析，則「亥為革命，一際也。卯為陰陽交際，二際也。午為陽謝陰興，三際也。酉為陰盛陽微，四際也。戌為陰極生陽，五際也。若子、丑、寅、辰、巳、未、申不在陰陽際會之交，故不為際。」[112]《詩》又以亥當大明。大明者牧野之事。[113]轅固生謂「桀紂荒亂，天下之心皆

<hr>

108 《漢書》卷八五本傳。

109 劉玄建號「更始」殆即採用此說，亦足見其流行頗廣。

110 《漢書》卷七五本傳。初元二年當西曆前47。

111 《漢書》卷七五註孟康引《詩內傳》。

112 《清經解續編》卷一二八〈齊詩翼氏學〉。

113 《詩緯・氾歷樞》曰：「午亥之際為革命。卯酉之際為改正。卯，天保也。酉，祈父也。

歸湯武。湯武因天下之心而誅桀紂。桀紂之民弗為使而歸湯武，湯武不得已而立，非受命為何。」[114]蓋即本「亥為革命」之義以駁黃生也。翼奉謂「漢道未終」，徙都更始，可以永祚。「如因丙子之孟夏，順太陰以東行，到後七年之明歲，必有五年之餘蓄，然後大行考室之禮，雖周之隆盛亡以加此。」推想其意，殆以初元三年（前46年）歲在乙亥，正當革命之際。漢室如能應運而改政，則丙子以後，不異再受天命。天道終而復始，固不必易姓更王，然後足以申革命之義矣。

　　翼奉又有「知下之術」，尤為奇詭，與《齊詩》殆不相涉。奉上封事曰：「治道要務在知下之邪正。」「知下之術在於六情十二律而已。」其說以申、子主好，行貪狼。亥、卯主怒，行陰賊。未、辰主樂，行姦邪。此六者為陰，為邪。寅、午主惡、行貞廉。己、酉主喜，行寬大。戌、丑主哀，行公正。此六者為陽，為正。又以「辰為客，時為主人。見於明主，侍者為主人。辰正時邪，見者正，侍者邪。辰邪時正，見者邪，侍者正。忠正之見，侍者雖邪，辰時俱正。大邪之見，侍者雖正，辰時俱邪。即以自知侍者之邪，而時邪辰正，見者反邪。即以自知侍者之正，而時正辰邪，見者反正。」[115]凡此皆近於妖言，視革命學說尚足警戒人主於萬一者，不可並論矣。

　　元、成兩朝為天人革命思想盛極而衰之時期。考革命思想之所以稱衰，自有其必然之原因。天人之說，意在限君。然雄才英主，往往強志多欲，本不傾向於宗教迷信。即有信仰，亦寧取希冀自我長生之神仙方士，而無取乎約束自我行動之災異五行。秦皇、漢武即其明證。若夫敬畏天鬼之君主，每具優柔溫厚之品性，最易為權臣佞臣之所挾制玩弄。彼雖能接受天命靡常之寶訓，無如大權旁落，積重難返。[116]而忠諫之士，雖假天意以立言，苟觸犯權奸，則每不

　　午，采芑也。亥，大明也。」此四際外又以戌亥之間「為天門，出入聽候」，當第二際，在亥後，卯午酉前。與翼氏異。按《詩・大雅》〈文王之什〉，〈大明〉首章曰：「明明在下，赫赫在上。天難忱斯，不易維王。天位殷適，使不挾四方。」六章曰：「保右命爾，燮伐大商。」

114 《漢書》卷八八〈儒林傳〉。

115 《漢書》卷七五。然此術若為臣下所知，必避邪取正，而不復有效。故奉以為只宜「人主獨用」，又以占風之法輔之也。《清經解續編》卷一六二，孟康《齊詩翼氏學疏證》對此術有解釋，可參。

116 劉向見王氏危漢上封事言災異。成帝「歡息悲傷其意曰：君且休矣，吾將思之。」（《漢

得其死。[117]吾人一觀元成之事，亦可見此論之有據。且革命之言逆耳，受命之言動聽。進言者欲藉受命以明革命之旨，聽言者輒買櫝還珠，斷章取義，獨賞受命之言。[118]「上有好者，下必有甚。」人見受命之足以取悅，則符瑞圖錄風靡天下，洶勢所必至也。

　　天人感應之思想由災異革命腐化而為讖緯符命，其事殆在哀平之際。[119]王莽乘之，遂生篡奪之心，促成十餘年「誦六藝以文姦言」之政治。[120]綜其得勢以後，所行不外倣經義、信符命之二端。姑無論莽崇儒術之是否出於誠意。然迹其實際上之設施，如起明堂、辟雍、靈臺（平帝元始四年），金縢藏策，居攝踐阼（元始五年），祀南郊，行大射（居攝元年），復并田，禁奴婢（始建國元年），參倣《尚書》、《周禮》、《王制》定官制，封爵建國（天鳳元年）[121]等事，固未嘗不與經文相應。就此言之，吾人如謂新莽政治為二千年中儒家理想最大規模之嘗試，與最不光榮之失敗，殆非厚誣。

　　雖然，吾人所欲申述者非儒術之成敗問題而為讖緯流行之概況。助成新莽篡漢之符命，以元始五年（公元5年）孟通之〈白石丹書〉為嚆矢。[122]此後則有臨淄亭長之天公示夢，[123]哀章之〈金圖策書〉。[124]莽既信其誠出天授，乃於始建國元年遣五威將軍班符命四十二篇，列舉德祥、符命、福應諸事。自以為得土德，代漢火德以有天下。[125]又策封前王之後，謂劉為堯裔，王則舜後。新

　　書》三六本傳）
117 如元帝時京房為石顯所陷棄市。成帝時翟方進以排王鳳黨賜死。
118 眭孟事最為明證。昭帝以其言革命誅之，宣帝則以其預言己受命而官其子。
119 張衡說，見《後漢書》卷八九本傳。
120 《漢書》卷九九下〈王莽傳下‧贊〉。《胡適文存》二集卷一〈王莽〉，以現代眼光評論，可參。
121 均見《漢書》卷九九中。
122 文曰：「告安漢公莽為皇帝。」
123 居攝三年事。「天公使者」謂昌興亭長曰：「攝皇帝當為真。即不信我，此亭中當有新井。」起視誠然。
124 「梓橦人哀章學問長安，素無行，好為大言。見莽居攝，即作銅匱為兩檢。署其一曰天帝行璽金匱圖，其一署曰赤帝行璽某『邦』傳予黃帝金策書。」「書言王莽為真天子。」「書莽大臣八人，又取令名，王興王盛。章因自竄姓名，凡十一人，皆書官爵為輔佐。」《漢書》卷九九上。
125 見〈符命總說〉，《漢書》卷九九中。

之代漢，正如唐虞之相禪。[126]類此怪誕之言，不一而足。「是時爭為符命封侯。其不為者相戲曰：獨無天帝除書乎？司命陳崇白莽曰：此開姦臣作福之路而亂天命，宜絕其原。莽亦厭之，遂使尚書大夫趙並驗治，非五威將軍所班，皆下獄。」[127]就此一事，可以想見當時符命之真象矣。

　　莽以信符命而殺身滅族，至死不悟，[128]其愚誠不可及。所可異者，新室覆敗以後，朝野人士並未放棄此鄙俚粗劣之迷信。在光武帝即位前之混亂期中，群雄競智力，文人則辯符命。當時所討論求決者，非符之是否可信，而為何人應受符命，取得天下。綜括言之，共有異姓更王與劉氏再興之兩說。主異姓更王者大體襲新莽之故智，而公孫述及其功曹李熊可為最著之代表。述據蜀稱王，熊勸即大位。「述曰：帝王有命，吾何足以當之？熊曰：天命無常，百姓與能。能者當之王何疑焉？述夢有人語之曰：八厶子系，十二為期。覺謂其妻曰：雖貴而祚短，若何？妻對曰：朝聞道，夕死尚可，況十二乎？會有龍出其府殿中，夜見光耀，述以為符瑞，因刻其掌文曰公孫帝。建武元年四月遂自立為天子，號成家，色尚白，建元曰龍興元年。」「述亦好為符命鬼神瑞應之事。妄引讖記，以為孔子作《春秋》為赤制而斷十二公，明漢至平帝十二代歷數盡也。[129]一姓不得再受命，又引《錄運法》曰：廢昌帝，立公孫。《括地象》曰：帝軒轅受命公孫氏握。《援神契》曰：西太守，乙卯金。謂西方太守而乙絕卯金也。五德之運，黃承赤而白繼黃。金據西方，為白德而代王氏。得其正序。」移書中國，冀以感動眾心焉。[130]

　　當時流行較廣者為劉氏再興之說。殆由人心思漢，故易得人之接受。且淵源較遠，亦取信較易。元成之世如翼奉、甘忠可、夏賀良、谷永[131]等倡之於

126 策文見《漢書》卷九九中。

127 事在始建國二年。

128 長安兵變，火及宮中，「莽避火宣室前殿」，「服紺絅服，持虞帝七首。天文郎按栻於前，日時加某，莽旋席隨斗柄而坐，曰：天生德於予，漢兵其如予何？」次日戮於漸臺室下。《漢書》卷九九下。

129 王莽〈策文〉謂孔子作《春秋》「至於哀之十四而一代畢。」哀帝即位至居攝三年亦十四年，「赤制計盡終不可強濟。」《漢書》卷九九中。

130 光武患之，曾致書駁斥，勸述勿效王莽。

131 《漢書》卷七五〈翼奉傳〉，卷八五〈谷永傳〉。《後漢書》卷五三〈竇融傳〉，稱谷子雲及夏賀良為「前世博物道術之士」，「建明漢有再受命之符」。

先，王莽時道士西門君惠及經生郤惲[132]等主之於後。至更始之時，傳佈尤廣。如班彪、鄭興、王常、申屠剛、馮衍、蘇竟[133]等皆持以勸喻群雄，冀其努力恢復，或歸順光武。其說大同小異。班彪之〈王命論〉殆足以概例其餘。光武即位於冀州，彪時年二十。因隗囂之問著論以祛其惑。其略曰：「昔在帝堯之禪曰：咨爾舜，天之歷數在爾躬。舜亦以命禹。」「至於湯武而有天下，雖其遭遇異時，禪代不同，至於應天順民，其揆一也。是故劉氏承堯之祚，氏族之世著乎《春秋》。唐據火德而漢紹之。始起沛澤，則神母夜號以章赤帝之符。由是言之，帝王之祚必有明聖顯懿之德，豐功厚利積絫之業，然後精誠通於神明，流澤加於生民。故能為鬼神所福饗，天下所歸往。未見運世無本，功德不紀，而得崛起在此位者也。」由人心以知天命，則人心思漢之事實，[134]為劉氏再興之明證，可以毫無疑義矣。

　　班氏之書尚近雅馴。若光武所信奉以取天下之符讖，則與王莽之白石金匱，殊少分別。光武起事，由於李通所說之圖讖。其即位則決於彊華所進之赤伏符。[135]終建武中元之世，符讖幾成一種以皇帝為護法之國教。中元元年宣布圖讖於天下，其事亦近於王莽之頒符命。其尤甚者至於用人以讖記為決，臣下以非讖逢怒。[136]神道設教，大暢巫風。出諸開國之君，洵為罕覯異事。蓋回溯

132《漢書》卷九九下「君惠好天文讖記」：「言星孛掃宮室，劉氏當復興，國師公姓名『劉秀』是也。」王涉董忠乃共謀滅莽，事覺皆死。又地皇元年卜者王況說李焉曰：「漢家當復興，李氏為輔。」又作《讖書》，託言文帝凡十餘萬言。郤惲明天文歷數，王莽占星象，知漢必再受命。乃西至長安，上書勸莽歸政劉氏，莽大怒，然不敢加誅（《後漢書》卷五九本傳）。

133分見《漢書》卷一〇〇〈敘傳〉，《後漢書》卷六六〈鄭傳〉，卷四五〈王傳〉，卷五九〈申屠傳〉，卷五八上〈馮傳〉，卷六〇〈蘇傳〉。

134當時野心家頗能知此而思利用之，故每冒充漢之皇族以僭號。如王昌（郎）詐稱成帝子子興，盧芳詐稱武帝曾孫文伯，皆其例（《後漢書》卷四二〈王盧傳〉）。劉歆改名秀以應讖，則冀以皇族受命矣。

135《後漢書》卷一上〈光武帝紀上〉，地皇三年宛人李通云：「劉氏復起，李氏為輔。」建武元年光武在長安時，同舍生彊華進符曰：「劉秀發兵捕不道，四夷雲集龍鬥野，四七之際火為主。」即位祝文曰：「讖記曰：劉秀發兵捕不道，卯金修德為天子。」李賢注引《春秋演孔圖》曰：「卯金刀，名為劉。赤帝後，次代周。」

136趙翼《二十二史箚記》卷四曰：「讖緯起於西漢之末。」「光武尤篤信其術，甚至用人行政亦以讖書從事。方議選大司空，赤伏符有曰：王梁主衛作玄武。帝以野王縣本衛地之所徙，

天人學說之始興，約當西京之盛世。發展變遷，至於光武，為時已逾百年。應用多方，浸失原意。大略言之，武昭之世明災異者用意多在警主安民，元成以後則傾向於抑權姦以保君國。哀平之世陳符命者為篡臣作藉口，新室既敗則又成止僭竊，維正統之利器。初則忠臣憑之以進諫，後則小人資之以進身。其始也臣下以災異革命匡失政，其卒也君上取符命讖記以自固位權。鄒、董之學，至此遂名存而實亡。[137]

　　雖然，所謂董學實亡者，就其天人革命一端言之耳。若就《公羊春秋》政治思想之全體言，則何休尚能光大闡明於後漢桓靈之世，吾人不可不一述之以殿本節。休字邵公，「精研六經，世儒無及者。以列卿子詔拜郎中，非其好也。辭病而去，不仕州郡。」「太傅陳蕃辟之，與參政事。蕃敗，休坐廢錮，乃作《春秋公羊解詁》覃思不闚門十有七年。」「休善曆算，與其師羊弼追述李育意以難二《傳》，作《公羊墨守》，《左氏膏肓》，《穀梁廢疾》。」晚年曾再出仕，至諫議大夫。年五十四，光和五年卒。[138]休之天人觀念大致與董子相同。[139]休謂王者「繼天奉元養成萬物」，[140]受天命以得祚，而視其德之高

<hr />

玄武水神之名，司空水土官也。王梁本安陽人，名姓地名俱合，逐拜梁為大司空。」（《後漢書》卷五二本傳）「又以讖文有孫咸征狄之語，乃以平狄將軍孫咸為大司馬。」（見同上，〈景丹傳〉）「桓譚對帝言臣不讀讖書，且極論讖之非經。帝大怒，以為非聖無法，欲斬之。」（卷五八上本傳）「帝又語鄭興欲以讖斷郊祀。興曰：臣不學讖。帝怒曰：卿非之耶。興詭詞對曰：臣於書有所不學，而無所非也。興數言政事，帝以其不善讖，終不任用。」（卷六六本傳）

137 此就盛衰大勢言。東京經生儒士尚有以災異說政事者，如光武時鄭興（《後漢書》卷六六傳），章帝時何敞（卷七三傳），和帝時丁鴻（卷六七傳），安帝時郎顗（卷六〇下傳），順帝時郎顗、周舉（卷九一傳），李固（卷九三傳），桓帝時襄楷（卷六〇下傳），朱穆（卷七三〈暉傳〉），皆略存西漢之遺意。至劉曹禪代遜位，即位諸文亦略仿漢新禪代之故事（見卷《魏書》卷二〈文帝紀〉注）。此後六朝篡奪亦以天命為文飾。惟文字更趨堂皇典麗，不復乞靈於俚俗之圖讖。蓋王莽光武猶真信符命（至少「弄假成真」），魏晉以後之「虞舜」則未必真畏天命也。可閱《晉書》卷三，《宋書》卷二，《梁書》卷一，《隋書》卷一諸禪代外，以見一般。

138 《後漢書》卷一〇九下〈儒林傳下〉。按卒年推算，休生於順帝永建四年。故其生卒當西元129-182。但陳蕃死於建寧元年（西元168），距休卒十五年。傳文疑有誤。

139 但休謂「元者氣也。無形以起，有形以分。造建天地，天地之始也。」（《解詁》「隱公元年春王正月」）與董小異。

140 《解詁》，同上。「成公八年秋七月天子使召伯來錫公命」條，謂「聖人受命，皆天所

下以定名號。「德合元者稱皇。孔子曰：皇象元，逍遙術。無文字，德明謐。德合天稱帝。河洛受，瑞可放。仁義合者稱王。符瑞應，天下歸往。」[141]唐虞三代之君皆以明德而受命。下至漢得天下，亦非純倚智力。何君據孔子為「素王」制世法之說，藉西狩獲麟之事，以證漢為應運之新王曰：「夫子素案圖錄，知庶姓劉季當代周，見薪采者獲麟，知為其出。何者，麟者木精，薪采者庶人燃火之意。此赤帝將代周居其位，故麟為薪采者所執。西狩獲之者，從東方王於西方也。東卯，西金象也。言獲者，兵戈文也。言漢姓卯金刀，以兵得天下。又先是螟蟲冬蛹，彗金精，壔旦置新之象。夫子知其將有六國爭彊，縱橫相殺之象，秦項驅除，積骨流血之虞，然後劉氏乃帝。深閔民之離害甚久，故豫泣也。」休又引緯書以釋《公羊春秋》撥亂反正之言曰：「得麟之後，天下血，書魯端門。」「子夏明日往視之，血書飛為赤鳥，化為白書，署曰〈演孔圖〉。中有作圖制法之狀。孔子仰推天命，俯察時變，卻觀未來，豫解無窮，知漢當繼大亂之後，故作撥亂之法以授之。」[142]此皆授哀平以後之圖緯以解經義，不徒孔子所未有；亦為董子所未聞。蓋自光武尚讖，學術不免受其影響。[143]曲學阿世之儒，見妖言足以動聽，乃以素王制法厚誣仲尼。其黠者更大張「微言」，附會種種怪論，以為孔門之精義。視公孫宏之媚主，意相彷彿而品尤卑下。至於漢季，甚言已深入學府，浸成師法。是以何君《解詁》，猶襲用之。不逮五十年而曹丕篡漢，此誠休所未曉。否則以孔子之前知，何以《春

生。」「宣公三年春王正月」條，謂「天道闇昧，故推人道以接之。」

141 《解詁》，「成公八年召伯來」條。

142 《解詁》「哀公十四年春西狩獲麟」條。按《春秋演孔圖》曰：「麟出周亡，故作《春秋》，制素王，授當興也。」《孝經・右契》曰：「孔子夜夢三槐之間，豐沛之邦，有赤煙氣起。乃呼顏淵子夏往觀之。驅車到楚西北范氏之街前，爼兒捶麟，傷其左前足，束薪而覆之。孔子曰：兒來。汝姓為誰？兒曰：吾姓為赤誦，字時喬，名受紀。孔子曰：汝豈有所見乎？兒曰：吾有所見，一禽如麕，羊頭上有角，其末有肉，方以是西走。孔子曰：天下已有主也。為赤劉，陳項為輔。五星入井，從歲星見。發薪下麟，視孔子。孔子趨而往，麟舐其耳，吐三卷圖，廣三寸，長八寸，每卷二十四字。其言赤劉當起曰：周亡，赤氣起，大曜興，玄丘制命帝卯金。」與公羊家旨同而說小異。

143 《後漢書》卷六六〈賈逵傳〉謂光武立《左氏春秋》《穀梁春秋》，「會二家先師不曉圖讖，故令中中而廢。」足見光武章帝間《春秋》三家中《公羊》獨擅圖讖。然逵於明帝永平中上言《左氏》與圖讖合者。章帝建初元年又上疏謂五經中惟《左氏》明言劉為堯後，堯應火德，則《左氏》經生亦效顰矣。

秋》無片語隻字以示後學，而邵公去魏如此之近，何以不能上據微言，「陳天人之際，記異考符」，[144]以推知「赤制」將終乎？

　　何君論災異亦異承西漢遺意而小變其說。如董子謂災先異後，何君則謂災輕異重。[145]董子鮮及瑞應，何君則暢說禎祥。[146]此亦受東京風氣之影響，不足深論。《解詁》中所表現治術之片段亦大致襲公羊家之師說，勿勞贅述。惟其釋公羊「三世」之義則有董子所未發者。《春秋》於隱公元年書「公子益師卒。」《公羊傳》曰：「所見異辭，所聞異辭，所傳聞異辭。」何休解曰：「所見者謂昭定哀，己與父時事也。所聞者謂文宣成襄，祖父時事也。所傳聞者謂隱、桓、莊、閔、僖，高祖、曾祖時事也。」孔子「於所傳聞之世，見治起於衰亂之中，用心尚麤觕。故內其國而外諸夏，先語內而後治外。錄大略小，內小惡書，外小惡不書，大國有大夫，小國略稱人，內離會書，外離會不書是也。於所聞之世，見始升平，內諸夏而外夷狄。書外離會，小國有大夫。宣十一年秋晉侯會狄於攢函，襄二十三年邾婁、鼻我來奔，是也。至所見之世，著治太平，夷狄進至於爵，天下遠近大小若一，用心尤深而詳。故崇仁義，譏二名。晉魏曼多，仲孫何忌是也。」何君此說，以史學眼光論之，洵難徵信。[147]吾人若視為一種政治進步之理想，則殆可謂前無古人。蓋「禮運」之「大同」，陳義不為不高。然而以「小康」繼大同，不免有退化之暗示。董之「三統」立說亦頗瑰奇。然而文質相承，與《齊詩》「五際」言天道終始者皆以循環為歷史之定律。何君三世由據亂經升平以至於太平，獨為一樂觀之進步理想。雖或得自師傳，儻非《解詁》著之，後世亦無由知此非常異義也。[148]

144〈春秋握誠圖〉。

145董說見本章註82引。《解詁》「定公元年冬十月實霜殺菽」條。

146如《解詁》「獲麟」條。休又有改過消災之說，見「僖公三年夏四月不雨」條。按《後漢書》，章帝元和中多草木鳥獸之異，世以為祥瑞，何徹上疏駁之（卷七三傳）。此後史文亦有紀錄。西京則較罕見。

147見本書第一章第六節。胡適〈說儒〉據《論語》「鳳鳥不至，河不出圖」及《左傳》諸文，推定春秋時有人認孔子為復興殷族之領袖，為素王名號所本。然證據似尚不足。

148《春秋・繁露楚莊王一》曰：「《春秋》分十二世以為三等，有見、有聞、有傳聞。」「於所見微其辭，於所聞痛其禍，於傳聞殺其恩，與情俱也。」絕無政治進步之旨。清康有為以大同當太平世，又謂易卦有順逆。內卦為逆三世，由太平（洪荒）降至據亂（三代）。外卦為順三世，由據亂（春秋至清末）進於太平（大同）。冶古今中外為一爐，何君瞠乎其後矣。

第五節　桓譚至仲長統（西元179-219）

　　光武中興之後，「上下分為二派。國家官書則仍守讖緯。東京大事無不援五行災異之說以解決之。然視為具文，不甚篤信。災異策免三公，不過外戚宦官排擠士夫之一捷法耳。太學清流皆棄去讖緯之說而別有所尚。」[149]蓋圖錄之妖妄，稍有識者所能辨。苟非意圖干寵，則雖天子之威，固不能強人以信受也。

　　非讖之論，光武時桓譚發之，幾以身殉。然尹敏之諷諫及張衡之明辨為最足稱述。光武以敏博學，令校圖讖，使闕去王莽所錄。敏對曰：「讖書非聖人所作，其中多近鄙別字，頗類世俗之辭，恐疑誤後生。帝不納。敏因其闕文增之曰：君無口，為漢輔。帝見而怪之，召敏問其故。敏對曰：臣見前之增損圖書，敢不自量，竊幸萬一。」[150]順帝時張衡上疏謂讖書晚出，不合聖人。又條舉其乖謬之處曰：「《尚書》堯使鯀理洪水，九載績用不成，鯀則殛死，禹乃嗣興。而《春秋》讖云，共工理水。凡讖皆云黃帝伐蚩尤，而《詩》讖獨以為蚩尤敗然後堯受命。《春秋元命包》中有公輸般與墨翟。事見戰國，非春秋時也。又言別有益州。益州之置在於漢世。其名三輔諸陵，世數可知。至於圖中訖于成帝。一卷之書互異數事。聖人之言，勢無若是。殆必虛偽之徒，以要世取資。」「宜收藏圖讖，一禁絕之，則朱紫無所眩，典籍無瑕玷矣。」[151]

　　雖然，後漢儒生所非者圖讖之妖言耳。天人災異之說則咸視為經義聖言，雖以鄭興、尹敏、張衡等之非讖，猶據以勸戒時君。天人思想遂有恢復西京舊觀之趨勢。然而時君不信，徒為避殿罪己之具文。[152]甚至每逢災變，「切讓三公」。[153]比之告朔餼羊，更為無益而有害。蓋士大夫欲正君匡政，操術猶故，

---

149 夏曾佑《中國古代史》頁342。按《後漢書》卷八九〈張衡傳〉曰：「初，光武善讖，及顯宗肅宗因祖述焉。自中興之後，儒者爭學圖緯。」

150 《後漢書》卷一○九上〈儒林傳上〉。

151 《後漢書》卷八九上本傳。

152 可閱《後漢書》諸帝紀。

153 陳忠安帝時上疏諫以災異免三公（《後漢書》卷七六傳）。於此東京永初元年以後數見不鮮。徐防為太尉以災異寇賊策免首開其端。張禹繼之於永初五年「以陰陽不和策免」（卷七四傳）。然視成帝時丞相翟方進賜死猶較寬大矣。西漢丞相以災異免者有孔光為外戚傅氏所排（《漢書》卷八一傳）。魏文帝黃初二年乃下詔「後有天地之眚勿復劾三公」（《魏

而作法自斃，以矛陷盾，反為姦邪所乘矣。

後漢諸儒不特於天人思想一仍舊貫，即其政治思想之大體亦乏新創之成分。其中學術較著者有桓譚、班固、王符、崔寔、荀悅、仲長統、徐幹諸家。班固為史家，就《漢書》諸序贊觀之，其政治思想明天人，尚仁義，顯屬於儒之正統。[154]桓王崔荀徐諸人皆意在砭時救弊，於政治原理殊少發明。以儒學標準衡之，桓崔雜霸，餘子較純。以時代論，桓獨生於前漢中葉，餘則生於和安以後，東京逐漸衰亡之百年中。桓譚倣陸賈《新語》著《新論》二十九篇，上奏光武。今其書久佚，僅存片段。譚論政要旨之一，似為因時。故曰：「諸儒覯《春秋》之文，錄政治之得失，以為聖人復起，當復作《春秋》也。余謂之否。何則？前聖後聖未必相襲也。[155]蓋「善政者視俗而施教，察失而立防。威德更興，文武迭用。」[156]王霸異術，然「俱有天下而君萬民，垂統子孫，其實一也。」[157]崔寔立論「指切時要，言辨而確」，且「明於政體，吏才有餘」，較桓氏尤近法家。其政論為仲長統所稱，謂「凡為人主宜于寫一通，置之座側。」范書著其要略曰：「凡天下所以不埋者，常由人主承平日久，俗漸敝而不悟，政浸衰而不改。王綱縱弛於上，智士鬱伊於下。」儻不力圖中興，難免危亡之痛。雖然「濟時拯世之術，豈必體堯蹈舜，然後乃理哉！期於補綻決壞，枝柱邪傾，隨形裁割，要措斯世於安寧之域而已。故聖人執權，遭時定制。步驟之差，各有云設。不彊人以不能，背急切而慕所聞也。」「今既不能純法八世，故宜參以霸政，則宜重賞深罰以御之，明著法術以檢之。」「孝宣皇帝明於君人之道，審於為政之理。故嚴刑峻法，破姦軌之膽。海內清肅，天下密如。薦勳祖廟，享號中宗。算計見效，優於孝文。元帝即位，多行寬政，

書》卷二）。

154 固字孟堅，建武八年生，永元四年卒（西元32-92）。《後漢書》卷七五本傳。參《漢書》卷一〇〇〈敘傳〉。其政論散見於《漢書》卷二三〈刑法〉，卷二四〈食貨〉，卷二六〈天文志〉，卷八九〈循吏〉，卷九〇〈酷吏〉，卷九一〈貨殖傳〉等序文，及卷四〈文帝〉，卷五〈景帝〉，卷七〈昭帝紀〉，卷四八〈賈誼〉，卷六二〈司馬遷列傳〉等贊。《白虎通》舊題固撰，然實群手綴輯（可閱洪業〈白虎通引得序〉）。

155 孫馮翼《問經堂叢書輯本》。《新論》宋時殆已佚。譚生於宣帝甘露中，卒於光武建武中，年七十餘（甘露共四年，前53-前50）。《後漢書》卷四八上本傳。

156《後漢書》卷四八上，〈陳時政疏〉中語。

157《問經堂叢書》。

卒以墮損。威權始奪，遂為漢室基禍之主。」吾人一按桓、靈時之政事，即知此論乃有為而發。雖然，實非根本放棄儒家之治術也。實認「為國之法，有似理身，平則養，疾則攻焉。夫刑罰者治亂之藥石也。德教者興平之梁肉也。夫以德教除殘，是以梁肉理疾也。以刑罰理平，是以藥石供養也。」[158]

　　王、荀、徐三家存書較多，偶有新意。王符字節信，與馬融、張衡等友善。和、安以後，世務遊宦，而符耿介，且以無外家為人鄙視，不得升進。「意志蘊憤」，乃隱居著書三十六篇，不署己姓名，而命之曰《潛夫論》。[159]全書大旨在重申天治民本之政理，發揮任賢尚德之治術。其論天人君民之關係，意雖襲古而言頗精闢。符謂「凡人君之治莫大於和陰陽。陰陽者以天為本。天心順則陰陽和，天心逆則陰陽乖。天以民為心。民安樂則天心順，民愁苦則天心逆。民以君為統。君政善則民和治，君政惡則民冤亂。」[160]符又論政治原起以證明其說曰：「太古之時，蒸黎初載，未有上下而自順序。天未事焉，君未設焉。後稍矯虔，或相陵虐，侵漁不止，為萌巨害。於是天命聖人使司牧之，使不失性。四海蒙利，莫不被德，僉共奉戴，謂之天子。故天之立君，非私此人也以役民。蓋以誅暴除害，利黎元也。」[161]人君以受命為天子，人臣亦承君而任「天官」。「故明主不敢以私授，忠臣不敢以虛授。竊人之財，猶謂之盜，況偷天官以私己乎？」[162]

　　符論治術，雖少新刱，然每針對時代之需要，與尋常空言泛說者相殊。約言之，有任人、正刑、與抑奢諸事，任人重在兼聽考功，[163]其旨略近荀卿。符又力攻聲譽取士，守相地廣，及官爵世襲之制度。「朋黨用私，背實趨

---

158 《後漢書》卷八二傳。實字子真，桓帝初郡舉為郎。《政論》中有「漢興以來三百五十餘歲」之語，此書當作於桓帝和永興之間（西元147-154），曾與博士雜定五經。靈帝建寧中卒（建寧元年至四年當西曆168-172）。《玉函山房輯佚書》列《政論》於法家之首，似未盡合。實乃儒而兼法者，固未醇儒，亦不可遽以為申商後學也。

159 《後漢書》卷七九本傳。傳引〈貴忠〉、〈浮侈〉、〈實貢〉、〈愛日〉、〈述赦〉五篇文。

160 《潛夫論·本政》。此書有四部叢刊、漢魏叢書、百子全書、子書百家諸本。本節所引乃湖海樓叢書汪繼培箋本。

161 〈班祿〉。

162 〈貴忠〉可參《漢書·刑法志序》班固之〈政原論〉。

163 〈明闇〉及〈考績〉。

華。」[164]此聲譽取士之弊。「威權勢力，盛於列侯。材明德義，未必過古。」「違背法律，廢忽詔令。專情務利，不恤公事。」此守相地廣之弊。「無功於漢，無德於民。專國南面，臥食重祿。」[165]此官爵世襲之弊。吾人略考漢季郡縣選舉，列侯封襲，刺史專恣之情形，當覺符言之深切而扼要，其重農本，抑侈靡之主張，[166]亦痛砭頹俗，有為言之。正刑之說則注意於國家綱紀，尤為和安以後君主之良藥。符謂「民之所以不亂者上有吏。吏之所以無姦者官有法。法之所以順行者國有君也。君之所以位尊者身有義。身有義者君之政也。法者君之命也。人君思正以出令而貴賤賢愚莫得違也，則君位於上而民氓治於下矣。人君出令而貴臣驕吏弗順也，則君幾於弒而民幾於亂矣。夫法令者君之所以用其國也。君出令而不從，與無君等。」君令之重如此。「是故妄違法之吏，妄造令之臣，不可不誅也。」[167]此尊君重令之說似與儒家德化不合。符釋之曰：「議者必將以為刑殺當不用而德化可獨任。此非變通者之論也，非叔世之言也。夫上聖不過堯舜而放四子，盛德不過文武而赫斯怒。」「故有以誅止殺，以刑禦殘。且夫治世者若登丘矣。必先蹋其卑者，然後乃得履其高。是故先致治國，然後三王之政乃可施也。道齊三王，然後五帝之化乃可行也。道齊五帝，然後三皇之道乃可從也。」[168]東京和、安以後之政治，儼如前漢元、成以後政治之重演。大權旁落，君主勢微，外戚宦官竊柄亂政。符之所言，誠為切要，而與桓譚、崔寔相響應，此亦環境使然也。

　　荀悅字仲豫。荀卿十三世孫。年十二歲能說《春秋》。靈帝時宦官弄權，悅託疾隱居。獻帝初立，辟鎮東將軍曹操府。仕至秘書監侍中。時政移曹氏，天子虛設，悅思獻替而無所用，乃作《申鑒》五篇奏之。建安十四年卒，年六十二。[169]悅雖為蘭陵令之後裔，然並非嚴守家學。荀子言「天人之分」，悅

---

164 〈實貢〉。又曰：「志道者少與，逐俗者多儔。」又曰：「夫士者貴其用也，不必求備。」「智者去短取長以致其功。今使貢士必蘊以實，其有小疵勿彊衣飾。」此預言曹魏用人重能輕德之風氣。

165 〈三式〉。

166 〈浮侈〉，〈愛日〉。

167 〈衰制〉。

168 〈衰制〉。然〈德化篇〉仍堅持德教為基本治術之古義。

169 《後漢書》卷九二傳。據卒年推知悅生於桓帝建和二年（西元148-209）。《申鑒》有四部叢刊，百子全書，子書百家，漢魏叢書諸本。漢魏有《荀侍中集》。此外悅有《漢紀》三十篇。

則有取於漢儒「天人相與」之說。故其論〈政體〉曰：「天作道，皇作極，臣作輔，民作基。」又曰：「惟先哲王之政，一曰承天，二曰正身，三曰任賢，四曰恤民，五曰民制，六曰立業。」[170]六端之中，悅論承天，頗有新意。悅謂人主所以必承天者，蓋以非「天地不生物」，而「人主承天命以養民者也」。[171]且天以災異應政治之失誤，則人君當見譴告而改悔。[172]承天大意，殆不過。然悅一洗兩漢陰陽讖緯之迷信，大明君子居易俟命之精神，而謂「災祥之報，或應或否。」「夫事物之性有自然而成者，有待人事而成者，有失人事不成者，有雖加人事終不可成者，是謂三勢。」「今人見有不移者，因曰人事不相干。知神氣流通者，因曰天人共事而同業。此皆守其一端而不究終始。」「凡三勢之數深不可識，故君子盡心力焉，以任天命。」[173]此論折衷於儒、墨、孟、荀之間，以近世之眼光衡之，雖嫌其未能透徹，然以之持身從政，足達仁者不憂之境地，其態度固較王充之宿命論為健全矣。

　　悅論天人不傳家學，然其治術則略存荀卿禮治之遺意。其言曰：「致治之術，先屏四患，乃崇五政。一曰偽，二曰私，三曰放，四曰奢。偽亂俗，私壞法，放越軌，奢敗制。」「俗亂則道荒」，「法壞則世傾」，「軌越則禮亡」，「制敗則欲肆」，「是謂四患。興農桑以養其生，審好惡以正其俗，宣文教以章其化，立武備以秉其威，明賞罰以統其法，是謂五政。」[174]養生者足國裕民之意，正俗者循名責實之意，章化者禮教之意，秉威者足兵之意，統法者正賞必罰之意，凡此皆荀子所已明而悅加以重申者也。

　　雖然，《申鑒》所含之政論非與實際無關也，荀子言治，於儒學中最為嚴飭，近於法家，足以砭漢末紀綱廢弛之弊。悅之四患五政實非高論放言。悅又主張恢復封建，殆亦懲於郡縣制中天子孤立，易生篡奪之危險。悅謂聖王立制，所以為民。故封建諸侯，各世其位。「而王者總其一統以御其政。故有暴禮於其國者則民叛於下，王誅加於上。」「及至天子失道，諸侯正之，王室微弱，則大國輔之。雖無道不得虐於天下。」此封建根本之大利，足以為安民永

170 《申鑒‧政體》。

171 〈雜言上〉。《荀侍中集‧高祖贊》，可參。

172 《荀集‧災異論》。

173 《荀集‧災異論》。

174 《申鑒‧政體》。《荀集》有〈立制度論〉，尤能發明禮治之精神，可參。

世之資。前世行之而有弊者，原於封地大小之失宜。夏殷大國不過百里，失之太小，「故諸侯微而天子強，桀紂得肆其虐。」周封大國至五百里，矯枉過正，至於幹弱枝強，爭亂覆滅。秦則因噎廢食，改為郡縣。「以一威權，以專天下。」其結果為「人主失道則天下徧被其害，百姓一亂則魚爛土崩，莫之匡救。」漢承周秦之弊，兼用郡國。然失之強大，遂有六王七國之禍。其後遂絕諸侯之權。此「當時之制，未必百王之法也。」[175]悅言略近賈生而與王符相反。蓋王符著眼於王侯縱恣事實，賈荀皆表示對於專制政治之失望。而荀悅發之於東京將亡之前夕，其失望殆尤有過於賈生者。此後魏晉之世曹冏、陸機復大鬯其說，貞觀再開封國之議，[176]足見四百餘年之專制天下已令有識者對之懷無限之憂疑。然而立論不能打破一王五等之循環，其診斷雖能洞明癥結，而所處方劑則絕無振起沉痾之力也。

　　徐幹字偉長，與孔融、王粲等號「建安七子」。著《中論》二十餘篇。[177]雖見推賞，實由文章典雅，其內容則「推仲尼孟軻之旨。」[178]絕少創見，姑置不論。仲長統書雖失傳，然其思想頗有特點，不可不一述之。統字公理。少好學。不矜小節，人或謂之「狂生」。初隱遯不仕，後以荀彧薦，參丞相曹操軍事。論說古今及時俗行事，著《昌言》三十四篇，十餘萬言。建安二十四年卒，年四十一。[179]統論治術，舉「政務」十六端，不出儒生常談。[180]至其推究治亂原因，則深中專制政體之病，為前人所未發。統謂「豪傑之當命者未始有天下之分者也。無天下之分者故戰爭者競起焉，於斯之時并偽假天威，矯據方國，擁甲兵，與我角才智程勇力。」「角智者皆窮，角力者皆負；形不堪復抗，勢不足復校，乃始羈首係頸就我之銜紲耳。」「及繼體之時，民心定矣。普天之下，賴我而得生育，由我而得富貴。」「豪傑之心既絕，士民之志已定。貴有常家，尊在一人。當此之時，雖下愚之才居之，猶能使恩同天地，威

175 《荀集‧列侯論》。

176 《參魏書》卷二〇註，《晉書》卷五四〈機傳〉，及《貞觀政要‧封建篇》。

177 《魏書》卷二一〈王粲傳〉。幹卒於建安二十二年（西元 217）。《中論》今存二十篇。有四部叢刊及漢魏叢書諸本。

178 《中論‧曾鞏序》。

179 《後漢書》卷七九傳。由卒年推知生於靈帝光和二年（西元 179-219）。《昌言》在宋時已只存十五篇，此後全佚。今可於史傳及《玉函山房輯佚書》見其片段。

180 《昌言‧損益篇》。

侔鬼神。」「彼後嗣之愚主，見天下莫敢與之違，自謂若天地之不可亡也。乃奔其私嗜，騁其邪欲。荒廢庶政，棄亡人物。」「信任親愛者盡佞諂容悅之人也。寵貴豐隆者盡后妃姬妾之家也。」「遂至熬天下之脂膏，斲生人之骨髓。怨毒無聊，禍亂並起。中國擾攘，四夷侵畔。土崩瓦解，一朝而去。昔之為我哺乳之子孫者，今盡是我飲血之寇讐也。豈非富貴生不仁，沉溺致愚疾邪。存亡以之迭代，政亂從此周復，天道常然之大數也。」抑又有進者，「亂世長而化世短」，世愈下而禍愈烈。戰國之亂甚於春秋，秦項之虐過於戰國，新莽之殘夷，其數復倍於秦項。「以及今日，名都空而不居，百里絕而無民者，不可勝數。此則又甚於亡新之時也。悲夫！不及五百年，大難三起。中間之亂，尚不數焉。變而彌猜，下而加酷。推此以往，可及於盡矣。嗟乎！不知來世聖人，救此之道，將何用也。又不知天若窮此之數，欲何至邪？」[181]

儒家之政治思想，態度本為樂觀。孔子、孟、荀均生亂世。然孔子謂如有用我者，三年有成。荀子明儒者之效，政平俗美。孟子稱五百年必有王者興。雖一治一亂，而治道可知。漢儒之中如賈誼、董仲舒等皆認天下事大有可為。至桓譚、王符、崔實、荀悅諸人始漸露悲觀之意，不復堅持聖君賢相，歸仁化義之崇高理想，而欲以任刑參霸之術為補苴治標之方。夫既欲補苴治標，則猶認吾道未窮，大廈可支，雖已悲觀，尚未致極。今仲長氏不僅歎世亂之愈酷，且復疑救亂之有道。推其言中之意，殆無異於對專制政體與儒家治術同時作破產之宣告。此誠儒家思想開宗以來空前未覯之巨變。考漢儒論政所以由樂觀入於悲觀者，其最大之原因似為專制政體實行之失敗。孔子冀封建可以復興，孟、荀望天下之一統。既存希望，無事悲觀。嬴秦二世覆亡，論者猶歸咎於任法，於專制政體及儒家治術之本身固未嘗有疑慮及之者也，黃、老、申、商之徒雖力攻仁義禮樂，以為無益於治，然自儒者視之，此不過門戶之爭，不足搖動其孔子為百世立法，治道與天道不變之信仰。及劉漢以黃、老、申、商、孔、孟之學參迭佐政，行之四百年而亦不免於亂亡。專制政體之弱點且一一呈露。於是論者始覺古今已行之政體，聖賢所立之治道，無一可以維天下長久之安平者。而仲長氏悲觀之治亂循環退化論遂為秦漢儒家政治思想自然之結局。[182]

181《昌言・理亂篇》。
182統或曾受王充之影響。

第十章

《呂氏春秋》至王充《論衡》

第一節　道家與雜家

　　秦漢儒家政治思想，由樂觀而轉入於悲觀，吾人於前章已述其梗概。道家思想於此期中亦有同樣之趨勢。惟先秦老莊之學，本屬消極。認天下已無可為，故立言主於為我。及秦漢統一，四海初定，老莊思想亦起變化。除神仙方士託名黃帝老子，以長生久視，逢迎時君，為道家旁門，可置不論外，漢初黃老之徒，欲用清靜無為之治術，以救六國嬴秦之煩苛，其宗旨已非保全小我而在安定天下。時帝后公卿，頗用其說以為「南面之術」。[1]故漢代黃老，淵源於先秦之老莊，而宗旨與之有異。不僅此也。道徒既求用世，則不能純恃無為之論。於是頗採他家，以應時變。故司馬談述六家要旨，稱道家「因陰陽之大順，采儒墨之善，撮名法之要」，[2]則其內容亦與《莊子・天下篇》所舉老莊之道術有異。雖然，道家既雜採諸家，其門戶與漢人所謂「雜家」，應如何區別乎？按史公要旨，不及雜家。《漢志》始謂「雜家者流蓋出於議官。兼儒墨，合名法。」似《漢書》所謂雜，即《史記》所謂道，近人或認兩者為一家二名，或謂雜家不包老莊，[3]或謂「道家為百家所從出」，雜家「得道家之正

1　《漢書》卷三〇〈藝文志〉曰：「道家者流蓋出史官，歷記成敗存亡禍福古今之道，然後知秉要執本，清虛以自守，卑弱以自持。此君人南面之術也。」

2　《史記》卷一三〇〈自敘〉。

3　馮友蘭《中國哲學史》上冊，頁211，註「胡適之先生謂此道家乃漢初之道家，即《漢書・藝文志》所謂雜家，非謂老莊。然《漢書・藝文志》於雜家外另無道家，故雜家不包老莊。司馬談所謂道家則包老莊。」

傳」。[4]吾人欲定諸說之是非，當先明《漢志》雜家之界限。著錄二十家中除
《呂氏春秋》「呂不韋輯智略士作」，及《淮南》內、外，前者「論道」後為
雜說外；有《尸子》，注謂「秦相商君師之」；《尉繚》，「為商君學」；
〈博士臣賢對〉，「漢世難韓子商君」；《子晚子》，「齊人好議兵，與司馬
法相似」；〈雜言〉，「言伯王之道」；《荊軻論》，「司馬相如等論之」；
〈伯象先生〉，隱者「無益世主之治」；《臣說》，「武帝時作賦」；觀此可
見班固所謂雜家，其性質至為複雜。既非道家之異名，亦非道家之正統。其分
類之標準，以書多佚亡，無從確斷。以《呂氏春秋》及《淮南鴻烈》推之，似
述學不純，文章未美，不足列入諸子及「詩賦」各類者，悉以歸入雜家。故雜
家之雜，殆含二義。一為一流之中門戶互殊，二為一書之中眾說兼採。[5]而兼
採眾說，每有輕重。或以商韓為主幹，或以黃老為依歸。史公之道家，即指後
列之一派。呂氏王安之書，為現存最重要之代表。吾人所論如尚不誤，則秦代
漢初之「道家」，包含兩派。其一為變先秦老莊宗旨之「黃老」，其二則變先
秦老莊內容之「道家」。本章當分別述其大概。

第二節　漢代之黃、老

　　吾人於前章中謂「無為」之政治思想盛行漢初，儒家亦不免受其影響。蓋
老學流傳，經秦火而未絕。李耳之子孫雖不守家學，而樂毅後裔乃為秦漢間黃
老之賢師。[6]此後則其術盛行於朝，幾有壓倒儒、法，獨為國教之勢。歷六、
七十年而後漸趨衰微。皇室之中，文帝竇后好之尤篤。「孝文即位，有司議欲
定禮儀。孝文好道家之學，以為繁禮飾貌，無益於治。躬化謂何耳。故罷去

4　江瑔《讀子巵言》論道家為百家所從出。此說殊無據，馮書頁211已辨之。

5　前義略近英文之 miscellaneous 或 unclassified，後義略近 eclectic。

6　《史記》卷六三〈老莊申韓列傳〉：「老子之名宗，宗為魏將，封於段干。宗子注，注子
　　宮，宮玄孫假。假仕於漢孝文帝，而假子解為膠西王卬太傅，因家於齊焉。」卷八十〈樂毅
　　傳・贊〉：「樂臣公（卷一〇四〈田叔傳〉作臣公）學黃帝老子。其本師號河上丈人，不知
　　其所出。河上丈人教安期生，安期生教毛翕公。毛翕公教樂瑕公。樂瑕公教樂臣公。樂臣公
　　教蓋公。蓋公教於齊高密膠西，為曹相國師。」

之。」[7]其後竇氏更力求推廣之，儼然為其護法。於是竇嬰、田蚡等以崇儒罷官，轅固以譏道刺豕。[8]「景帝及太子諸竇不得不讀黃帝老子，學其術。」[9]至公卿士大夫好之者，其風尤早，為數更眾。高祖惠帝時有陳平、曹參。[10]文帝景帝時有鄧章、王生、田叔、直不疑、司馬談。[11]武帝時有汲黯、鄭當時。[12]此皆實行清靜之治，或以黃老顯名。然均無著述傳世，想亦未有理論上之貢獻。抑吾人當注意，景帝一朝殆為黃老極盛之期。此後儒學代起，「無為」不復為君人南面之術。史書所錄黃老之徒，不僅為數漸稀，且多以清靜為修己之道。由昭、宣以迄於新莽，士大夫以黃老見稱者，不過一二。[13]東京二百年中，其人見於史傳者雖較西京晚世為眾，然每為「逸民」「方術」之流，[14]言行與政治無關。道家思想至此又恢復先秦老莊為我之宗旨，而為魏晉時代崇尚玄虛之先導。

漢代黃老所以由養生改為治世，復由臨民以返於為我者，其根本原因仍當

7 《史記》卷二三〈禮書〉。

8 《史記》卷一〇七〈田蚡傳〉。事在建元二年，御史大夫趙綰郎中令王臧且下獄自殺。轅固事見卷一二一〈儒林列傳〉。

9 《史記》卷四九〈外戚世家〉。《廣弘明集》卷一吳主敍佛道三宗引《吳書》孫權赤烏四年闞澤謂「漢景帝以《黃子》《老子》義體尤深，改子為經，始立道學，教令朝野，悉諷誦之。」此不知何據，其語亦不見《三國志‧吳書‧闞澤傳》。

10 《漢書》卷四〇〈陳平傳〉，平「治黃帝老子之術。」卷三九〈曹參傳〉，參為齊相，「聞膠西有蓋公善治黃老言。使人厚幣請之。既見蓋公，蓋公為言治道貴清靜而民自定。」參用其說，此後「其治要用黃老術。」參《史記》卷五五及卷五六。

11 《漢書》卷四九〈晁錯傳〉，錯以修黃老言顯諸公間。《史記》卷一〇二〈張澤之傳〉，「王生者善為黃老言，處士也。嘗召居廷中，三公九卿盡會立。王生老人曰：吾韈解，顧謂張廷尉為我結韈。釋之跪而結之。」人或讓王生，生曰：「張廷尉方今天下名臣，吾故聊辱廷尉，欲以重之。」卷一〇四〈田叔傳〉：「叔學黃老術於樂臣公所。」卷一〇三〈直不疑傳〉：「不疑學老子言。」卷一三〇〈自序〉：「談習道論於黃子。」

12 《史記》卷一二〇〈汲鄭列傳〉：「黯學黃老之言，治官理民好清靜。」「莊好黃老之言。」武帝時諸王好黃老者有劉德。《漢書》卷三六〈楚元王傳〉。

13 平帝時有蔡勳，見《後漢書》卷九〇下〈蔡邕傳〉。

14 如《後漢書》卷七二〈方術傳上〉，折像「好黃老言」；卷一〇七〈酷吏傳〉，明帝時人樊融「好黃老不肯為吏」；卷一一三〈逸民傳〉，章帝時人高恢「少學黃老」，及馬融同時之矯慎「少好老子」。其不避世者，如桓譚《新論‧祛蔽第八》有杜房「讀老子書，言老子用」；明帝章帝時有任隗，「少好黃老，清靜寡欲」（《後漢書》卷五一本傳）；安帝時有成翊，「深明道術」（卷八七本傳）。

於歷史背景求之。中國經六國及秦楚之長期爭亂，天下困窮，達於極點。「漢興接秦之弊，丈夫從軍旅，老弱轉糧饟，作業劇而財匱。自天子不能致鈞駟，而將相或乘牛車，齊民無藏蓋。」[15]故魯兩儒生不肯附和叔孫通以興禮樂，[16]文帝不納賈誼之言以改制度，可謂深合時代之需要。經惠、文、景三朝數十年之休養生息，[17]至武帝初年遂大臻於富庶。國力既已充裕，政策自趨積極。又適值武帝為好大喜功之主，「內多欲而外施仁義」，於是黃老清靜之徒「功成身退」，儒家禮樂之術亦應運而興矣。昭、宣以後，黃老漸歸隱微，至東京晚世而復成為在野之學術者，[18]其最大之原因，似在於此。

第三節　《呂氏春秋》（西元前241）

　　兩京之黃老由治世而返於為我，秦漢之雜家則由樂觀而趨於悲觀。《呂氏春秋》開其端，《淮南鴻烈》承其流，王充《論衡》極其變。呂書之作雖在始皇混一以前，[19]然其影響及於漢代，故述之於此。

　　呂不韋，陽翟大賈人，事莊襄王為丞相，封文信侯。始皇立，尊為相國，號稱「仲父」。十年以嫪毐事牽連免相，十二年徙蜀自殺。不韋招致賓客著書行世之目的，古今有不同之數說。《史記》謂當其相始皇時，「魏有信陵君，楚有春申君，趙有平原君，齊有孟嘗君，皆下士喜賓客以相傾。呂不韋以秦之彊，羞不如，亦招致士，厚遇之，至食客三千。是時諸侯多辯士，如荀卿之徒著書布天下。呂不韋乃使其客人人著所聞，集論以為八覽六論十二紀，二十餘萬言，以為備天地萬物古今之事，號曰《呂氏春秋》。」[20]宋高似孫謂「始皇

15　《史記》卷三〇〈平準書〉。《漢書》卷二四上〈食貨志〉文小異。

16　《史記》卷九九〈叔孫通傳〉。《漢書》卷四三略同。

17　惠帝高后已行「無為」政策，見《史記》卷九〈呂后本紀〉。

18　桓帝信道教，如延熹八年遣中常侍左悺之苦縣祠老子。九年又親祀之（分見《後漢書》卷七〈本紀〉及卷十八〈祭祀志〉）。然此由桓帝「好神仙事」，非用黃老治國。

19　《呂氏春秋》〈序意〉曰：「維秦八年，歲在涒灘。」註，歲在申曰涒灘。錢穆據姚文田《邃雅堂集》〈呂覽〉維秦八年歲在涒灘考，以東周亡之次年為秦元年，歲在癸丑。下推八年為庚申（西元前241）。距始皇置三十六郡尚有二十年。按許維遹《呂氏春秋集釋》最善。

20　《史記》卷八五本傳。

不好士。不韋則徠英茂，聚唆豪。簪履充庭，至以千計。始皇甚惡書也。不韋乃極簡冊，攻筆墨，采精錄異，成一家言。吁，不韋何為若此者也。不亦異乎？《春秋》之言曰：十里之間耳不能聞，帷墻之外目不能見，三畝之間心不能知，而欲東至開晤，南撫多鷃，西服壽靡，北懷儋耳，何以得哉！此所以譏始皇也。」[21]近人錢穆君曰：「余疑此乃呂家賓客借此書以收攬眾譽，買天下之人心。儳以一家《春秋》托新王之法而歸諸呂氏，如昔日晉之魏，齊之田，為之賓客舍人者未嘗不有取秦而代之意。即觀其維秦八年之稱已顯無始皇地位。當時秦廷與不韋之間必有猜防衝突之情而為史籍所未詳者。始皇幸先發，因以牽連及於嫪毐之事。」[22]三說之中，此似最能發明呂氏之動機。而高氏譏斥始皇之說亦可相輔並行。蓋呂氏既欲代秦自帝，則勢必攻擊秦之傳統政策而別樹立國之道。故不韋相秦於二周已亡之後，絕不認秦為正統，仍謂「周室既滅，而天子已絕。」「以兵相殘，不得休息。」[23]又謂「當今之世濁甚矣。黔首之苦不可以加矣。天子既絕，賢者廢伏。世主恣行，與民相離。」是呂書不徒致譏於始皇，實儕秦於六國之列，並孝公以來所行富強兼併，任法尚功之政而根本否認之也。

　　吾人既知《呂氏春秋》為反秦之書，則其重己貴民、道體儒用之政治思想，乃針對商、韓而發，毫不足異。十二紀中持論每陰抑法家。先秦諸子如孔、墨、黃、老、莊、列、管、田、子華等均在稱引之列，而未嘗一及申、商、韓非。序意既在紀後，而十二紀又依四時為編次，略符「春秋」之號，則此殆為全書之主體，近乎後世所謂「內篇」。八覽六論中雖間舉申、商之言行，[24]然其立言之大旨固與十二紀前後相合。一切慘刻督責之術，在所不取。故呂書之政治意義為立新王以反秦，其思想之內容則為申古學以排法。[25]

21　《子略》、《呂氏春秋・序意》附考引。文中春秋云云出「任數」篇。明方孝孺引伸高說謂「其〈節喪〉〈安死〉篇譏厚葬之弊，其〈勿窮篇〉言人君之要在任人，〈用民篇〉言刑罰不如德禮，〈達爵〉〈分職〉篇皆盡君人之道，切中始皇之病。」（同上引）

22　《考辨》頁450，按《史記》卷六，始皇十年不韋免相，即有逐客之令。

23　《春秋》卷十三〈謹聽〉（卷十六〈觀世〉文略同）。

24　卷七〈振亂〉。

25　全書中引孔子次數最多，超過道家諸子之總數。八覽中卷十七〈任數〉引申不害、〈慎勢〉引慎子，卷十八〈離謂〉舉鄧析亂治，卷十九〈用民〉舉管商立治。中卷二二〈無義〉以商鞅為例。

呂書中之政治思想以先秦為我之人生觀為基礎。[26]楊子不肯損一毫而利天下。《呂氏》承其意發為貴生之論曰：「倕至巧也。人不愛倕之指而愛己指。有之利故也。人不愛崑山之玉，江漢之珠，而愛己之蒼璧小璣。有之利故也。今吾之生為我有利我亦大矣。論其貴賤，爵為天子不足以比焉。論其輕重，富有天下不可以易之。論其安危，一曙失之，終身不復得。」是以「聖人深慮天下，莫貴於生。」[27]雖然，貴生者非僅保存生命之謂。〈貴生篇〉引「子華子曰：全生為上，虧生次之，死次之，迫生為下。故所謂尊生者全生之謂。所謂全生者六欲皆得其宜也。所謂虧生者六欲分得其宜也。」「所謂死者無有所以知，復其未生也。所謂迫生者六欲莫得其宜也。」「故曰：迫生不若死。奚以知其然也。耳聞所惡，不若無聞。目見所惡，不若無見。故雷則掩耳，電則掩目，此其比也。」[28]

全生為生活之最高理想，亦為政治最後目的。故《呂氏》謂「始生之者天也，養成之者人也。能養天之所生而勿攖，之謂天子。天子之動也，以全天為故者也。此官之所自立也。立官者以全生也。」[29]列子引楊朱之言，謂人人不利天下則天下治。《呂氏》不主其說而認政治組織為個人美善生活之必要條件。蓋太古之中國與四方之夷狄，皆嘗無君。匪獨文化低陋，生活亦極困苦。「其民麋鹿禽獸，少者使長，長者畏壯。有力者賢，暴傲者尊。日夜相殘，無時休息，以盡其類。聖人深見此患也，故為天下長慮莫如置天子也，為一國長慮莫如置君也。」「君道立則利出於群而人備可完矣。」[30]吾人曩謂法家思想之特點在以君長為政治之主體。[31]《呂氏》雖重視君長之功能，然始終否認其為國家之目的，不憚再三宣示聲明。故曰：「天下非一人之天下也，天下之天下也。」又曰：「置君非以阿君也，置天子非以阿天子也。置官長非以阿官長

---

26 參《胡適文存》三集〈讀《呂氏春秋》〉。

27 分卷一〈重己〉，卷二〈貴生〉。參卷二一〈審為〉。

28 全生非縱欲。〈重己〉曰：「凡生之長也順之也。使生不順者欲也。故聖人必先適欲。」高注：「適猶節也。」此與它囂、魏牟之學迥異。

29 卷一〈本生〉。

30 卷二〇〈恃君覽〉。卷七〈蕩兵〉曰：「未有蚩尤之時，民固剝林木以戰矣。勝者為長。長者猶不足治之，故立君。君又不足以治之，故立天子。天子之立也，出於君。君之立也，出於長。長之立也，出於爭。」說與此異，然不必相衝突。

31 本書六章二節首段。

也。德衰世亂，然後天子利天下，國君利國，官長利官。此國所以遞興遞廢也。」[32]

　　《呂氏》既反對法家而同情於儒家之觀點，則勢必接受孟、荀順民心，誅暴君之主張。易詞言之，即放棄戰國末年趨於完成之君主專制理論，而重申古代君治民本之學說。此雖不出創造，其歷史上之意義則頗堪注目。蓋漢初黃老家大明清靜之治術，賈誼等亦闡述仁義道德，以矯始皇任刑之失。而呂氏及其賓客在始皇混一之先，已對申韓學術及鞅斯政治作正面之攻擊，實不啻「過秦」思想之陳涉。雖事敗身死，其發難之功誠不可沒也。

　　《呂氏》反對專制，立論至為透闢，漢人中尠足與之相擬者。其所鼓吹湯武弔民伐罪之義，吾人耳熟能詳，固無待論。[33]其最大之貢獻似在建議種種方法以限制君主，使其不得自恣。書中所言順民、納諫、節欲、無為諸端，尤屬重要。〈順民篇〉曰：「先王先順民心，故功名成。」[34]順民之根本在以愛民之心，行利民之政。然人君欲知民間疾苦，國家利病，當以廣聽直言為要務。厲王監謗，召公非之。「國鬱」則敗，故卒不免於流放。[35]「亡國之主必自驕、必自智、必輕物。自驕則簡士，自智則獨專，輕物則無備。無備召禍，專獨位危，簡士壅塞。」[36]抑人主不僅不當自智，亦不當自恣。《呂氏》引「黃帝言曰：聲禁重，色禁重，衣禁重，香禁重，味禁重，室禁重。」[37]「世之人主貴人，無賢不肖，莫不欲長生久視。」然不能守黃帝之誡，節欲養性，則「欲之何益」。[38]三術若行，人主於精神上及物質上均受限制，不復能任意孤行，如二世所謂「肆志廣欲」，李斯所謂專以天下自適。《呂氏》尚以此為未足，又利用申韓君上無為之說，欲於政權之行使上加以限制，〈審分覽〉中八

32　分見《呂氏春秋》卷一〈貴公〉及卷二〇〈恃君〉。

33　卷七〈禁塞〉破非攻之說，以為足以鼓勵暴君。「若令桀紂知必亡國身死，殄無後類，吾未知其屬為無道之至於此也。」〈懷寵〉稱許誅暴君之義兵，並主張發令申討，其意與儒家所說牧野之事相似。

34　卷九。卷十七〈不二〉曰：「聽群眾人議以治國，國危無日矣。」此反對處士橫議，與順民之說不相背。

35　卷二〇〈達鬱〉。卷二三〈貴直論〉以下六篇皆述納諫之旨。

36　卷二〇〈驕恣〉。

37　卷一〈去私〉。

38　卷一〈重己〉。

篇之五皆揮發此意。[39]如謂「得道者必靜，靜者無知。知乃無知，可以言君道也。」又謂「君也者，以無當為當，以無得為得者也。當與得不在於君而在於臣。」[40]蓋一人之「耳目心智，其所以知識甚闕，其所以聞見甚淺。以淺闕博居天下安殊俗，治萬民，其說固不行。」[41]且「人主自智而愚人，自巧而拙人，若此則愚拙者請矣，巧智者詔矣。詔多則請者愈多矣。請者愈多，且無不請也。主雖巧智，未無不知也。以未無不知，應無不請，其道固窮。為人主而數窮於其下，將何以君人乎？窮而不知其窮，其患又將反以自多。是之謂重塞之主，無存國矣。」[42]故君人之道在委政以「託於賢」，[43]「正名審分以治吏，無為成身而天下自治矣。」[44]按君上無為乃申不害言術要義之一，其作用在防臣下之姦而督其功，以保障專制君主之權位。呂書之用意與此相異。吾人以無為與順民納諫諸事合觀，即知其隱寓提倡「虛君制度」[45]之意，與李斯所謂獨行恣睢之心者精神更相反背。[46]

　　《呂氏》不僅反對秦之專制政體，亦且反對其治術。其最顯著者為重申德治之理想以矯正商鞅嚴刑黷武之失。「昔上世之亡主，以罪為在人，故日殺僇而不止，以至於亡而不悟。」[47]「五帝先道而後德，故德莫盛焉。三王先教而後殺。故事莫功焉。五伯先事而後兵，故兵莫彊焉。當今之世，巧謀並行，詐術遞用，攻戰不休，亡國辱主愈眾，所事者末也。」[48]賈誼〈過秦論〉態度之嚴厲，殆亦無以逾此。賈生不滿於「秦俗日敗」，家族倫理崩壞之事實。《呂氏》殆亦有同感。故書中頗致意於忠孝之教，甚至認孝為政事之本，[49]與商韓

39　卷十七〈審分覽〉、〈君守〉、〈任數〉、〈勿躬〉、〈知度〉。

40　〈君守〉。

41　〈任數〉。

42　〈知度〉。

43　〈審分覽〉。

44　卷三〈先己〉。

45　《胡適文存》三集卷三〈讀《呂氏春秋》〉。然胡君謂法家之法治亦為限制君權之理論則可商。

46　參本書八章二節「四曰行督責」一段。

47　卷三〈論人〉。

48　卷三〈先己〉。參卷十九〈適威〉。卷二〈功名〉曰：「彊令之笑不樂，彊令之哭不悲。彊令之為道也可以成小而不可以成大。」

49　卷四〈勸學〉及卷十四〈孝行覽〉。

大異其趣。至其主張封建更與李斯之論相反。《呂》謂「古之王者擇天下之中而立國。」「天子之地方千里以為國，所以極治任也。眾封建，非以私賢也。所以便勢全威，所以博義。義博利博則無敵。無敵者安。故觀於上世，其封建眾者其福長，其名彰。神農七十世有天下，與天下同之也。」[50]其言與始皇博士淳于越如出一轍。[51]自李斯視之，恐當負「以古非今」之罪矣。

　　然《呂氏》書中有一端非為秦發，而旋為始皇所採用者，則五德終始之說是也。《史記・始皇本紀》及〈封禪書〉謂秦自以得水德而王，且以文公獲黑龍為其徵應。此實與《呂氏春秋・應同篇》之言相合，而或即本之《呂氏》。《呂氏》以黃帝禹湯文王分當土木金火四德，而以大螾大蟻，草木秋冬不殺，金刃見水，赤烏銜丹書各為其應。然《呂氏》不以秦當水德，但謂「代火者必將水，天且先見水氣勝。水氣勝，故其色尚黑，其事則水。」推原其意，殆猶序意之稱「維秦八年」。乃不韋身死，賓客星散二十年後，反為始皇所利用以作其政權之埋論根據。此則非著書者所及料矣。

　　《呂氏》五德終始實襲自鄒衍。其治亂天遇之論則略似孟子言天命。《呂氏》以為禍福雖由人召，成敗則每出偶然。「凡治亂存亡安危彊弱必有其遇，然後可成。各一則不設。故桀紂雖不肖，其亡，遇湯武也。遇湯武，天也，非桀紂之不肖也。湯武雖賢，其王，遇桀紂也。遇桀紂，天也，非湯武之賢也。若桀紂不遇湯武，未必亡也。桀紂不亡，雖不肖，辱未至於此。若使湯武不遇桀紂，未必王也。湯武不王，雖賢，顯未至於此。」「譬之若良農，辨土地之宜，謹耕耨之事，未必收也。然而收者必此人也。始在於遇時雨。遇時雨，天也，非良農所能為也。」[52]如《呂氏》之言，則人定不能勝天，君子盡其在己。所謂「是法天地」，「為民父母」者，不過教人行道以俟可然之治，非以成功為必然之事。孟子謂成功在天，求治者「彊為善而已」。與《呂氏》大旨相符。然孟子深信天下一治一亂，五百年必有王者興，故切盼新王，頗為樂觀。《呂氏》則傾向於視政治之興衰為機緣之偶合。雖猶堅持居易俟命之態度，而實已不逮孟子之樂觀。王充承之，更進一步，遂成極度悲觀之治期論。人多震於《論衡》之為「異書」，不知其亦非絕無師承，盡由心創也。

50　卷十七〈慎勢〉。文小有脫誤，從許氏《集釋》本校改。

51　越言見《史記》卷八七〈李斯列傳〉。

52　卷十四〈長攻〉。參〈慎人〉、〈遇合〉。

抑吾人當注意，《呂氏》書深受道家之影響，其所含消極之成分尚不只此。貴生重己既為全書之宗旨，擴充引伸之，則逃世為我之人生觀乃不容避免之結論。〈貴生篇〉稱堯以天下讓於子州支父，越人強迎王子搜以為君，魯君致幣於顏闔。此三人者皆不願以外物害生，辭謝逃隱而不肯受。「故曰：道之真以持身，其餘緒以為國家，其土苴以為天下。由此觀之，帝王之功，聖人之餘事也。非所以完身養生之道也。」其意上承莊子神龜曳尾之寓言，與漢初用世之黃老大異其趣。此則猶存先秦為我思想之本來面目，為《呂氏》祖述古學之又一例。

第四節　《淮南鴻烈》（約西元前130）

吾人如謂《呂氏春秋》為漢代雜家之先河，則《淮南鴻烈》足當「道家」之正統。淮南王安乃屬王長之長子。長以罪徙蜀，中途不食死。文帝憐之，封其四子。安於八年封阜陵侯，十六年封淮南王。「時時怨屬王死，時欲畔逆，未有因也。」[53]「為人好書鼓琴，不喜弋獵狗馬馳騁。亦欲以行陰德，拊循百姓，流名譽。招致賓客方術之士數千人，作為《內書》二十一篇，《外書》甚眾。又有《中篇》八卷，言神仙黃白之術，亦二十餘萬言。」[54]武帝元狩元年，謀反事覺，自剄死。[55]

《鴻烈》自道其內容，謂「言道而不言事，則無以與世浮沉，言事而不言道，則無以與化遊息。」故「觀天地之象，通古今之事。」「以統天下、理萬物、應變化、通殊類。非循一迹之路，守一隅之指。」[56]高誘序之則謂「其旨

53　《史記》卷一一八本傳。

54　《漢書》卷四四本傳。〈藝文志〉載《淮南》內二十一篇，《淮南》外三十三篇，《淮南王賦》八十二篇，《淮南王群臣賦》四十四篇，《淮南雜子星》十九卷。〈要略篇〉自稱「劉氏之書」，又曰：「此鴻烈之泰族也。」高誘序及《西京雜記》並稱內篇為《鴻烈》（「鴻，大也，烈，明也」）。劉向易名曰《淮南內篇》。《隋書·經籍志》始曰《淮南子》。其參預著述者有蘇飛、李尚、左吳、田由、雷被、毛被、伍被、晉昌等八人。安本人亦「善為文辭」，或竟有一部分出其手。《鴻烈》今以劉文典《集解》為最善。

55　按史傳言孝文八年屬王子皆七、八歲。《漢書》卷十四〈諸侯王表〉安在位四十二年。由此推知死時殆五十八歲而當生於文帝元年（元前179?-前122）。

56　卷二一〈要略〉。

近老子，淡泊無為，蹈虛守靜，出入經道。」雖「物事之類無所不載，然其大較歸之於道。」今觀〈要略篇〉列舉太公孔子以及申子商鞅等八家學術，而不及黃老，二十篇中於儒、墨、名、法、神仙諸家言各有所駁正[57]而不及道家，則作者殆陰奉黃老為正統，復「采儒墨之善，撮名法之要」以極其用。高氏之論洵屬至當。昔秦用鞅、斯之術，呂不韋欲傾始皇，故力反法家，而別開門戶，以貴生順民為群言之宗旨。劉安著書之用意亦在顛覆時君，其所採之體例亦為兼收眾說。然其宗旨獨重黃老而與呂氏相殊者，殆以《鴻烈》成書適當漢代黃老驟盛轉衰，儒家初受朝廷尊崇之際，[58]故偏重虛靜，圖與「內多欲而外施仁義」者相抗，藉以收取士民之心歟？惜文獻不足，吾人不能詳考矣。

《鴻烈》襲老子之意，認宇宙之本體為道，凡有形者皆由之生。[59]人為有形之一，亦即道之所在。「身者道之所託，身得則道得矣。」[60]欲身之得，在乎行無為之教，以合於道德。「率性而行謂之道，得其天性謂之德。」（同註60）故一切矯揉造作之禮俗皆有害於道而不足取。蓋率性乃人類生活之本來面目。古者民童蒙，「鑿井而飲，耕田而食。」「親戚不相毀譽，朋友不相怨德。及至禮義之生，貨財之貴，而詐偽萌興，非譽相紛，怨德並行。于是乃有曾參孝己之美而生盜跖莊蹻之邪。故有大路龍旂，羽蓋垂緌，結駟連騎，則必有穿窬拊楗，抽箕踰備之姦。有詭文繁繡，弱緆羅紈，必有菅屩跐跂短褐不完者」（同註60），然則「達於道者反於清淨」，[61]誠不易之理矣。

「人生而靜」，則政治社會亦為後起之事。天生萬物，「固以自然」（同註61）。「古之人有處混冥之中，神氣不蕩於外，萬物恬漠以靜。」「當此之時，萬民猖狂，不知東西。含哺而游，鼓腹而嬉。交被天合，食於地德。不以曲故是非相尤。茫茫沉沉，是謂大治。」「孰肯解構人間之事以物煩其性命

---

57 〈攻儒〉如卷七〈本經訓〉，〈攻墨〉如卷十三〈氾論訓〉，〈攻名〉如卷十一〈齊俗訓〉，〈攻法〉如卷六〈覽冥訓〉，及卷九〈主術訓〉，〈攻神仙〉如卷七〈精神訓〉。

58 《鴻烈》成書之年，史無明文。《漢書》本傳云：「初安入朝，獻所作內篇。」又謂安建元二年入朝，動於武安侯之說，歸而「陰結賓客，拊循百姓，為畔逆事。」元朔二年賜几杖不朝。獻書必在此前。

59 卷二〇〈泰族訓〉。「夫道有形者皆生焉。」卷三〈天文訓〉，「道曰規，始於一。一而不生，故分而為陰陽。陰陽合和而萬物生。」

60 卷十一〈齊俗訓〉。

61 卷一〈原道訓〉。

乎？」故「至德之世，甘瞑於溷澖之域而徙倚於汗漫之宇。」「莫之領理，決離隱密而自成。混混蒼蒼，純樸未散，旁薄為一，而萬物大優。」[62]所可惜者，「太清之始」，不能久維。「逮至衰世」，欲愈多，事愈繁。「人眾財寡，事力勞而養不足，于是忿爭生。是以貴仁。仁鄙不齊，比周朋黨，設詐諝，懷機械，巧故之心生而性失矣。是以貴義。陰陽之情莫不有血氣之感，男女群居雜處而無別，是以貴禮。性命之情淫而相脅以不得已，則不和。是以貴樂。」「及至分山川谿谷使有壤界，計人多少眾寡使有分數，築城掘池，設機械險阻以為備，飾職事，制服等，異貴賤，差賢不肖，經誹譽，行賞罰，則兵革興而分爭，生民之滅抑天隱，虐殺不辜而刑誅無罪，於是生矣。」[63]

政治之起，在於衰世。然設君立長又非毫無利用。道散德失之後，天人之禍交迫，聖人出而救之，君道遂以成立。「昔容成氏之時，道路雁行列處，託嬰兒於巢上，置餘糧於畮首，虎豹可尾，蚖蛇可蹍，而不知其所由然。逮至堯之時，十日並出，焦禾稼，殺艸木，而民無所食。猰貐鑿齒，九嬰大風，封豨修蛇，皆為民害。堯乃使羿誅鑿齒於疇華之野，殺九嬰于凶水之上，繳大風於青邱之澤，上射十日而下殺猰貐，斷修蛇於洞庭，禽封豨於桑林。萬民皆喜，置堯以為天子。於是天下廣狹險易遠近始有道里。」[64]此救天災而立君之例也。「凡有血氣之蟲，含牙帶角，前爪後距，有角者觸，有齒者噬，有毒者螫，有蹄者趹。喜而相戲，怒而相害，天之性也。人有衣食之情而物弗能足也。故群居雜處。分不均，求不澹則爭。爭則強脅弱而勇侵怯。人無筋骨之強，爪牙之利，故割革而為甲，鑠鐵而為刃。貪昧饕餮之人殘賊天下。萬人騷動，莫寧其所。有聖人勃然而起，乃討強暴，平亂世，夷險除穢，以濁為清，以危為寧。」[65]故「古之立帝王者，非以奉養其欲也。聖人踐位者，非以逸樂其身也。為天下強掩弱，眾暴寡，詐欺愚，勇侵怯，懷智而不以相教，積財而不以相分。故立天子以齊一之。為一人聰明而不足以徧照海內，故立三公九卿以輔翼之。絕國殊俗僻遠幽間之處，不能被德承澤，故立諸侯以教誨之。」[66]

---

62 卷二〈俶真訓〉。
63 卷八〈本經訓〉。
64 卷八〈本經訓〉。
65 卷十五〈兵略訓〉。
66 卷十九〈修務訓〉。

此弭人禍而立君之說也。

《老子》曰:「樸散則為器,聖人用之則為官長。」[67]《鴻烈》稱美「太清」之理想而承認君長之需要。其意實本於《老子》。就最高之理想言,我不治人,人亦不待我之治。許由不受天下,「因天下而為天下也。」「夫天下者亦吾有也。吾亦天下之有也。天下之與我豈有間哉?夫有天下者豈必攝權持勢,操殺生之柄,而以行其號令邪?吾所謂有天下者非此謂也。自得而已。自得則天下亦得我矣。」「所謂自得者全其身者也。全其身則與道為一矣。」[68]然而就實際上之需要言,則道失世衰,禍亂相迫。體道者有繫於世,「世亂則智者不能獨治。」[69]帝王南面之術,又為當務之急。由此觀之,《鴻烈》一書之體例為兼采眾說之雜家,其宗旨則治世之黃老。漢代「道家」斷應推為大宗,亦猶董子為儒家之正統也。

《鴻烈》論治術以無為自然為本,與黃老相契。其參取明法修身之言,則又為「道家」之本色。此皆吾人所習知,姑舉要以見其大概。無為者清靜之謂。〈齊俗訓〉曰:「治國之道,上無苛令,官無煩治。」「故亂國若盛,治國若虛。亡國若不足,存國若有餘。」〈泰族訓〉亦曰:「功不厭約,事不厭省,求不厭寡。功約易成也,事省易治也,求寡易澹也。」[70]雖然「損之又損」,尚不足以盡無為之精義。「或曰:無為者,寂然無聲,漠然不動。引之不來,推之不往。如此者乃得道之象。吾以為不然。」蓋神農、堯、舜、禹、湯皆為民興利除害。「自天子以下至於庶人,四肢不動,思慮不用,事治求澹者未之聞也。夫地勢水東流,人必事焉。然後水潦得谷行。禾稼春生,人必加功焉,故五穀得遂長。聽其自流,待其自生,則鯀禹之功不立,而后稷之智不用。若吾所謂無為者,私志不得入公道,嗜欲不得枉正術。循理而舉事,因資而立權。自然之勢而曲故不得容者。事成而身弗伐,功立而名弗有。非謂其感而不應,攻而不動者。若夫以火爆井,以淮灌山,此用已而背自然,故謂之有為。若夫水之用舟,沙之用鳩,泥之用輴。夏瀆而冬陂,因高為田,因下為

---

67 二十八章。

68 卷一〈原道訓〉。

69 卷二〈俶真訓〉。

70 卷九〈主術訓〉曰:「水濁則魚噞,政苛則民亂。」「是以上多故則下多詐,上多事則下多態,上煩擾則下不定,上多求則下交爭。」「故聖人事省而易治,求寡而易澹。」

池。此非吾所謂為之。」[71]

　　無為之義既為因物之自為，順性之自然，[72]則專制政府之高壓統制政策，在所摒棄。蓋物情互殊，率性為道。治國者當因任自然，使各得其宜。「故堯之治天下也，舜為司徒，契為司馬，禹為司空，后稷為大田師，奚仲為工。其道萬民也，水處者漁，山處者木，谷處者牧，陸處者農。地宜其事，事宜其械，械宜其用，用宜其人。」如此則「各用之於其所適，施之於其所宜，即萬物一齊而無由相過。」至於執一以齊萬，強人以合己，斯大反於治道，不免治絲愈棼。且世之欲別黑白，定一尊，推崇正學，罷黜異端者，由於誤信是非有明確之標準。彼不知「天下是非無所定。世各是其所是而非其所非。所謂是與非各異，皆自是而非人。」「夫一是非，宇宙也。今吾欲擇是而居之，擇非而去之，不知世之所謂是非者孰是孰非。老子曰：治大國若烹小鮮。為寬裕者曰勿數撓，為刻削者曰致其鹹酸而已矣。」[73]

　　無為乃治術之大綱。其重要之條目則不外用人、明法、行化、足食諸端。《鴻烈》於此充分表現道家因陰陽、采儒、墨、撮名、法之技倆。故論用人則採申、韓君逸臣勞、分任責成之說，[74]論明法則取管、商君臣共守、賞罰無私、因時改制之說，[75]論行化則從儒家修身正己、仁義為本、刑政為末之

71　卷十九〈修務訓〉。

72　卷一〈原道訓〉曰：聖人「漠然無為而無不為也，澹然無治而無不治也。所謂無為者不先物為也。所謂無不為者因物之所為。所謂無治者不易自然也。所謂無不治者因物之相然也。」

73　卷十一〈齊俗訓〉。

74　卷九〈主術訓〉多明此旨。參卷六〈覽冥訓〉及卷十四〈詮言訓〉，〈主術訓〉曰：「人主之術，處無為之事而行不言之教。清靜而不動，一度而不搖。因循而任下，責成而不勞。」「是故慮無失策，謀無過事。言為文章，行為儀表於天下。進退應時，動靜循理。不為醜美好憎，不為賞罰喜怒。名各自名，類各自類。事猶自然，莫出於己。」

75　〈主術訓〉曰：「法者天下之度量而人主之準繩也。」「古之置有司也，所以禁民使不得自恣也。故其立君也，所以制有司使無專行也。法籍禮義者所以禁君使無專擅也。人莫得自恣則道勝，道勝而理達矣。故反於無為。」卷一〇〈繆稱訓〉曰：「明主之賞罰非以為己也；以為國也。適於己而無功於國者不施賞焉。逆於己而便於國者不加罰焉。」卷十三〈氾論訓〉曰：「天下豈有常法哉？當於世事，得於人理，順於天地，祥於鬼神，則可以正治矣。」「昔者神農無制令而民從。」「當今之世，忍詢（同詬）而輕辱，貪得而寡羞，欲以神農之道治之，則其亂必矣。」

說，[76]論足食亦奉孔、孟民本食天、薄斂節欲之說。[77]此皆毫無新義，無待贅述。至其雜采五行陰陽以與老、莊之自然主義調和，雖立說之內容與董子無多差異，[78]其門戶固與《春秋繁露》之宗儒者不同也。

第五節　王充《論衡》（約西元80）

　　王充字仲任，光武建武三年生。幼聰慧，不好嬉弄。旋游京師受業太學，師事班彪。仕至刺史治中。章帝章和二年罷州家居。特詔公車徵之，以老病不就。和帝永元中卒。充〈自紀〉曰：「貧無一畝庇身，志佚於王公。賤無斗石之秩，意若食萬鍾。得官不欣，失位不恨，處逸樂而欲不放，居貧苦而志不倦。淫讀古文，甘聞異言。世書俗說，多所不安。幽居獨處，考論實虛。」「俗性貪進忽退，收成棄敗。充升擢在位之時，眾人蟻附。廢退窮居，舊故叛去。志俗人之寡恩，故閒居作《譏俗》《節義》十二篇。」「又閔人君之政徒欲治人，不得其宜，不曉其務，愁精苦思，不睹所趨，故作《政務》之書。又傷偽書俗文多不實誠，故為《論衡》之書。凡八十五篇，二十餘萬言。罷州後年漸七十，乃作《養性》之書凡十六篇。」[79]「今《論衡》尚存。」[80]

76　卷十九〈泰族訓〉曰：「法雖在必待聖而後治，律雖具必待耳而後聽。故國之所以存者非以有法也，以有賢人也。」又曰：「治國太上養化，其次正法。」「故仁義者治之本也。」又曰：「民無廉恥不可治也。非修禮義，廉恥不立。」「無法不可以為治也，不知禮義不可以行法。」卷十二〈道應訓〉曰：「未嘗聞身治而國亂者也。未嘗聞身亂而國治者也。」

77　〈主術訓〉曰：「食者民之本也，民者國之本也，國者君之本也。」〈齊俗訓〉曰：「夫民有餘即讓，不足則爭。」〈詮言訓〉曰：「為治之本務在安民，安民之本在於足用，足用之本在於勿奪時，勿奪時之本在於省事，省事之本在於節欲，節欲之本在於反性，反性之本在於去載。」

78　卷三〈天文訓〉，卷五〈時則訓〉，卷六〈覽冥訓〉，卷七〈精神訓〉。所發天人相通之旨與董合。

79　參據《論衡》卷三〈自紀篇〉及《後漢書》卷七九本傳。建武三年當西曆27。永元凡十六年，當西曆89-104。章和二年充「年漸七十」，則卒時七十餘歲。

80　〈自紀篇〉謂「吾書亦纔出百。」《四庫提要》因疑《論衡》在漢時已有佚亡。按此語在充列舉《譏俗》、《政務》、《論衡》三書之後。或充以八十五篇與《譏俗》（十二篇）《政務》（未詳）合計，未必專以《論衡》當「吾書」也。史傳所記殆即原書篇數。今本八十四篇（佚〈盛褒〉，篇名見〈對作篇〉末），有四部叢刊、抱經堂校、漢魏叢書、百子全書、子書百家、湖北局刻諸本。政勝之內容為「為郡國守相，縣邑令長，陳通政事所當尚務。欲

　　王充自謂《論衡》之宗旨可一言以蔽之，曰：「疾虛妄。」[81]八十餘篇之文，泰半致力於肅清古今思想習俗之謬誤。[82]然《論衡》最大之特點為其以自然主義為根據之宿命論。昔墨子嘗以作命攻儒，以為此乃喪天下之一道。然此由誤會孔、孟言命之真意，不足以為定評。蓋孟子雖信天命，其意在表明天為政治上最高之權力。天意好善惡惡，故無道者或及身覆滅，苟為善則子孫必王。然與奪之命由天，善惡之行在人。報應之遲早不一，而人力可以回天下。至董仲舒輩極言災異，亦欲使君人者知政事之得失可以轉移天命，其說足與孟氏相表裡，荀子謂「彊本節用則天不能貧」，完全否認天人之關係。態度尤為積極。王充乃取儒家人定勝天之樂觀一舉而摧毀之，以人事窮通與國家治亂委諸無可奈何之命運。

　　王充思想有貌似荀子之處。荀子認「天行有常」，不為人變易其節。《論衡》更進一步，駁斥天生人，復為人類主宰之舊說。〈物勢篇〉謂「儒者論曰：天地故生人。此言妄也。夫天地合氣，人偶自生也。猶夫婦合氣，子則自生也。夫婦合氣，非當時欲將生子。情欲動而合，合而生子矣。」「然則人生於天地也，猶魚之於淵蟣蝨之於人也。」[83]儒家又謂天生民而立之君，使司牧之。王充雖未加以直接之駁斥，然就其思想之大體推之，勢亦難於承認。充謂天生萬物，悉出自然。未嘗有意為人類生衣食之資。「含血之類知饑知寒。見五穀可食，取而食之。見絲麻可衣，取而衣之。」[84]衣食既不由天生，則君師亦非天所立。上古天權之思想，自充視之，洵屬無稽之談，而天人感應、災異譴告、五行生剋諸說，其虛妄更無待論。蓋「天無口目」，「恬澹無欲」。「自然無為」，「而物自為」。雨暘時若，固出無心，而「災變時至，氣自為

　　令全民立化，奉稱國恩。」（卷二九〈對作篇〉）

81　卷二〇〈佚文篇〉。

82　諸篇駁記載偽妄者有〈語增〉、〈儒增〉、〈藝增〉。破迷信者有「九虛」（〈書虛〉至〈道虛〉九篇）。〈寒溫〉至〈是應〉十一篇，〈四諱〉至〈祀義〉九篇。正學術謬誤者有〈問孔非韓〉、〈刺孟談天〉、〈說日〉、〈正說〉、〈案書〉等篇。斥厚葬、明無鬼者有〈論死〉、〈死偽〉、〈薄葬〉等篇。

83　萬物之生，亦出自然。「因氣而生，種類相產，萬物生天地之間，皆一實也。」（卷三〈物勢篇〉）

84　卷十八〈自然篇〉。

之，夫天地不能為，亦不能知也。」[85]充又依據當時天文學之知識而說明災變之理曰：「在天之變，日月薄蝕。四十二月日一食，五十六月月亦一蝕。食有常數，不在政治。百變千災皆同一狀，未必人君政教所致。」[86]此理既明，則可知董子所謂天人相與者，純為人心推況之言。「夫天之不故生五穀絲麻以衣食人，猶其有災變不欲以譴告人也。物自生而人衣食之，氣自變而人畏懼之。」充自信所論「從道不隨事，雖違儒家之說，合黃老之義也。」[87]

吾人如尚欲堅持感應之說，則充用以矛攻盾之巧辯，反覆示其自相違忤，不能成立。湯遭旱以五過自責之事，為言天人者所樂道。充辨之曰：「聖人純完，行無缺失矣。何自責有五過。然如書曰：湯自責，天應以雨。湯本無過，以五過自責，天何故雨？以無過致旱，亦知自責不能得雨也。由此言之，旱不為湯至，雨不應自責。然而前旱後雨者，自然之氣也。」且「湯遭旱七年。以五過自責，謂何時也。夫遭旱一時輒自責乎？旱至七年乃自責也。謂一時輒自責，七年乃雨，天應之誠何其留也。謂七年乃始自責，憂念百姓何其遲也？」充又辨《周書・金縢》成王信讒言，疑周公，雷雨反風之事曰：「雷為天怒，雨為恩施。使天為周公怒，徒當雷，不當雨。今雨俱至，天怒且喜乎？」[88]

不寧惟是。天既不譴告人，人亦不能動天。說者謂「災異之至，殆人君以政動天，天動氣以應之。」充斥之曰：「此又疑也。夫天能動物，物焉能動天？」「人在天地之間猶蚤虱之在衣裳之內，螻蟻之在穴隙之中。蚤虱為逆順橫從，能令衣裳穴隙之間氣變動乎？」[89]且天人懸絕，緣何相動。「使天體乎？耳高不能聞人言。使天氣乎？氣若雲煙，安能聽人辭。」[90]如謂至誠可以感召，不必憑有形之耳目，驗諸物理，則又不然。「夫至誠，猶以心意之好惡也。有果蓏之物，在人之前，去口一尺，心欲食之，口氣吸之不能也。手掇送口，然後得之。夫以果蓏之細，員崅易轉，去口不遠，至誠欲之，不能得也。

85　〈自然篇〉。
86　卷十七〈治期篇〉。
87　〈自然篇〉。
88　卷十八〈感類篇〉。參卷五〈感虛篇〉，卷六〈雷虛篇〉，卷十四〈寒溫篇〉，〈譴告篇〉，卷十五〈變動篇〉，〈明雩篇〉，〈鼓順篇〉等。
89　卷十五〈變動篇〉。
90　卷四〈變虛篇〉。

況天去人高遠，其氣莽蒼無端末乎？」[91]

　　感變之言如此難信。然而興起甚早，流傳甚廣者，其故有二。一曰神道設教。「六經之文，聖人之語動言天者，欲化無道，懼愚者之言，非獨吾意，亦天意也。及其言天，猶以人心。非謂上天蒼蒼之體也。變復之家見誣言天，災異時至，則生譴告之言矣。」二曰以人況天。「三皇之時，坐者于于，行者居居。乍自以為馬，乍自以為牛。純聽行而民瞳矇，曉惠之心未形生也。當時亦無災異。如有災異，不名曰異譴告。何則？時人愚蠢，不知相繩責也。末世衰微，上下相非，災異時至，則造譴告之言矣。夫今之天，古之天也，非古之天厚而今之天薄也。譴告之言生於今者，人以心准況之也。」[92]

　　天人之論既破，則五行、妖異、符瑞亦迎刃可解。世俗以四方、五色、十二禽明五色之勝剋。充斥之曰：「凡萬物相刻賊，含血之蟲則相服至於相啖食者，自以齒牙頓利，筋力優劣，動作巧便，氣勢勇桀。若人之在世，勢不與適，力不均等，自相勝服，以力相服則以刃相賊矣。」「人有勇怯，故戰有勝負。勝者未必受金氣，負者未必得木精也。孔子畏陽虎，卻行流汗。陽虎未必色白，孔子未必面青也。鷹之擊鳩雀，鴟之啄鵠雁，未必鷹鴟生於南方，而鳩雀鵠鴈產於西方也。」[93]妖異之不足信，亦至顯然。「變復之家謂蟲食穀者、部吏所致也。貪賊侵漁，故蟲食穀，身黑頭赤則謂武官，頭黑身赤則謂文官。使加罪於所象類之吏，則蟲滅息不復見矣。」充辨曰：食穀之蟲，「生出有日，死極有月。期盡變化，不常為蟲。使人君不罪其吏，蟲猶自亡。」且「倮蟲三百，人為之長。由此言之，人亦蟲也。人食蟲所食，蟲亦食人所食。俱為蟲而相食物，何為怪之。設蟲有知，亦將非人曰：汝食天之所生，吾亦食之。謂我為變，不自謂為災。」「設蟲能言，以此非人，亦無以詰也。」[94]符瑞之見稱於俗者，以鳳凰、麒麟、景星、甘露諸事為最著。充備言古今所說麟鳳，其毛羽骨角皆不合同。故真者未為易知，見者未必真是。[95]「《尚書中候》曰：堯時景星見於軫。夫景星或時五星也。太者歲星太白也。彼或時歲星太白

91　〈變動篇〉。
92　〈自然篇〉。
93　〈物勢篇〉。然卷二三〈言毒篇〉以陰陽五行說人事似與此違忤。
94　卷十六〈商蟲篇〉。
95　〈講瑞篇〉。

見於軫度，古質不能推步五星，不知歲星太白何如狀，見大星則謂景星矣。」《爾雅》言甘露時降，謂之醴泉。「今儒者說之，謂泉從地中出，其味甘若醴，故曰醴泉。二說相遠，實未可知。」[96]夫符瑞之不能確按如此，而欲以為善政之應，誠近愚誣矣。

雖然，吾人宜注意，荀子破除天人感應之迷信，意在建立一人本主義之積極政治觀。王充破除感應，其目的在闡明悲觀之宿命論。充認宇宙間一切事物之發生，悉由偶然之際會。此偶然之際會充號之為「命」，故曰：「命，吉凶之主也。自然之道，適偶之數，非有他氣旁物厭勝感動使之然也。」[97]然所謂偶然者，就宇宙全體言之也。天運自然，事物自生，既非有意，更無目標。故得謂之偶然。若就各個之事物言，則偶然之會，絕不由己，而一經具體，改造無方。偶然者遂有必然之勢，[98]就人類言之，稟生之初，即以定命。「有死生壽夭之命，亦有貴賤貧富之命。」[99]此後一生遭際，皆受二命之支配。「命當夭折，雖稟異行，終不得長。祿當貧賤，雖有善行，終不得遂。」[100]夫行善不足以易貧夭之命，為惡亦不必損富壽之命。「回也屢空，糟糠不厭，卒夭死。天之報施善人何如哉？盜跖日殺不辜，肝人之肉，暴戾恣睢，聚黨數千人，橫行天下，竟以壽終。是遵何哉？」[101]善行不能造命，而神仙方術，亦並無回天之力。「形不可變化，命不可減加。」[102]「天無上升之路」，海無「不死之藥」。[103]行善於身何益？求仙更為徒勞。然則人類生活之中殆不復有希望之餘地矣。

充又以此宿命之人生觀解釋政治上之治亂。「世謂古人君賢則道德施行，施行則功成治安。人君不肖則道德頓廢，頓廢則功敗治亂。古今論者莫不謂

96　卷十七〈是應篇〉。

97　卷三〈偶會篇〉。

98　就各個事務言，受命必然之理不必隨時可見，則遭際似出偶然。卷一〈逢遇〉〈累害〉等篇均就此立論。

99　卷一〈命祿篇〉。

100　卷二〈命義篇〉。按卷三〈骨相篇〉謂由骨體可以知命。「人命稟於天則有表候於體」，「表候者骨法之謂也」，此與《荀子‧非相》相反。

101　卷六〈禍虛篇〉。

102　卷二〈無形篇〉。

103　卷七〈道虛篇〉。

然。何則？見堯舜賢聖致太平，桀紂無道致亂得誅。」「故危亂之變至，論者以責人君，歸罪於為政不得其道。人君受以自責，愁神苦思，撼動形體，而危亂之變終不滅除。空憒人君之心，使明知之主虛受之責。世論傳稱使之然也。」如實論之，治亂安危出於「命期自然」，與政治之得失無關。「夫賢君能治當安之民，不能化當亂之世。良醫能行其針藥，使方術驗者，遇未死之人，得未死之病也。如命窮病困，則雖扁鵲未如之何。夫命窮病困之不可治，猶夫亂民之不可安也。」「故世治非賢聖之功，衰亂非無道之致。國當衰亂，賢聖不能盛。時當治，惡人不能亂。世之治亂在時不在政，國之安危在數不在教。」[104]時數已屆，則諸緣遇合，治亂形成，無可改變。「堯命當禪舜，丹朱為無道。虞統當傳夏，商均行不軌。」「夏殷之朝適窮，桀紂之惡適稔。商周之數適起，湯武之德適豐。」[105]成敗興亡絕非由於人力也。

國家與個人均受宿命之支配。個人之命見於骨相，國家之命則決於天時，而災祥為之表徵。充論天時曰：「夫世之所以為亂者，不以賊盜眾多，兵革並起，民棄禮義，負畔其上乎？若此者由穀食乏絕，不能忍饑寒。夫饑寒並至而能無為非者寡，然則溫飽並至而能不為善者希。」「由此言之，禮義之行在穀足也。案穀成敗，自有年歲，年歲水旱，五穀不成。」[106]「水旱之至，自有期節。」[107]吾人雖未能預知水旱來臨之確期，然於國家之盛衰則可於災祥覘之。國家將亡，必有妖孽，而「天命當興，聖王當出，前後氣驗，照察明著。」例如芒碭春陵，各有雲氣之異。「若高祖光武者曷嘗無天人神怪光顯之驗乎？」[108]充前已盡斥天人召應之說，茲又認災祥為治亂之徵，非自相違忤也。蓋災祥之與治亂，同出偶然之遇合。變復家之誤不在承認災祥之出現，而在誤認政治得失與之有因果關係。充以為「賢君之立偶在當治之世，德自明於上，民自善於下。世平民安，瑞祐並至，世則謂之賢君所致。無道之君偶生於當亂之時，世擾俗亂，災害不絕，遂以破國亡身滅嗣。世皆謂之為惡所致。若此明

---

104 卷十七〈治期篇〉。卷五〈異虛篇〉曰：「人之生死在命之夭壽，不在行之善惡。國之存亡在期之長短，不在政之得失。」
105 卷三〈偶會篇〉。此即《呂氏春秋》長攻之說加以較深之解釋。見本章註52所引。
106 卷十七〈治期篇〉。
107 卷十四〈寒溫篇〉。但充未示推算之法。
108 卷二〈吉驗篇〉。

於善惡之外形，不見禍福之內實也。禍福不在善惡，善惡之證不在禍福。長吏到官未有所行，政教因前所改更，然而盜賊或多或寡，災害或無或有，夫何故哉？長吏秩貴，當階平安以升遷，或命賤不任，當由危亂以貶黜也。以今之長吏況古之國君，安危存亡可得論也。」[109]

災祥與善惡雖無因果之關係，然盛衰與災祥均為宿命所安排，而同有不得不然之勢。當興之王，行動自然合於期數。「人徒不召而至，瑞物不招而來。黯然皆合，若或使之。」赤雀白魚諸瑞，皆當作如是觀。適衰之國，災異迭見。亂期已屆，無可挽回。災異必與衰政相值，其理正如祥瑞之必與盛世相偶。[110]災祥之足為治亂之徵驗者，其故在此。

吾人既知治亂決於時數，則不徒祥瑞不足慕，政教亦不足為。「以不治治之」，乃惟一合理之治術。「黃老之操，身中恬澹，其治無為。正身共己而陰陽自和，無心於為而物自化，無意於生而物自成。」[111]此外儒之仁義，軼、斯之刑法，皆如庸人自擾，無補於事而反有害，非充之所能贊許。抑吾人宜注意，充之主用黃老，與漢初黃老家之態度有異。曹參、汲黯輩雖反對有為之積極政策，然猶認政治可以轉移盛衰，其態度尚近樂觀。充之無為主張獨以宿命論為基礎。從充之說，天下本無可以致治戡亂之政術。能無為者，逢當治之期，則端拱享太平，值當亡之會，則束手以待斃。雖遭際有幸不幸之分，而得免於揠苗之舉則一。且政教既屬無用，君長亦成贅旒，王充雖未發無君之結論，而此實為宿命論邏輯上必然之歸宿。此亦漢代黃老及道家思想中所未嘗有。

《論衡》書中尚有一可異之點，不可不加以論述。儒家認唐虞三代為極美滿之政治社會。老莊之徒亦以太清至德之世為理想。王充不否認「黃金時代」之存在，而否認其只存在於已往上古之世。「語稱上世之人質樸易化，下世之人文薄難治。」又稱「上世之時，聖人德優而功治有奇。」下世之君功德漸衰，君趨於苟簡。充並加駁斥，以為妄言。蓋就人君本身之德以論，則「上世治者聖人也，下世治者亦聖人也。聖人之德前後不殊，則其治世古今不異。」

109 卷十七〈治期篇〉。
110 然亦有例外。卷十七〈指瑞篇〉曰：「衰世亦有和氣」，「聖人生於衰世」。「衰世聖王遭見聖物，猶吉命之人逢吉祥之類也。其實相遇，非相為出也。」此個人之徵，不關世運。
111 卷十八〈自然篇〉。

就治亂之理言，「則天地氣和即生聖人，聖人之治即立大功。和氣不獨在古先，則聖人何故獨優。」就人類本身之性言，則「上世之人所懷五常也，下世之人亦所懷五常也。俱懷五常之道，共稟一氣而生，上世何以樸質，下世何以文薄。」「世俗之性好襃古而毀今，少所見而多所聞。」[112]致誤之由，端在於此。

　　王充又進而論漢之功德，以為自高祖至章帝三百年中「十帝耀德」，定亂致平，迭見符瑞。淺而言之，「漢之高祖光武，周之文武也。文帝武帝宣帝孝明今上（章帝），過周之成康宣王。」[113]「恢而極之」，漢之治績，邁越今古，「以危為寧，以困為通。五帝三王，孰能堪斯。」[114]若舍政治而論符瑞，則亦「漢盛於周。」[115]「唐虞之瑞，必真是者，堯舜之德明也。孝宣比堯舜，天下太平，萬里慕化，仁道施行。鳥獸仁者感動而來。」「以政治之得失，準況眾瑞，無非真者。」至於永平、章和間甘露諸瑞，亦無不一一皆真，足為太平之確驗。[116]夫以王充之務「實知」，疾虛妄，而發為如此之論，令吾人誠不免有意外之感。推其可能之原因，不外三端。一曰媚漢，二曰諷漢，三曰矯俗。夫充「身生漢世」而極言其美，誠不免「襃增頌歎，以求媚稱」之嫌疑。[117]然觀充賦性恬澹，為人清重，殊無諂佞干祿之行迹。若科以媚漢之罪，恐成「莫須有」之疑獄。諷漢之嫌疑，較為重大。充所稱武、宣、明、章之世，距「太平」之理想，實尚遼遠。觀充有《譏俗》《政務》之作，可知充亦承認其所值者非上下明良，比屋可封之盛世。況武帝之好大喜功，明帝之「察察為明」，與充所推崇無為之治道皆相背馳。充乃列舉漢室立業開彊諸績，以證其德過文、武，如非立論自悖，則必為反言致譏。充又謂章帝之世，頗有災荒。振救得宜，雖危不亂。「民饑於穀，飽於道德。」[118]此亦與〈治期篇〉之論相牾。雖然，凡此足令吾人致疑於充「宣漢」之誠意，亦殊無確據以坐實其

112 卷十八〈齊世篇〉。
113 卷十九〈宣漢篇〉。
114 〈恢國篇〉。
115 〈宣漢篇〉。
116 卷十六〈講瑞篇〉。按宣帝時屢見「祥瑞」，因有神爵、五鳳、甘露、黃龍諸年號。
117 〈宣漢篇〉。
118 〈恢國篇〉。

為惡意之諷刺也。[119]至於矯俗之用意，則甚為明顯，充謂「《春秋》為漢制法，《論衡》為漢平說。」[120]此為真意所在，殆可毫無疑義。

雖然，充之用意似尚不止此。「齊世宣漢」表面尊今，而隱寓卑古之實。蓋漢治美惡間雜，安危交錯，此必充所深知，亦眾人所共喻也。三代之治，不能過漢。「書虛，語增」，遂稱純美。此則充之獨見而眾所未曉。充乃大鬯「齊世」之說，以事實上不完美之兩漢，上齊於理想中完美之三王。事實不容抹煞，則「宣漢」云云，直無異取「黃金時代」之幻夢一舉而摧毀無餘。充謂治亂不關人事，是現在之努力為徒勞也。又謂盛世必還為衰亂，是未來之希冀為虛妄也。茲復證上世與漢同德，是過去亦無足留戀也。於是茫茫宇宙之中更無足以企慕追求之境界，而人類歷史不過一無目的、無意義、無歸宿之治亂循環而已。[121]吾人之詮釋如尚不誤，則王充之思想乃秦漢人士對於政治生活最嚴重之失望呼聲，不徒暗示秦漢之政策為庸人自擾，即專制政體之本身亦受無條件之譴責。《論衡》「無誹謗之辭」，而實古今罕有之謗書。充本人或未自覺，其思想之含義則極顯明也。

考充所以有此極度悲觀之結論者，殆由老莊思想內容及秦漢時代環境之影響。先秦老莊之學本為傾向消極之政治思想。漢世「黃老」變為我以治世，「道家」（或雜家）復參取諸家以廣其應事之術。於是消極之老莊學派遂趨於相對之積極。秦任法而早亡，漢人鑒之，遂欲矯之以黃老。及武帝之世，物阜民康。人漸樂觀，則政尚有為。儒家思想乘時遭會，乃躋於「獨尊」之地位。治黃老者不能逃此潮流之激蕩，亦兼采仁義以輔道德，而黃老復變為道家，以與儒家相抗。主張相對有為及主張相對無為之兩派，遂為兩漢政治思想之主潮。然而數百年中試行其術，小有效驗，而卒無救於亂亡。深思之士自不免致疑於此相對有為與相對無為之治道。夫墨學中絕，法遭摒棄，今孔老之信仰復失，則先秦所遺治國安民之學說，幾有悉趨消亡之勢。絕對無為之悲觀思想遂

---

119 卷二〇〈對作篇〉謂《論衡》「無誹謗之辭」，「可以免於罪矣」。自明其意不在諷刺。
120 卷二〈須頌篇〉。
121 充尚承認個人道德及學術修養為可能。蓋貴賤由命，善惡在己。中人之性可教化以為善也。見卷二〈率性篇〉，卷三〈本性篇〉。

一時盛行。[122]王充開其端，魏晉暢其流。[123]由戰國至晉代，一千年中無為思想
自「老莊」歷「黃老」而還為「老莊」，恰成一循環之運動。

---

[122] 王充否認「道家」之相對無為足以為治而傾向於絕對無為。其思想之觀點及內容與漢代「黃
老」有異。

[123] 雷海宗《中國通史選讀》第三冊頁406謂王充代表「古代思想之總結束」，《論衡》一書為
古代文化價值之否定。姚舜欽《秦漢哲學史》頁385謂《論衡》為魏晉玄學之先聲。

第十一章

王弼至葛洪

第一節　魏晉老、莊思想之背景及淵源

　　吾人於前兩章中分述秦漢儒道二家之政治思想時，發現其均有由樂觀轉入悲觀之趨勢。吾人探索其致此之故，認定專制政治之失敗與時人對專制政體之失望，乃其客觀及主觀之主要原因。以內容迥不相同之思想而同時有相似之轉變，固非出於偶然之巧合。雖然，此就秦漢言之耳。吾人若合秦漢魏晉六七百年中之思想大勢以論之，則秦漢儒道爭雄之局至魏晉又轉變而為儒微道盛之局。而道家門戶之中，王充所激動之自然主義與無君思想一時較僅主清靜之治者尤為盛行。易詞言之，魏晉時代者，老莊思想獨尊之時代也。[1]

　　儒學由西漢獨尊之地位，頓趨衰敗，洵吾國思想史中一至可驚異之現象。吾人上文所論政治歷史之背景為其基本之遠因。然顯見之近因尚有二端。綜括言之，一為儒學本身之迅速退化，二為提倡者之久而生厭。蓋西京儒學，經武帝之推尊而驟顯。經生可致封侯，則士人爭誦六藝。利祿所歸，動機不純。浸至朝廷以儒術為文飾，[2]士人藉詩書以干利祿。狡黠者或至竄亂經文，[3]拘牽者

1　《三國志・魏書》卷一，武帝評謂操「矯申、商之法術。」桓範有世要論，《玉函山房輯佚書》列入法家。《蜀書》卷五，諸葛亮治蜀，「科條嚴明，賞罰必信」，亦近申、商。然其書今佚（朱編之《丞相集》多偽）。《晉書》卷四九〈阮孚傳〉，元帝「用申、韓以救世」，此後則鮮嗣響矣。

2　唐劉秩曰：「光武好學，不能施之於政，乃躬自講經。肅宗以後，時或祖效，尊重儒術，不達其意而酌其文。三公《尚書》雖用經術之士，而不行經術之道。」〈選舉論〉，見《全唐文》三七二。

3　《後漢書》卷一〇八〈呂強傳〉及卷一〇九上〈儒林傳序〉謂諸博士試甲乙科，爭第高下，

不免泥滯章句。[4]安順以後，時君不復措意，則並此名存實亡之狀況亦不能維持。[5]及至魏正始中，廷臣四百餘，能操翰者竟未有十人。[6]文化學術之本身且幾於息絕，則儒術之衰，乃勢所必至。論者每以秦始皇焚書坑儒為古今一大劫，而不知漢末「聖文埃滅」之情形固幾乎與漢初相似也。

儒學既衰，則道家唯一之勁敵已去，自可代之以興。然老莊思想大盛於魏晉又另有其內在之原因。老莊之學本為遺世之為我思想，而頹廢生活又為衰亂時期通常之現象。故老莊流行於魏晉，乃一極自然之事，無須深論。黃初至建興之二百餘年中，天下騷擾。民生困乏，政治混濁。[7]其痛苦之狀，殆不減六國之時。即有志之才士，生此無可奈何之環境中，亦不免感覺「從政者殆」，而多退求自全之策，[8]則莊子逍遙自適之人生觀，焉得不風靡一時乎？抑老莊之盛，半亦由於晉代公卿士大夫之提倡。《晉書》謂「魏正始中何晏王弼等祖述老莊，立論以為天地萬物皆以無為本。無也者開物成務，無往不存者也。」王衍甚推重之。衍既有盛才美貌，明悟若神。聲名籍甚，傾動當世。「妙善玄言，唯談老莊為事。」「累居顯職，後進之士莫不景慕放效。選舉登朝，皆以為稱首。矜高浮誕，遂成風俗焉。」[9]

更相告言，至有行賂改蘭臺漆書文以合其私者。熹平四年乃刻石經於太學。卷九〇〈蔡邕傳〉則謂邕等請定。

4 同卷六五〈鄭玄傳〉論曰：「自秦焚六經，聖人埃滅。漢興，諸儒頗修藝文。及東京，學者亦各名家。而守文之徒，滯固所稟。異端紛紜，互相詭激，遂令經有數家，家有數說。章句多者乃至百餘萬言。」

5 同卷一〇九上〈儒林傳序〉曰：「自安帝覽政，薄於藝文。博士倚席不講，朋徒相視怠散，學舍頹敝，鞠為園蔬，牧兒蕘豎，至於薪刈其下。」又曰：「初光武遷還洛陽，其經牒秘書載之二千餘兩。自此以後，參倍於前。及董卓移都之際（獻帝初平元年，西曆190），吏民擾亂，自辟雍、東觀、蘭臺、石室、宣明、鴻都諸藏，典策文章，競共割散。其縑帛圖書，大制連為帷蓋，小乃製為滕囊。及王允所收而西者裁七十餘乘。道路艱遠，復棄其半矣。後長安之亂，一時焚蕩，莫不泯盡焉。」

6 《三國志‧魏書》卷十三〈王肅傳〉引《魏略》曰：「正始中有詔議圜丘，普延學士。是時郎官及司徒領吏。」「見在京師者尚且萬餘人，而應書與議者略無幾人。又是時朝堂公卿以下四百餘人，其能操筆者未有十人。」

7 閱《晉書》卷二六〈食貨志〉，卷四五〈劉毅傳〉，卷九四〈魯褒傳〉。

8 阮籍向秀乃最著之例，詳下文。

9 《晉書》卷四三〈王衍傳〉。衍於永嘉五年為石勒所殺，年五十六。據此推知衍生於魏甘露元年（西元256-311）。

「清談」祖述老莊。其哲學之根據，諸家所同，殆無歧別。然其政治思想，則可按其消極程度之深淺，分為無為與無君之兩派。前者近於先秦之老學，後者推闡先秦之莊學。惟晉代老莊之徒雖頗立文字，然多非具有系統之著作。或註解老莊，[10]或寫為論文。詞語偶視前人為激切，內容則不逾先秦之範圍。故魏晉僅為老莊再起之時期，不足以語於道學之發展。

第二節　無為

魏晉鼓吹無為而治之思想者，以何晏、王弼、嵇康、向秀、郭象、張湛等為較著。何晏字平叔，漢大將軍何進之孫。母尹氏為魏武帝夫人。「晏長於宮省，又尚公主，少以才秀知名。好老莊言，作《道德論》及諸文賦著述凡數十篇。」正始十年（西元249）為司馬懿所殺。[11]其書今存者甚少。王弼字輔嗣。年十餘，好老氏，通辯能言。「何晏為吏部尚書，甚奇弼，歎之曰：仲尼稱後生可畏。若斯人者，可與言天人之際乎？」曹爽以為尚書郎，正始十年秋病卒，年二十四。[12]著有《老子注》二卷，《周易注》六卷，《周易略例》一卷，《論語釋疑》三卷，及《文集》五卷。嵇康字叔夜。早孤，有奇才。「恬靜寡慾，含垢匿瑕。寬簡有大量。學不師受，博覽無不該通。長好老莊。與魏宗室婚，拜中散大夫。」[13]景元三年（西元262）為司馬昭所殺。所著集十五

10　陳澧《東塾讀書記》卷十二引洪稚存云：「自漢興，黃老之學盛行，文景因之以致治。至漢末，祖尚玄虛，於是始變黃老而稱老莊。陳壽《魏書·王粲傳》末言嵇康好言老莊。老莊並稱實始於此。即以注二家者而論，為老子解義者鄰氏、傅氏、徐氏、河上公、劉向、母丘望之、嚴遵等，皆西漢以前人也。無有言及《莊子》者。注《莊子》實自晉議郎，清河崔譔始，而向秀、司馬彪、郭象、李頤等繼之。」扶老莊之名定於晉，而變黃老為老莊之傾向，則漢季已見。閱本書十章第五節末段。

11　《三國志·魏書》卷九正始十年當西曆249年。又同書注引《魏略》云：「太祖為司空時納晏母，並收養晏。」按卷一〈武帝紀〉建安元年，操為司空。十三年漢罷三公，操為丞相。不知納尹氏在何年。晏最遲生於西曆209年以前。晏史傳所列外有《論語集解》十卷，《周易解》，《文集》十一卷。《集解》今存，然不含政治思想。

12　《三國志·魏書》卷二八注引〈何劭王弼傳〉。據卒年推知弼生於建安二十三年（西元218-241）。

13　《晉書》卷四九本傳。按康生於魏黃初四年（西元223-262）。

卷，今存十卷。向秀字子期，與嵇康友善。「少為山濤所知。雅好老莊之學。
莊周著內外數十篇。歷世方士雖有觀者，莫適論其旨統也。秀乃為之隱解，發
明奇趣，振起玄風。讀之者超心領悟，莫不自足一時也。惠帝之世，郭象又述
而廣之。儒、墨之迹見鄙，道家之言遂盛焉。」嵇康既死，秀欲免禍，應郡
舉，事司馬昭。仕至散騎侍郎，轉黃門侍郎散騎常侍。「在朝不任職，容迹而
已。」[14]郭象字子玄。「少有才理，好老莊，能清言。太尉王衍每云，聽象語
如懸河瀉水，注而不竭。」仕至黃門侍郎。東海王司馬越引為太傅主簿。永嘉
六年（西元312）病卒。「先是，註莊子者數十家，莫能究其旨統。向秀於舊
註外而為解義。妙演奇致，大暢玄風。惟〈秋水〉〈至樂〉二篇未竟而秀卒。
秀子幼，其義零落。然頗有別本遷流。象為人行薄，以秀義不傳於世，遂竊以
為己注。乃自注〈秋水〉〈至樂〉二篇，又易〈馬蹄〉一篇。其餘眾篇或點定
文句而已。其後秀義別本出，故今有向、郭二莊，其義一也。」[15]以上五人，
皆生於曹魏西晉之世。張湛獨為東晉時人，乃無為思想之後勁。湛字處度。生
卒行實均失記。據《晉書》卷七五〈范寧傳〉，則湛曾為中書侍郎，與寧並
世，皆成安二朝間人。[16]

　　何晏「天地萬物以無為本」之一語，足以概括魏晉老莊家之宇宙觀。然
「無」者宇宙之本體。開物成務，則「有」以之生。無生為有，未必即與道相
違。晏澤之曰：「夫道者惟無所有者也。自天地以來皆有所有矣。然猶謂之道
者，以其能復用無所有也。」推究其術，在順自然。「夏侯玄曰：天地以自然

14　《晉書》卷四九本傳。

15　《晉書》卷五〇本傳。按〈傳〉言竊注事，似可疑。〈向秀傳〉言秀注成，示嵇康，康曰：
　　「殊復勝不。」（《世說新語・文學篇》引秀〈別傳〉略同，並有呂安「莊周不死矣」之
　　言。）〈郭象傳〉乃曰：〈秋水〉〈至樂〉二篇未竟而秀卒（康死遠在秀先）。可疑一。
　　〈向秀傳〉言秀注「讀之者莫不自足一時」，見之者非只一人，象何敢遽竊，豈遂無人舉
　　發，而道家之言反以之盛乎？可疑二。〈郭象傳〉謂秀死子幼，其義零落。何象僅補原來未
　　竟之〈秋水〉〈至樂〉。〈傳〉又言秀義別本出於竊注之後，固非象注所據矣。可疑三。王
　　衍深於老莊，〈郭象傳〉言衍極稱象之清言。豈必待秀義以為注乎。象亦為老莊專家，豈不
　　知秀有別本不可遽竊乎？可疑四。〈向秀傳〉謂秀義「郭象述而廣之」，殆近事實。錢曾
　　《讀書敏求記》謂世代遼遠，傳聞異詞，〈郭象傳〉恐未可信，最為公允。《四庫提要》據
　　陸氏《釋文》以證竊注，可參閱。本章引《莊子》注皆屬之郭象，乃古人傳疑之意，且引稱
　　較便耳。

16　寧生於武帝咸康五年，卒於安帝隆安五年（西元339-401）。

運，聖人以自然用。自然者道也。」[17]就天地萬物自然運生之事言，則天地不故意生萬物，萬物亦不知其所由生。[18]天地「無為於萬物，而萬物各適其所用。」[19]夫萬物之生既一由自然，吾人因此亦可謂「萬物皆有命」，而人之「智力無施」。蓋「生者非能生而生，化者非能化而化也。直自不得不生，不得不化。」[20]故「天者自然之分。」[21]「自然，冥運也。」冥運者不知其所以然而然。「不知所以然而然者命也。」「命者必然之期，素定之分也。」[22]

　　持此宇宙觀而應用之於政治則得無為之治術。王、何以次諸家雖兼明老、莊，而其思想實大體守《道德經》之師法。《列子‧楊朱篇》有治內逸性，君臣道息之言。張湛注曰：「此一篇辭義太逕挺抑抗，不似君子之音氣。」此最能表示其主張無為而反對無君之態度。自諸家觀之，人處政治生活，乃自然變化之結果。立君既出自然，則制度不可否認。所當慎者，勿使流放過度，以趨於違反自然之境地而已。王弼釋「樸散為器」一章曰：「樸真也。真散則百行出，殊類生，若器也。聖人因其分散，故為之立長官。以善為師，不善為資。移風易俗，使歸於一也。」又釋「始制有名」曰：「始制，謂樸散始為長官之時也。始制長官，不可不立名分以定尊卑。故始制有名也。」[23]郭象之言，尤為明曉。象謂「君臣上下，手足外內，乃天理之自然，豈直人之所為哉？」「夫時之所賢者為君，才不應世者為臣。若天之自高，地之自卑，首自在上，足自居下。」[24]抑君臣之立，不僅由於自然，亦且由其需要。蓋「與人群者不得離人。」「千人聚，不以一人為主，不亂則散。故多賢不可以多君，無賢不可以無君。此天人之道，必至之宜。」[25]雖然，吾人幸勿誤解，以為天下不可以無君，故人主當努力於有為。「夫能令天下治，不治天下者也。」「夫治之

17　張湛《列子注‧仲尼篇》引晏〈無名論〉。夏侯玄字太初，與晏同時，為晏所稱。見《三國志‧魏書》卷九裴注引。
18　王弼《老子注》二十一章，三十四章。
19　《老子注》五章。
20　《列子注‧天瑞篇》。
21　《列子注‧仲尼篇》。
22　《列子注‧力命篇》。此殆受王充影響。
23　《老子注》二九及三二章。
24　《莊子注‧齊物論》。
25　《莊子注‧人間世》。

由乎不治，為之出乎無為者也。」「故無行而與百姓共者，亦無往而不可為天下君矣。以此為君，若天之自高，實君之德也。」「若謂拱默乎山林之中而後得稱無為者，此老莊之談所以見棄於當塗，當塗者必至於有為之域而不反者，斯由之也。」[26]

　　無為之術，要旨有三：一曰因臣以治而君無為。王弼曰：「夫天地設位，聖人成能。人謀鬼謀，百姓與能者，能者與之，資者取之，能大則大，資貴則貴，物有其宗，事有其主。如此則可冕旒充目而不懼於欺，黈纊塞耳而無戚於慢，又何為勞一身之聰明以察百姓之情哉？夫以明察物，物亦競以其明應之。以不信察物，物亦競以其不信應之。夫天下之心必不同。其所應不敢異，則莫肯用其情矣。甚矣害之大也，莫大用其明矣。」[27]郭象曰：「夫王不材於百官，故百官御其事而明者為之視，聰者為之聽，知者為之謀，勇者為之扞。夫何為哉？玄默而已！」[28]張湛亦謂自賢者「孤而無輔，知賢者則智者為之謀，能者為之使。物無棄材，則國易治也。」[29]郭象又推此意以達於社會之全體曰：「夫無為之體大矣。天下何所不為哉？故主上不為冢宰之任，則伊呂靜而思尹矣。冢宰不為百官之所執，則百官靜而御事矣。百官不為萬民之所務，則萬民靜而安業矣。萬民不易彼我之能，則天下之彼我靜而自得矣。故自天子以下至於庶人，下及昆蟲，孰能有為而成哉？是故彌無為而彌尊也。」[30]

　　二曰不為煩苛之政。君無為任臣，非謂臣當任知能以有為也。世之有為者不外用刑罰與尚仁義二事。王弼謂善治國者「惟因物之性不假刑以理物。」「若乃多其法網，煩其刑罰，塞其徑路，攻其幽宅，則萬物失其自然，百姓喪其手足。鳥亂於上，魚亂於下。故聖人不立形名以檢於物也。」[31]至於仁義禮樂亦生於道喪德失之後，皆有為之「下德」。「下德求而得之，為而成之，則立善以治物。」然「求而得之，必有失焉。為而成之，必有敗焉。善名生則有

26　《莊子注・逍遙遊》。按此標準，王衍可謂能行「君德」。

27　《老子注》四九章。

28　《莊子注・人間世》。〈山木注〉亦曰：「雖有天下，皆寄之百官，委之萬物，而不與焉。斯非有人也。因民任物而不由己，斯非見有於人也。」

29　《列子注・說符》。

30　《莊子注・天道》。

31　《老子注》三六、四九，及二八章。

不善應焉。」[32]推仁義所以不足為治者，由其大違人性。嵇康明之曰：「夫民之性，好安而惡危，好逸而惡勞。故不擾則其願得，不逼則其志從。洪荒之世，大樸未虧。君無文於上，民無競於下。物全理順，莫不自得。「及至人不存，大道陵遲，乃始作文墨以傳其意，區別群物使有族類。造立仁義以嬰其心，制其名分以檢其外，勸學講文以神其教。」「故仁義務於理偽，非養真之要術。廉讓生於爭奪，非自然之所出也。」[33]由此言之，申、商與孟、荀操術不同，其為殘生傷性則一也。

三曰放任。道在無為，期於物各自得，而非寂然不動。郭象曰：「無為之言，不可不察也。夫用天下者亦有用之為也。然自得此為，率性而動，故謂之無為也。」[34]吾人既知無為之術在「恣之使各自得」，則專制君主恣睢督責之政策，皆所當摒棄。故象曰：「以己制物則物失其真。」[35]又曰：「己與天下相因而成者也。今以一人而專制天下，則天下塞矣，己豈通哉？故一身既不成而萬方有餘喪矣。」[36]雖然。難者將曰：君道若在放任無為，則何必建立君長乎？象辨之曰：「天下若無明王，則莫能自得。今之自得，實明王之功也。然功在無為而還任天下，天下皆得自任，故似非明王之功。」[37]而明王實為必要也。

天下之民「宥之自在則治」，此理既明，則除嚴刑苛政以外，殆無有不合於治道之事物。郭象謂「性之不可去者衣食也，事之不可廢者耕織也，此天下之所同而為本者也。守斯道者無為之至也。」[38]又謂「仁義自是人情，但當任之耳。」「而三代以下橫其囂囂，棄情逐迹，如將不及，不亦多憂乎？」[39]如此則飲食男女，仁義忠信，皆明王勸禁所不加者也。仁義所當放任，是非亦可兩行。象謂天下萬物「雖所美不同而同有所美。各美其所美，則萬物一美也。各是其所是，則天下一是也。」故「玄通泯合之士因天下以明天下。天下無曰

<hr>

32　《老子注》三八章。

33　〈難自然好學論〉（《漢魏六朝百三名家集》之《嵇中散集》）。

34　《莊子注・天道》。

35　《莊子注・應帝王》。

36　《莊子注・在宥》。

37　《莊子注・應帝王》。

38　《莊子注・馬蹄》。

39　《莊子注・駢拇》。

我非也。即明天下之無非。無曰彼是也，即明天下之無是。無是無非，混而為一。」[40]如此則秦皇之別黑白，定一尊，漢武之推尊罷黜，皆大悖在宥之旨矣。

　　嵇康於無為而治之理想境界有所陳述。康謂「古之王者承天理物，必崇簡易之教，御無為之治。君靜於上，臣順於下。玄化潛通，天人交泰。枯槁之類，浸育靈液，六合之內，沐浴鴻流，蕩滌塵垢，群生安逸。自求多福，默然從道，懷忠抱義而不覺其所以然也。」[41]康又述理想之君主曰：「聖人不得已而臨天下，以萬物為心。在宥群生，由身以道，與天下同於自得。穆然以無事為業，坦爾以天下為公。雖居君位，饗萬國，恬若素士接賓客也。雖建龍旂，服華袞，忽若布衣之在身。故君臣相忘於上，蒸民家足於下。豈勸百姓之尊己，割天下以自私。以富貴為崇高，心欲之而不已哉？」[42]吾人曩謂先秦「老莊懷疑政治之效用而肯定個人之價值。」[43]嵇康之意，與此相符。康認個人安適為人生最後之目的。故「聖人不得已而臨下」，「與天下同於自得」。由此可知無為而治乃理想生活之必須條件，而非人生之最後歸宿。《呂氏春秋‧貴生篇》謂「道之真以持身，其餘緒以為國家，其土苴以治天下。」此言最足以說明老莊家對於政治之態度。嵇康「養生」之論，實上承其統，而尤與《道德經》寡欲知足之旨吻合。[44]

第三節　無君

　　王、何諸人認政治制度為自然變化之產物，故主有君為必要，而取無為之

<hr>

40　《莊子‧注德充符》。

41　〈聲無哀樂論〉。

42　〈答難養生論〉。何晏〈景福殿賦〉曰：「體天作制，順時立政。」「遠則襲陰陽之自然，近則本人物之至情。」「除無用之官，省生事之故。絕流遁之繁禮，反民情於太素。」（《文選》卷十一）與此意略相近。

43　本書五章一節末段。

44　〈答難養生論〉曰：「欲與生不並立，名與身不俱存。」「是以古之人知酒肉為甘酖，棄之如遺。識名位為香餌，逝而不顧。使動足資身，不濫於物。知正其身，不營於外。」又曰：「意足者雖耦耕畎畝，被褐啜菽，豈不自得。不足者雖養以天下，委以萬物，猶未愜然。」

治術。雖然，既已無為，何用有君？郭象雖加辨解，終不免有牴牾之嫌疑。阮籍、陶潛、鮑敬言等乃更進一步，發為無君之論。於是無為思想邏輯上必然之結果，遂底於成熟。

陶潛字淵明，[45]乃詩人而非思想家。其無君之理想社會僅於〈桃花源記〉及詩中暗示梗概。此乃人所習知，無勞於茲贅述。[46]阮籍雖亦無系統之思想，其立言則較為顯明具體。籍字嗣宗，生於漢建安十五年，卒於魏景元四年。「博覽群籍，尤好莊老。」史稱「籍本有濟世志。屬魏晉之際，天下多故，名士少有全者。籍由是不與世事，遂酣飲為常。」高貴鄉公即位，封關內侯，徙散騎常侍。後病卒於家。所著詩文有〈達莊論〉及〈大人先生傳〉等，足見其思想。[47]籍本莊子之意，認「入生天地之中，體自然之形。」物我無分，死生一貫。「至人者恬於生而靜於死。」[48]「故至人無宅，天地為客。至人無主，天地為所。至人無事，天地為故。無是非之別，善惡之異。」[49]蓋以「求得者喪，爭明者失，無欲者自足，空虛者受實。」乃自然不可變易之理。世俗不能知此，「咸以為百年之生難致，而日月之蹉無常。皆盛僕馬，修衣裳。美珠玉，飾帷墻。出媚君上，入欺父兄。矯屬才智，競逐縱橫。家以慧子覆，國以才臣亡。」[50]欲求福而反致禍，亦必然之事也。抑又有進者，世俗之失，不僅在多欲，亦在乎拘禮。世所貴稱之「君子」，「誦周孔之遺訓，歎唐虞之道德。唯法是修，唯禮是克。手執圭璧，足履繩墨。行欲為目前檢，言欲為無窮則。」「奉事君上，牧養百姓。退營家私，育長妻子。」自以為得畏樂久安之道，而不知按其所行，實不異「虱之處於褌中」，「行不敢離縫際，動不敢出褌襠，自以為得繩墨也。飢則嚙人，自以為無窮食也。然炎丘火流，焦邑滅

---

45 潛生晉哀帝興寧三年，卒宋文帝元嘉四年（西元365-427）。《宋書》卷九三本傳及《晉書》卷九四。

46 詩有句曰：「春蠶收長絲，秋熟靡王稅。」又曰：「雖無紀歷誌，四時自成歲。怡然有餘樂，於何勞智慧。」與莊子相近。

47 生卒年當西曆210-263年。《晉書》卷四九有傳。今存《阮嗣宗集》二卷，泰半佚亡所餘。嚴可均《全三國文》收有逸文。

48 〈達莊論〉。

49 〈大人先生傳〉。

50 〈達莊論〉。

都，群虱死於褌中而不能出。」[51]則禮法之行何嘗足以遠禍近福而自全乎！

且世俗之求利祿，守禮法者皆假定君臣上下之制度，為天理所當然，人倫之要義。而自阮籍視之，則政治生活乃人類墮落之結果，對於人類本身，非徒毫無裨益，實有不可衡量之損害。籍述其所想見太初完美之境界曰：「昔者天地開闢，萬物並生。大者恬其性，細者靜其形。陰藏其氣，陽發其精。害無所避，利無所爭。放之不失，收之不盈。亡不為夭，存不為壽。福無所得，禍無所咎。各從其命，以度相守。明者不以智勝，闇者不以愚敗。強者不以力盡，弱者不以迫畏。蓋無君而庶物定，無臣而萬事理。」及至大樸既散，世衰道微。聖人君子之流，「造音以亂聲，作色以脆形，外易其貌，內隱其情。懷欲以求多，詐偽以要名。君立而虐興，臣設而賊生。坐制禮法，束縛下民。欺愚誑拙，藏智自神。強者睽眠而凌暴，弱者憔悴而事人。假廉以成貪，內險而外仁。」「尊賢以相高，競能以相尚，爭勢以相君，寵貴以相加，驅天下以趣之，此所以上下相殘也。竭天地萬物之至以奉聲色無窮之欲，此非所以養百姓也。於是懼民之知其然，故重賞以喜之，嚴刑以威之。財匱而賞不供，刑盡而罰不行，乃始有亡國戮君潰敗之禍。」由此論之，則君臣之制度以及「君子之禮法，誠天下殘賊亂危死亡之術耳！」[52]

阮生此論，如使張湛觀之，殆將嫌其逕挺抑抗，不似君子之音氣。然鮑敬言無君之說，視此更為激切，可謂魏晉反政治思想最極端之表示。鮑生事迹，今無可考。其論見於《抱朴子‧詰鮑篇》中，[53]大旨在辨明「古者無君，勝於今世。」吾人加以剖析，其論據似有五端。一曰立君不由天命。「儒者曰：天生蒸民而樹之君。豈其皇天諄諄言，亦將欲之者為辭哉？夫彊者凌弱，則弱者服之矣。智者詐愚，則愚者事之矣。服之，故君臣之道起焉。事之，故力寡之民制焉。然則隸屬役御由乎爭彊弱而校智愚，彼蒼天果無事也。」二曰立君非由民意。蓋自由平等乃人類本身之天性。「夫混茫以無名為貴，群生以得意為歡。故剗桂刻漆，非木之願。拔鵯裂翠，非鳥所欲。促轡銜鑣，非馬之性。荷軏運重，非牛之樂。」「夫役彼蒸黎，養此在官，貴者祿厚而民亦困矣。」立

51　〈大人先生傳〉。

52　〈大人先生傳〉。

53　《外篇‧詰鮑》曰：「鮑生敬言好老莊之書，治劇辯之言。」鮑殆與葛洪同時或略早。

君既與自由之天性相反，則「人歸」與「天與」同為虛誕之說，不待辨而自明。不寧惟是。「夫天地之位，二氣範物。樂陽則雲飛，好陰則用處。承柔剛以率性，隨四八以化生，各附所安，本無尊卑也。君臣既立而變化遂滋。夫獺多則魚擾，鷹眾則鳥亂。有司設則百姓困，奉上厚則下民貧。」由此觀之，立君之後，民遭剝奪。而剝奪之行，有賴於不平等之制度。然則人類必不肯自棄其天然之平等以自陷於有君之患，亦事理之易見者也。

　　鮑生既取儒家思想中君權之主要理論根據而摧毀之，又進而攻擊君主政體之本身。一方面描寫無君之樂，另一方面則列舉有君之苦。兩者對照，苦樂彰然。何去何從，不言可喻。鮑生述無君之樂曰：「曩古之世，無君無臣，穿井而飲，耕田而食。日出而作，日入而息。汎然不繫，恢爾自得。不競不營，無榮無辱。山無蹊徑，澤無舟梁。川谷不通則不相并兼，士眾不聚則不相攻伐。」「勢利不萌，禍亂不作。干戈不用，城池不設。萬物玄同，相忘於道。疫癘不流，民獲考終。純白在胸，機心不生。含餔而嬉，鼓腹而遊。」當此之時，君不立而民自安，人類所處，誠至美滿而無欠缺乏之境界。所可惜者，天真易鑿，大朴不完。「君臣既立，眾匿日滋。」而人類無窮之苦趣，遂隨之以起。鮑生明之曰：「降及秒季，智用巧生。道德既衰，尊卑有序。繁升降損益之禮，飾絨冕玄黃之服，起土木於凌霄，構丹綠於梦撩。傾峻搜寶，泳淵採珠。聚玉如林，不足以極其變；積金成山，不足以瞻其費。澶漫於淫荒之域而叛其大始之本。去宗彌日遠，背朴彌增。尚賢則民爭名，貴貨則盜賊起。見可欲則真正之心亂，勢利陳則劫奪之塗開。造剡銳之器，長侵割之患。」「人主憂慄於廟堂之上，百姓煎擾乎困苦之中。」以視上古無君之世，安危苦樂之差，不可道里計矣。

　　吾人如難之曰：性之善惡不齊，個人亦可為暴。一切禍亂豈可悉委之君長乎？鮑生之答可分三層。其一，至德之世，民心醇厚，固無為亂之理。即以常情推之，苟無苛政相擾，民心亦自然思治。「夫身無在公之役，家無輸調之費，安土樂業，順天分地，內足衣食之用，外無勢利之爭，操杖攻劫，非人情也。」然而盜賊不絕於世者，君上有以使之。「勞之不休，奪之無已，田蕪倉虛，杼軸其空，食不充口，衣不周身，欲令勿亂，其可得乎？所以救禍而禍彌深，峻禁而禁不止也。關梁所以禁非，而猾吏因之以為非焉。衡量所以檢偽，而邪人因之以為偽焉。大臣所以扶危，而姦臣恐主之不危。兵革所以靜難，而

寇者盜之以為難。此皆有君之所致也。」今反疑人自相亂而欲有君以治之，誠不免因果倒置之誤。其次，即退一步而承認個人可以生亂，然以較君主之亂，則小巫大巫，亦不可同日而語。「細民之爭，不過小小，匹夫校力，亦何所至。無彊土之可貪，無城郭之可利，無金寶之可欲，無權柄之可競。勢不能以合徒眾，威不足以驅異人。孰與王赫斯怒，陳師鞠旅，推無讎之民，攻無罪之國。僵屍則動以萬計，流血則漂櫓丹野。無道之君，無世不有。肆其虐亂，天下無邦。忠良見害於內，黎民暴骨於外。豈徒小小爭奪之患邪！」蓋有君之爭，為大規模，有組織之武力衝突，自非私人角鬥之比。復次，君主執殺生之柄，「犖然獨行恣睢之心而莫之敢逆」。[54]故「桀紂之徒得燔人，辜諫者，脯諸侯，葅方伯，剖人心，破人脛。窮驕淫之惡，用炮烙之虐。若令斯人並為匹夫，性雖凶奢，安能施之？使彼肆酷恣欲，屠割天下，由於為君，故得縱恣也。」然則君制之立，徒為桀紂所憑藉以肆其毒而已。

　　難者如謂立君之禍起於暴主，若遇良君如堯舜者以臨御天下，人民何嘗不受其福，未可不分良暴而都絕之，則鮑生之答覆亦至簡單，鮑生認定政制之起由於爭彊弱而校智愚，其本身目的即在壓制掠奪，非所以福利萬民。古今君主雖有仁暴之分，而按其實際，不過五十百步之差，斷不足持以與無君之世相較。「故散鹿臺之金，發鉅橋之粟，莫不懽然，況乎本不聚金而不斂民粟乎？休牛桃林，放馬華山，載戢干戈，載櫜弓矢，猶以為泰，況乎本無軍旅而不戰不成乎？茅茨土階，棄纖拔葵，雜囊為幃，濯裘布被，妾不衣帛，馬不秣粟，儉以率俗，以為美談。所謂盜跖分財取少為讓，陸處之魚相呴以沫也。」

　　鮑生立言雖遠承莊子，原則上無所新創，然其無君論之勇往偏激，則可謂前無古人。[55]綜括其論，謂立君不由天命人歸，是君權無根據也。謂無君而民安，是國政非需要也。謂君立而慝滋，是政事不當有也。莊子崇尚逍遙，猶稱君臣之義，「無所逃於天地之間。」[56]儒家則視君臣父子為萬世不變之綱常，尤為秦漢以來思想之正統。而漢代專制確立，君主日尊，幾欲與天地山川共為

54　李斯〈行督責書〉中語。鮑生所指有君之痛苦，殆影射三國兩晉之時事。《晉書》卷二六所記疾苦情形可相印證。

55　《莊子》書中所描寫之理想社會雖較老子之「小國寡民」為更近自然，而未嘗明持無君之論，且每示上世有君，與阮、鮑固不同也。閱本書五章五節註95。

56　《莊子・人間世》。

神聖。[57]以王充之譏俗，尚不敢明斥有君之無益，而必託之於〈齊世〉〈宣漢〉。故嚴格言之，魏晉以前未嘗有無君之思想。至阮籍乃首發其端，鮑生復大暢其說。秦漢數百年尊君之傳統思想，遂遭遇空前之抨擊，[58]就此以論，則阮、鮑在中國政治思想史中，實占有不容蔑視之地位。

第四節　《列子》

《列子》一書，著錄《漢志》，注謂列子「名圄寇，先莊子，莊子稱之。」然出世既晚，自柳宗元以來，學者多疑其頗有偽亂附益。[59]近人更推助其說。或定為魏晉時人所纂輯。[60]此雖尚難定讞，[61]吾人姑從眾說，述之於此，以為魏晉頹廢思想之代表。按先秦為我思想中本有它囂、魏牟，「縱性情，安恣睢，禽獸之行」一派。《列子·楊朱篇》遠襲其意，與之頗相發明。吾人一按魏晉世風，即知此自恣之思想所以一時盛行者，自有其歷史之原因。

---

57 漢代於皇帝死後，除京師立廟奉祀外，復令郡國諸侯立廟（《史記》卷八〈高祖本紀〉）。至宣帝時凡祖宗廟在郡國六十八，合百六十七所。至宣帝與太上皇悼皇考，各自居陵旁立廟，并為百七十六（《漢書》卷七三〈韋玄成傳〉）。

58 《呂氏春秋》卷十一〈當務〉謂跖「備說非六王五伯，以為堯有不慈之名，舜有不孝之行，禹有淫湎之意，湯武有放殺之事，五伯有暴亂之謀。世皆譽之，人皆諱之，惑也。故死而操金椎以葬曰：下見六王五伯將敲其頭矣。」此雖激烈，似與阮、鮑之無君論有異。

59 《柳柳州文集》卷四《辨列子》（其書「多增竄」）。高似孫《子略》（「出後人會萃」）。黃震《日鈔》（「典午氏渡江後方雜出於諸家，其皆《列子》之本真與否殆未可知」）。宋濂《諸子辨》（「決非禦寇所自著」，「頗與浮屠言合」）。姚際恆《古今偽書考》（或莊徒依託為之，「然自無多，其餘盡後人所附益」）。見《偽書通考》下冊，頁700-4。

60 梁啟超《古書真偽及其年代》言乃東晉張湛採集道家言湊合而成。馬敘倫《列子偽書考》（天馬山房叢著）舉證二十事，斷定「魏晉以來好事之徒，聚斂《管子》、《晏子》、《論語》、《山海經》、《墨子》、《莊子》、《尸佼》、《韓非》、《呂氏春秋》、《韓詩外傳》、《淮南》、《說苑》、《新序》、《新論》之言附益晚說，成此八篇，假為向序以見重。夫嗣輔注《易》多取老莊，而此書亦出王氏。豈弼之徒所為歟。」（按張湛序，湛祖父為王氏甥，從仲宣書中得八篇。及南渡，唯餘〈楊朱〉〈說符〉。後從劉正興家得四卷，從王衍女婿趙季子家得六卷，乃參合完備，劉亦王氏甥。）

61 江俠庵《先秦經籍考》錄武內義雄〈《列子》冤詞〉駁馬氏諸說，認今本八篇「大體上尚存向校定時面目。」

約言之，曹魏東晉之百餘年間，乃中國社會之衰亂時期，亦為對抗禮教之反動時期。此反禮教運動與反專制之潮流匯合，遂蔚為一種以放浪人生觀為基礎之無君論。《列子》一書殆其最重要之文獻也。

　　光武中興，懲西京末世廉恥道喪之失，頗致意於振發士風，表章氣節。故首禮嚴光以為天下勸。[62]及東京既衰，其效大見。「桓靈之間，主荒政謬。國命委於閹寺，士子羞與為伍。故匹夫抗憤，處士橫議，遂乃激揚名聲，互相題拂。品覈公卿，裁量執政，婞直之風，於斯行矣。」郭林宗、賈偉節、李膺、陳蕃領袖太學生三萬餘人，「並危言深論，不隱豪強，自公卿以下，莫不畏其貶議。」[63]且「清議」之用，不特裁量執政，並亦糾彈士類。王符以無外家為人鄙視，孔融以微行放言被殺。[64]此已足見當時之風氣。及曹魏九品中正之法既行，「鄉邑清議」，勢力尤偉。仕途窮達，於茲取決。清議本身，既大體以儒家之名教為依據，末流之弊遂至於吹毛求疵，無的放矢。其較著者如陳壽遭父喪有疾，令婢丸藥，「鄉黨以為貶議，由是沉滯累年。」後官治書侍御史，母死遵遺命葬洛陽，「又坐不以母歸葬，竟被貶議。」再致廢辱。[65]又如卞壺父粹，以其弟被仇家訐其門內之私，「遂以不訓見譏議，陵遲積年。」淮南小中正王式繼母死，以其前夫子之請，與前夫合葬。卞壺為御史中丞，劾之，謂式「犯禮違義。」詔「付鄉邑清議，廢棄終身。」[66]此種維護綱常之毀譽，雖略傷瑣細苛刻。然苟誠意出之，尚可不失其正人心之作用。然而吾人稍按史實，即知其不必盡然。九品中正號稱採聽議，而往往不免「高下任意，榮辱在手。」甚至被選者「上品無寒門，下品無勢族。」[67]清議云云，徒致守道者於困窮，便黠者之訾訐而已，何嘗有正俗之功乎？[68]

　　物極必反，乃理之自然，清議一事，亦不免受其支配。東京士大夫喜比於外戚而攻宦官。魏武帝「為中常侍曹騰之孫，其家既與士族為仇，又以篡立，

62　夏曾佑《中國古代史》，頁388。

63　《後漢書》卷九七〈黨錮傳序〉。

64　《後漢書》卷七九及一〇〇。

65　《晉書》卷八二傳。

66　《晉書》卷七〇下傳。餘例尚多，見趙翼《二十二史劄記》卷八九〈品中正〉。

67　《晉書》卷四五〈劉毅傳〉。

68　晉代風俗政治之壞可於《晉書》卷五〈懷愍帝紀論〉及卷九四〈魯褒傳〉推見大概。

深不利於氣節，故每提唱無賴之風而摧抑士氣。」「文帝因之，加以任達。」[69]王衍等進開老莊之風，於是清談大盛，浸奪清議之席。阮籍、嵇康輩既嫉禮俗之虛偽，更厭名教之束縛，乃群為打破禮教，「衝決網羅」之言行。阮籍事母至孝。母死，籍正與人圍碁，「留與決賭。既而飲酒二斗，舉聲一號，吐血數升。及將葬，食一蒸肫，飲二斗酒，然後臨訣。直言痛矣，舉聲一號，因又吐血數升。毀瘠骨立，殆致滅性。斐楷往弔之，籍散髮箕踞，醉而直視。」「籍嫂歸寧。籍相見與別。或譏之。籍曰：禮豈為我設邪？鄰家少婦有美色，當壚沽酒。籍嘗詣飲，醉便臥其側。籍既不自嫌，其夫察之，亦不疑也。兵家女有才色，未嫁而死。籍不識其父兄，徑往哭之，盡哀而還。其外坦蕩而內淳至，皆此類也。」[70]此外如「八達」之流，放浪尤有過阮籍者。[71]風靡一時，薰染及於婦女，[72]貴戚富家，加之以奢縱。[73]以儒家之眼光論之，真有人慾橫流之歎矣！

　　雖然，諸人之縱恣，固非純乎任性，而自有其理由。《莊子・大宗師》謂

69　同註62。武帝於漢建安十九年為魏公時下令曰：「夫有行之士未必能進取。進取之士未必能有行也。陳平豈篤行，蘇秦豈守信邪？而陳平定漢業，蘇秦濟弱燕。由此言之，士有偏短，庸可廢乎？」（《三國志・魏書》卷一〈武帝記〉）又傅玄曰：「魏武好法術而天下貴刑名，魏文慕通達而天下賤守節。」（《晉書》卷四七本傳）按魏晉公卿士大夫能篤守禮教表裡若一者不多有。或偽飾以取容，或利用以攻訐，此亦引起反感之重要原因。

70　《晉書》卷四九本傳。

71　胡母輔之與謝鯤、阮放、畢卓、羊曼、桓彝、阮孚散髮裸袒，閉室酣飲。光逸後至，守者不納。「便於戶外脫衣，露頭於狗竇中窺之而大叫。」時人謂之「八達」。阮咸居母喪，「縱情越禮。」借客馬追還嫁婢，同乘而返。又據地與豕同飲。畢卓為吏部郎，盜飲被縛。謝鯤「任達不羈」，嘗挑鄰高氏女，投梭折兩齒，時人曰：「任達不已，幼輿折齒。」鯤傲然曰：「猶不廢我嘯歌。」

72　《晉書》卷五〈懷、愍帝紀〉論曰：「婦女妝櫛紕纖，皆取於婢僕，未嘗知女工絲枲之業，中饋酒食之事也。先時而婚，任情而動。故皆不恥淫佚之過，不拘忌妒之惡。父兄不之罪也，天下莫知非也。」《抱朴子・疾謬篇》曰：「今俗婦女，休其蠶桑之業，廢其玄紝之務。不績其麻，市也婆娑。舍中饋之事，修周旋之好。更相從謁，之適親戚。」「或宿於他門，或冒夜而返。游戲佛寺，觀視漁畋。登高臨水，出環慶弔。開車騫帷，周章城邑。」此種情形略似近世之婚姻自由與社交公開。

73　石崇與貴戚羊琇、王愷之徒以奢靡相尚。崇嘗與王敦入太學，見顏回原憲之象而歎。敦曰：「子貢去卿差近。」崇正色曰：「士當身名俱泰，何至以甕牖語人。」《晉書》卷三三〈石崇傳〉及劉義慶《世說新語》卷十〈汰侈三十〉。然當時亦有持謹飭之保身主義者，如潘尼之〈安身論〉即其例。《見晉書》卷五五本傳。尼永嘉五年卒，年六十餘。

子桑戶、孟子反、子琴張三人相與友。子桑戶死，二人編曲鼓琴而歌。子貢詰之曰：「敢問臨尸而歌禮乎？」二人相視而笑曰：「是惡知禮意。」[74]郭象注曰：「夫知禮意者，必遊外以經內，守母以存子，稱情而直往也。若乃矜乎名聲，牽乎形制，則孝不任誠，慈不任實。父子兄弟，懷情相欺。豈禮之大意哉！」阮籍之行正合乎「稱情直往」之原則。其所以白眼對禮俗之士，擬「君子」為虱處褌中者，意在破虛偽之名教，大旨實本莊生。故詠懷詩譏當時之人謂其「外厲貞素談，戶內滅芬芳。」「委曲周旋儀，恣態愁我腸。」裴楷許為「方外之士」，可謂深得阮籍之意矣。

　　「八達」等張任恣之行，阮籍明毀禮之故。其以縱恣享樂之人生觀為政治思想之基礎者，則有待於東晉出世之《列子》。八篇之中，思想不盡一貫。吾人姑舉其大體。《列子》之宇宙觀推演老子之「天地不仁」，而與王充之宿命論相契合。〈說符篇〉謂「天地萬物與我並生類也。類無貴賤。徒以小大智力而相制迭相食，非相為而生之。人取可食者而食之，豈天本為人生之？且蚊蚋嗜膚，虎狼食肉。豈天本為蚊蚋生人，虎狼生肉者哉？」蓋天運自然，萬類自生。不知其然，不可得止。壽夭窮通，悉決於命。然所謂命者，非有真宰以意控制萬物也。《列子》設為命對力之言曰：「既謂之命，奈何有制之者邪？朕直而推之，曲而任之。自壽自夭，自窮自達，自貴自賤，自富自貧。朕豈能識之哉。」然則人之遇合，雖命亦無所措手，個人之力更絕不能有所挽回。故「彭祖之智不出堯舜之上而壽八百，顏淵之才不出眾人之下而壽四八，仲尼之德不出諸侯之下而困於陳、蔡，殷紂之行不出三仁之上而居君位。季札無爵於吳，田恒專有齊國。夷齊餓於首陽，季氏富於展禽。」[75]此皆命運所致，根於自然而出於不得不然者也。

　　吾人既知人生不能自主，則可進一步而悟及人生不能自有。身者「天地之委形」，「生者天地之委和」，「性命者天地之委順」，「孫子者天地之委蛻」，[76]故人類本身實無高遠之意義。除五官之娛養，一心之安樂外，更無足以營求之事務。然而不如意事，十常八九。人生為樂，已恐不及。世俗不知為

---

74 《莊子‧大宗師》，仲尼對子貢問孟子反、子琴張臨屍而歌，謂「彼遊方之外者也。」
75 〈力命第六〉。
76 〈天瑞第一〉。

切己之謀，又自以功名富貴防其娛樂，則可謂大惑矣。《列子》託楊朱之言曰：「百年壽之大齊，得百年者千無一焉。設有一者，孩提以逮昏老，幾居其半矣。夜眠之所弭，晝覺之所遺，又幾居其半矣。疾痛哀苦，亡失憂懼，又幾居其半矣。[77]量十數年之中逌然而自得，亡介焉之慮者，亦亡一時之中爾。則人之生也奚為哉？奚樂哉？為美厚爾，為聲色爾。而美厚復不可常厭足，聲色不可常翫聞。乃復為刑賞之所禁勸，名法之所進退。遑遑爾，競一時之虛譽，規死後之餘榮。偊偊爾慎耳目之觀聽，惜身意之是非。徒失當年之至樂，不能自肆於一時。重囚纍梏，何以異哉！」[78]蓋名利皆身外之物，非人力所能獲取，於人生亦絕無裨益。「楊朱曰：萬物所異者生也，所同者死也。生則有賢愚貴賤，是所異也。死則有腐臭消滅，是所同也。雖然，賢愚貴賤，非所能也。腐臭消滅，亦非所能也。故生非所生，死非所死。賢非所賢，愚非所愚。貴非所貴，賤非所賤。然而萬物齊生齊死，齊賢齊愚，齊貴齊賤。十年亦死，百年亦死。仁聖亦死，凶愚亦死。生則堯舜，死則腐骨。生則桀紂，死則腐骨。腐骨一矣，孰知其異。且趣當生，奚遑死後。」[79]雖然，輕富貴者非求貧賤之謂。楊朱曰：「原憲之窶損生，子貢之殖累身。然則窶亦不可，殖亦不可。其可焉在？曰：可在樂生，可在逸身。故善樂生者不窶，善逸身者不殖。」[80]《列子》復託為管、晏問對之言以申樂逸之旨。「晏平仲問養生於管夷吾。管夷吾曰：肆之而已，勿壅勿閼。晏平仲曰：其目奈何？夷吾曰：恣耳之所欲聽，恣目之所欲視，恣鼻之所欲向，恣口之所欲言，恣體之所欲安，恣意之所欲行。」「熙熙然以俟死，一日一月，一年十年。吾所謂養。」[81]如此則不徒世俗之禮法名利，不復措念，即己身之修短死生亦無動於中矣。

　　養生之道既明，則治國之術亦得。治國者為我而不治人，則人我皆得其

77　〈周穆王第三〉曰：宋陽里華子中年病忘。魯儒生治之。「華子悟，乃大怒。」「曰：曩吾忘也，蕩蕩然不覺天地之有無。今頓識既往，數十年來存亡得失，哀樂好惡，擾擾萬緒起矣。吾恐將來之存亡得失，哀樂好惡之亂吾心如此也，須臾之忘，可復得乎？」

78　〈楊朱第七〉。

79　〈楊朱第七〉。同篇又曰：「太古以至今日，年數固不可勝紀。但伏羲以來三十餘萬歲，賢愚好醜，成敗是非，無不消滅，但遲速之間耳。矜一時之毀譽以焦苦其神形，要死後數百年中餘名，豈足潤枯骨，何生之樂哉。」

80　就此與下引一段，足見此篇作者，決非出於寒門。

81　此與〈黃帝第二〉篇首言寡慾之意似不合。

所。《列子》引楊朱曰：「古之人損一毫利天下，不與也。悉天下奉一身，不取也。人人不損一毫，人人不利天下，天下治矣。」夫人人為我，則政治組織失其作用。《列子》設為寓言，謂子產治鄭，深患其兄公孫朝及弟公孫穆不率教。「朝好酒，穆好色。朝之室也，聚酒千鍾，積麴成封。望門百步，糟漿之氣逆於人鼻。方其荒於酒也，不知世道之安危，人理之悔吝，室內之有亡，九族之親疏，存亡之哀樂也。雖水火兵刃交於前，弗知也。穆之後庭，比房數十，皆擇稚齒婑媠者以盈之。方其耽於色也，屏親暱，絕交遊，逃於後庭，以晝足夜。三月一出，意猶未足。鄉有處子之娥姣者必賄而招之，媒而挑之，弗獲而後已。」子產乃用鄧析言，以禮義名位說之。朝、穆應之曰：「夫善治外者，物未必治而身交苦。善治內者，物未必亂而性交逸。以若之治外，其法可暫行於一國，未合於人心。以我之治內，可推之於天下，君臣之道息矣。」[82]

　　君臣道息，乃為我思想邏輯上之必然結論，無足驚異。然吾人宜注意，《列子》作者不但未嘗主張以革命之手段廢君，且並此邏輯上必要之無君理論亦未嘗始終維持。推《列子》之意殆謂「人人苟能治內，無礙君之有無。」為君者慎勿自苦以病民而已。堯為天子，不治而治。乃君道之極則。[83]此外則「桀紂非所譏，舜禹未足美。舜耕於河陽，陶於雷澤。四體不得暫安，口腹不得美厚。父母之所不愛，弟妹之所不親。行年三十，不告而娶。及受堯之禪，年已長，智已衰。商鈞不才，禪位於禹。戚戚然以至於死。此天人之窮毒者也。」「禹之為君，亦無以愈於舜。治水則身體偏枯，手足胼胝。即位則卑宮室，惡衣服。此天人之憂苦者也。」「桀藉累世之資，居南面之尊。智足以距群下，威足以震海內。恣耳目之所娛，窮意慮之所為，熙熙然以至於死。此天民之逸蕩者也。紂亦藉累世之資，居南面之尊。威無不行，志無不從。肆情於傾宮，縱欲於長夜。不以禮義自苦，熙熙然以至於誅。此天民之放縱者也。」[84]世俗皆知美舜禹而斥桀紂。不知就四人之自身論，生時之苦樂懸殊，死後之瞑寂消亡則一。何去何從，豈待詳思而後決哉？夫嵇康以寡欲為養生之方，是於人類肉體生活以外猶存有超脫之理想也。鮑生主無君而力斥荒淫之暴

82　〈楊朱第七〉。按朝為劉伶寫影，穆似謝鯤化身。
83　〈周穆王第三〉。
84　〈楊朱第七〉。

政，是於想念自然生活之中猶隱寓限制個人欲望之意也。今《列子》推肆欲之論以及於君主，竟至崇桀紂以抑舜禹。非常異義，曠古無有。其言雖偏激膚淺，不足深究。然就肆欲之一端而論，在邏輯上固始終一貫，無懈可擊矣。抑又有進者，盜跖認六王五伯為偽善，故欲操金椎以懲之於地下。雖破堯舜之聖名，猶信君德之高尚。《列子》乃以窮毒憂苦而卑舜、禹，則直以舜、禹為真善而譏之，其所破者非二王之聖名，而為政治道德之本身。其激烈遠為盜跖所不逮。蓋盜跖止於憤世，《列子》則於人類生活表示根本之失望也。吾人如謂《列子》一書乃頹廢思想之極致，或不至於大誤歟。

第五節　葛洪

儒家思想至魏晉趨於衰微，並未完全息滅。傅玄牛當漢末晉初，[85]獨揚孟、荀於老莊方盛之時，為書百餘篇。[86]譬如魯殿靈光，可為兩漢儒學之後勁。惟其政治思想不出崇仁義、興禮樂、定制度、抑工商諸大端。此皆吾人習知之陳說，無待於茲論述。[87]及正始以後，玄學既行，疾虛無者乃對之施以攻擊。西晉之世，欲與此潮流相抗，為中流之砥柱者，殆以裴頠為最著。「頠深患時俗放蕩，不尊儒術。何晏、阮籍素有高名於世。口談浮虛，不遵禮法。尸祿耽寵，仕不事事。至王衍之徒聲譽太盛。位高勢重，不以物務自嬰。遂相仿效，風教陵遲，乃著〈崇有〉之論以釋其蔽。」「王衍之徒攻難交至，並莫能屈。」[88]〈崇有論〉之大旨在說明政事、人倫、禮法、制度為社會生活不可缺

85　傅玄生於漢建安二十二年，卒於晉咸寧四年（西元217-278）。武帝時仕至太僕。《晉書》卷四九有傳。

86　《晉書》謂玄「撰論經國九流及三史故事，評斷得失，各為區例，名為《傅子》，為內、外、中篇，凡四部六錄，合百四十首，數十萬言。並文集百餘卷，行於世。」《傅子》至宋時僅存二十三篇。後人頗有增輯。計有武英殿聚珍版叢書本，海寧錢保塘輯本，烏程嚴可均輯本（粵刻全上古至南北朝文編）。傅氏演慎齋本（嚴輯孫校）最佳。文集亦佚。《漢魏六朝百三名家集》有傅《鶡觚集》。

87　可閱《傅子》〈治體〉、〈校工〉、〈檢商賈〉、〈仁論〉、〈禮樂〉、〈法刑〉、〈通志〉、〈安民〉諸篇。

88　《晉書》卷三五傳。頠字逸民。惠帝時仕至尚書左僕射。永康元年為趙王倫所殺，年三十四。據此當生於泰始三年（西元267-300）。論載本傳。

少之條件。老莊之徒，崇尚虛無，以肆欲為厚生之方。不知「欲衍則速患，情佚則怨博。擅恣則興攻，專利則延寇。可謂以厚生而失生者也。」然而「形器之故有徵，空無之義難檢。辯巧之言可悅，似象之言足惑。」「唱而有和，多往弗反。遂薄綜世之務，賤功烈之用。高浮游之業，卑經實之賢。」「放者因斯，或悖吉凶之禮而忽容止之表。瀆棄長幼之序，混漫貴賤之級。其甚者至於裸裎，言笑忘宜。」士行若此，將何以為治哉！顧乃斷之曰：「養既化之有，非無用之所能全也。理既有之眾，非無為之所能循也。」「是以欲收重泉之鱗，非偃息之所能獲也。隕高墉之禽，非靜拱之所能捷也。審投弦餌之用，非無知之所能覽也。由此而觀，濟有者皆有也。虛無奚益於已有之群生哉。」

顧論雖頗深切，然持較東晉人士認清談為中原淪喪之主因者，態度尚為和緩。桓溫北伐，過淮泗，登平乘樓，眺矚中原，慨然曰：「遂使神州陸沉，百年丘墟，王陵甫諸人不得不任其責。」[89]自溫發此論，後來史家襲之，幾成定案。[90]而江左人士，痛夷狄之侵凌，推原其故，亦多歸王、何之徒者。王坦之、范寧、孫盛其尤著之例也。范寧著論以為「王弼何晏二人之罪深於桀紂。蓋桀紂暴虐，不過濁亂一世。身死國亡，猶足為後世之鑒。王何叨海內之浮譽，資膏梁之傲誕。畫螭魅以為巧，扇無檢以為俗。鄭聲之亂樂，利口之覆邦，信矣。吾固以為一世之禍輕，歷代之罪重。自喪之釁小，迷眾之愆大也。」[91]王坦之作〈廢莊論〉，專攻莊學，而於老子有恕詞。其大意謂聖人知眾人之情不可縱肆，故為政教以節之。雖不獲已而有為，實為眾人設想。莊子教人以遊方之外，「眾人因藉之以為弊薄之資。然則天下之善人少，不善人多，莊生之利天下也少，害天下也多。」莊之當廢，此其理由也。[92]孫盛作

89　《晉書》卷九八傳。事在永和十二年（356）。袁宏駁之謂運有興廢，豈必諸人之過。

90　《晉書》卷九一〈儒林傳序〉曰：「有晉始自中朝，迄於江左，莫不崇飾華競，祖述玄虛。擯闕里之典經，習正始之餘論。指禮法為流俗，且縱誕以清高。遂使典章弛廢，名教頹毀。五胡乘間而競逐，二京繼踵以淪胥。」顧炎武《日知錄》卷十三「正始」條曰：「國亡於上，教淪於下，羌戎互僭，君臣屢易，非林下諸賢之咎而誰咎哉。」然《太炎文錄》卷一〈五朝學〉謂「五朝所以不競，由任世貴，又以言貌舉人，不在玄學。」《晉書》〈山濤王戎傳〉如不誣，則衍臨終固已自承有責。其言曰：「嗚呼！吾曹雖不如古人，向若不祖尚浮虛，戮力以匡天下，猶可不至今日。」

91　簡文帝為相時深賞范寧。孝武帝時寧仕至中書侍郎。《晉書》卷七五有傳。

92　咸和元年生，寧康三年卒（西元326-375），仕至中書令。〈廢莊論〉見《晉書》卷七五本傳。

〈老聃非大聖論〉則獨斥老子之主清靜。盛謂老聃「屏撥禮樂以全其任自然之論，豈不知叔末不復反自然之道。直欲伸己好之懷，然則不免情於所悅，非浪心救物者也。非唯不救，乃獎其弊焉。」[93]

　　玄學家偏激放蕩，至於引起反感，幾乎重演漢初儒道相爭之局。然魏晉之世致力於調和二家思想者亦不乏其人。李充之《學箴》及葛洪之《抱朴子》皆其代表。充以為無為與聖教，各有其用。應世而施，本無軒輊。蓋無為而治見於太初。及上世既衰則制度以起。「先王以道德之不行，故以仁義化之。行仁義之不篤，故以禮律檢之。檢之彌繁，而偽亦愈廣。老莊是以明無為之益，塞爭欲之門。」「故化之以絕聖棄智，鎮之以無名之樸。聖教救其末，老莊明其本。本末之塗殊而為教一也。」虛浮之士妄發破毀名教之論。彼不知「世有險夷，運有通坯。損益適時，升降惟理。道不可以一日廢，亦不可一朝擬。禮不可為千載制，亦不可以當年止。非仁無以長物，非義無以齊恥。仁義固不可遠，去其害仁義而已。力行猶懼不逮，希企邈以遠矣。」[94]

　　李充此論意在抑虛浮之士。較有系統之調和工作則當屬之葛洪。洪字稚川，別號抱朴子。少孤貧，好學甚篤。又累遭兵火，先人藏書蕩盡，乃負笈從人借讀，涉獵雖廣，而不能精研。初本不樂仕，元帝為相時辟為掾。以平賊功，賜爵關內侯。成帝咸和初司徒王導召為州主簿，遷諮議參軍。干寶薦洪才堪國史，選散騎常侍，領大著作。以年老欲煉丹，固辭不就。隱於羅浮山，年八十一卒。所著《抱朴子·內篇》二十卷，《外篇》五十卷，凡百十六篇。自年二十餘草創，至建武定稿，歷十餘年乃成。此外有碑、頌、詩、賦百卷，軍書、檄移、章表、箋記三十卷，《神仙傳》十卷，《隱逸傳》十卷，又抄《五經》、《史》、《漢》、百家之言、方技、雜事三百十卷，《金匱藥方》一百卷，《肘後備急方》四卷。著述之豐，前所未有。[95]

93　《晉書》卷八二本傳。官至秘書監給事中。與王導同時。〈老聃非大聖論〉見唐釋道宣《廣弘明集》卷五。

94　《晉書》卷九二〈文苑傳〉。

95　《晉書》卷七二傳及《抱朴子》卷五〇〈自敘〉。洪生卒年未能確定。《抱朴子》成於建武元年（西元317）。據此推算則當生於武帝咸寧三年前後，卒於穆帝升平元年前後（約西元277-357）。如從《寰宇記》卷一六〇引袁彥伯《羅浮記》作年六十一卒，則卒於成帝咸康三年（西元337）。錢大昕《疑年錄》謂卒於咸和中，與此不合。按史傳言洪以咸和初補州主

　　洪調和儒、道之說，大意本之太史公六家要旨。洪謂「道者儒之本也，儒者道之末也。」「儒者博而寡要，勞而少功。墨者儉而難遵，不可偏修。法者嚴而少恩，傷破仁義。唯道家之教使人精神專一，動合無為。包儒、墨之善，總名法之要，與時遷移，應物變化。指約而易明，事少而功多。」[96]故以道御世，乃治術之極則。儒教之興，在於叔世，未足與無為而治者媲美也。雖然，道治之所以勝於仁義者，在其清靜寧一，非謂舉一切君臣之制，文物之盛而廢棄之也。洪認鮑生無君之論為悖謬不可從，反覆加以駁斥。約言之，其說有三。一曰立君出於自然。〈詰鮑篇〉曰：「沖昧既闢，降濁升清，穹隆仰燾，旁泊俯停。乾坤定位，上下以形。遠取諸物則天尊地卑以著人倫之體，近取諸身則元首股肱以表君臣之序。降殺之軌，有自來矣。」[97]二曰立君於人有利。鮑生謂君長之起由於爭強弱而校智愚。洪駁之曰：「聖人之作，受命自天。或結罟以畋漁，或瞻辰而鑽燧。或嘗卉以選粒，或構宇以仰蔽。備物致用，去害興利。百姓欣戴，奉而尊之。君臣之道於是乎生。安有詐愚凌弱之理。」[98]且吾人試以有君與無君之世相較，更可知有君之為勝。太初之民「鳥聚獸散，巢棲穴竄。毛血是茹，結草斯服。入無六親之尊卑，出無階級之等威。未若庇體廣廈，稻梁嘉旨，黼黻綺紈，御冬當暑，明辟莅物，良宰巧匠，設官分職，宇宙穆如也。」持無君論者若尚疑此言，則不妨靜氣平心，設身處地，細一思索，是否果願度上世野蠻人之生活。「今子居則反巢穴之陋，死則捐之中野，限水則泳之游之，山行則徒步負載，棄鼎鉉而為生臊之食，廢鍼石而任自然之病。裸以為飾，不用衣裳。逢女為偶，不假行媒。吾子亦將曰不可也。況於無君乎！」抑鮑生舉暴君之惡以證有君為害，為邏輯上之錯誤。蓋君主固有良暴之別。「今獨舉衰世之罪，不論至治之世。」「以桀紂之故，思乎無主。」何異「慮火災而壞屋室，畏風波而填大川乎！」三曰立君為必要。洪認上世匪特

簿，輾轉遷薦，然後求為句扇令，卒留羅浮。「在山積年，優遊閒養，著述不輟。」玩語意似在山頗久。錢說疑誤。《抱朴子》今有四部叢刊、校經山房叢書、槐廬家塾、平津館叢書、百子全書、子書百家諸本。

96　《內篇》卷十〈明本〉。

97　《外篇》卷四八〈詰鮑〉。〈君道〉亦曰：「往聖取諸兩儀而君臣之道立。」

98　《抱朴子‧外篇》卷四八〈詰鮑〉。按內外篇每有衝突之論。如此謂聖人受命自天，《內篇》卷七〈塞難〉取王充說，謂天地生物由於適偶，天地不知其然。

不美，亦且不安。無君論者誤認上世清平，遂欲君臣道息。此誠毫無根據，昧於人性。「若令上世之人如木石，玄冰結而不寒，資梁絕而不飢者可也。衣食之情苟在其心，則所爭財豈必金玉，所競豈必榮位。橡茅可以生鬪訟，藜藿足用致侵奪矣。夫有欲之性萌於受氣之初，厚己之情著於成形之日。賊殺兼并起於自然。必也不亂，其理何居。」夫上世之人既相殘殺，則必非無君所能自治。「若人與人爭草萊之利，家與家訟巢窟之地。上無治枉之官，下有重類之黨，則私鬪過於公戰，木石銳於干戈。交尸佈野，流血絳路，久而無君，嚼類盡矣。」[99]至於叔末之世，其不可無君，理亦甚顯。蓋「狂狡之變，莫世乏之。而令放之，使無所憚，則盜跖將橫行掠殺，而良善端拱以待禍。無主所訴，無彊所憑。而冀家為夷齊，人皆柳惠。何異負豕而欲無臭，憑河而欲不濡。無轡策而御奔馬，棄柁櫓而乘輕舟。未見其可也。」

葛洪有君之論，與阮、鮑相反而與王弼、郭象相近。易詞言之，自王弼至葛洪約百年間，道家政治思想由老入莊，再經反動而復入於老，其與王、郭相異者，王、郭猶重君身之賢德，[100]葛洪獨尊君位。洪以為事君不必堯舜，[101]廢立大悖《春秋》。其言曰：「廢立之事，小順大逆，不可長也。」「夫君，天也，父也。君而可廢，則天亦可改，父亦可易也。」「方策所載，莫不尊君卑臣，強幹弱枝。《春秋》之義，天不可讎。大聖著經，資父事君。民生在三，奉之如一。而許廢立之事，開不道之端。下凌上替，難以訓矣。」[102]此則竊取儒家正名之義，不屬黃老思想之範圍。洪所以大明此論者，殆以深有感於魏晉權臣之跋扈，君勢之微弱，故思有以矯之歟！抑又有進者，郭象謂「仁義自是人情，但當任之。」[103]初未嘗致意於維持名教。葛洪深疾晉人之放蕩，乃發為〈譏惑〉〈疾謬〉之篇，按儒家傳統禮法之標準，抨擊當時社會中士大夫及婦女之蕩檢逾行，態度至為嚴厲。[104]此與裴頠、范寧等之言，同屬有為而發，無

---

99 此略似英人霍布士（Hobbes）之說。

100 本章註24。

101 《外篇》卷十二〈任能〉曰：「豈有人臣當與其君校智力之多少，計局量之優劣，必須堯舜乃為之役哉？何事非君，何使非民。」

102 同上。

103 本章註39。

104 《外篇》卷二五。〈譏惑〉曰：「厥初邃古，民無階級。上聖悼混然之甚陋，愍巢穴之可

待於茲贅述。至其所陳治術，則大體取儒家之旨，[105]而參以道家之清簡。[106]此吾人所習知，亦可不論也。

第六節　佛教所引起之爭論

　　佛教流入中土，至魏晉時而大盛。內典數增，僧徒日眾，寺院漸多。[107]即使沙門無醜惡之行，其殊方異俗之思想亦勢不免引起一部人士之反感。[108]在東晉以後之二百年中，就門戶言，則儒、佛與道、佛各成對抗之爭。就思想內容言，則有夷夏之爭與在家出家之爭。茲略述思想內容衝突之大概，以殿本章。

　　佛法教人「出家」，不異對中國傳統之「人倫」觀施以根本之打擊。攻佛法者因此有「三破」之論。「第一破曰入國而破國。誑言說偽，興造無費，苦剋百姓。使國空民窮，不助國用。生人減損。況人不蠶而衣，不田而食，國滅人絕，由此為失。」「第二破曰入家而破家。使父子殊事，兄弟異法。遺棄二親，孝道頓絕。憂娛各異，歌哭不同。骨血生讎，服屬永棄。悖化犯順，無昊天之報。五逆不孝，不復過此。」「第三破曰入身而破身。人生之體，一有毀傷之疾，二有髡頭之苦，三有不孝之逆，四有絕種之罪，五有亡體從誡。惟學不孝，何故言哉！」[109]凡此諸端，殆已將在家出家爭難之要點包舉無遺。

鄙。故構梁宇以去鳥獸之群，制禮數以異等威之品。教以盤旋，訓以揖讓。」「蓋儉溢之隄防，人之所急也。」「安上治民，非此莫以。」〈疾謬〉曰：「蓬髮亂鬢，橫挾不帶。或褻衣以接人，或裸程而箕踞。」「其相見也不復敘離潤，問安否。賓則入門而呼奴，主則望客而喚狗。」「及好會則狐蹲牛飲，爭食競割。掣撥淼摺，無復廉恥。」篇中述婦女一段已節引，見本章註72。

105《外篇》卷五〈君道〉曰：「君人者必修己以先四海，去偏黨以平王道。」「器無量表之任，才無失效之用。」「匠之以六藝，軌之以忠信，莅之以慈和，齊之以禮刑。」參閱《外篇》卷十一、十二、十四、十五、〈貴賢〉、〈任能〉、〈審舉〉、〈用刑〉等。

106《外篇》卷三一〈省煩〉。

107西晉時有寺百八十，東晉時千七百六十八，北齊時四萬，周武帝建德中（西元572-577）僧尼約三百萬。見《魏書·釋老志》。

108北魏太武帝太平真君七年（西元446）誅僧毀寺即由沙門之不法。見《魏書》卷一一四《釋老志》。

109梁僧祐《弘明集》卷八〈劉勰《滅惑論》〉引道家語。勰生齊永泰元年，卒梁大同五年（西元498-539）。

沙門及其同情者之答辯，大意以佛法為依據，而亦每利用儒道兩家之說。[110]有明揭「出家」之旨者，如晉釋慧遠曰：「凡出家者皆隱居以求其志，變俗以達其道。」「夫然，故能拯溺族於沈流，拔幽根於重劫。遠通三乘之津，廣開人天之路。是故內乖天屬之重而不違其孝，外闕奉主之恭而不失其敬。」[111]有曲解孝養之義者如劉勰云：「夫孝道至極道俗同貫。雖內外殊迹，而神用一揆。」[112]慧遠曰：「孔經亦云，立身行道以顯父母，即是孝行，何必還家。」「佛亦聽僧冬夏隨緣修道，春秋歸家侍養。故目蓮乞食餉母，如來擔棺臨葬。此理大通，未可獨廢。」[113]有據史實以為佛法辯護者，如劉勰謂「昔禹會諸侯，玉帛萬國。至於戰伐，存者七君。更始政阜，民戶殷盛。赤眉兵亂，千里無煙。國滅人絕，寧此之由。宗索之時石穀十萬，景武之世積粟紅腐。非秦末多沙門而漢初無佛法也。準古驗今，何損於政。」至於空國絕種之罪，必人人出家，然後可以成立。然而「入道居俗，事繫因果。」「未聞世界普同出家。」[114]蓋三破之論，武斷膚淺，固未足以折佛徒之心也。

佛氏出家，直接與家族倫理相衝突，而最後亦不免發生政治上之糾紛。「率土之濱，莫非王臣。」君臣之義，世無所逃。此已久成中國之政治倫理。而佛經之中如《梵網經》卷下，《涅槃經》卷六，《四分律》等，均明言沙門不應敬俗。[115]此教既行，則君父皆不在致敬之列。在家出家之爭，於此更趨激烈。其爆發之近因則為晉成帝咸康六年之一詔。[116]時成帝沖幼，庾冰輔政。冰以為沙門應致敬禮於王者，於是下詔曰：「因父子之敬，建君臣之序，法制度，崇禮秩，豈徒然哉？良有以矣。然則名教之設，其無情乎？且今有佛邪？將無佛邪？有佛邪，其道固弘。無佛邪，義將何取。縱其信然，將是方外之事。方外之事豈方內所體。而當矯形骸，違常務，易禮典，棄名教，是吾所甚

---

110 當年多有以莊說佛者，謂之「格義」（見馮友蘭《中國哲學史》下冊，頁663-666），不徒用作辯駁之資也。

111 〈答桓太尉書〉（《弘明集》卷十二）。

112 〈滅惑論〉。

113 〈答周武帝〉（唐釋道宣《廣弘明集》卷十）。

114 〈滅惑論〉。參《弘明集》卷八〈僧順釋三破論〉。當時尚有「五橫」之說，見《弘明集》卷六，晉釋道恆〈釋駁論〉。

115 《廣弘明集》卷二五引。

116 當西曆340年。

疑也。名教有由來，百代所不廢。」「凡此等類，皆晉民者。論其才智，又常人也。而當因所說之難辨，假服飾以陵度，抗殊俗之傲禮，直形骸於萬乘，又是吾所弗取也。[117]於是朝議大起，從違不一。其後安帝元興中[118]太尉桓玄引伸冰意，論難更趨激烈。玄以為庾冰「意在尊主而據理未盡」，乃為之進一解曰：「老子同王侯於三大，原其所重，皆在於資生通運，豈獨以聖人在位而比稱二儀哉！將以天地之大德曰生，通生理物，存乎王者。敬尊其神器而禮實為隆，豈是虛相崇重義存君御而已哉。沙門之所以生生資存，亦日用於理命。豈有受其德而遺其禮，沾其惠而廢其敬哉！」[119]反對者之駁議，綜括言之，不外（一）「沙門出家棄親」，土木形骸。「不期一生，要福萬劫。世之所貴，已皆落之。禮教所重，意悉絕之。」豈更致禮君主。[120]且沙門為「方外之賓」，本非天子所臣。「其為教也達患累緣於有身，不存身以息患。知生生由於稟化，不順化以求宗。」「是故凡在出家皆隱居以求其志，變俗以達其道。變俗服章，不得與世俗同典禮。」如此則又何敬之有？（二）沙門自有功德，未必卑於王者。「一夫全德則道洽六親，澤流天下。雖不處王侯之位，固已協契皇極，大庇生民矣。」如此則「內乖天屬之重而不違其孝，外闕奉主之恭而不失其敬。」[121]豈可與凡人並論哉！（三）「功高者不賞，惠深者忘謝。」[122]王者如天之德，非一拜所能酬答。何必強沙門以「形屈為禮。」（四）沙門不拜，久已成俗，不可紛更，以「致愁懼。」[123]

　　出家與在家之爭為佛法與家族政治倫理之衝突，夷夏之爭則為異族宗教與民族文化之衝突。昔孟子斥陳相棄中國之學謂「吾聞用夏變夷者，未聞變於夷者也。」[124]六朝時排佛者大體即本此以立說，[125]而顧歡之〈夷夏論〉足為最著

117《弘明集》卷十二。《晉書・成帝紀》及〈庾冰傳〉均不載此事。

118 當西曆402-404。

119〈與八座論沙門敬事書〉（《弘明集》卷十二）。參慧皎《高僧傳》卷六〈慧遠傳〉。

120〈桓謙等答玄書〉。

121 見註111。參釋道恒〈釋駁論〉（《弘明集》卷六）。此論著於義熙中（西元405-418）。

122〈王謐答桓太尉〉（《弘明集》卷十二）。謐，晉升平四年生，義熙三年卒（西元360-407）。

123〈何充等沙門不應盡敬表〉（《弘明集》卷十二）。按後卒從何等議，許不致敬。此後唐高宗龍朔二年（西元622）卒令沙門拜親不拜君。見《廣弘明集》卷二五。

124〈滕文公下〉。

125 南北朝彼此互詆，北稱南為「僭晉」「島夷」，南稱北為「魏虜」「索頭」（分見《魏書》

之代表。綜歡所論，共有二端。一曰道佛同源，皆出老子。《道經》云：「老子入關，之天竺維衛國。國王夫人名曰淨妙。老子因其晝寢，乘日精入淨妙口中。後年四月八日夜半時剖左腋而生。墜地即行七步，於是佛道興焉。」二曰道佛相同而夷夏殊俗，則當取中夏之道而棄外夷之佛。歡謂「佛道齊乎達化而有夷夏之別。」「今以中夏之性效西戎之法。」「悖禮犯順，曾莫之覺。」「捨華效夷，義將安取。若以道邪，道固符合矣。若以俗邪，俗則大乖矣。」[126]且就其異俗而言，則端委搢紳與剪髮曠衣，兩兩相較，固大有善惡之別，而道佛軒輊，亦有可分。「佛起於戎，豈非戎俗素惡邪？道出於華，豈非華風本善邪？」[127]佛徒之反駁，即鍼對此兩端。袁粲駁道佛同源之說曰：「孔、老治世為本，釋氏出家為宗。發軫既殊，其歸亦異。符合之唱，自由臆說。況如來誕降之應，世在老先。」豈可謂入關轉化乎？[128]至於夷夏善惡之分，自佛徒視之，亦無合理之根據。蓋普天之下，人皆同類。謝鎮之曰：「人參二儀，是謂三才。三才所統，豈分夷夏？則知人必人類，獸必獸群。近而徵之，七珍人之所愛，故華夷同貴。恭敬人之所厚，故九服攸敦。」[129]若以地域為判別，則亦難立標準。僧佑曰：「丘欲居夷，聃適西戎。道之所在，寧選於地。」[130]夫人類共生，地域無別，則萬方大同，夷夏泯界矣。釋慧通曰：「大教無私，至德弗偏。化物共旨，導人俱致。在戎狄以均響，處胡漢而同音。聖人寧復分地殊教，隔寓異風。豈有夷邪，寧有夏邪。」[131]凡此所言已足以抗顧歡之民族思想。然擁護佛法者猶以為不足，復進而發為貴夷賤華之論。自〈禹貢〉以來中國向以「中土」自居，環之者為四方之蠻夷。佛徒乃一反其說，以印度為中土，僧佑謂「北辰西北，故知天竺居中。」[132]慧通亦謂「天竺天地之

卷九六及《南齊書》卷五七），此已略含民族意識。

126 《南齊書》卷五四本傳。

127 《答袁粲駁夷夏論》（《南齊書》卷五四）。

128 〈駁夷夏論〉，《南齊書》卷五四。袁生宋永初元年，死昇明元年（西元420-477），《宋書》卷八九有傳。

129 〈與顧道士書〉，〈折夷夏論〉（《弘明集》卷六）。

130 《弘明集‧後序》。僧祐，宋元嘉二十二年生，梁天監十七年卒（西元445-518）。

131 〈駁夷夏論〉（《弘明集》卷七）。

132 《弘明集‧後序》。

中，佛教所出者也。」[133]若就文化而言，中國亦在下風。顧歡以天竺之俗不合禮文為病，而不知其有合於太古。「太古之初，物性猶淳。無假禮教而能緝正，弗施刑罰而自治。死則葬之中野，不封不樹。喪至無朝，哀至便哭。斯乃上古之淳風，良足效焉。」至如「搢紳之飾，磬折之恭，殯葬之禮，斯蓋大道廢之時也。」[134]抑中國之墮落，尚不止此。「自漢代以來，淳風轉澆，仁義漸廢。大道之科莫傳，五經之學彌寡。大義既乖，微言又絕。眾妙之門莫遊，中庸之儀弗覩。禮術既壞，雅樂又崩。風俗頓寢，君臣無章。正教陵遲，人倫失序。」禮者忠信之薄，並此亦歸漸滅。夏之為國，無足自拯。「於是聖道彌綸，天運遠被，玄化東流，以慈係世，仁眾生民。矒所先習，欣所新聞，革面從和，精義復興。」[135]由此觀之，佛乃中國之「救主」，豈可加以排詆。而佛生天竺，適為彼邦文化高尚之證。「故知天竺者，居婆婆之正域，處淳善之嘉會。故能感通於至聖，士中於三千」也。[136]

　　大凡社會紊亂，民族衰微之際，士大夫對於傳統之習俗制度文化每發生重大之疑問。或批評舊秩序而提出新理想，或致力於破壞而無所建設。先秦諸大家中，孔、墨屬於前者，老莊屬於後者。然而老莊雖抨擊一切有為之政事，固未嘗主張捨華效夷，對中國文化之本身施以詆毀也。故所譏者，堯舜之仁義，而其理想之君主則為民族遠祖之黃帝。自後漢王充譏俗辨惑，中國文化之本身始遭嚴重之攻擊。魏晉清談繼之，「列聖相承」之「大經大法」益趨於搖動。而天竺教義適於此時大量輸入。其本身既具精微之學說，其出世之宗教信仰又有解除亂世人生苦悶惶惑之魔力。於是一部分之士大夫及平民，遂不免「盡棄其所學而學焉。」且至於甘冒不韙、明唱捨己從人之主張，取全部民族文化而否定之。此誠中國思想史上空前之鉅變。異族文化之接觸，本為人類文化史中習見之事，且每為促成進步之媒介，無庸加以惋惜。所足認為不幸者，中國首次所接觸比較高度之異族文化適為佛法，而佛法又為非政治之厭世宗教，接觸之結果雖激起哲學與宗教思想之進步，而無裨於社會及政治生活。且佛徒之非

133〈駁夷夏論〉。

134〈慧通《駁夷夏論》〉。

135宋朱昭之〈難夷夏論〉（《弘明集》卷七）。

136〈謝鎮之重與顧道士書〉（《弘明集》卷六）。

政治思想又為老莊家所固有。如釋道安稱「西方有聖人焉，不治而不亂，不言而自信，不化而自行。」[137]釋道恆亦謂「沙門在世，誠無目前考課之功，名教之外，實有冥益。」[138]此皆拾清談之牙慧，於政治思想無絲毫之貢獻。此後隋唐統一，大局略定，民族之自信心漸復，儒家之勢力再起。士大夫仍恃「列聖相傳」之道以抗拒「異端」，經邦治國。迄於五代之亂，老莊又復短期盛興。秦漢魏晉之思想循環，於是乃完成其第二次之運動。[139]

---

137 〈二教論〉（《廣弘明集》卷八）。此引〈列子‧仲尼篇〉而又小異。道安寂於苻秦建元二十一年（西元385）。

138 〈釋駁論〉（《弘明集》卷六）。

139 儻魏晉時輸入者非天竺之佛教而為希臘之哲學或羅馬之法律，則此後千餘年之中國歷史必有絕對不同之發展。他未可知，政治思想與制度必有更積極之內容，更迅速之變遷或進步，則可斷言。

第十二章

韓愈、柳宗元、林慎思

第一節　唐代儒學之復盛

　　儒家思想至東京盛極而衰，迄魏晉幾於息滅。然北朝以異族侵據中原，每模仿漢人之文化。[1]其風氣與南朝之「宰衡以干戈為兒戲，縉紳以清談為廟略」[2]者迥不相同。雖先王「道統」，不容夷狄僭竊，[3]然儒學源流，亦頗賴以不匱。故隋末王通崛起河汾，遂為一代儒宗，唐初名臣或出門下。[4]及李氏父子平定天下，宇內又安。大唐聲威遠播四裔。新羅來請唐禮，日本入朝受經。[5]盛世之樂觀與民族自信之心理相共恢復，而儒術亦隨之中興。太宗著《帝範》以教太子，武后撰《臣軌》以訓百官。[6]受此推揚，幾有西漢獨尊之

1　石勒起明堂、辟雍、靈臺已開胡人用儒術之風氣。採取最徹底之漢化政策者為北魏諸帝，如拓跋宏太和十年作明堂辟雍，十八年禁胡服，十九年禁胡語，二十年改姓元，其尤著者也。

2　庾信〈哀江南賦〉（作於梁太清二年）。又按梁承聖三年西魏陷江陵，元帝焚古今圖書十四萬卷。或問之，答曰：「讀書萬卷，猶有今日，故焚之。」江左非無文化，所尚者文詞，與儒家致用之學不同耳。

3　王夫之《讀通鑑論》卷七。

4　如楊素、李靖、房玄齡、杜如晦、魏徵、薛收等。司馬光作《文中子補傳》（見《聞見後錄》）疑為其弟與子輩之攀附。晁公武《郡齋讀書志》據諸人生卒年歲以證其妄。《朱子語類》推演其說。王明清（《揮塵前錄》）、宋濂（《諸子辨》）、鄭瑗（《井觀瑣言》）等則據李翱《讀文中子》，劉禹錫〈王華卿墓志〉（王通「門多偉人」），皮日休〈文中子碑〉，司空圖〈文中子碑〉，王績〈負苓者傳〉，陸龜蒙〈送豆盧處士序〉以辨之，謂王通為一代大師。近人蒙文通君復引王績《東皋子集・遊北山賦》注，康文粹〈陳叔達答王無功書〉，以伸其說。

5　《舊唐書》卷一九九上〈新羅日本傳〉。唐代崇儒事見《新唐書》卷一九八〈儒學傳序〉。

6　《帝範》四卷貞觀二十二年作（西元648）。今有武英殿聚珍版本。太宗政論亦見吳兢《貞

盛矣。

　　《帝範》、《臣軌》二書就體裁論，雖屬創舉，而其內容不出「老生常談」之範圍，[7]似不必加以論述。王通之思想則頗含特點，無論其為人之邪正如何，吾人不可不一敘之，以為唐儒之先導。通字仲淹，絳州龍門人。隋開皇四年生，大業十三年卒。[8]年二十曾至長安獻《太平十二策》，文帝不能用。煬帝即位，徵之不就。隱居教學，「門人弟子相趨成市」，「及皇家受命，門人多至公輔。」[9]所著書多擬六經。有《禮論》、《樂論》、《續書》、《續詩》、《元經》、《贊易》，世謂之「王氏六經」。又有《文中子中說》，體仿《論語》。[10]後儒每以王氏僭擬《聖經》為大罪。不知通生當隋世，衣冠淪喪，聲教摧傷之後。孔氏之教，遠則見損於魏晉之清談，近亦未受朝廷之維護。[11]儒學在當時尊嚴大損，已淪於「諸子」之列，尚不足與釋、道爭短長。王氏擬經，是否為光大儒學之適當方法，固大可疑。然遽以其自命為聖人而譴斥之，似未得知人論世之實也。[12]

─────────────

觀政要》（四部叢刊續編）。《臣軌》二卷《唐會要》云長壽二年撰（西元693）。楊守敬跋云垂拱元年撰（西元685）。羅振玉云咸亨五年後，嗣聖元年前（西元674-684）撰。東方學會本。

7　《帝範》之篇目為君體、建親、求賢、審官、納諫、去讒、誡盈、崇儉、賞罰、務農、閱武、崇文。《臣軌》之篇目為同體、至忠、守道、公正、匡諫、誠信、慎密、廉潔、良將、利人。

8　當西曆584-617。今新、舊《唐書》均無王通傳。惟舊書卷一九二〈王績傳〉曰：「仲淹隋大業中名儒，號文中子，自有傳。」此傳為後人刪去抑亡失，不可考矣。其身世見杜淹〈文中子世家〉（《全唐文》卷一三五），王福畤《王氏家書雜錄》（同卷一六一），王勃〈續書序〉（同卷一八〇），皮日休〈文中子碑〉（同卷七九九），《舊唐書》卷一六三〈王質傳〉，卷一九〇上《文苑上・王勃》卷一九二〈隱逸傳・王績〉（並見《新唐書》卷一六四，卷一六九〈質績傳〉），阮逸〈文中子《中說》序〉，及註4所引各書。

9　王績《東皋子集・遊北山賦》注。

10　王氏書今存者《中說》及《元經》，有漢魏叢書，子書百家諸本。

11　《隋書卷》卷二〈文帝紀下〉，帝「不悅《詩》《書》，廢除學校。」

12　按正史雖不立王通傳，而並不否認其復興儒教之地位。《舊唐書》卷一六三謂通為「隋末大儒」；《新唐書》卷一六四承之，稱「通為隋大儒」；舊書卷一九二謂「仲淹隋大業中名儒」；新書卷一九六謂「通隋末大儒也」；皆相合。然舊書卷一九〇上謂「《元經》《中說》皆為儒士所稱」；新書卷一九六乃謂通「倣古作六經，又為《中說》以擬《論語》。不為諸儒稱道」；卷二〇一〈王勃傳〉中復削去有關通之記載；二史之態度相異。宋浙東學者推尊王氏而朱熹一派斥之。王之被抑或由門戶之見歟？

　　王氏論政大旨以無為而治為最高之理想，[13]以仁義禮樂為主要之道術，而以愛民厚生為政治之根本。《中說》記「賈瓊問富而教之，何謂也？子曰：仁生於歉，義生於豐。故富而教之，斯易也。古者聖王在上，田里相距，雞犬相聞，人至老死不相往來。蓋自足也。是以至治之世，五典潛，五禮措，五服不彰。人知飲食，不知蓋藏。人知群居，不知愛敬。上如標枝，下如野鹿。何哉？蓋上無為，下自足也。賈瓊曰：淳灕樸散，其可歸乎？子曰：人能弘道。苟得其行，如反掌耳。」[14]王氏此言，明取老莊，而實與之異趣。老莊以無為遂個人之逍遙，王氏則欲以無為達民本之目的。故《中說》之政治思想，以儒為體而以道為用。

　　王氏於民貴君輕之古義不厭反復申重。「房玄齡曰：書云：霍光廢帝舉帝何謂也？子曰：何必霍光。古之大臣廢昏舉明，所以康天下也。」[15]「董常曰：《元經》之帝元魏，何也？子曰：亂離斯瘼，吾誰適歸？天地有奉，生民有庇，即吾君也。」[16]蓋隋承南北兵爭之餘，文帝不及生聚，煬帝繼之以奢縱，生民困苦，不可言喻。王通愛民之極，全於許夷狄為君，殆由受時代之影響，[17]非僅傳孟氏之絕學已也。抑文中子反對專制之言，不止於此。專制之君無不恣己以為政。王通則欲申聽民之古說以限之。故曰：「議其盡天下之心乎？昔黃帝有合宮之聽，堯有衢室之問，舜有總章之訪，皆議之謂也。大哉乎！并天下之謀，兼天下之智而理得矣。我何為哉？恭己南面而已。」[18]夫聽民恭己，無為抱樸，則君之居上，何異虛設？民生在下，各得自由。一切苛政繁文，皆當省削摒棄。為政者更不須干涉及於宗教，如魏周之君所為矣。[19]

13　《中說・問易》曰：「強國戰兵，霸國戰智，王國戰義，帝國戰德，皇國戰無為。」〈天地〉曰：「文中子曰：二帝三王，吾不得而見也。舍兩漢將安之乎？大哉七制之主，其以仁義公恕統天下乎！」「終之以禮樂，則三王之舉也。

14　《中說・立命》。

15　《中說・事君》。同篇又曰：「古之從政者養人，今之從政者養己。」

16　《中說・述史》。《元經》卷九文小異。

17　文中子立言似每針對時事。如〈述史〉曰：「婦人預政而漢道危乎，大臣均權而魏命亂矣，儲后不順而晉室繄矣。」似譏隋文帝。

18　《中說・問易》。

19　《中說・問易》曰：「程元曰：三教何如。子曰：政惡多門久矣。曰廢之何如？子曰：非爾所及也。真君，建德之事，適足推波助瀾，縱風止燎爾。」真君，指北魏太武帝太平真君五年禁沙門，七年誅沙門事。建德三年北周武帝廢佛、道教。

頃謂王通依據民貴之旨，不恤承認異族之政權。雖然，通非毫無夷夏之觀念也。《中說》載「叔恬曰：敢問《元經》書陳亡而具五國，何也？子曰：江東，中國之舊也。衣冠禮樂之所就也。永嘉之後，江東貴焉。而卒不貴。無人也。齊、梁、陳於是乎不與其為國也。及其亡也，君子猶懷之，故書曰：晉、宋、齊、梁、陳亡。具五以歸其國，且言其國亡也。嗚呼！棄先王之禮樂以至是乎。叔恬曰：晉宋亡國久矣。今具之，何謂也？子曰：衣冠文物之舊，君子不欲其先亡也。故具齊、梁、陳以歸其國也。其未亡則君子奪其國焉，曰中國之禮樂安在。其已亡則君子與其國焉，曰：猶我中國之遺人也。」[20]仲淹此論雖不脫古代文化民族觀之羈絆，然其惓懷故國，分背華夷之微言，[21]必非唐人所能虛造，此亦通書大體不偽之一證歟！

第二節　韓愈（768-824）

文中子兼明貴民無為，其思想殆為反抗六代亂亡政治之呼聲，略如漢初賈誼之揉合儒道而立論「過秦」。唐代儒家表示盛世之樂觀者，當推韓愈、柳宗元為較著，而韓氏尤足為擁護專制政體之代表。愈字退之。生於代宗大曆三年，卒於穆宗長慶四年。德宗時官監察御史。憲宗元和中，以從裴度平淮西升刑部侍郎，旋以諫佛骨貶潮州刺史。穆宗即位起為兵部及吏部侍郎。有文集四十卷。[22]

史稱愈平生立言「以興起名教弘獎仁義」為事。[23]宋人亦多奉為儒家正

20　〈述史〉。《元經》卷九「經開皇九年春正月，白虹夾日。晉宋齊梁陳亡。」傳錄王凝與通問答語，文小異。

21　其民族觀念仍襲古代以文化為界限，與近世民族思想有異。

22　《舊唐書》卷一六〇，《新唐書》卷一七六有傳。

23　《新唐書》傳贊曰：「自晉迄隋，老佛顯行。聖道不斷如帶。諸儒倚天下正義，助為神怪。愈獨喟然引聖，爭四海之惑，雖蒙訕笑，跲而復奮。始若未之信，卒大顯於時。昔孟軻拒楊墨，去孔子才二百年。愈排二家，乃去千餘歲。撥衰反正功與齊而力倍之，所以過況雄為不少矣。自愈沒，其言大行，學者仰之如泰山北斗云。」然歐陽修頗譏愈之干祿。〈讀李翱文〉曰：「愈嘗有賦矣。不過羨二鳥之光榮，歎一飽之無時耳。此其心使光榮而飽則不復云矣。」又《李習之文集》有與退之書勸無賭博。

統。雖然，就其政治思想觀之，愈推尊孟子，貶抑荀卿，[24]而其尊君抑民之說，實背孟而近荀。韓氏論政之要旨在認定人民絕無自生自治之能力，必有待於君長之教養。蓋「民之初生，固若禽獸然。」[25]「有聖人者立，然後教之以相生養之道。為之君，為之師。驅其蟲蛇禽獸而處之中土。寒然後為之衣，飢然後為之食。木處而顛土處而病也，然後為之宮室。為之工以贍其器用，為之賈以通其有無。為之醫藥以濟其夭死，為之葬埋祭祀以長其恩愛。為之禮以次其先後，為之樂以宣其抑鬱。為之政以率其怠倦，為之刑以鋤其強梗。相欺也，為以符璽斗斛權以信之。相奪也，為之城郭甲兵以守之。害至而為之備，患生而為之防。」「如古之無聖人，人之類滅久矣。」[26]抑吾人當注意，君主為社會生活之命脈，又不僅於初民始生之時為然。昔荀子謂「君者善群者也。」「百姓之力待之而後功。」[27]韓氏引伸其言曰：「粟稼而生者也。若布與帛，必蠶績而後成者也。其他所以養生之具，皆待人力而後完者也，吾皆賴之。然人不可偏為，宜乎各致其能以相生也。故君者，理我所以生者也，而百官者，承君之化者也。」[28]一國之中，君臣民各有其職任，大小惟其所能。而君獨「管分之樞要」，[29]居至尊之地位，「是故君者出令者也。臣者行君之令而致之民者也。民者出粟米麻絲、作器皿、通貨財以事其上者也。君不出令則失其所以為君。臣不行君之令而致之民，民不出粟米麻絲、作器皿、通貨財以事其上則誅。」[30]依韓氏之論，政治社會為一分工合作之組織。今於臣民之失職則欲誅之，於君之失職則僅謂失其所以為君，而不加罪責。以近世法理釋之，主權者之本身乃諸法之根源，固不得復受法律之裁制。退之所云，不為無見。然孟子與齊宣王問對，以「四境之內不治則如之何」為疑，暗示失職之君

24　《集》卷一一〈原道〉曰：「斯道也」，「堯以是傳之舜。舜以是傳之禹。禹以是傳之湯。湯以是傳之文武周公。文武周公傳之孔子。孔子傳之孟軻。軻之死不得其傳焉。荀與揚也，擇焉而不精，語焉而不詳。」

25　《集》卷二〇〈送浮屠文暢師序〉。

26　〈原道〉。

27　《荀子》〈王制〉及〈富國〉。

28　《集》卷十二〈圬者王承福傳〉。

29　《荀子・富國》。

30　〈原道〉。

當與失職之臣並遭廢棄。[31]其說與此相逕庭。則謂韓繼孟學者誠未免近誣矣。

韓氏尊君抑民之言，尚不止此。孟子以民之視聽，上宣天意。韓氏乃推助民可使由，不可使知之說，而深致譏於周末庶人議政之自由。其言曰：「聞於師曰：古之君天下者化之，不示其所以化之之道。及其弊也易之，不示其所以易之之道。政以是得，民以是淳。」「周之政文，既其弊也，後世不知其承，大敷古先，遂一時之術，以明示民。民始惑教，百氏之說以興。」於是「長民者發一號，施一令，民莫不徘然非矣。」[32]孟子拒楊墨、董子黜百家，愈言如此，尚非無據。至其斥君位傳賢之法而獨取傳子，則顯為世襲之君主專制政體張目，尤背孟子之教。愈謂「堯舜之傳賢也，欲天下之得其所也。禹之傳子也，憂後世之爭也。」「傳之人則爭，未前定也。傳之子則不爭，前定也。前定雖不當賢，猶可以守法。不前定而不遇賢，則爭且亂。天之生大聖也不數，其生大惡也亦不數。傳諸人，得大聖然後人莫敢爭。傳諸子，得大惡然後人受其亂。」[33]吾人試觀王莽、曹丕以迄六代之君，藉口堯舜以遂其篡竊之私，而播喪亂於天下，則覺韓氏此言，犁然有當，洵足以塞奸雄之口。然韓氏不以民心為準，而以抉擇之權委之君主，則非復孟子所持大公之古義。韓氏之後，陳黯著〈禹誥〉一篇，謂禹本欲以天下讓益，旋採庶民謳歌所歸，卒傳之啟。[34]故禹與堯舜事異心同。傳子不異傳賢，君統決於民意。陳氏此論，真能得孟學之精義而繼其薪傳，使愈得讀之，當不免憮然自失矣。[35]

第三節　柳宗元（773-819）

韓愈代表專制天下之正統思想，柳宗元則近乎「異端」。宗元字子厚，生於代宗大曆八年，卒於憲宗元和十四年。貞元五年進士。歷官至監察御史。與

31　《孟子・梁惠王下》。

32　《集》卷十二〈本政〉。

33　《集》卷十一〈對禹問〉。

34　陳黯，宣宗時人，不及見韓氏。〈禹誥〉見《全唐文》卷七六七。

35　韓不能繼孟子道統尚有一說。孟子立言，力排功利，韓則不能明利義之別。王夫之《讀通鑑論》卷十三謂韓諫佛骨捨仁義而言禍福，不足以衛道，即其一例。

王伾、王叔文、劉禹錫等深相結納。順宗即位，為禮部員外郎。憲宗即位，王叔文等勢敗，宗元貶竄，數徙為柳州刺史。南方文士多從之遊。有文集四十五卷。[36]

柳氏政治起原之學說，為其思想中異端之一。儒家認君長初立，由於聖人奉承天命，為民興利除害，佈施政教，而民戴奉之。[37]柳氏則並棄天與人歸之說，謂天為「有形之大者」，[38]不能為人類之主宰，而以戡亂止爭為立君之原由。其言曰：「為人之初，總總而生，林林而群。雪霜風雨雷電暴其外。於是乃知架巢空穴，挽草木，取皮革。饑渴牝牡之欲敺其內，於是乃知噬禽獸，咀果穀，合偶而居。交焉而爭，睽焉而鬬。力大者搏，齒利者齧，爪剛者抉，群眾者軋，兵良者殺。披披藉藉，草野塗血。然後強有力者出而治之。往往為曹於險阻，用號令起而君臣什伍之法立。德紹者嗣，道怠者奪。」[39]又曰：「人不能搏噬而且無毛羽，莫克自奉自衛。荀卿有言，必將假物以為用者也。大假物者必爭。爭而不已，必就其能斷曲直者而聽命焉。其智而明者所伏必眾。告之以直而不改，必痛之而後畏。由是君長刑政生焉。」[40]柳氏二說，微有不同。然其主旨則先後一貫。約言之，柳氏認政權之樹立，由於明智有力者運強權以行公理。故君長之設，既非出於民之自然奉戴，更非由上天眷顧之明命。柳氏不直接攻擊傳統思想，而實已與之有重要之分歧。

不寧惟是。先秦以來之論者多認封建天下乃一王分封之結果。《墨子·尚同》所言，[41]即其著例。柳氏始一反成語，謂封建天下乃政治組織發展由小及大之最後結果。蓋智明者斷爭服暴，人始有群。然「近者聚而為群，群之分，其爭必大。大而後有兵。德又有大者，眾群之長又就而聽命焉，以安其屬。於

36　《舊唐書》卷一六〇，《新唐書》卷一六八有傳。《韓集》卷三二〈柳子厚墓誌銘〉，卷三三〈祭柳子厚文〉。《柳河東集》宋時有三十卷及四十五卷諸本，乾隆五十三年楊氏合穆魏蔣三本為一，計《正集》四十五卷，《外集》五卷，《附錄》一卷。

37　如陸賈《新語·道基》，董子《春秋繁露·立元神》，班固《漢書·刑法志序》，王符《潛夫論·班祿》，韓愈〈原道〉等皆其例。參拙著〈中國政治思想中之政原論〉（《清華學報》九卷三期）。

38　劉禹錫〈天論上〉（《全唐文》卷六〇四）。此語足表柳氏之意，故借用之。

39　《柳河東集》卷一〈貞符〉。此文作於永貞元年，時宗元二十三歲。

40　《集》卷三〈封建論〉。

41　見本書四章三節首段。

是有諸侯之列。則其爭又有大者焉。德又大者，諸侯之列又就而聽命焉，以安其封。於是有方伯連帥之類。則其爭又有大者焉。德又大者，方伯連帥之類又就而聽命焉，以安其人。然後天下會於一。是故有里胥而後有縣大夫，有縣大夫而後有諸侯，有諸侯而後有方伯連帥，有方伯連帥而後有天子。自天子至於里胥，其德在人者死，必求其嗣而奉之。」[42]殷周政治組織演進之詳情，今已不可確考。然就現存之文獻測之，則柳子此論固較舊說為較近事實也。

　　柳氏著〈天說〉，明天人不相干之理，大旨似襲荀卿而實祖述王充。此為其思想中異端之又一例。柳氏謂「天地大果蓏也。元氣大癰痔也。陰陽大草木也。」[43]俗儒妄以天能為人主宰，賞善罰惡。不知天時人事，各有其領域。「生植與災荒皆天也。法制與悖亂皆人也。二之而已，其事不相預。」[44]「功者自功，禍者自禍。」[45]豈彼「玄而上者」所能賞罰。其他山川草木亦同屬自然界之現象，雖有變異，與人無涉。蓋「山川者，特天地之物也。陰與陽者，氣而遊乎其間者也。自動自休，自峙自流，是烏乎與我謀。自鬥自竭，自崩自缺，是烏乎為我設。」[46]難者如謂禱雨而至、悔過反風一類之異迹，儻不認為天人感應，恐將無法解釋，則柳氏應之曰：「所謂偶然者信矣。必若人之為，則十年九潦，八年七旱者，獨何如人哉！」[47]

　　天人無關之理既明，柳氏乃取傳統之天命及月令說加以駁斥。柳氏謂董仲舒、劉向、揚雄、班彪諸人「皆沿襲嗤嗤，推古瑞物以配天命。其言類淫巫瞽史，誑亂後代，不足以知聖人立極之本。」古今賢君得國，皆由仁恩普被而百姓歸之。漢高祖亦非例外。「而其妄臣乃下取虺蛇，上引天光，推類號休，用夸於無知氓。」末流之弊遂至「莽、述承效，卒奮驚逆。」[48]由是可知天命之有害於政事。月令之說，尤為悖謬。「聖人之道，不窮異以為神，不引天以為

42　《集》卷三〈封建論〉。
43　《集》卷十六〈天說〉。又《集》卷二十九〈小石山城記〉：「吾疑造物者之有無久矣。」
44　〈答劉禹錫天論書〉。
45　〈天說〉。
46　《集》卷四四〈非國語上〉。
47　〈禮說〉。
48　〈貞符〉。莽指王莽，述指公孫述。

高。利於人，備於事，如斯而已矣。」[49]漢儒奉《呂氏春秋》以為大法，按五行，十二月，七十二候以施政事，實大遠聖人之道。試就賞罰一端論之。「夫聖人之為賞罰者非他，所以懲勸者也。賞務速而後有勸，罰務速而後有懲。必曰賞以春夏而刑以秋冬，而謂之至理者偽也。」[50]「或者乃以為雪霜者天之經也，雷霆者天之權也。非常之罰不時可以殺，人之權也。當刑者必順時而殺，人之經也。是又不然。夫雷霆雪霜者特一氣耳，非有心於物者也。聖人，有心於物者也。春夏之有雷霆也，或發而震，破巨石，裂大木。木石豈為非常之罪也哉？秋冬之有霜雪也，舉艸木而殘之。艸木豈有非常之罪也哉。彼豈有懲於物也哉。彼無所懲，則效之者惑也。」[51]天命月令之不足信，彰彰如此。然而民每信之者，殆以其為古人之言。殊不知「古之所以言天者蓋以愚蚩蚩者耳，非為聰明睿智者設也。」[52]儻使天命果足以警畏愚頑，吾人固不妨引助其說。而一考其實，則「神道設教」有害而無所益，昏庸之主「畏冊書之多，孰與畏人之言。使諤諤者言仁義利害，焯乎列於其前，而猶不悟，奚暇顧月令哉！」「語怪而威之，所以熾其昏邪淫惑而為禱禳厭勝鬼怪之事，以大亂於人也。」[53]

柳氏之友人劉禹錫[54]病〈天說〉之「有激而云，非所以明天人之際」，乃作〈天論〉三篇以極其辯。其旨略相同，而立論較為精密。吾人似不妨附述於此。禹錫謂「天之道在生植，其用在強弱。人之道在法制，其用在是非。」當太初「天勝」之時，法制未立。人類生存競爭於自然之中，有強權而無公理。「壯而武健，老而耗眊。氣雄相君，力雄相長，天之能也。」及法制既立，人類乃由自然狀態轉入政治社會而「人勝」。「人勝乎天者法也。法大行，則是

49　《集》卷三〈時令論上〉。

50　《集》卷三〈斷刑論下〉。

51　〈斷刑論下〉。

52　〈斷刑論下〉。

53　〈時令論下〉。子厚亦有時拾董班諸人之牙慧，如《集》卷二〇〈沛國漢原廟銘〉，卷二七〈禮部賀白龍諸瑞表〉，卷三七〈京兆府賀嘉瓜諸瑞表〉等。然皆「應酬」文字，不足據以見其思想。

54　字夢得，德宗貞元八年進士。順宗立，擢屯田員外郎。憲宗立，坐王叔文黨貶連州刺史。文宗開成中官至太子賓客分司。武宗會昌二年卒，年七十一（西元772-842）。《舊唐書》卷一六〇，《新唐書》卷一六八有傳。

為公是，非為公非。天下之人蹈道必賞，違之必罰。」政教修明之時，君民上下不徒信任法制足以有為，且對人類本而之能力亦極自信。「故其人曰：天何預乃人事耶？」然而治世不能永維，天人遂以交勝。「法小弛則是非駁。賞不必盡善，罰未必盡惡，或賢而尊顯，時以不肖參焉。或過而僇辱，時以不辜參焉。故其人曰，彼宜然身信然，理也。彼不當然而固然，天也。」若世亂至極，則天勝理滅，人類雖猶有政治社會之名，而實已復返於自然狀態。蓋「法大弛，則是非易位，賞恆在佞而罰恆在直。義不足以制其強，刑不足以勝其非。人之能勝天之具盡喪矣。」雖然，所謂天勝人勝，天人交勝者，就人類主觀之見解言之耳。天人本身，實兩不相涉。「天恆執其所能以臨乎下，非有預乎治亂云爾。人恆執其所能以仰乎天，非有預乎寒暑云爾。生乎治者人道明，咸知所自，故德與怨不歸乎天。生乎亂者人道昧不可知，故由人者舉歸乎天。非天預乎人爾。」[55]劉氏復舉史實以明之曰：「堯舜之書，首曰稽古，不曰稽天。幽厲之詩，首曰上帝，不言人事。在舜之庭，元凱舉焉，曰舜用之，不曰天授。在商中宗，襲亂而興，心知說賢，乃曰帝賚。堯民之餘，難以神誣。商俗已訛，引天而毆。由是而言，天預人乎？」[56]

柳氏論政治起源及政權基礎均近異端，其論政治目的則不背孟、荀之宗旨。孔子嘗謂「苛政猛於虎」，[57]子厚襲之，謂「賦斂之毒有甚於蛇者」。[58]蓋長民當以養民為務。不本惠愛之心而行暴虐之政，固甚不可。即意在生養而以煩擾出之，亦大背養民之目的。柳氏謂「吾居鄉見長人好煩其令，若甚憐焉而卒以禍。且暮吏來而呼曰：官命促爾耕，勖爾植，督爾穫，蚤繰而緒，蚤織而縷，字而幼孩，遂而雞豚。鳴鼓而聚之，擊木而召之，吾小人輟飧饔以勞吏者且不得暇，又何以蕃吾生而安吾性耶？」[59]此取孟子仁心仁政之說而小變之者也。柳氏又有官為道器之說。其言曰：「凡聖人之所以為經紀，為名物，無

55　〈天論上〉（《唐文》卷六〇四）。

56　〈天論下〉。〈天論中〉曰：「天形恒圓而色恒青，週回可以度得，晝夜可以表候，非數之存乎？恒高而不卑，恒動而不已，非勢之乘乎？今夫蒼蒼然者，一受其形於高大而不能自還於卑小，一乘其氣於動用而不能自休於俄頃，又惡能逃乎數而越乎勢耶？」視柳說尤精。

57　《禮記》卷十一〈檀弓下〉四之二。

58　《柳河東集》卷十六〈捕蛇者說〉。

59　《集》卷十七〈種樹郭橐駝傳〉。

非道者，命之曰官，官是以行吾道云爾。是故立之君臣官府衣裳輿馬章綬之數，會朝表著周旋行列之等，是道之所存也。則又示之典命書制符璽奏復之文，參伍殷輔陪臺之役，是道之所由也。則又勸之以爵祿慶賞之美，懲之以黜遠鞭扑梏拲軋殺之慘，是道之所行也。」[60]柳氏於「道」之內容未嘗加以說明。然大體殆無殊於孔子所欲實行之道。至於柳氏「自天子至於庶人咸守其經分而無有失道」之理想社會則顯宗荀學。柳氏明之曰：「在上不為抗，在下不為損。矢人者不為不仁，函人者不為仁。率其職，司其局，交相致以全其公也。是位而處，各安其分，而道達於天下矣。」[61]此與荀子所謂「至平」，契合無間。置之榮辱篇中，殆亦可無遜色。[62]

第四節　林慎思

　　韓愈生於大曆始衰之世，猶能代表專制天下之正統思想。柳宗元已漸重養民，不復推尊君權。林慎思生當懿、僖之亂世，乃大闡孟子，盡棄韓、柳之荀學。唐代儒家政論至此遂隨時世之盛衰而變其內容與態度。蓋李唐盛世，終於天寶。此後夷狄、女后、宦官、藩鎮、盜賊相替為亂，上則政事不修，下則黎元疾苦。玄宗、德宗皆不免驕奢聚斂，懿宗、僖宗尤為恣睢。[63]而全天下或局

60　《集》卷三〈守道論〉。

61　〈守道論〉。

62　見本書三章註92。

63　如天寶中王鉷按籍積徵三十年租庸（《新唐書》卷一四五〈楊炎傳〉），鉷又使民歲進錢百億萬緡，非租庸正額者，積百寶大盈庫，以供天子燕私（《新唐書》卷五一〈食貨志一〉），德宗因朱滔田悅等亂用韋都賓言借商錢。有司「搜督甚峻，民有不勝其冤自經者，家若被盜然。」又取僦櫃納質錢，及粟麥糶於市者，四取其一。長安為之罷市。又用趙贊言稅間架，算除陌。「民益愁怨」，涇源兵反，至以除稅為號召。藩臣亦迎合上意，額外聚斂，西川節度使韋皋有「日進」，江西觀察使李兼有「月進」，他使亦賣「羨餘」（新52食貨志二）。懿宗嫁同昌公主「傾宮中珍玩以為資送。賜第於廣化里，窗戶皆飾以雜寶，井欄藥臼槽櫃亦以金銀為之，編金縷以為箕筐。」及公主死，殉葬之奢視此。懿宗與郭淑妃聽曲，「舞者數百人，發內庫雜寶為其首飾，以絁八百匹為地衣，舞罷珠璣覆地。」（《資治通鑑》卷二五一）僖宗寵田令孜，專事嬉遊。「賞賜樂工伎兒，所費動以萬計。府藏空竭。令孜說上籍兩市商旅寶貨，悉輸內府。有陳訴者，付京兆殺之。」（同書，卷二五二）

部之嚴重饑荒，貞觀、天祐三百年間史所載及者不下四十次。[64]太宗嘗謂「為
君之道必須先存百姓。若損百姓以奉其身，猶割股以啖腹，腹飽而身斃。」[65]
旨哉是言！惜乎非繼體之主所能喻。然而臣下之中，能知治亂之根源者，猶每
以裕生薄賦為言。其較著如陸贄上書請革賦役過重之害，[66]李翱之〈平賦
書〉，[67]劉蕡之〈賢良策〉，[68]皆致意於此。林慎思之《續孟子》及《伸蒙
子》[69]則不復斤斤於治標之具體方案，而針對苛政作意味深長之抗議。慎思字
虔中，懿宗咸通十年進士。自校書郎仕至水部郎中。僖宗時以累疏切諫，出為
萬年令。黃巢作亂，迫以偽職，不屈死。蓋其人生逢政衰世亂之際，其立言遂
不免近於偏激也。

　　林氏論政之宗旨在存養百姓，除煩去苛。《續孟子》謂舜誅鯀而禹繼成治
水之功。「舜哀天下之民于墊溺也，命禹治之。禹能不私一家之讎而出天下之
患。」故「禹之孝在天下，不在乎一家。」[70]孔子許為「無間然」者，其故在
此。由此言之，安民固本，乃政治之最後目的。君能務此則「孝在天下」；若
害民殃國，則雖身處至尊之位，不免放逐之懲。《伸蒙子》論伊尹太甲之事，
謂太甲始立不肖，伊尹放之，不為不忠。桀紂之凶殘，遠非太甲之比。譬猶猛
虎噉人，非徒僨駕之馬。龍逢、比干不能囚拘以馴伏其性，[71]則惟有待湯武鈇
鉞之戮而已。

　　雖然，養民者當順人性。若出以紛擾，雖用心至善而為害甚烈。林氏設為
孟子與樂正子論魯政之言，謂魯君誤會同樂之旨，召民共飲，而俗益不治。孟
子明之曰：「易禽於籠，孰若木之安乎。移魚於沼，孰若川之樂乎？民居魯
國，若禽之在木，魚之在川也。魯君耽嗜，召民於側，是猶易禽於籠，移魚於

64　《新唐書》卷三五五〈行志〉。

65　《貞觀政要‧君道一》。

66　《新唐書》卷五一〈食貨志一〉。

67　《李習之集》卷三。

68　《舊唐書》卷一〇九下。

69　《伸蒙子》三卷作於懿宗咸通六年（西元865）。《新唐書》卷五七〈藝文志〉著錄。《續
　　孟子》二卷，〈藝文志〉未載。其書今見《崇文總目》及《通志》。二書今有知不足齋叢書，
　　子書百家諸本。據〈伸蒙子‧自序〉，林尚有《儒範》七篇，殆已佚。

70　〈莊暴篇〉。

71　〈遷善篇〉。

沼也。使民且恐且懼，豈暇耽嗜而同於君乎？吾所謂與民同者，均役於民，使民力不乏。均賦於君，使民用常足。然後君有餘而宴樂，民有餘而歌詠。夫若此，豈不與民同邪？」[72]林氏又正言以明煩擾政治之害曰：「設窠於路，用去害焉。害未及去而人過之，反為害矣。稅金於市，用化利焉。利未及化而人叛，反失利矣。且養其卒，非捕民寇盜邪。寇盜未必由卒捕也，而先盡民之父子焉。條其吏，非勸民之農桑邪？農桑未必由吏勸也，而先奪民之粟帛焉。斯不亦用去害而為害，化利而失利歟？」[73]然則清靜無為，洵治國之要道矣。

　　抑吾人當注意，林氏之主無為，意在矯煩苛之過，非有契於老莊之絕對放任主義。故林氏注重存養百姓而又反對姑息政策。「求己先生曰：治民之用恩刑，恩刑之利孰最？伸蒙子曰：刑最。曰：刑施而民怨，其利邪？恩施而民悅，其不利邪？曰：恩施於民，民既民矣。刑施於民，民不民矣。且民既民，恩不加，民自化也。民不民，刑不加，民誰禦哉？譬處家而治群下焉。下之良者雖恩賞不至，且未失於良矣。下之惡者苟刑責不及，孰可制其惡哉！是知治民，用刑為最。」[74]且世人又不必致疑於峻刑與仁政之並行而不背也。「水火仁於人而人賴之，不見其峻也。狼虎害於人而人畏之，故見其峻也。有道之君如水火然，無道之君如虎狼然。」[75]治國者不為虎狼而已。豈能免蹈水火者於焚溺哉？林氏恐人猶未喻其意，而以世變淳澆為言，乃設為問對以明之。「干祿先生曰：古民難化於今民乎？伸蒙子曰：今人易化。曰：古民性樸，今民性詐。安得詐易於樸邪？曰：樸止也，詐流也。止猶土也，流猶水也。水可決使東西乎？土可決使東西乎？且嬰兒未有知也，性無樸乎？卯兒已有知也，性無詐乎？聖人養天下之民，猶嬰兒也，則古民嬰然未有知也，今民卯然已有知也。化已有知，孰與化未有知之難乎？」[76]夫今民易化，已不能釋刑罰以為治，謂上古之民「比屋可封」，自然成化者，其言之誕妄無徵，不待智者而後辨矣。

72　《續孟子・樂正子》。

73　《伸蒙子・諷失》。

74　〈刑用篇〉。

75　〈辯刑篇〉。

76　《伸蒙子・喻民》。

第十三章

唐朝五代道家之政論

第一節　唐代道教之尊崇

唐代自以李姓，奉老聃為遠祖，立廟贈號，[1]極盡尊崇。甚至道經用以貢士，老莊並立國學。[2]而道士至高官者，亦頗有其例。[3]推朝廷之用意或在藉道以抗佛，[4]而其結果則佛未見衰，儒家之地位，反受影響，白居易與元微之於

1　王溥《唐會要》卷五〇，尊崇道教謂「武德三年五月，晉州人吉善行于羊角山見一老叟，乘白馬朱鬣，儀容甚偉，曰：為吾語唐天子，吾汝祖也。今年半賊後，子孫享國千歲。高祖異之，乃立廟於其地。乾封元年三月二十日追尊老君為太上玄元皇帝。」此後尊號屢有增改。《新唐書》卷四八〈百官志三〉，宗正寺卿領崇玄署。注，開元二十四年道士女冠皆隸宗正寺。

2　唐選舉科目中有「道舉」。高宗上元二年貢士加試《老子》。玄宗開元中注老子《道德經》成，詔天下家藏其書。貢舉人減《尚書》《論語》《策》，加試《老子》。開元二十年（《新唐書·選舉志》作二十九年）置「崇玄學」，習老、莊、列、文四子，每年准明經例送舉。天寶初，改稱《莊子》為《南華真經》，《文子》為《通玄真經》，《列子》為《沖虛真經》，《庚桑子》為《洞虛真經》。兩京崇玄學各置博士助教。（參見《舊唐書》卷二四〈禮儀志四〉及《新唐書》卷四四〈選舉志一〉。又《全唐文》卷九三三有杜光庭〈歷代崇道記〉可閱。此文作於僖崇中和四年十二月。）參《舊唐書》卷一〈高祖紀〉，卷三、卷五〈高宗紀〉上、下，卷八、卷九〈玄宗紀〉上、下。

3　代宗用李國楨（《舊唐書》卷一三〇），武宗召道士趙歸真等八十一人入禁中修道場。會昌元年以道士劉玄靖為銀青光祿大夫（《舊唐書》卷十八〈武宗紀〉上）。

4　太宗曾詔令道士在僧前（《全唐文》卷六）。唐初抑佛事見《唐會要》卷四七〈議釋教上〉。然中唐以後則每以迷信丹藥而尊道。閱《舊唐書》卷三〈太宗紀下〉，卷十四〈憲宗紀上〉，卷十七〈敬宗紀上〉，卷七七〈武宗王妃〉，卷六五〈高士廉傳〉，卷九二〈杜伏威傳〉，卷一七一〈裴潾傳〉，卷一八三〈畢誠傳〉。《韓愈集》有〈李于墓誌〉，痛斥丹藥之害。

元和初將應制舉，揣摩時事，為《策林》七十五篇，[5]其中多黃老之言。則當時風氣，可以想見。然道教經此提倡，雖取得略似國教之優勢，而老莊思想並未因之有顯著之進展。無為之治術既不合盛世之政風，故其復興必在貞觀開元以後，迭遭喪亂之衰世。就現在之文獻論，李唐五代老莊學派之政論，較著者共有五家，玄宗時有《亢倉子》及《元子》。僖宗時有《无能子》。五代時有羅隱及譚峭。其中惟《无能子》伸無君之旨，足以遠繼鮑生，為莊學之正統。元、譚二家以清靜之術，行養民之政。名奉道宗，實已棄治內之玄言，而逃楊歸儒，竊取孟氏之義。不徒大異於魏晉之清談，亦並非純粹之老學。亢倉、羅隱尤近雜家，而兩者之間，又自有區別。羅隱調和道、儒，猶是李充、葛洪之故智，《亢倉子》則剽竊群書以偽古籍，[6]內容蕪亂，不足以預於學術思想之林也。本章略而不論，僅簡述其餘四家。

第二節　元結（723-772）

　　元結字次山，後魏常山王遵十五代孫。生於開元十一年，卒於大曆七年。天寶十二載進士。國子司業蘇源明薦之肅宗，乃上《時議》三篇，大旨以去苛恤民為歸。擢右金吾共曹參軍，攝監察御史。代宗立授著作郎。晚拜道州刺史。在郡時輕徭役，收流亡，頗能實踐其平日之主張。[7]所著有《元子》十篇，《浪說》七篇，《漫說》七篇。[8]

　　《元子》一書雖無創新或深邃之學說，其譏彈衰世苛政之言，則甚為激切

5　〈策林〉見《全唐文》。元和元年當西曆806年。

6　《亢倉子》舊題庚桑楚撰。唐韋滔謂王士源著（見《孟浩然集・序》）。柳宗元斥為空言（《集》）。劉肅謂《庚桑子》世無其書，開元末王士源撰兩卷以補之（《大唐新語》）。宋明學者多襲此說。《新唐書》卷五八〈藝文志三〉神仙家中錄「王士元《亢倉子》二卷。」注謂天寶元年求此書不獲，王「取諸子文義類者補其亡。」《四庫書目提要》謂其「雜剽《老子》、《莊子》、《列子》、《文子》、《商君書》、《呂氏春秋》、《說苑》、《新序》之詞」，甚是。可閱〈用道〉、〈政道〉、〈君道〉、〈農道〉諸篇（子書百家本）。

7　《新唐書》卷一四三傳。

8　《新唐書》卷五九〈藝文志三〉《元子》《浪說》《漫說》入丙部儒家。吾人歸入道家，理由讀本節自見。《元子》見《全唐文》。

閟明，為前所鮮見。元子論衰世風俗之壞曰：「時之化也，道德為嗜慾化為險薄，仁義為貪暴化為凶亂，禮樂為耽淫化為侈靡，政教為煩急化為苛酷。」[9] 政教既衰，於是家庭、社會、國家、個人無不崩壞墮落，以入於邪惡凶頑之境界。「夫婦為溺惑所化，化為犬豕。父子為惛慾所化，化為禽獸。兄弟為猜忌所化，化為仇敵。宗戚為財利所化，化為行路。朋友為勢利所化，化為市兒。」[10] 此家庭與社會之崩壞也。「大臣為權威所恣，忠信化為奸謀。庶官為禁忌所拘，公正化為邪佞。公族為猜忌所限，賢哲化為庸愚。人民為征賦所傷，州里化為禍邸。姦凶為恩澤所迫，廝皂化為將相。」[11] 此國家政治之腐敗也。「情性為風俗所化，無不作狙狡詐誑之心。聲呼為風俗所化，無不作諂媚僻淫之辭。容顏為風俗所化，無不作奸邪蹙促之色。」[12] 此個人之墮落也。

齊景公嘗謂「君不君、臣不臣、父不父、子不子，雖有粟，吾得而食諸？」[13] 蓋以人倫道德悉趨淪喪，則社會之秩序歸於紊亂，人民生活中一切苦痛亦相並叢生。元子託為浪翁之言曰：「昔世之化也，天地化為斧鑕，日月化為豺虎，山澤化為州里，草木化為宗族，風雨化為邸舍，霜雪化為衣裘，呻吟化為常聲，糞污化為梁肉，一息化為千歲，烏犬化為君子。」「四海之內巷戰鬥鬪，斷骨腐肉相藉。天地非斧鑕也邪？人民暗夜盜起，求食晝遊，則死傷相及。日月非豺虎也耶？人民相與寄身命於絕崖深谷之底，始能聲呼動息。山澤非州里也邪？人民奔走，非深林薈叢不能藏蔽。草木非宗族也耶？人民去鄉國，入山海，千里一息，力盡暫休。風雨非邸舍也邪？人民勞苦相冤，瘡痍相痛，老弱孤獨相苦死亡不相救。呻吟非常聲也邪？人民多饑餓溝瀆，痛傷道路。糞污非梁肉也邪？人民奔亡潛伏，戈矛相拂，前傷後死。免而存者，一息非千歲也邪？僵主腐卿，相枕路隅，鳥獸讓其骨肉。烏犬非君子也邪？」[14]

時世之化至於此極，推原其故，實繫於君道之得失。元子分剖治亂之原，而委之於「頹弊以昌」及「頹弊以亡」之二道。「上古之君用真而恥聖。故大

9　《元子・時化》。

10　〈時化〉。

11　〈時化〉。

12　〈時化〉。

13　《論語・顏淵十二》。

14　《元子・世化》。按經天寶之亂，此所刻畫殆隱射當時情事，或不免有鋪張過實之處耳。

道清粹，滋於至德。至德蘊淪而人自純。其次用聖而恥明。故乘道施教，修教
設化。教化和順而人從信。其次用明而恥殺。故沿化興法，因教置令。法令簡
要而人順教。此頹弊以昌之道也。」[15]吾人推原「頹弊以昌之道，其由上古。
強毀純樸，強生道德。使興云云，使亡惛惛。始開禮樂，始鼓仁義。乃有善
惡，乃生真偽。須智謀以引喻，須信讓以敦護。」[16]所幸聖君賢臣，能以清淨
公正為治，故猶得措天下於平和也。「治乎衰世之君，先嚴而後殺。乃引法樹
刑，援令立罰。刑罰積重，其下畏恐。繼者先殺而後淫。乃深刑長暴，誥罰恣
虐。暴虐日肆，其下須㥽。繼者先淫而後亂。乃乘暴至亡，因虐及滅。亡滅兆
鍾，其下憤凶。此頹弊以亡之道也。」[17]考「頹弊以亡之故，其由中古。轉生
澆眩，轉起邪詐。變其娭娭，驅令嗤嗤。則聞溺惑，則見凶侈，遂長淫靡。然
後忿爭之源，深而日廣。慘毒之根，植而彌長。用苛酷以威服，用諂諛以順
欲。是故皆恣昏虐，必生亂惡。」[18]君臣庸愚，人民苦怨。時世之化，誠不知
伊於胡底。

　　雖然，救苦息怨，非無其術也。上古用真葆樸之世固不能復，明聖之治，
則猶可得而行之。「夫王者其道德在清純元粹，惠和溶油，不可悶會盪爌，衰
傷元休。其風教在仁茲諭勸，禮信道達，不可沿以澆浮，溺之淫末。」「其賦
役在簡薄均當，不可橫酷繁聚，損人傷農。其刑法在大小必當，理察平審，不
可煩苛暴急，殺戮過甚。其兵甲在防制戎夷，鎮服暴變，不可怙恃威武，窮黷
戰爭。」此外衣服、飲食、宮室、器用、妃嬪聲樂諸事悉有定制，不可淫溺昏
縱，奢侈過度。凡此種種，「順之為明聖，逆之為凶虐」，[19]明聖則頹弊以
昌，凶虐則頹弊以亡。得失顯然，不待智者而後決也。

　　元子此論，言辭恢奇，而大意出於《老子》。頹弊以昌以亡之政治退化
觀，實以《道德經》十七、十八諸章為藍本。十七章曰：「太上，下知有
之」，此元子所謂「用真」之世也。曰：「其次親而譽之」，元子「用聖」之
世也。曰：「其次畏之」，元子「用明」或「先嚴後殺」之世也。曰：「其次

15　〈元謨〉。
16　〈演謨〉。
17　〈元謨〉。須㥽，猶用怨也。㥽音備。
18　〈演謨〉。娭同嬉。
19　〈系謨〉。溶、閒暇貌。油、和謹貌。悶、擾也。爌、明也。

侮之」，則元子「先殺後淫」「先淫後亂」之世也。元子與老子不同者，老子欲以「無名之樸」鎮道喪德失之世，元子則傾向於仁義中庸之術。故元子之思想以道為體，以儒為用。其立言深致慨於苛政之虐民，而未嘗致疑於政治之本身。意近雜家，不足以續老莊之正統。

第三節　《无能子》（887）

元結生逢安史之亂，而及見肅宗之中興。雖非盛世，猶遠勝於晚唐之混亂。結死後不及百二十年而黃巢禍起，流毒天下。巢甫伏誅，秦宗權相繼僭號。百姓飽死傷流離之痛，天子被出國蒙塵之羞。盜賊初平而唐社遂屋。推其致此之原，實由於君臣貪暴，上下相為厲階。[20]政失民窮，土崩魚爛。一朝勢盡，無可挽回。專制政體之弱點，至此暴露無餘。《无能子》一書乃應時而起，對暴君苛政之罪惡作總清算。其態度之感憤，言詞之激切，為前此之所未有。持鮑生以相較，猶覺其更為含蓄也。《无能子》作者之姓名及事跡均無可考。[21]其寫作之環境，年月，及主旨，則〈序〉中述之至晰。〈序〉謂作者逢「黃巢亂，避地流轉，不常所處。凍餒淡如也。光啟三年，天子在褒，四方猶兵。无能子寓於左輔景氏民舍，自晦也。」「晝好臥，不寐。臥則筆札一二紙，興則懷之。」「自仲春壬申至季春己亥，盈數十紙。」「其旨歸於明自然之理，極性命之端。自然無作，性命無欲。」「余因析為品目，凡三十四篇，編上、中、下三卷。」[22]

昔王充謂天地不故生人。人之自生，猶魚之於淵，蟣蝨之於人。[23]《无能子》引申其論，而立萬類平等之義，以破傳統思想中「人為萬物之靈」之陳說。其言曰：「天地未分，混沌一炁。一炁充溢，分為二儀。有清濁焉，有輕

20　王夫之《讀通鑑論》卷二七〈僖宗〉首篇論懿、僖世君臣奢侈苛虐之過，極當，可參閱。

21　《新唐書》卷五九〈藝文志三〉丙部神仙家錄《无能子》三卷。注曰：「不著人名氏，光啟中隱民間。」本書序謂「不述其姓名游宦」，无能子或嘗出仕。

22　光啟三年（西元887）。秦宗權僭號之三年。僖宗為田令孜所劫，如寶雞，是年至鳳翔（見《新唐書》卷九〈僖宗紀〉及卷二〇八〈宦者傳下〉）。按仲春壬申至季春己亥，凡二十八日。今有子書百家諸本。

23　本書十章註83。

重焉。輕清者上為陽為天，重濁者下為陰為地矣。天則剛健而動，地則柔順而
靜，炁之自然也。天地既位，陰陽炁交，於是裸蟲鱗蟲毛蟲羽蟲甲蟲生焉。人
者裸蟲也。與夫鱗毛羽甲蟲俱焉同生天地交炁而已，無所異也。或謂有所異
者，豈非乎人自謂邪？謂人異於鱗毛羽甲諸蟲者，豈非乎能用智慮邪？言語
邪？夫自鳥獸迨乎蠢蠕皆好生避死，營其巢穴，謀其飲啄，生育乳養其類而護
之，與人之好生避死，營其宮室，謀其衣食，生育乳養其男女而私之，無所異
也。何可謂之無智慮也邪？夫自鳥獸迨乎蠢蠕者號鳴陶噪皆有其音。安知其族
類之中非語言邪？人以不喻其音而謂其不能言，又安知乎鳥獸不喻人言，亦謂
人不能語言邪？則其號鳴陶噪之音必語言耳。又何謂之不能語言邪。智慮語
言，人與蟲一也。所以異者，形質爾。夫鱗毛羽甲中形質有不同者，豈特止人
與四蟲之形質異也。」[24]

　　人與蟲既同源而平等，則人類之中亦必平等而自由。「所以太古之時，裸
蟲與鱗毛羽甲雜處，雌雄牝牡自然相合。無男女夫婦之別，父子兄弟之序。夏
巢冬穴，無宮室之制。茹毛飲血，無百穀之食，生自馳，死自仆。無奪害之
心，無瘞藏之事。任其自然，遂其天真。無所司牧，濛濛淳淳。其理也，居且
久矣。」[25]《莊子》謂「至德之世，同與禽獸居，族與萬物並。」[26]《无能
子》所想像之自然社會，乃由此脫化而出，殆無可疑。

　　「樸散為器」，乃人類生活必然之趨勢。原始時期絕對平等自由之社會，
終不免為好事之聖人所破滅，清寧之幸福漸消，煩苛之痛苦日甚。綜其階段，
可分為四：（一）其一為有家無國之半自然社會。《无能子》述其原起曰：
「裸蟲中繁其智慮者，自名曰人，以法限鱗毛羽甲諸蟲。又相教播種以食百
穀，於是有耒耜之用。構木合工以建宮室，於是有斤斧之功。設婚嫁以析雌雄
牝牡，於是有夫婦之別，父子兄弟之序。為棺槨衣衾以瘞藏其死，於是有喪葬
之儀。結罝網羅以取鱗毛羽甲諸蟲，於是有刀俎之味。濛淳以之散，情意以
之作。然猶自強自弱，無所制焉。」[27]於斯時也，人蟲之平等破而人猶自相平
等，諸蟲之自由失而人獨保其自由。濛淳雖散，禍害未興。（二）及矯揉更甚

24　《无能子》卷上〈聖過第一〉。
25　〈聖過〉。
26　《莊子‧馬蹄》。
27　〈聖過〉。

而人類不平等之政治社會以出。「繁其智慮者又於其中擇一以統眾。名一為君，名眾為臣。一可役眾，眾不得凌一。於是有君臣之分。尊卑之節。尊者隆，眾者同。降及後世，又設爵祿以升降其眾。於是有貴賤之等用其物，貧富之差得其欲。乃謂繁智慮者為聖人。」[28]（三）此原始之政治社會足以維一時之苟安，而難免法久生弊。「既而賤慕貴，貧慕富，而人之爭心生焉。謂之聖人者憂之，相與謀曰：彼始濛濛淳淳，孰謂之人。吾彊名之曰人，人蟲乃分。彼始無卑無尊，孰謂之君臣。吾彊分之，乃君乃臣。彼始無取無欲，何謂爵祿。吾彊品之，乃榮乃辱。今則醨真淳，厚嗜欲，而包爭心矣。爭則奪，奪則亂，將如之何？智慮愈繁者曰：吾有術焉。於是立仁義忠信之教，禮樂之章以拘之。君苦其臣曰苛，臣侵其君曰叛。父不愛子曰不慈，子不尊父曰不孝。兄弟不相順曰不友不悌，夫婦不相一為不真不和。為之者為非，不為之者為是。是則榮，非則辱。於以樂是恥非之心生焉，而爭心抑焉。」[29]原始之政治社會遂轉為倫理化之政治社會。（四）自茲以往，每下愈況。紛紊煩擾，以至於社會衰亂之最後階段。蓋仁義之興，意在制欲。譬如阻水遏流，助成崩決之勢。『降及後代，嗜欲愈熾。於是背仁義忠信，蹴禮樂而爭之。謂之聖人者悔之不得已，乃設刑法與兵以制之。小則刑之，大則兵之。於是縲紲桎梏鞭笞流竄之罪充於國，戈鋋弓矢之伐充於天下。覆家亡國之禍，綿綿不絕。生民困窮夭折之苦，漫漫不止。」[30]《无能子》乃歎息而斷之曰：「嗟乎！自然而蟲之，不自然而人之。彊立宮室飲食以誘其欲，彊分貴賤尊卑以一其事，彊為仁義禮樂以傾其真，彊行刑法征伐以殘其生，俾逐其末而忘其本，紛其情而伐其命。迷迷相死，古今不復。謂之聖人者之過也。」[31]

　　吾人既知聖人之過在扇名利之欲，矯人倫之情，偽仁義之德，則補過救失之要圖，在取此三者，一一加以掊擊，使之破滅不存，庶幾聖人不起，百姓自然，返樸歸真，天下可復至於平等自由之境域。《无能子》辨利之不足重曰：「天下之人所共趨之而不知止者，富貴與美名爾。所謂富貴者，足於物爾。」

28　《聖過》。

29　《聖過》。此殆本之老子二十八章。「大道廢，有仁義。智慧出，有大偽。六親不和有孝慈。國家昏亂有忠臣。」

30　《聖過》。

31　《聖過》。《莊子・胠篋》「是乃聖人之過也」，乃此段藍本。

「夫物者，人之所能為者也。自為之，反為不為者惑之，乃以足物者為富貴，無物者為貧賤。於是樂富貴，恥貧賤。不得其樂者無所不至。自古及今，醒而不悟。壯哉物之力也。」[32]又辨名之不足慕曰：「夫所謂美名者，豈不以居家孝、事上忠、朋友信、臨財廉、充乎才、足乎藝之類邪？此皆所謂聖人者尚之，以拘愚人也。夫所以被之美名者，人之形質爾。無形質，廓乎太空，故非毀譽所能加也。形質者囊乎血，與乎滓者也。朝合而暮壞，何有於美名哉！今人莫不失自然正性而趨之，以至於詐偽奮激者，何也？所謂聖人者誤之也。」[33]

　　名利之誤，辨明尚易。人倫中之情感，則根深蒂固，未易動搖。《无能子》於此亦毫不顧忌，力攻父子兄弟之倫理。其言曰：「古今之人謂其所親者血屬，於是情有所專焉。聚則相歡，離則相思，病則相憂，死則相哭。夫天下之人與我所親，手足腹背，耳目口鼻，頭頸眉髮一也。何以分別乎彼我哉？所以彼我者必名字爾。所以疏於天下之人者不相熟爾。所以親於所親者相熟爾。嗟乎！手足腹背，耳目口鼻，頭頸眉髮，俾乎人人離析之，各求其謂之身體者且無所得，誰謂所親邪？誰謂天下之人邪？取於名字，彊為者也。若以名所親之名名天下之人，則天下之人皆所親矣。若以熟所親之熟熟天下之人，則天下之人皆所親矣。胡謂情所專邪？」[34]

　　父子兄弟之關係以自然之情感為根據，《无能子》竟欲一舉而摧毀之，則君臣之關係既未必有情感之基礎，更不能免其襲擊。蓋《无能子》不直接否認君臣之倫理，而對君主之本身加以輕蔑侮辱，使君主之尊嚴受重大之傷害。較之鮑敬言徒事指陳罪狀者，其言尤為深刻。《无能子》設為嚴陵拒光武帝徵聘之言曰：「夫四海之內，自古以為至廣大也。十分之中，山嶽江海有其半，蠻夷戎狄有其三。中國所有，一二而已。背叛侵凌，征伐戰爭，未嘗帖息。夫中國天子之貴在十分天下一二分中，征伐戰爭之內，自尊者爾。夫所謂貴且尊者，不過於一二分中徇喜怒，專生殺而已。不過於一二分中擇土木以廣宮室，集繒帛珍寶以繁車服，殺牛羊種百穀以美飲食，列姝麗敲金石以悅視聽而已。嗜欲未厭，老至而死。豐肌委於螻蟻，腐骨淪於土壤，匹夫匹婦一也，天子之

貴何有哉！」[35]由此觀之，就天子之目的與功效言，則享國有民者不過求縱一人之欲。功德不及於人，實可無尊之理。就天子自尊之範圍言，則縱嗜欲於數十年之中，作威福於一二分之內。譬之蝸角槐安，同一空虛渺小。若猶歌功頌德，不免徒資笑柄。既知君不足尊，誰肯復奴顏婢膝，匍匐於朝堂之下以奉事之乎。若謂為臣者立志不在事君，徒以公侯卿大夫之「彊名」為可慕而事之，則「彊名者眾人皆能為之，我苟悅此，當自彊名曰公侯卿大夫可矣。」[36]何待君主。又況世間一切富貴功名，本身並無絲毫之價值乎。

　　淫縱之君固不足事，即昫濡之仁義，亦有道者所當擯斥。《无能子》設為西伯聘呂望之寓言以明之。「西伯曰：殷政荒矣，生民荼矣。愚將拯之，思得賢士。望曰：殷政自荒，生民自荼，胡與於汝，汝胡垢予為。西伯曰：夫聖人不藏用以獨善於己，必盡智以兼濟萬物，豈無是邪？望曰：夫人與鳥獸共浮於天地中，一炁而已，猶乎大下城郭屋舍皆峙於空虛者也。盡壞城郭屋舍，其空常空。若盡殺人及鳥獸昆蟲，其炁常炁。殷政何能荒邪？生民何謂荼邪？雖然，城郭屋舍不必壞，生民已形不必殺。予將拯之矣。乃許西伯同載而歸。」[37]然而吾人宜注意，呂望輔文王以拯生民，其目的在以無為之治，易有為之擾，非以蹩躠踶跂之仁義，代恣睢刻毒之淫暴也。《无能子》復設為西伯君臣問對之詞。太顛閎夭疑文王不當自下於漁者。「西伯曰：夫無為之德包裹天地，有為之德開物成事。軒轅陶唐之為天子也，以有為之德謁廣成子於崆峒，叩許由於箕山，而不獲其一顧，矧吾之德未進乎軒堯而卑無為之德乎。太顛閎夭曰：如王之說，望固無為之德也。何謂從王之有為邪？西伯曰：天地無為也。日月星辰運於晝夜，雨露霜雪隕於秋冬。江河流而不息，草木生而不止。故無為則能無滯。若滯於有為，則不能無為矣。呂望聞之，知西伯實於慮民，不利於得殷天下，於是乎卒與之興周焉。」[38]《无能子》此言驟然觀之，似欲重建君主已墮之尊嚴，復立既毀君臣之倫序。然而細按其實，則意在假西伯之有道，以反言凡君之不足尊而已。蓋文王非得國之君，無為非征誅之業。推呂望許佐西伯之理由，足以見武王以下之享國者皆不合於理想之標準。謂軒

35 卷中〈嚴陵說第九〉。

36 〈嚴陵說〉。

37 卷中〈文王說第一〉。

38 〈文王說〉。

堯間道猶不能邀廣成、許由之一顧，則漢唐開國之君，與王莽更始之有天下無異者，[39]更卑卑無足尊奉矣。

　　中國之專制政體肇端於秦，歷漢唐而其弊大見於世。先秦所未有之激烈反君言論，遂應衰政而迭出。漢末有王充，東晉有鮑生，晚唐則無能子。其時代有先後，思想之主旨則不謀而大致相同。然而出世愈晚者對專制痛苦之體念愈深，所得之政治經驗較富，其言論之深切感憤亦每突過前人。蓋李唐一朝不獨懿僖之君昏政亂，諸禍並臻，為前代所罕覯，而太宗征撫外藩，交通遠國，道佛爭長，朝野風靡，其情形亦屬僅見，無能子生當唐末，其所得之政治知識與痛苦經驗，必遠有過於鮑生者。其毀棄君親之言詞，遂為空前未有放膽肆情之奇謗。此由時勢所激，因果顯然。吾人不必以其大悖孔孟之教而非之，亦不可以其略襲老莊之旨而視同唾餘牙慧也。[40]

第四節　羅隱（833-909）

　　羅隱字昭諫。生於唐文宗太和七年，卒於後梁太祖開平三年，[41]本名橫，十試不第，遂更名，仕吳越。朱溫篡唐，隱勸錢鏐討之，鏐不從。所著有《兩同書》、《讒書》、《甲乙集》等。[42]

　　《无能子》依據老莊以毀君臣之倫，羅昭諫則調和儒道而明君長之用。[43]吾人若以无能子擬於鮑敬言，則羅隱之於无能子略如葛洪之於鮑敬言。所異者

39　〈嚴陵說〉。

40　佛教有毀損人倫之影響，觀本書十一章六節可見。交通之影響在使人知中國之小。鄒衍大九
　　州猶為無稽之談，唐代交通，遠及海外。波斯印度，均有往來。方其盛時，太宗對蕃君稱
　　「皇帝天可汗。」（王溥《唐會要》卷一○○〈雜錄〉，貞觀四年事。）中國竟成一東方帝
　　國之中心，此種經驗非魏晉以上人所能想像。及中國既衰，亂亡不暇，往日政治上之偉迹，
　　遂供失望者反省之資料，无能子乃有中國天子君臨一二分之說矣。

41　此從吳榮光《歷代名人年譜》。《舊五代史》卷二四有傳，謂開平三年年八十餘卒，則當生
　　於太和四年以前。

42　《五代史》卷二四傳僅謂有文集數卷行於世。注引《唐才子傳》云有《讒書》、《讒本》、
　　《淮海寓言》、《湘南應用集》、《甲乙集》、《外集》、《啟事》等並行於世。

43　《兩同書》二卷，各五篇。上卷每篇殿以老子言，下卷每篇殿以孔子言。《崇文總目》謂此
　　書以老子修身為內，孔子治世為外。兩同之名，殆由於此。

羅隱未嘗明舉无能子之書而加以駁斥耳。羅隱思想之要點在肯定政治制度生於物理與人性之天然，非矯揉造作之結果。蓋人類初生，本不平等。強弱勢殊，相倚成治。「強不自強，因弱以奉強。弱不自弱，因強之禦弱。故弱為強者所伏，強為弱者所宗。上下相制，自然之理也。」[44]上下勢既相制，貴賤遂以判分。此亦人物同理，隨在可得其驗。「一氣所化，陽尊而陰卑。三才肇分，天高而地下。龜龍為鱗介之長，鱗鳳為羽毛之宗。金玉乃土石之標，芝松則卉木之秀。此乃貴賤之理，著之於自然也。」「萬物之中，唯人為貴。人不自理，必有所尊。亦以明聖之才而居億兆之上也。是故時之賢者則貴之以為君長，才不應代者則賤之以為黎庶。」[45]然則君長之立，順於天理，合於人心，豈如《无能子》所謂「彊分貴賤」，出於聖人之過乎？

　　雖然，貴賤之分，自有其合理之標準，並非悉取決於力量之強弱，與地位之高下。「夫人主所以稱尊者，以其有德也。苟無其德，則何以異於萬物乎！」[46]「夫所謂德者何，唯仁唯慈矣。」[47]蓋生民不能自理，有待仁君之政教。「遠古之代，人心混沌，不殊於草木，取類於羽毛。後代聖人，乃道之以禮樂，教之以仁義。然後君臣貴賤之制，坦然有章。」[48]政治之基本作用在是，貴賤之合理標準亦在於是。若君主不能守其仁德，則貴賤失其依據。喪身失位，勢無可免。「故貴者榮也，非有道而不能居。賤者辱也，雖有力而不能避也。」[49]抑吾人當注意，亡國戮君之禍，乃暴君所自取，非由人民之好為犯上作亂。蓋以「萬姓所賴在乎一人，一人所安資乎萬姓，則萬姓為天下之足，一人為天下之首也。然則萬姓眾矣，不能免塗炭之禍。一人尊矣，不能免放逐之辱。豈失之於足，實在於元首也。」[50]荀子曰：「臣或弒其君，下或殺其上，粥其城，倍其節，而不死其事者無它故焉，人主自取之。」[51]羅隱之意，亦在責成君主，開脫人民，與此正可比觀，吾人之解釋如果不誤，則羅隱立

44　《兩同書》卷上〈強弱第二〉（寶顏堂秘笈本）。

45　卷上〈貴賤第一〉。

46　〈貴賤〉。

47　〈強弱〉。

48　卷上〈敬慢第四〉。

49　〈貴賤〉。

50　卷上〈損益第三〉。

51　《荀子·富國》。

言，兼避無君與專制之兩極端，而折衷於孟、荀君治民本之理論。故針砭暴君而不攻擊政治，闡揚老子慈儉無為之治術，而合之於孟、荀之仁義。以視元結，形貌有異，而精神實一脈相通也。

　　羅隱治術之要義，頃已言之，為慈儉與無為二端。故其稱理想之明君則謂「盛德以自修，柔仁以禦下。用能不言而信洽垂拱以化行。」[52]其論國政之治亂則謂「益莫大於主儉，損莫大於君奢。」[53]而於昏淫縱侈之行尤屢致深刻之諷刺與斥責。其諷之也，則曰：「龍之所以能靈者水也。涓然而取，需然而神。」「苟或涸一川然後潤下，涸一澤然後濟物，不惟濡及首尾，利未及施，而魚鱉已斃矣。故龍之取也寡。」[54]其斥之也，則曰：「豺狼者天下之至害也，然猶有不傷之所。爾其暴君之理則天下多事，天下多事則萬姓受其毒。其於豺狼亦已甚矣。」[55]此皆激於懿僖之時事，有為言之，非泛泛然重申老子上食稅多而民饑之舊誡也。

　　雖然，羅隱所譴責者奢縱之暴君，所同情者除暴之「天吏」。若假口征誅以遂私天下之野心，扇有為之薄俗，則斷非其所能贊許。莊子謂竊國者為諸侯。羅氏略仿其意而為之說曰：「視玉帛而取之者，則曰牽於寒餓。視家國而取之者，則曰救彼塗炭。牽於寒餓者無得而言矣。救彼塗炭者則宜以百姓心為心。而西劉則曰居宜如是，楚籍則曰可取而代。」[56]雖由嬴秦之謾藏誨盜，而窺竊神器者之居心亦不可問也。抑又有進者，項劉固無恤天下之意，即商湯之征，伊尹之放，亦有愧於堯舜之為君臣。誓鳴條則揖讓廢，放太甲而臣有權。（同註56）於是大化不行，渾樸亦壞。後世爭奪篡弑之風，遂愈演而愈烈。羅隱乃假陶虞之事以明天下為公之大義。力辨丹朱商均非必不肖，而堯舜廢之者其意不在傳賢而在防私。「夫陶唐之理，大無不周，幽無不照，遠無不被。苟不能肖其子，而天下可以肖乎？自家而國者又如是乎？蓋陶唐欲推大器於公共，故先以不肖之名廢之。然後俾家不自我而家，子不自我而子，不在丹商之

52　〈強弱〉。此數事外，隱所詳言者為用人之法。所舉不出知賢、考績之舊說。閱《兩同書》下卷〈理亂〉以下五篇。

53　〈損益〉。

54　《讒書‧龍之靈》（弄經樓叢書本）。

55　〈損益〉。

56　《讒書‧伊尹有言》。

肖與不肖矣。」[57]

　　由上述諸點觀之，足見羅隱理想之君主必須備具授受以公、臨治以仁之兩重要條件。持此標準以衡古今開國之君，則不獨劉季、李淵不足尊，即湯武亦有慚德，其他則自酈以下更不足齒。然則羅隱提高君主理想之作用，實無異加漢唐君主以普徧之譴責。[58]措詞遠較《无能子》為深婉，所示對於專制政體失望之情緒，則並世而相同。吾人不可因其堅持有君之論，遂誤認其立言宗旨有契於葛洪之詰鮑也。

第五節　譚峭

　　譚峭字景昇，唐國子司業洙之子。生卒年均失記。師嵩山道士十餘年，世傳其得道仙去，號為紫霄真人。[59]嘗遊三茅，經建康，見宋齊邱有仙風道骨，遂出所著《化書》授之曰：「是書之化，其道無窮。願子序之，流於後世。」齊邱因奪為己有。[60]按齊邱死於南唐主李景（玄宗）中興二年，年七十三歲。由是推知其生於唐僖宗光啟三年，[61]譚峭與之同時，則其生卒距此必不甚遠，亦適當晚唐五代民不聊生之混亂天下。

　　元結有「時化」「世化」之說。《化書》引申之，[62]而其言尤為痛切。其大旨在說明世變由盛而衰，共有道、術、德、仁、食、儉之六化。[63]蓋亦兼採

57　《讒書‧丹商非不肖》。

58　《讒書‧自序》曰：「有可以讒者則讒之，亦多言之一派也。」是隱之著書實有意於毀謗。又按〈自序〉此書成於丁亥，當懿宗咸通八年（西元867年）。先《无能子》二十年。《兩同書》作年無考，或在此前。

59　宋馬令《南唐書》（墨海金壺本）卷二四〈方術傳〉有道士譚紫霄曾事閩王昶。南唐後主召至建康。金陵既下，無疾卒（宋開寶八年，西元975年）。不知即峭否。果為一人，則峭年或少於齊邱矣。

60　宋陳景元跋，據舊傳陳摶言宋濂《諸子辨》及胡應麟《四部正偽》（引沈汾《續神仙傳》），均同此說。

61　馬令《南唐書》卷四〈嗣主書三〉，顯得六年春正月宋齊邱縊死於青陽。卷二〇〈黨與傳上〉，齊邱死時年七十三。據此推知其生卒當西曆887-959。陳鱣《續唐書》（史學叢書本）卷四八《宋齊邱傳》同。

62　本書所用者為寶顏堂秘笈本。

63　李紳序謂其書「分道、術、德、仁、食、儉六化。共百一十篇。其意謂道不足繼之以術。術

孔、孟、老、莊，以無為為最高之理想，以足食為基本之治術，與《无能子》
異趣者也。《化書》述理想無為之治曰：「大人大其道以合天地，廓其心以符
至真，融其氣以生萬物，和其神以接兆民。我心熙熙，民心怡怡。心怡怡兮不
知其所思，形惚惚兮不知其所為。若一炁之和合，若一神之混同，若一聲之哀
樂，若一形之窮通。安用旌旗，安用金鼓，安用賞罰，安用行伍。」[64]然而此
至清至寧之治，不能久維，終必入於仁義禮信之化。蓋「道虛無也，無以自
守，故授之以德。德清靜也。無以自用，故授之以仁。仁用而萬物生。萬物生
必有安危，故授之以義。義濟安拔危，必有臧否，故授之以禮。禮秉規持範，
心有凝滯，故授之以智。智通則多變，故授之以信。」[65]老子謂「失道而後
德，失德而後仁，失仁而後義，失義而後禮。夫禮者忠信之薄而亂之首。」[66]
自譚峭觀之，道德雖失，苟人君能行仁義之化，謹奉之而勿墜，則老子所謂
「其次親而譽之」[67]之政治尚可維天下於不亂。其關鍵所繫，在君主本忠恕之
心以行推恩之政而已。「螻蟻之有君也，一拳之宮，與眾處之。一塊之臺，與
眾臨之。一粒之食，與眾蓄之。一蟲之肉，與眾呬之。一罪之疑，與眾戮之。
故得心相通而神通，神相通而後氣通，氣相通而後形通。故我病則眾病，我痛
則眾痛。怨何由起，叛何由始。斯太古之化也。」[68]

　　所可惋惜者人類竟不能取法於螻蟻。「三王有仁義者也。不知其仁義，化
為秦漢之爭。」[69]蓋人君至誠怛惻之心既喪，仁義遂沉淪而轉為大偽。人民對
於其君亦不復加以親譽。由畏及侮，叛亂遂興。於斯時也，雖欲用嚴刻之刑
殺，謹飾之禮樂，呴濡之仁恩，以矯救之，其徒勞而無功，實不啻揚湯以止
沸。「天子作弓矢以威天下，天下盜弓矢以威天子。君子作禮樂以防小人，小
人盜禮樂以僭君子。有國者好聚斂，蓄粟帛，具甲兵以禦盜賊，盜賊擅甲兵，

不足繼之以德。德不足繼之以仁。仁不足繼之以食。食不足繼之以儉。其名愈下，其化愈
悉。」

64　〈神交〉。
65　〈得一〉。參閱〈稚子〉。
66　《道德經》三十八章。
67　十七章。
68　〈螻蟻〉。此略近孟子「與民同之」之旨。
69　〈稚子〉。

鋸粟帛，以奪其國。」[70]論者或歸咎於後世民情澆薄，故有此弊。不知民之失德，由於君先失道。「慎勿怨盜賊，盜賊惟我召。慎勿怨叛亂，叛亂稟我教。」[71]在上者不反躬自省，而徒事煩苛，則治絲愈棼，為禍益烈。蓋「民不怨火而怨使之禁火，民不怨盜而怨使之防盜。是故濟民不如不濟，愛民不如不愛。」[72]「止人之鬥者使其鬥，抑人之忿者使其忿。」「民不可理，而理之愈亂。水易動而自清，民易變而自平。其道也在不逆萬物之情。」[73]然則治天下於既亂之後，亦惟有「鎮之以無名之樸」[74]以「在宥」之而已。

　　道、術、德、仁四化既均不行，譚峭乃更退一步而論食、儉二化。昔《管子》謂「衣食足則知榮辱」。[75]《化書》承其意，且認食為治亂之木，立言更為激切。峭謂「牛可使之駕，犬可使之守，鷹可使之擊，蓋食之所感也。獼猴可使之舞，鸚鵡可使之語，鷗鳶可使之死鬥，螻蟻可使之合戰，蓋食有所教也。魚可使之吞鈎，虎可使之入陷，雁可使之觸網，敵國可使之自援，蓋食有所利也。天地可使之交泰，神明可使之掩衛，高尚可使之屈折，夷狄可使之委服，蓋食有所牽也。故自天子至於庶人，暨于萬族，皆可以食而通之。」[76]食之所以重要如此者，以其為維持生命所必需，人慾之基本。「一日不食則憊，二日不食則病，三日不食則死。」[77]故「食之欲也，思鹽梅之狀則輒有所吐而不能禁，見盤餚之盛則若有所吞而不能遏。饑思啖牛，渴思飲海。故慾之於人也如賊，人之於慾也如戰。當戰之際，錦繡珠玉不足為富，冠冕旌旗不足為貴。金石絲竹不聞其音，宮室臺榭不見其麗。況民腹常餒，民情常迫，而諭以仁義，其可信乎？講以刑政，其可畏乎？」[78]「有智者憫鷗鳶之擊腐鼠，嗟螻

70　〈弓矢〉。

71　〈太和〉。

72　〈養民〉。

73　〈止鬥〉。

74　《道德經》三十七章。

75　〈牧民第一〉。

76　〈無為〉。〈膠竿〉曰：「持膠竿捕黃雀，黃雀從而噪之。捧盤殽，享烏鳥，烏鳥從而告之。是知至暴者無所不異，至食者無所不同。故蛇豕可以友而群，虎兕可以狎而順，四夷可以率而賓。異族猶如此，況復人之人。」

77　〈七奪〉。

78　〈戰欲〉。〈燔骨〉曰：「嚼燔骨者焦唇爛舌不以為痛，飲醇酎者膨腸嘔胃不以為苦。饞嗜

蟻之駕㸚蟲，謂其為蟲，不若為人。殊不知當歉歲則爭臭𩞄之屍，值嚴圍則食父子之肉。斯豺狼之所不忍為而人為之，則其為人不若為蟲。是知君無食必不仁，臣無食必不義，士無食必不禮，民無食必不智，萬類無食必不信。是以食為五常之本，五常為食之末」[79]也。

「食化」之旨，略如上述。人君既知食為五常之本，興亡之機，當「以我慾求人之慾，以我饑求人之饑。」[80]使天下足食，則叛亂不起。然而下世之君，猶不足以語此。往往奪民之食而迫之使亂，則其為君，無殊於雀鼠盜賊。「人之所以惡雀鼠者，謂其有攘竊之行。雀鼠所以疑人者，謂其懷盜賊之心。夫上以食而辱下，下以食而欺上。上不得不惡下，下不得不疑上。各有所切也。夫剜其肌，啖其肉，不得不哭。扼其喉，奪其哺，不得不怒。民之瘠也，由剜其肌。民之餒也，由奪其哺。嗚呼惜哉！」[81]抑奪民之食者又不限於君主。「王者奪其一，卿士奪其一，兵吏奪其一，戰伐奪其一，工藝奪其一，商賈奪其一，道釋之族奪其一。稔亦奪其一，儉亦奪其一。所以蠶告終而繰葛苧之衣，稼云畢而飯橡櫟之實」[82]也。

老子曰：「民之饑，以其上食稅之多，是以饑。」[83]又曰：人之道「損不足以奉有餘。」[84]又曰：「有我三寶，持而保之。一曰慈，二曰儉，三曰不敢為天下先。」[85]《化書》遠承其意，乃發為「儉化」之說。蓋道家既否認政府有裕民之能力，更不信豐財為合理之政策，則勢必認消極節用為惟一之出路。故譚峭舉儉化，為救亂止危之最後方法，而譴責奢縱，不留餘地。峭以為天下禍亂直接之主因，在於君上之生活由文縟而日趨放恣。太初之淳樸，遂逐漸化

者由忘於痛苦，饑窘者必輕其性命。痛苦可忘，無所不欺。性命可輕，無所不為。」〈興亡〉曰：「瘡者人之痛，火者人之急。而民喻饑謂之瘡，比饑謂之火，蓋情有所切也。夫鮑魚與腐屍無異，鱁鮧與足垢無殊，而人常食之。飽猶若是，饑則可知。苟其饑也，無所不食。苟其迫也，無所不為。斯所以為興亡之機。」

79 〈鴟鳶〉。

80 〈燔骨〉。

81 〈雀鼠〉。

82 〈七奪〉。

83 七十五章。

84 七十七章。

85 六十七章。

成衰世之貪爭。《化書》述其經過曰：「虛化神，神化氣，氣化形，形化精，精化顧盼，而顧盼化揖讓，揖讓化升降，升降化尊卑，尊卑化分別，分別化冠冕，冠冕化車輅，車輅化宮室，宮室化掖衛，掖衛化燕享，燕享化奢蕩，奢蕩化聚斂，聚斂化欺罔，欺罔化刑戮，刑戮化悖亂，悖亂化兵甲，兵甲化爭奪，爭奪化敗亡。其來也勢不可遏，其去也力不可拔。」[86]雖然，由奢致敗，其勢非真不可遏也。人君如能臨崖勒馬，則深淵縱危，猶可不遭滅頂。其術在去奢從儉，一洗蕩侈之習而已。「夫水火常用之物，用之不得道以至於敗家，蓋失於不簡也。飲饌常食之物，食之不得道以至於亡身，蓋失於不節也。夫禮失於奢，樂失於淫。奢淫若水，去不復返。議欲救之，莫過乎儉。儉者均食之道也。食均則仁義生，仁義生則禮樂序，禮樂序則民不怨，民不怨則神不怒，太平之業也。」[87]

然而奢侈之起，由於縱慾。慾無止境，愈奢而愈感不足。「服絺紛者不寒，而衣之布帛愈寒。食藜藿而不饑，而飯之黍稷愈饑。是故我之情也不可不慮，民之心也不可不妨。凡民之心見負石者則樂於負塗，見負塗者則樂於負芻。饑寒無實狀，輕重無必然。蓋豐儉相形，彼老相平。我心重則民心重，我務輕則民輕。能至於儉者可以與民為權衡。」[88]不能至於儉者導民於喪敗。「慾之愈不止求之愈不已，當食愈不美。所以奢僭由茲而起，戰伐由茲而始」[89]也。老子謂「見素抱樸，少私寡欲。」[90]人君寡欲以止奢，誠如釜底抽薪，治河窮源。儉化之效，可立而待。

譚峭又恐人疑儉化不可行，復立四說以申明之。一曰慳號不足羞。「世有慳號者人以為大辱。殊不知始得為純儉之道也。於己無所與，於民無所取。我耕我食，我蠶我衣。妻子不寒，婢僕不饑。人不怨之，神不罪之。故一人知儉則一家富，王者知儉則天下富。」[91]二曰文飾非必要。「乳童拱手，誰敢戲之，豈在乎黼黻也？牧豎折腰，誰敢背之，豈在乎刑政也？有賓主之敬，則雞黍可以大養，豈在乎簫韶也？有柔淑之態，則荊苧可以行婦道，豈在乎組繡

86　〈大化〉。
87　〈太平〉。
88　〈權衡〉。
89　〈奢儉〉。
90　十九章。
91　〈慳號〉。

也？」[92]若內無恭敬之誠，徒飾繁文縟節之貌，禮煩而亂，誰其信之乎？三曰示民以奢，召其覬覦，適為自致危亡之道。蓋「君之於民，異名而同愛。君樂馳騁，民亦樂之。君喜聲色，民亦喜之。君好珠玉，民亦好之。君嗜滋味，民亦嗜之。其名則異，所愛則同。所以服布素者愛士之簪組，服士之簪組者愛公卿之劍佩，服公卿之劍佩者愛王者之旒冕。是故王者居兆民所憂之地，不得不慮也。況金根玉輅奪其貨，高臺崇樹奪其力。是賈民之怨，是教民之愛」[93]也。四曰儉為萬化之柄，不僅為均食之道。「儉於聽，可以養虛。儉於視，可以養神。儉於言，可以養氣。儉於私，可以獲富。儉於公，可以保貴。儉於門闈，可以無盜賊。儉於環衛，可以無叛亂。儉於職官，可以無姦佞。儉於嬪嬙，可以保壽命。儉於心，可以出生死。是知儉可以為萬化之柄。」[94]世之人君又何可不奉儉化而力行之乎？

　　《化書》雖以道術為理想，而其側重之點實在食、儉二化。吾人若僅就其內容論之，則不過搬演老子慈儉二寶，殊少新翔之意義。吾人若一按譚峭之時代環境，則其激切之言，皆歷史事實之沉痛反響，非泛泛襲古人陳說者可比。唐朝民生疾苦之情形，吾人於前章已略道及。晚唐五代，則變本加厲，尤有甚者。即就戶口減少一端觀之，[95]已足想見七、八十年中民不聊生之概況。至於賦役之繁苛，[96]天災人禍之嚴重慘酷，幾有非筆墨所能形容者。[97]《化書》所

92　〈乳童〉。

93 . 〈君民〉。

94　〈化柄〉。

95　鄧之誠《中華二千年史》中冊，頁388，據《續通典・食貨典》及《宋史・本紀》定唐末戶口4955151，宋初戶口3304286，共減1650865。易詞言之，七十年中，折損約及三分之一。雖非確切可信之數，大體可見也。

96　五代田賦之重，見《舊五代史》卷一四六〈食貨志〉，《文獻通考》卷三、四，《田賦考》卷三、四。雜稅見《通考》卷四，趙翼《二十二史箚記》卷二二，五代鹽麴之禁（鹽酒），《通考》卷十四〈征榷考〉，《續通典》卷十六〈食貨十六〉（商賈），《通考》卷十八〈征榷五〉（冶鐵），《通考》卷二三〈國用考一〉（苛斂）。至於《五代史》卷六八〈閩世家〉趙在禮之「拔釘錢」，及王世禎《五代詩話》卷三引《天中記》李先主稅鵝卵雙子，柳花為絮，尤出人意。兵役煩擾見《五代史》卷一三五〈劉守光傳〉及《通考》卷一五二〈兵考四〉，卷一六一〈兵考十三〉。

97　唐代年饑人相食如永淳元年（西元682）京師，中和四年（西元884）關內及江南，光啟二年（西元886）荊襄（《新唐書》卷三五〈五行志二〉）。圍城食人如至德二年（西元757）張

謂「奢蕩化聚斂」，「驅民為盜賊」，「當歉歲則爭臭殠之屍，值嚴圍則食父子之肉」者，持與事實相比，猶覺其言之含蓄而有未盡。然則食、儉二化，真仁者之言，斷乎不可與《无能子》同科並論。《无能子》譴君憤世，《化書》則悲天憫人也。昔馮道累仕異姓，兼及異族之主。然其為相則持身純儉，數以恤民之道，匡諫時君。[98]吾人若不以民族大義責之，是亦合於「上思利民」[99]之忠道，與王通帝魏相呼應，[100]復有契於食、儉之旨，而欲其見諸實行者，未可遽以宋明人之偏見而竟斥之矣。[101]

巡守睢陽（《新唐書》卷一九二〈忠義傳中〉）。其尤駭人聽聞者為秦宗權之亂，諸賊「兵出未始轉糧，指鄉聚曰：啗其人，可飽吾眾。官軍追躡，獲鹽屍數十車。」（同書，卷二二五下〈逆臣傳〉）

98　《舊五代史》卷一二六（《新五代史》卷五四）〈馮道傳〉。如遼主耶律德光入犯，召道問曰：「天下百姓如何可救？道曰：此時百姓佛再出救不得，惟皇帝救得。」中國賴此多得保全。

99　《左傳・桓公六年》隨季梁語。

100　本書十二章註16。

101　薛居正於《舊五代史・馮道傳》論之，謂「事四朝，相六帝，可得為忠乎？」歐陽修序《新五代史・馮道傳》斥其「無廉恥。」明李贄《藏書》卷六〇始揭道愛民之意，為之平反。

第十四章

兩宋之功利思想

第一節　宋代思想之大勢

宋太祖受周之禪，崇元即位，中原復歸統一，宇內得以粗安。此三百餘年中之政治思想可分為理學與「功利」之二大派。前者承唐代學術之餘緒而光大之，後者懲國勢之積弱而思振救之。二者均依傍孔氏而皆不守秦漢師法。故宋元兩朝可稱為儒學再度獨尊之時期，亦為儒學內容變古之時期。

理學之興，遠可溯源於韓愈、李翱，而促其成就之主要物質原因，則為佛家之心性與道家之象數學說。[1]韓氏推尊孟子，立「道統」之說。李氏著《復性書》，[2]取梁肅止觀統例之說以解《大學》《中庸》之言性情，[3]其影響尤為深遠。此儒、佛合流之新儒學醞釀至宋，遂成二程朱陸之理學。兩漢以後，儒道二家早有混合之趨勢。道家要籍，每援引《周易》，[4]而道經中本有「太極先天之圖」。[5]宋時周敦頤、邵雍竊取陳摶舊說，加以變通，遂成理學中象數之一派。故宋之理學家雖自命繼先聖之絕學，實陰取「二氏」之異端以立門戶。惟吾人宜注意，理學得佛學之助，蔚為中國空前未有之哲學系統，而其對

1　馮友蘭《中國哲學史》第二編第十章及十一章。

2　《李習之全集》，四部叢刊本。

3　《大藏經》卷四六。《李習之全集》卷一，〈感知己賦〉謂嘗受知於梁肅。

4　如道教之「丹經王」《周易參同契》。《道藏》六二八冊。

5　《道藏》一九六冊《上方大洞真元妙經品》。《宋史》卷四三五〈儒林傳〉朱震謂陳摶以〈先天圖〉授种放，放授穆修，修授李之才，之才授邵雍，穆修以〈太極圖〉授周敦頤。又《宋元學案・百泉學案》引黃宗炎《太極圖辯》，謂周子得陳氏《無極圖》，顛倒其序，附於《易經》，以為儒者秘傳。朱彝尊《曝書亭集》卷五八〈太極圖授受考〉略同。

政治思想之貢獻則極細微。各家之哲學思想固多新穎分歧之點，其政論大旨則不外搬演《大學》《中庸》之正心誠意，孟子之尊王黜霸與乎一治一亂諸陳說而已。

　　宋代政治思想之重心，不在理學，而在與理學相反抗之功利思想。此派之特點在斥心性之空談，究富強之實務。其代表多出江西、浙江。北宋有歐陽修、李覯、王安石，南宋有薛季宣、呂祖謙、陳傅良、陳亮、葉適等。而安石主持新法開「維新」之創局，尤為其中之巨擘。按經世致用，本為儒學之傳統目的。然先秦漢唐之儒多注重仁民愛物，休養生息之治術。一遇富強之言，即斥為申、商之霸術，不以聖人之徒相許。後漢王符、荀悅諸人雖針砭衰政，指切時要，[6]然其所論亦不過整飭綱紀，補救廢弛諸事。積極有為之治術，固未嘗為其想像之所及。至兩宋諸子乃公然大闡功利之說，以與仁義相抗衡，相表裡，一反孟子、董生之教。此亦儒家思想之鉅變，與理學家之陰奉佛老者取徑雖殊，而同為儒學之革命運動。

　　儒學大變於宋，其歷史上之原因，尚不難於探索。主要者似有二端。一為時勢之背景，二為思想之背景。前者可解釋功利思想之發生，後者則兼及理學。請先論時勢。趙宋立國之初，即有契丹之患。不徒石晉所割之燕雲十六州始終不得收復，[7]而遼勢日盛，澶州戰後，屢增歲幣，以求苟安。西夏坐大，亦數內侵。元昊請和援例復遺歲幣。[8]以大事小，示弱於人。此誠奇恥大辱，而當時君臣居然肯受者，殆亦深知兵弱財乏，故不得不姑忍之也。宋兵之弱，原於太祖。太祖由將士擁立以踐阼，懲於兵強之危險，乃「務弱其兵，弱其將以弱其民。」[9]總天下之兵集之京師，「分番屯戍以捍邊圉。」又募強悍失職及凶歲饑民以入兵籍。「于時將帥之臣入奉朝請，獷暴之民收隸尺籍，雖有桀驁恣肆而無所施於其間。」[10]然而其失也，悉變雄武可用之材為媮惰文弱之

<hr>

6　本書第九章第五節。

7　曹翰獻取幽州之策於太祖，趙普沮之。王夫之《宋論》卷一極言不取之失策。

8　仁宗慶曆二年「元昊請臣，朝廷亦已厭兵，屈意納撫，歲賜繒茶增至二十五萬，而契丹邀割地，復增歲遺至五十萬。」（《宋史》卷一七九〈食貨下一〉）

9　梁啟超《王荊公》（《飲冰室合集》專集卷二十七），頁11。

10　《宋史》卷一八七〈兵志一序〉。

卒。內不足以為亂，則外亦不足以禦侮。[11]又況兵額日增，坐耗帑幣。[12]積弱之兵，復為積貧之直接原因乎？宋財之乏，其由不一。曰歲幣，曰軍費，曰政費，曰麋費。皆耗巨資，有增無已。[13]而賦役無方，民生日困。國力衰削，危亡可虞。至仁宗時其勢蓋已可覩。朝廷不能及時整頓奮發有為，反「解散天下而休息之」，[14]真如燕巢魚呴，坐俟焚涸。於是深思遠識之士，怒焉憂之，發為富強之議，圖振萎弛苟安之習。及南渡定局，故態依然。和議或求瓦全，主戰亦乏勝算。[15]論者懲前世之失，度當時之要，益信理國非恃空言，救亡必資實學。朱、陸一切心性仁義之說，不啻儒家之「清談」，足以致中原於淪喪而莫可挽回。永嘉、永康諸子乃大講致用功利之學以與紫陽、象山相抗。故北宋功利思想之產生，大體由於時勢之刺激。南宋則時勢之刺激更深，而兼為理學之反動。

　　次論思想之背景。孔子之學經孟、荀等發揚以後，其精義殆已闡露無餘。漢儒承兵燹之遺，收尋舊籍，爬梳章句，固不足預於義理之發明。董子、何君輩乃託「微言」以寓臆說，援陰陽以入孔孟。蓋為窮極之變，勢出自然。逮東京季世，其流又竭。老莊清談，竟奪名教之席。降及李唐，儒學於九死一生之後雖有復興之機，而道、佛勢盛，未獲獨尊。思想界天下三分之局面實與唐代之一統國祚相終始。且唐代為佛學全盛時期。新經大量輸入，舊經繼續進展。[16]生氣蓬勃，大異於儒道二教之衰老委頓。道教自度不能抗佛，乃仿傚其一部分之組織與儀式。儒學不能覓得前進之坦途，乃採取佛氏心性或道家象數之哲理以解說先秦之舊籍。此仍蹈襲漢人混雜陰陽家言之故智。其不同者，陰

11　趙翼《二十二史箚記》卷二五〈宋軍律之弛〉。

12　《宋史》卷一八七〈兵志一〉，開寶兵籍三十七萬八千，至道六十六萬六千，天禧九十一萬二千，慶曆一百二十五萬九千。七十年間兵額幾增四倍。

13　《宋史》卷一七九〈食貨志下一〉，至道末歲入二千二百二十四萬五千八百。至天禧約增七倍。歲出略相當。嘉祐治平時則歲出不敷恒二千餘萬。所謂麋費如宗室食祿、郊祀賞賚、東封、祀汾、明堂等費少者五百萬，多至千二百萬。

14　《宋史》卷一七四〈食貨志上二〉，卷一七七〈食貨志上五〉。

15　王夫之《宋論》卷六。章兗《王荊公集·後序》論北宋局勢極明，可閱。

16　梁啟超《中國學術思想變遷之大勢》第六章第三節。《舊唐書》卷一九一〈僧玄奘傳〉，玄奘就西域得梵經六百五十七部。律、淨土、俱舍、天臺、華嚴諸宗皆起六朝而盛於唐。法相、真言二宗均唐代初入中土。

陽為中土固有之學派，佛學為殊方傳入之宗教。其為窮極之變，則前後如一也。抑儒學雖受佛氏新血液之賜而產生理學，此混種之寧馨兒僅表現絕世之哲學天才，而對於當時實際之政治問題則缺乏創新之貢獻。於是同族弟兄大起非難，力詆其得自異族遺傳之心性諸說，別樹先儒致用之義以糾彈矯正之。矯之每有過正，遂漸近於偏激之功利主義。此所謂「有為言之」，與尋常學術門戶之爭實大異其趣也。吾人又當注意，孔孟致用，以修身為治國之先圖。功利家多置此不談，而以富強之策略為重，則雖明尊孔孟，亦為儒學變態。宋人侈言列聖相承之道統，囂囂然以傳道繼統自任。夷考其實，則儒學一變為心性，再變為功利，孔孟之道，至此真如水盡山窮，別開天地。此後許衡之徒，竊理學之唾餘以事蒙古，王守仁、李贄等縱「禪狂」以抗程、朱。滿洲假程、朱以制漢族，顏元、李塨復倡致用以排心性。及太平天國之起，儒學更遭嚴重威脅。儻非曾國藩扶清衛道之軍事底於成功，則二千年粉飾君政之儒術，必不免隨異族專制政權以俱盡矣。

　　理學與功利思想為宋代政論之兩大主流。此外尚有反對功利而不屬理學範圍之守舊思想，以及另闢宗風意近「縱橫」之蜀學，凡此皆支流別派，雖未足代表時代精神，而亦具重要之意義。本章及下章分別簡述及之，庶免偏廢之失。

第二節　李覯（1009-1059）

　　兩宋之功利思想雖以王安石為中堅，而致用之風氣則歐陽修倡之於先，李覯廣之於後。李氏之勳名遠遜荊公，其立言之富有條理，則有過之。覯字泰伯，建昌軍南城人。生於真宗大中祥符二年，卒於仁宗嘉祐四年。俊辨能文，舉制科不中，以教授自資。後范仲淹薦授太學助教升任說書。[17]所著有《潛

17　《宋史》卷四三二〈儒林傳二〉，《宋元學案》卷三〈高平學案附案〉，《胡適文存》二集　　卷一記李覯學說，《李先生集·附年譜》。

書》十五篇，[18]《禮論》七篇，[19]《平土書》二十則，[20]《廣潛書》、[21]《富國》、《強兵》、《安民策》三十篇，[22]《慶曆民言》三十篇，[23]《周禮致太平論》十卷、《常語》三卷等，[24]今俱保存無失。

　　歐陽修謂「性非學者之所急而聖人之所罕言」，又謂「六經之所載皆人事之切於世者，是以言之甚詳。至於性也，百不一二言之。或因言事而及焉，非為性言也。」[25]李氏根本上同情於此態度，而其譏彈宋初儒者參合佛老，極研心性，放言象數之學風，則尤為直率中肯。如《易論》云：「聖人作易，本以教人。而世之鄙儒忽其常道，競習異端。有曰我明其象，猶卜筮之書，未為泥也。有曰我通其意，則釋老之學未為荒也。晝讀夜思，疲心於無用之說，其以惑也，不亦宜乎？」蓋《易》之為教不在天道性命而在人倫世用。「君得之以為君，臣得之以為臣。萬事之理，猶輻之於輪，靡不在其中矣。」[26]夫《易》之一書，世儒視為六經中玄妙之尤，而自李氏觀之，猶不離乎致用，則其他聖人之言，必非無用，可不俟辨矣。抑又有進者，聖人雖言性命，其言之也亦不離乎人事之實際。李氏謂「命者大之所以使民為善也。性者人之所以明於善也。觀其善則見人之性，見其性則知天之命。」性命之理如此。「是以制民之法，足民之用，而命行矣。導民以學，節民以禮，而性成矣。」[27]豈須探玄入眇，端坐屏息，如理學家之所為乎？

　　致用之說既明，李氏復大闡功利以矯俗儒。自孟子以來，[28]儒者承其遺教，多以言利為恥。李氏一反其風，以為聖人無不言利者。觀謂「愚竊觀儒者

18　仁宗天聖九年作，時覯年二十三。

19　明道元年作，覯年二十四。

20　景祐三年作，覯年二十八。

21　寶元元年作。覯年三十。

22　寶元二年作。

23　慶曆三年作，覯年三十五。

24　皇祐五年作，覯年四十五。以上諸書均收入《盱江文集》三十七卷，盱江書院刻本，及《直講李先生集》三十七卷，《外集》三卷，附《年譜》一卷，四部叢刊影明刻本。

25　《居士集》卷四七〈答李詡第二書〉。

26　〈易論一〉。按論凡十三篇，大體就卦爻以明人事，如君道（一），任人（二），臣道（三）尤著。

27　〈刪定易圖序論六〉。

28　李氏不喜孟子，常語中屢駁之。此與理學奉孟子為正統者相背。

之論鮮不貴義而賤利。其言非道德教化，則不出諸口矣。然〈洪範〉八政，一曰食、二曰貨。孔子曰：足食足兵，民信之矣。是則治國之實，必本於財用。」[29]蓋人生而有欲。非利無以養之。養之有節，是為仁義。李氏明之曰：「利可言乎？曰：人非利不生，曷為不可言。欲可言乎？曰：欲者人之情，曷為不可言。言而不以禮，是貪與淫矣。不貪不淫而曰不可言，無乃賊人之生，反人之情。世俗之不喜儒，以此。孟子謂何必曰利，激也。焉有仁義而不利者乎？」[30]理學家每欲以天理壓人欲。[31]李氏此論，恰與相反。然而理欲之辨，卒占上風，宋明儒學，幾乎全部受其影響。至清戴震始復明目張膽，伸欲以合理。[32]殆由潮流所向，雖得李氏之明辨，亦無以挽回之歟。

　　孟子謂「聖人之徒無道桓、文之事者。」[33]荀子謂「仲尼之門人，五尺之豎子，言羞稱五霸。」[34]後世儒者遂多嚴王霸之辨，而宋之理學家尤斤斤致意於此。李氏乃立論平反，為霸政作辯護。《常語》駁孟子黜桓、文曰：「衣裳之會十有一，《春秋》也，非仲尼修乎？〈木瓜〉衛風也，[35]非仲尼刪乎？正而不譎，魯《論語》也，非仲尼言乎？仲尼亟言之，其徒雖不道，無慊也。」[36]推孔子所以亟言霸政者，實以霸政不可厚非。「儒生之論，但恨不及王道耳。而不知霸也，強國也，豈易及哉！管仲之相齊桓公，是霸也。外攘戎狄，內尊京師，較之於今何如？商鞅之相秦孝公，是強國也。明法術耕戰，國以富而兵以強，較之於今何如？」[37]理學家於南渡危亡之世，猶高談性理，欲以正心誠意為救國之方，可謂不達時務。而李氏於仁宗承平之時，已先覩內憂外患之可危。曰外攘戎狄，國富兵強，較之於今何如？快哉此論，真足令腐儒結舌矣！

29　〈富國策第一〉。

30　原文。

31　朱熹其尤著者。嘗謂「聖人千言萬語，只是教人存天理，滅人欲。」《語類》卷十二。

32　〈原善〉三篇（《文集》及《遺書》本，文小異），緒言及《孟子字義疏證》。錢穆《中國近三百年學術史》，頁324-355。

33　《孟子‧梁惠王上》。參閱本書第三章第三節。

34　《荀子‧仲尼七》。

35　舊說衛人美齊桓公之詩。

36　《常語上》。

37　〈寄上范參政書〉。

李氏不僅辨霸政為可取，又嘗探究昔人謬分王霸之失，而得其致誤之所在。一曰誤定王霸之區別。王霸之分，繫於君主之地位，而非由其政術有本質之上差異。《常語》曰：「或問自漢迄唐，孰王孰霸？曰，天子也，安得霸哉！皇帝王霸者其人之號，非其道之目也。自王以上，天子號也。」「霸，諸侯號也。霸之為言也，伯也。所以長諸侯也，豈天子之所得為哉！」王者霸者之地位既異，其職務亦遂不同。「所謂王道，則有之矣，安天下也。所謂霸道，則有之矣，尊京師也。非粹與駁之謂也。」「世俗見古之王者粹，則諸侯而粹者亦曰行王道。見古之霸者駁，則天子而駁者亦曰行霸道，悖矣。」吾人若接受此分類之標準而以之論三代漢唐之君，則文王為霸而漢唐皆王。詩人以「王業之艱難」稱后稷先公者，「武王既得天下，詩人迹其世世修德，始於后稷公劉以至於太王、王季、文王，故云爾也。當商之未喪，誰有為此言者乎？如使紂能悔過，武王不得天下，則文王之為西伯，霸之盛者而已矣。西伯霸而粹，桓文霸而駁者也。三代王而粹，漢唐王而駁者也。」[38]二曰誤認王政純用仁義。頃言王霸各有粹駁。李氏於此雖無明文詮釋，然據其「焉有仁義而不利」之言，足知粹駁之分在乎功利之大小，而不在義利之比例。昔陸賈以仁義折高祖。宣帝謂周政純用德教，而以漢家制度參雜王霸自命。李氏以為皆昧於治道與王霸之辨，乃為二詩以譏之。其一曰，「君道乾剛豈易柔，謬牽文義致優遊。高皇馬上辛勤得，總被儒生斷送休。」其二曰，「孝宣應是不知書，便謂先王似豎儒。若使周家純任德，親如管蔡忍行誅。」[39]王政不純於仁義，則前人一切粹駁之分皆不可持矣。抑又有進者，俗儒以仲尼之徒自命，而實皆貌襲仁義之陳言，志在干祿[40]而學無足用。「孔子之言滿天下，孔子之道未嘗行。」[41]彼放言道統者其亦知愧乎。

李氏破毀俗儒之說，略如上述。其積極之建設理論，大旨為孟子之民本而參以荀子之禮治。此雖因襲前人，而其富有條理，注重實際之特色，則為前所罕有。

---

38 《常語下》。

39 〈元紀〉二首。

40 〈閔俗〉詩為誅心之論曰：「君門若無祿，陳編孰能讀。公庭若無法，穢德誰不足。煦煦儒者口，沉沉小人腹。」

41 《潛書》。

　　李氏認安民為君主之天職，亦即政治之目的。其言曰：「愚觀書至於天聰明自我民聰明，天明畏自我民明畏，未嘗不廢書而歎也。嗟乎！天生斯民矣，能為民立君而不能為天養民。立君者天也，養民者君也。非天命之私一人，為億萬人也。民之所歸，天之所右也。民之所去，天之所左也。」[42]養民與否，可決君位之安危，亦可定君品之上下，世人知三代卑漢唐，而每不能舉正確之理由。實則其事甚明。「古之天下，君養民也。後之天下，民自養也。」[43]君至於不養其民，已失職矣。若更加以暴虐，則其罪彌大。「生民病傷，四海冤叫。湯武之為臣，不得以其斧鉞私於桀紂。」[44]夫生民至重，一夫可誅，則是富國強兵，興利圖霸之目的，皆在安民而不在尊君。此李氏之功利思想所以究竟屬於儒家而非商、韓之學也。[45]

　　李氏論禮，大較合於荀卿。其主要相異之點在棄性惡而主性善，且以禮為仁義智信及樂刑政之總和。李氏謂人受命於天，則其性善。[46]聖人「順人之性欲而為之節文」，[47]則禮由此起。「若以人之情皆不善，須禮以變化之，則持是論者之視天下不啻如蛇豕，如蟲蛆，何不恭之甚也。」[48]夫所謂人性善者，以其含仁義智信之德。既有其德，見諸實行，而立為法制，則總名之曰禮。[49]故仁義智信為「禮之四旨」。法制既立，又「節其和」、「行其怠」、「威其不從」，故樂、政、刑為「禮之三支」也。[50]

　　禮為「聖人之法制」，則禮治者以法制治天下之謂。李氏之思想雖不能全脫「人治」之羈絆，實頗傾向於法治。此亦與理學家正心修身之論相背。李氏謂「民之所從，非從君也，從其令也。君之所守，非守國也，守其令也。」「封彊有固，山川有險，人猶踰之。比閭小吏，執三尺之法，則老奸大豪無敢

42　〈安民策第一〉。

43　《潛書》。

44　《潛書》。《常語上》謂「君何可廢也」，與此不合。《安民策第六》亦反對聽民之說。

45　本書第六章第二節。

46　《廣潛書》。

47　《禮論第一》。

48　與胡先生書。此駁胡瑗〈原理篇〉。然《安民策第八》謂「夫物生有類，類則有群，群則相爭，爭則相害。（中略）不有王者作，人之相食且盡矣。」則又襲荀子性惡之意。

49　《禮論》第四、五。參《禮論第三》。

50　《禮論一》。

違者。是君守國不如守令也。」[51]雖然，守令者非取法申、商，立威嚴貪戾之
制。李氏深信《周禮》乃百代之典型，故其論制度，大體以此為依據。[52]昔人
斥王安石者，或謂其誤用此書以亂國，[53]不知李氏先已主之。假使得君執政，
恐不免如王氏之舉事皆稽。熙寧中鄧潤甫上其遺集，請官其子，[54]雖出門人之
私誼，亦可知盱江學術之精神與臨川固有暗合之處矣。

第三節　王安石（1021-1086）

　　王安石字介甫，撫州臨川人。生於真宗天禧五年。少好讀書，過目終身不
忘。友生曾鞏以其文示歐陽修，修大加歎服，為之延譽。慶曆二年進士第四
名，簽書淮南判官。秩滿知鄞縣，興水利農貸，民受其利。嘉祐三年〈上仁宗
皇帝言事書〉。雖館閣之命屢下，五年乃應詔直集賢院。六年，知制誥。神宗
以韓維稱道，夙知其名。及即位，遽命知江寧府，數日召為翰林學士，兼侍
講。熙寧二年二月參知政事。與陳升之同領制置三司條例司。時安石年
四十九。新法如農田水利、均輸、青苗、保甲、募役、經義策士、市易、保
馬、方田、均稅等事先後施行。范純仁、蘇轍、韓琦、呂公著、趙抃、司馬
光、富弼、文彥博等先後以沮新法貶謫。三年，加禮部侍郎，同平章事，監修
國史。七年四月以反對者眾，且多疾病，屢乞解機務，乃以禮部尚書觀文殿大
學士知江寧府。八年二月復以昭文館大學士入相，九年十月罷相判江寧府。計
執國政約達九年。君臣知遇，古所稀有。元豐元年封舒國公。三年改荊國公。
八年進司空。哲宗元祐元年薨，[55]贈太傅。所著有《文集》、《三經新義》、

51　《安民策第六》。

52　《周禮致太平論》十卷乃李氏治術總綱，〈安民〉、〈富國〉、〈強兵〉諸策及《平土書》
　　則其分論之一部份也。其要目有內治、教道、國用、官人、軍衛、刑禁等項。

53　《文獻通考》卷八一，《經籍考》卷八引晁公武語。王氏非墨守《周官》，詳下。

54　《宋史》卷四三二〈儒林傳二〉。鄧由王薦引，熙寧中官知諫院，知制誥，御史中丞。嘗上
　　書為新法辯護，攻排舊黨。

55　《宋史》卷三二七本傳。曾鞏《元豐類稿‧王公墓誌銘》。舊記多不足信。蔡上翔《王荊公
　　年譜考略》，楊希閔《王文公年譜考略節要》，推論《熙豐知遇錄》（北平燕京大學國學研
　　究所排印本）辨正甚詳，為不可少之參考書。梁啟超《王荊公》（《飲冰室專集》卷二七）

《春秋左氏解》、《禮記要義》、《論語解》、《孟子解》、《老子注》、《字說》等約近三百卷，56政治家著述之豐，亦屬罕覯。

宋人反新法者每斥王氏之學為申、商之異端。其實安石乃「儒而有為者」，57排斥老莊則有之，入於申、商則未也。嘗考王氏立言，殆以人生不能自治，必待君長制臨之一假定為其出發點。安石有〈彼狂〉一詩示其政治起原之理論曰：「上古杳然無人聲。日月不忒山川平。人與鳥獸相隨行。祖孫一死十百生。萬物不給乃相兵。伏羲畫法作後程。漁蟲獵獸寬群爭。勢不得已當經營。非以示世為聰明。」58就此言之，則樸散為器，因立長官，乃聖人無可避免之舉動。而有為之術，亦政治之本來面目。道家者流不明此理，見後世有衰亂之政，遂謬倡無為之說以眩世惑俗，誠為有識者所當棄。王氏明之曰：「太古之人不與禽獸同也幾何？聖人惡之也，制作焉以別之。下而戾於後世，侈裳衣、壯宮室、隆耳目之觀，以囂天下。君臣、父子、兄弟、夫婦，皆不得其所當然。仁義不足澤其性，禮樂不足錮其情，刑政不足網其惡，蕩然復與禽獸明矣！聖人不作，昧者不識所以化之之術，顧引而歸之太古。太古之道果可行之萬世，聖人惡用制作於其間。為太古之不可行也。顧欲引而歸之，是去禽獸而之禽獸，奚補於化哉！吾以為識治亂者當言所以化之之術。曰歸之太古，非愚

　　亦便參考。專述新法者有熊公哲《王安石政略》（河南省政府排印）。述學術者有《宋元學案》卷九七〈荊公新學案〉。

56　《臨川集》一百卷，《後集》八十卷。分傳共只一百卷，為元金谿危素所輯，非其舊也（梁啟超《王荊公》，頁192）。今以四部叢刊影明本為善。又《拾遺》一卷，羅振玉輯「宣統十年」排印本。《三經》中《周官新義》二十二卷為王氏手著。今存十六卷，附〈考工記〉一卷（錢氏刊經苑本）。《詩經新義》二十卷及《書經新義》十三卷（此二義為王雱及門人著，今均佚），《洪範傳》一卷（今存集中），《春秋左氏解》十卷，《禮記要義》二卷，《孝經義》一卷，《論語解》十卷，《孟子解》十卷，《老子注》二卷，《字說》二十四卷（此上均佚）。此外有《唐百家詩選》二十卷，有疑非王手者。

57　明鄒元標〈崇儒書院記〉，《年譜考略》卷首之二引。又陸九淵〈荊國王文公祠堂記〉謂安石「掃俗學之凡陋，振弊法之因循。道術必為孔孟，勳績乃為伊周，公之志也。」則竟以王氏為正統矣。

58　《集》卷十。《集》卷十三〈禿山詩〉曰：「吏役滄海上，瞻山一停舟。怪此禿誰使，鄉人語其由。一狙山上鳴，一狙從之遊。相匹乃生子，子眾孫還稠。山中草木盛，根實始易求。攀挽上極高，屈指亦窮幽。眾狙各豐肥，山乃盡侵牟。攘爭取一飽，豈暇議藏收。大狙尚自苦，小狙亦已愁。稍稍受咋嚙，一毛不得留。狙雖巧過人，不善操鋤耰。所嗜在果穀，得之常似偷。嗟此海山中，四顧無所投。生生未云已，歲晚將安謀。」意尤明切。

則誣。」[59]至於老子本道之自然以論人事，其理不誣，而其應用則失當。蓋「道有本末。本者萬物之所以生也，末者萬物之所以成也。本者出之自然，故不假乎人力，而萬物以生也。末者涉乎形器，故待人力而後萬物以成也。夫其不假人之力而萬物以生，則是聖人可以無言也，無為也。至乎有待於人力而萬物以成，則是聖人之所以不能無言也，無為也。故昔聖人之在上而以萬物為己任者，必制四術焉。四術禮樂刑政是也。所以成萬物者也。故聖人唯務修其成萬物者，不言其生萬物者。」[60]

雖然，聖人有為者，以禮樂刑政為常道，非有取於刑名法術也。神宗嘗謂「舉官多苟且，不用心。宜嚴立法制。」安石曰：「刑名法制，非治之本。是為吏事，非主道也。精神之運，心術之化，使人自然遷善遠罪者，主道也。」[61]本此見解，故王氏譏始皇，抑霸政，斥煩擾。其抑霸政也，謂王霸同用仁義禮信之道而其心異。「王者之道，其心非有求於天下也。所以為仁義禮信者，以為吾所當為而已矣。」「霸者之心為利，而假王者之道以示其所欲。」[62]惟其心異，故霸者有惠而不廣。孟子謂「五霸假之。」安石此論，意旨略與相同。至於煩擾之失，亦在操切而寡效。安石謂「善教者藏其用，民化上而不知所以教之之源。」「不善教者之為教也，不此之務而暴為之制，煩為之防，劬劬法令誥誡之間。」[63]然而猶有不服教者，雖加刑殺，終不可止。凡此所言，亦無殊於正統之儒術。抑吾人又當注意，自孔孟以來，儒者皆重禮樂而不廢刑政。王氏本之，為〈三不欺論〉。[64]其大旨在說明任德、任察與任刑三者乃聖人所兼有，不可偏廢。蓋「任德則有不可化者，任察則有不可周者，任刑則有不可服者。」[65]故以堯之德化比屋可封，猶察驩兜舉丹朱之誣，戮四罪而天下咸服。徒主一端之不足為治，彰然不待辨矣。

---

59 〈太古〉，《集》卷六九。
60 〈老子〉，《集》卷六八。此文作於元豐六年，時安石致仕已七年。司馬光熙寧三年〈與王介甫書〉引老子言，安石非老，或有所指歟。
61 楊仲良《通鑑長篇紀事本末》卷五九。事在熙寧五年二月。
62 《集》卷九〈秦始皇詩〉曰：「勒石頌功德，群臣助驕矜。舉世不讀《易》，但以刑名稱。」
63 〈王霸論〉，《集》卷六七。
64 〈原教〉，《集》卷六九。
65 《集》卷六七。

　　吾人上述王氏學術之宗派如尚非誤，則可知安石之異於俗儒者在其具「有為」之精神，復本此精神以講求有為之方法，實行有為之政策。而此政策之表現即為熙寧之新法。新法之內容，非本書所能討論。然究其歷史上之意義則至為重大。蓋新法者，中國專制天下繼體君主第一次大規模之變法維新，先於光緒戊戌者逾八百年，而康梁變法，不過百日，安石執政，幾及九年。反對者雖極口讒詆，終加破壞，然平心論之，其成績實未可厚非。元豐之世，物阜民康，[66]雖蘇軾亦自悔昔日攻擊之孟浪，[67]則亦遠過於戊戌之效果矣。

　　王氏超邁俗儒，特點有二。一為其堅定積極之態度，[68]一為其切實詳盡之計畫。攻新法者或謂王氏迷信《周禮》以誤國。安石雖推崇此書，[69]偶引之以自作辨護，[70]然既非墨守六官之文，[71]且明斥拘古之失，至謂「古之人以是為禮而吾今必由之，是未必合於古之禮。」「事同於古人之迹，而異於其實，則其為天下之害莫大。」[72]以如此主張變法之人而謂其尊奉六官，一一緣襲，其誰肯信之乎？蓋王氏新法雖非出於憑空之創造，然其立也，或變通前人之成法，[73]或依據前此之經驗，或應付當前之需要，誠不失為抗流振習之新政。不獨異於兩宋一般士大夫因循苟且之政策，即後漢崔寔、王符輩補苴救衰之說，[74]亦不可與之相提並論。良以安石深知宋勢久積危弱，非根本上整頓刷新之，不足以見效有為。[75]故有變法之舉，先之以老謀深算之擘畫，繼之以徹頭

66　梁著《王荊公》第十五章。

67　〈與滕達道書〉云：「吾儕法之初，輒守偏見，至有異同之論，雖此心耿耿，歸於憂國，而所言差謬，少有中理者。今聖德日新，眾化大成。回視向之所執，益覺疏矣。」

68　《宋史》本傳謂其「自信所見，執意不回。」「甚者謂天變不足畏，祖宗不足法，人言不足恤。」雖為謗書，卻近事實。《集》卷七三〈答司馬諫議書〉謂「盤庚不為怨者故改其度。度義而後動，是而不見可悔故也。」足相印證。

69　《周官新義・序》，《經苑》第九冊。

70　熙寧三年〈答曾公立書〉謂「一部《周禮》理財居其半。」《集》卷六七。

71　如《集》卷六三〈諫官論〉駁地官司徒之屬有師氏、保氏，以為周公嘗為師，召公嘗為保，非大夫之秩。又如《集》卷七〇〈復讎解〉辨復讎非周公之制。

72　《集》卷六七〈非禮之禮〉。文中又謂「天下之事，其為變豈一乎哉！」

73　如均輸始於漢桑弘羊，至唐劉晏而法益密。市易漢之平準也。

74　見本書九章五節。

75　《臨穿集拾遺》〈再上龔舍人書〉。又《集》卷八〈我欲往滄海詩〉，卷三九嘉祐六年〈上時政疏〉。

徹尾之行動。即以此論，已足與於大政治家之林而無愧矣。

安石治術之綱領見於嘉祐三年之〈上仁宗皇帝言事書〉，熙寧元年〈本朝百年無事劄子〉，〈乞制置三司條例司〉（二年），〈乞改科條制劄子〉（二年），〈上五事劄子〉（五年）等。[76]吾人請略述為新法基本之教育政策及新法主幹之理財政策兩端。

安石以變法救貧弱，雖注重制度，而始終認人才為根本。〈上仁宗書〉洋洋萬言，所論實不過陶冶人才一事。考其立論，誠明確而不可易。安石推究宋代開國將近百年，天下未臻大治之故，以為由於祖宗雖有法度，不合於先王之意。故欲致太平，必變法度。然而人才不足，雖有良法而其效不逮於下。足見陶冶人才乃富強之先決條件矣。此後與神宗問對亦本此一貫之見解，再三申論教育之需要。如熙寧二年安石與上論天下事謂「天下風俗法度一切頹壞。在廷之臣，庸人則安習故常而無所知，奸人則惡直醜正而有所忌。有所忌者倡之於前，而無所知者和之於後，雖有昭然獨見，恐未及效功，早為異論所勝。陛下誠欲用臣，恐不宜遽，謂宜先講學，使於臣所學本末不疑，然後用之，庶能廳有所成。」[77]如此云云，不啻後此新法遭受阻撓之預言。惜乎神宗求治過急，不能盡納安石之主張，以至新法既行，攻之者自命為君子而擁之者又每多小人，遂至橫生枝節，不能得一徹底試驗之機會也。

王氏理想之教育制度，為封建天下之庠序學校。[78]執政之後乃略師其意，擴充京師諸路州府之學。其教育之方針則為培養致用之人才。王氏認以文章取士，「大則不足以用天下國家，小則不足以為天下國家之用。」[79]於是改科舉、罷詩賦，設武、律、醫諸學。[80]然而限於歷史之環境，教育之方針雖變，仍未有新創之教材而不得不以經義取士。且士子習於聲病對偶之文，一朝廢之，頓失所憑，其怨憤不平心，殆所難免。蘇軾之異議，不啻為此儕申辯。[81]新法反對者眾，此或原因之一。

76　分見《集》卷三七、三九、四一、四二。

77　《通鑑長篇紀事本末》卷五九。

78　《集》卷四二〈乞改科條制劄子〉，卷六九〈進說〉，卷八三〈慈溪縣學記〉。

79　〈上神宗皇帝言事書〉。又《集》卷十〈彼狂〉及〈和王樂道詩〉、〈進士試卷詩〉。

80　王氏教育政策實施略見《宋史》卷一五七〈選舉志三〉。

81　《東坡集・奏議集一》，熙寧四年〈議學校貢舉狀〉。

安石理財諸政，當時攻之者尤力，以為聚斂貪求，與民爭利。[82]然而新法之最後目的雖在立富強之基以禦外侮，[83]自安石視之，則理財為養民之要圖，亦即富強之根本。其用心實大異於商君、桑大夫之流，徒欲取民以資國，而未嘗一計黔首自身之福利。故青苗、均輸、市易、農田水利諸制皆以增加生產、減輕負擔、抑制豪強為目的。而青苗一法，行之於鄞而民受其利，尤足證安石之言利，乃欲生萬民之利，奪豪民之利，並非與民爭利。其政策之真精神，以今語舉之，殆近於所謂「統制經濟」；方之古人，則略似管子之「輕重」。安石曰：「合天下之眾者財，理天下之財者法。」「有財而莫理，則阡陌閭巷之賤人皆能私取與之勢，擅萬物之利以與人主爭。」[84]又曰：「三代子百姓，公私無異財。人主擅操柄，如天持斗魁。賦予皆自我，兼并乃姦回。姦回法有誅，勢亦無自來。後世始倒持，黔首遂難裁。」「俗吏不知方，掊克乃為材。俗儒不知變，兼并可無摧。利孔至百出，小人私闔開。有司與之爭，民愈可憐哉！」[85]人主苟欲復操大柄，均平天下，「則轉輸之勞逸不可以不均，用度之多寡不可以貨賄，不通之有無不可以不制，而輕重聚斂之權不可以無術」矣。[86]新法之內容，以現代之眼光論之，容有不盡合用之處。至其裁抑豪強之政策，則原則上無可訾議。其所以終難施行者，殆由其精神既與中國傳統之放任習慣相反，又大違士大夫既得之利益，[87]遂不免備受多方之攻擊。加以有統

---

82 如司馬光元豐五年遺表，謂其青苗法「朘民取利。」《溫公文集》卷二。

83 陸佃《陶山集》卷十一，〈神宗實錄敘論〉謂帝「常悒憤，敵人倔強，久割據燕，慨然有恢復之志。聚金帛內帑，自製四言詩一章曰：五季失圖，獫狁孔熾。藝祖造邦，思有懲艾。積帛內帑，幾以募士。曾孫承之，敢忘厥志。每庫以詩一字目之，既而儲積如丘山，屋盡溢不能容，又別命置庫增廣之，賦詩二十字分揭其上曰，每虔夕惕心，妄意遵遺業。顧予不武姿，何日成戎捷。」（蔡上翔《王荊公年譜考略》）王夫之《宋論》卷六「神宗有不能暢言之隱」，指此。

84 《集》卷八二〈度支副使廳壁題名記〉。

85 《集》卷四〈兼并詩〉。〈發廩詩〉謂「先王有經制，頒賚上所行。後世不復古，貧窮主兼并。非民獨如此，為國賴以成。築台尊寡婦，入粟至公卿。我嘗丕忍此，願見井地平。大意苦未就，小官苦營營。」

86 《集》卷七〇〈乞制置三司條例〉。《集》卷十〈寓言詩之四〉曰：「婚喪孰不供，貸錢免爾縈。耕收孰不給，傾粟助之生。物贏我收之，物窘出使營。」此青苗、市易之理論依據，亦輕重之一術也。

87 神宗與近臣論免役之利，謂「於士大夫誠多不悅，然於百姓何所不便。」文彥博曰：「為與士大夫治天下，非與百姓治天下也。」梁著《王荊公》頁84引。章袞《王臨川文集·序》

制之政策而無適當之人才與機構以推行之，[88]其遭失敗，誠亦勢之必然。所可異者，安石竟能持之至八年之久，而大部見之事實耳。抑又有進者，據現有文獻推之，似神宗較注意於攘外，安石較注意於安內，而欲以定民生為充國力之基礎。故神宗急於求功，而安石務從根本著手。世徒稱熙豐知遇，古今鮮有，而孰知君臣之間尚未有完全一致之主張與觀點乎！

第四節　陳亮（1143-1194）

　　北宋之功利思想以江西為中心，南宋則以浙江為中心，而又有所謂金華、永嘉、永康諸派。其中較著者為唐仲友、[89]呂祖謙、[90]薛季宣、[91]陳傅良、[92]陳

　　云：「小人晏然如終歲在閑之馬。雖或芻豆不足，一旦圉人剪拂而燒剔之，必趹然蹄而齧然醫。」按《宋史》卷三一四〈范仲淹傳〉，仲淹於仁宗時力求興致太平，「然更張無漸，規模闊大，論者以為不可行。」苟安之徒反對振作，不獨於荊公為然也。

88　《王荊公年譜考略》卷六，〈存是樓讀「上仁宗皇帝言事書」〉論青苗行於鄞縣而不行於天下曰：「一縣者公之所得自為也，故其民安。天下者非公之所得自為而必藉其人以行之。於是有貪吏蠹役乘勢以行其私。此所以不得其人則亂而為禍於天下也。」《集》卷七三〈荊公與參政王禹玉書〉謂「自念行不足以悅眾而怨實積於親貴之尤，智不足以知人而險詖常出於交遊之厚。」《集》卷四二〈上五事箚子〉亦曰：「免役也，保甲也，市易也，此三者有大利害焉。得其人而行之則為大利，非其人而行之則為大害。」王氏並非不見及此也。

89　字與政，號說齋，金華人。紹興二十一年進士。仕至江西提刑，為朱熹屢劾罷官。其學無不涉獵，以致用為歸。著有《六經解》一百五十卷（佚），《帝王經世圖譜》十卷，《文集》四十卷，今收入張作楠輯《金華唐氏遺書》中（續金華叢書本）。《圖譜》貫穿經史，以見帝王制作之意，《文集》中有〈愚書〉一卷，雜論政事，均無統系。參閱《宋元學案》卷六〇。

90　字伯恭，金華人。生高宗紹興七年，卒孝宗淳熙八年（西元1137-1181）。著有《春秋左氏傳說》二十卷，《續說》十二卷，《東萊左氏博議》二十五卷，《文集》四十卷，《皇朝文鑑》百五十卷。朱熹謂「其學合陳君舉陳同甫二人之學問而一之。」（《學案》卷五一引）

91　字士龍，永嘉人。生紹興四年，卒乾道九年（西元1134-1173）。著有《通鑑約說》，《漢兵制》，《九州圖志》等。其學自六經、百氏以至兵書、方術、博弈、小技無所不通，禮樂兵農之制尤所該詳，可施實用。理學家斥為「功利之學。」（《學案》卷五二）

92　字君舉。瑞安人，生紹興十一年，卒開禧三年（西元1141-1207）。從薛季宣治永嘉之學，凡井田、王制、司馬法、八陣圖之屬，該通委曲，可以施諸實用。乾道八年進士，仕至寶謨閣待制。著有《周禮說》三卷，《西漢史鈔》十七卷，《止齋文集》五十二卷等（《學案》卷五三）。

亮、葉適數人。陳亮「談論古今，說王說霸。」[93]葉適與朱陸相抗，[94]集功利思想之大成。本章分別述之，以概其餘。

陳亮字同甫，永康人，生於高宗紹興十三年，卒於光宗紹熙五年。為人才氣超邁，喜談兵。與呂祖謙、薛季宣、陳傅良、葉適等相師友。孝宗初即位，和議方成，朝野欣然，亮獨上《中興五論》，言其不可。淳熙五年更名同，詣闕上書，請恢復中原。孝宗為之動容。後復上書，帝欲官之。亮曰：「吾欲為社稷開數百年之基，奚用以博一官乎。」言行俠縱，屢陷於獄。光宗紹熙四年擢進士第一，授命建康軍判官廳公事。未至而卒。[95]著有《龍川文集》三十卷。[96]

陳氏雖大為理學家所厭惡，然其政治思想之最後根據實為孟子得乎丘民為天子之學說。陳氏論政治起原曰：「昔者生民之初，類聚群分，各相君長。其尤能者則相率而聽命焉，曰皇曰帝。蓋其才能德義足以為一代之君師，不之焉則不厭也。世改而德衰，則又相率以聽命於才能德義之特出者。天生一世之人必有出乎一世之上者以主之。豈得以世次而長有天下哉。」[97]然則「彼所謂后王君公，皆天下之人推而出之，而非其自相尊異，據乎人民之上也。」[98]此種民推之君主制度，雖最合於天下為公之理想，而只得實行於太古之時。其後君位漸趨穩固，人民遂失去推選君長之權利，而傳賢傳子之制先後繼之以起。「至於堯而天下之情偽日起，國家之法度亦略備矣。君臣有定位，聽命有常所，非天下之人所得而自制也。」[99]天下之民不能制君位，於是堯制之而傳位於舜，禹制之而傳位於啟。堯、禹皆本利民之心而制之。雖不守民推之形式，而天下為公之精神固仍秉之勿墜。故天下為公，實有二義。一曰制位之公。民

93　《學案》卷五一引朱熹語。

94　《學案・水心學案》，全祖望按語謂乾道、淳熙諸老既歿，學術之會總為朱陸二派，而水心齗齗其間，遂稱鼎足。

95　《宋史》卷四三六本傳，《宋元學案》卷五六，何格恩《宋史陳亮傳考證》及〈陳亮年譜〉（《民族》第三卷第十一期）。

96　附〈補遺〉一卷，〈附錄〉一卷，〈札記〉一卷。康熙四十八年陳氏刻本，同治八年永康應氏刻本，湖北崇文書局本，金華叢書本。

97　《龍川文集》卷三〈問答一〉。

98　〈問答六〉。

99　〈問答一〉。

推則公之純，世襲則私之至。堯、舜、禹、啟君制其位而復徵民意以為決，則公私之雜也。二曰目的之公。制位無論公私，本利民之心以為政，則亦吻合於天下為公之大義。此則治國之根本，不容有分毫之減削。否則大位難取，覆亡可期。史事昭明，足供證驗。湯武以目的之公而得天下，秦以私而失之。劉邦以目的之公而得天下，曹操以私而不得。[100]漢唐以後之君主雖不必復民推之公，豈可不力求利民之公乎？

持此目的上公私之義以論前世之政治，則王者大公之極，霸者公而未盡。二者只有程度之差，非性質上根本不同也。陳氏嘗與朱熹反覆辯難。朱子因襲傳統主張，認定王霸為兩不相容之政體。於是尊三代而抑漢唐。陳氏駁之，以為利民之公乃立國不可或缺之條件。謂「三代做得盡」，「漢唐做不到盡」則可。[101]謂漢唐純以私心而取天下，則決不可。蓋漢高祖覆暴秦以救百姓，其「初心未有異於湯武」。[102]豈可因其不及三代之美備而遂抹殺之乎？理學家之誤解，由於固執天理人欲之辨，且深信天理必須離人欲以運行，而孰知其根本上為不足憑據之偏見。陳氏明之曰：「自孟、荀論義利王霸，漢唐諸儒未能深明其說。本朝伊、洛諸公辨析天理人欲，而王霸義利之說於是大明。然謂三代以道治天下，漢唐以智力把持天下，其說固已不能使人心服。而近世諸儒遂謂三代專以天理行，漢唐專以人欲行，其間有與天理暗合者，是以亦能長久。信斯言也，千五百年之間，亦是架漏過時，而人心亦是牽補度日。萬物何以阜蕃，而道何以常存乎？」[103]蓋「道非出於形氣之表而常行於事物之間」，[104]「天地之間何物非道」，[105]「天下固無道外之事也」。[106]人能弘道，各有所成。深淺純駁有殊，聖凡王霸遂別。霸者豈能獨見排於道外乎？「夫心之用有不盡而無常泯，法之文有不備而無常廢。人之所以與天地并立而為三者，非天地常獨運而人為有息也。人不立則天地不能以獨運，捨天地則無以為道

100 〈問答一〉。

101 《集》卷二〇〈乙巳春與朱元晦書〉。

102 《集》卷三〈問答一〉。

103 《集》卷二〇〈甲辰答朱元晦秘書書〉。

104 《集》卷九〈勉強行道大有功〉。

105 《集》卷二〇〈答朱元晦乙巳秋書〉。

106 〈勉強行道大有功〉。

矣。」[107]此理既明，則割離理欲之誤彰然，無待細辨。「天地而可架漏過時，
則塊然一物也。人心而可牽補度日，則半死半活之蟲也。道於何處而常不息
哉！惟聖人為能盡倫。自餘於倫有不盡，而非盡欺人以為倫也。惟王者為能盡
制。自餘制有不盡，而非盡罔世以為制也。欺人者人常欺之，罔世者人每罔
之。烏有欺罔而可得人長世者乎！」[108]

　　陳氏此論雖針對宋儒，而實亦隱斥孟子「五霸假之」之說。然究其精意，
又在重申民本之古義以深警人君。朱子謂漢唐專以人欲行。是承認私心可以長
世，不啻為暴君壯膽。陳氏則堅持公心為立國之要素，雖漢唐之主亦能具之。
表面上似降低論政之標準，實際上則提高君主之理想也。吾人又當注意。理學
家認堯、舜、湯、武皆純任天理，此不過因襲前人之幻想而小易其詞，初不必
有事實之根據。陳氏乃揭發之，以為既為生人，必有人欲。「纔有人心，便有
許多不淨潔。」三代聖王，亦不能盡去人欲。特經「孔子一洗，故得如此淨
潔。」[109]今人據以分王霸而抑漢唐，殆不足為持平之論矣。

　　夫王霸之辨不在理欲，漢唐之興皆由利民，則凡欲治國永世者惟當講求實
施利民之術，而不必耗心力於性命之空談。本此見解，陳氏力詆理學家之失
曰：「自道德性命之說一興，而尋常爛熟無所能解之人自託於其間。以端慤靜
深為體，以徐行緩語為用。務為不可窮測以蓋其所無。一藝一能皆以為不足以
自通於聖人之道也。於是天下之士皆喪其所有而不知適從矣。為士者恥言文章
行誼而曰盡心知性。居官者恥言政事書判而曰學道愛人。相蒙相欺以盡廢天下
之實，終於百事不理而已。」[110]「至於艱難變故之際，書生之智，知議論之當
知，而不知事功之為何物，知節義之當守，而不知形勢之為何用。宛轉於文法
之中而無一人能自拔。」[111]則其弊又豈僅厚誣漢唐之君而已哉。

　　陳氏論政之要旨略如上述。至其所陳治術，雖不必果如全祖望所謂「大言
以動眾，苟用之亦未必能有成。」[112]然其條理不密則不能諱言。綜其主張，似

---

107 《集》卷二〇與朱元晦書。
108 《集》卷二〇與朱元晦書。
109 〈丙午復朱元晦書〉。
110 《集》卷一五〈送允成運幹序〉。
111 《集》卷一〈戊申再上孝宗皇帝書〉。
112 《宋元學案》卷五六。

有二端，足資一述。一曰反對宋代之中央集權制度，宋初懲唐代藩鎮分割之禍，取一切軍政大權集中於京師。「列郡以京官權知，三年一易。財歸於漕司，兵各歸於郡。而士自一命以上，雖郡縣管庫之微職必命於朝廷。」[113]其末流之弊遂至於「郡縣太輕於下而委瑣不足恃，兵財太關於上而遲重不易舉。」[114]「郡縣空虛，本末俱弱。」[115]此其為害，豈不細微。二曰反對苟安之和議。《春秋》大義，嚴夷夏之防。漢之和親匈奴，唐之乞援突厥，皆大違聖人之教，為中夏之恥辱。宋以歲幣屈事金人，更為漢唐所未有。奇恥大辱之由來，皆「廷臣不講《春秋》之過也」。[116]不寧惟是。吾人即暫置《春秋》大義而不論，則君父之讎未報，中原之土待復。為人臣子，何忍言和？[117]又況和議一朝不廢，天下必以苟安而致疑。「既和而聚財，人反以為厲民。既和而練兵，人反以為動眾。」[118]然則兼是非與利害計之，惟有乘時絕金，以示必戰。如是則政策鮮明，民氣大振，大義可伸，中興有望矣。此則陳氏與理學家主張相合之一要點也。

第五節　葉適（1150-1223）

葉適字正則，號水心，永嘉人，生於高宗紹興二十年，卒於寧宗嘉定十六年。淳熙五年進士第二，仕至權工部，吏部侍郎，知建康府，兼沿江制置使。開禧初韓侂胄當國，主伐金人。適持否議，以為宋積弱之餘，不可輕動，宜先教養，徐以圖之。及韓兵敗，適受命安集淮西，力拒金兵，立堡守邊。後為人

---

113 《集》卷十一〈銓選資格〉。
114 《集》卷一〈上孝宗皇帝第一書〉。
115 〈上孝宗皇帝第三書〉。按宋代集權確有弊病，非陳亮一人之大言私慮。王夫之《宋論》卷十五論宋之亡於夷狄，由於兵權集中。「牽帥海內以守非所自守之地，則漫不關情而自怠。奔走遠人以戰非所習戰之方，則其力先竭而必頹。然而庸主具臣之謀固乃出於此者，事已迫則不容不疲中國以爭，難未形則未恐將帥之倚兵而侵上也。」
116 《集》卷四〈問答十二〉，《集》卷八〈桑維翰〉。
117 《集》卷一，〈上孝宗皇帝第一、二、三書〉。
118 〈上孝宗皇帝第二書〉。

誣為韓黨罷官，蓋以適先每以勿忘大儷為言也。[119]著有《水心文集》二十八卷，《別集》十六卷，《習學記言》五十卷。[120]

全祖望謂「永嘉功利之說，至水心始一洗之。」[121]吾人試按其實，則水心重實用而言功利，與李覯、陳亮等固根本契合。如水心論《易》云：「《易》有太極，近世學者以為宗旨秘義。按卦所象惟八物。」「獨無所謂太極者。不知《傳》何以稱之也。自老聃為虛無之祖，然猶不敢放言。曰，無名天地之始，有名萬物之母而已。至莊、列始妄為名字，不勝其多。故有太始太素，未始有夫未始，范昧廣遠之說。傳《易》者將以本原聖人，扶立世教，而亦為太極以駭異後學。後學鼓而從之，失其會歸，而道日以離矣。」[122]蓋自葉氏視之，六經皆致用之學，《周易》亦非例外。離安民治國而言道，乃聖人之所不取。葉氏自信之篤，雖理學家奉為正統之孟子與漢人所尊之董生，亦竟加以駁斥。孟子謂「惟大人為能格君心之非。君仁莫不仁，君義莫不義，君正莫不正。一正君而國定。」水心駁之曰：「若宣王果因孟子顯示暫得警發一隙之明，豈能破長夜之幽昏哉！」「自孟子一新機括，後之儒者無不益加討論。而格心之功既終不驗，反手之治亦不復興，可為永歎矣。」[123]其駁董生曰：「仁人正誼不謀利，明道不計功。此語初看極好，細看全疏闊。古人以利與人而不自居其功，故道義光明。後重出世儒者行仲舒之論既無功利，則道義者乃無用之虛語耳。」[124]

雖然，水心政治哲學之基本原則實與孟子「仁政」之旨相合。水心謂「仁人視民如子」，[125]然人民者乃君之責任。故「先王之政不止為不忍人而發。蓋以聖人之道言之，既為之君，則有君職。舜、禹未嘗不勤心苦力以奉其民。非為民賜也，懼失職耳。」[126]由此言之，「守天下，非私智也。設邦家，非自尊

---

119 《宋史》卷四三四〈儒林四〉本傳，《宋元學案》卷五四、五五。
120 《文集》有四部叢刊影明本，溫州刻本及武昌局本。《習學記言》有溫州刻本。
121 《學案》卷五五。
122 《習學記言》卷四。
123 《習學》卷十四。此殆亦隱斥理學家。如朱熹己酉擬上封事第一款即舉「講學以正心」一事。
124 《習學》卷二三。
125 《水心先生文集》卷十〈平陽縣代納坊場錢記〉。
126 《習學》卷十四。

也。養民至厚，取之至薄。而下甚逸，為上甚勞。」[127]〈豳風〉〈七月〉之詩，注意於天時民事，上承〈無逸〉〈洪範〉之明教。[128]「後世棄而不講」，「乃以勢力為君道，以刑政末作為治體。然則漢之文宣，唐之太宗，雖號賢君，其實去桀紂尚無幾也。」[129]

水心最大之貢獻，不在重伸民本古義於專制之世，而在對政治機構作精密切實之討論。荀子謂「君者國之隆也」，「隆一而治」。商鞅謂「權者君之所獨制也。」[130]葉氏略取其意，謂君主之「勢」乃治天下之關鍵，蓋君與臣民「均是人也，而何以相使。均是好惡利欲也，而何以相治。智者豈不能自謀，勇者豈不能自衛。一人刑而天下何必畏，一人賞而天下何必慕。」[131]推原其故，則以君者，「勢之所在也」。勢一於君則天下治。「古之人君，若堯、舜、禹、湯、文、武，漢之高祖、光武，唐之太宗，此其人皆能以一身為天下之勢。雖其功德有薄厚，治效有淺深，而要以為天下之勢在己不在物。夫在己不在物，則天下之事惟其所為而莫或制。」[132]若勢分於下，則國亂而君危。「蓋天下之勢有在於外戚者矣。呂、霍、上官非不可以監也，而王氏卒以亡漢。有在於權臣者矣。漢之曹氏，魏之司馬氏，至於江南之齊、梁，皆親見其篡奪之禍，習以其天下與人而不怪。而其甚也，宦官之微，匹夫之奮呼，士卒之擅命，而天下之勢無不在焉。苟夫五胡之亂，西晉之傾覆，此其患特起於公卿子弟、里巷書生、游談聚論、沉湎淫佚而已，而天地為之分裂者數十世。」[133]就史實以觀之，足見「勢者天下之至神也。合則治，雜則亂。張則盛，弛則衰。續則存，絕則亡。」[134]此而不務，其他一切均無從著手矣。

水心所謂治勢，實為君主專制之命脈。雖非孟學正宗，而遠較徒齗齗於天理人欲之辨者為得論政之要領。國本既立，葉氏乃進論治國之法制。此為其思

127《水心先生文集》卷十二〈黃文叔周禮序〉。
128 按〈周書・無逸〉有「先知稼穡之艱難」之語，〈洪範〉有「惟天陰騭下民，相協厥居」之語。
129《習學》卷六。
130 分見《荀子・致士》及《商君書・修權》。
131《文集》卷四〈治勢〉。
132《文集》卷四〈治勢〉。
133〈治勢〉。
134〈治勢〉。

想中精華之所在，不可不稍詳述之。

　　秦漢以來，論政治制度者多高談封建、郡縣之得失，王、霸、德、力之短長。水心始一變其習，獨致意於政制之體系。而不空言其抽象之是非。葉氏明之曰：「夫以封建為天下者，唐、虞、三代也。以郡縣為天下者，秦、漢、魏、晉、隋、唐也。法度立於其間，所以維持上下之勢也。唐虞三代必能不害其為封建而後王道行。秦、漢、魏、晉、隋、唐必能不害其為郡縣而後霸政舉。」[135]以今語解之，封建、郡縣者政體也。法度者依據政體之精神，適合其需要之律令政事也。「故制禮作樂、文書正朔、律度量衡、政名分、別嫌疑、尊賢舉能、厚民美俗，唐、虞、三代之所謂法制也。至於國各自行其政，家各自專其業，累世而不易，終身而不變。考察緩而必，黜陟簡而信。此所以不害其封建而行王道也。秉威明、權簿書、期會課、計功效、核虛實、驗勤惰。今行禁止，役省刑清，秦、漢、魏、晉、隋、唐之所謂法度也。至於以一郡行其一郡，以一縣行其一縣，賞罰自明，予奪自專。刺史之問有條，司隸之察不煩。此所以不害其郡縣而行霸政也。」[136]封建之王，郡縣之霸，事不同而皆能為治者，由於體用相應，絕無「欲其行之而乃從而害之」之舉動而已。

　　吾人既知立制之原理，則將按標準以擇定制度乎？葉氏有「觀古」之論亦頗具獨到見解。水心以為人主憑私意以定制，其弊為漫無客觀之根據，「忽出於一人之智慮而不合於天下之心，則其謀愈謬而政愈疎。」[137]求免此弊者惟有參考前人之經驗，以決定今日之去取。故「欲自為其國，必先觀古人之所以為國。論者曰：古今異時，言古者常不通於今。此其為說亦確而切矣。雖然，天下之大，民此民也，事此事也，疆域內外，建國立家，下之情偽好惡，上之生殺予奪，古與今皆不異也。而獨曰古今異時，言古則不通於今。是擯古於今，絕今於古，且使為國者無所斟酌，無所變通，一切出於苟簡而不可裁制矣。」[138]推水心之意，殆謂歷史之事實雖古今不同，而政治之基本原理則大體無異。吾人參按前世制度運用之情形，可以知今日立制當取之趨向。其說略似歐人所謂歷史比較方法，與中國儒家法古之主張迴別。故曰：「夫觀古人之所

135　《文集》卷三〈法度總論一〉。
136　〈法度總論一〉。
137　〈法度總論一〉。
138　〈法度總論一〉。

以為國，非必遽效之也。故觀眾器者為良匠，觀眾病者為良醫。盡觀而後自為之，故無泥古之失而有合道之功」也。[139]

綜上所論，吾人可得二重要之原理。一曰制度必為體用相應之系統，二曰立制當偏考古人之成法，持此以論宋制，則知其枝枝節節以矯唐末五代之失，大背所定之原理。其結果至於「細者愈細，密者愈密。搖手舉足，輒有法禁。而又文之以儒術，輔之以正論。人心日柔，人氣日惰，人才日弱。舉為懦弛之行，以相與奉繁密之法，遂揭而號於世曰：此王政也，此仁澤也，此長久不變之術也。」[140]殊不知宋為郡縣天下，則既與三代異制，不得為「王政」矣。而又專以懲創前人之失計，防杜吏民之弄權為務，則並郡縣天下之「霸政」亦有以害之而不得立。宋制之失，自可不言而喻。

水心對於政制之積極主張，約言之，為折衷封建、郡縣之調和論。陳同甫力斥宋代集權之失，水心亦有同感，故盛稱漢制，而謂自堯舜以來凡採分權之制者其立國皆長久過於集權。試就秦漢以後，一統天下之事論之。秦廢封建，首創集權，「自天子以外無尺寸之權，一尊京師而威服天下。」故「不旋踵而敗亡。」漢雖因襲秦制，而所採實兼封建、郡縣二制之精神。「三邊自備，內郡兼刑賞。」「守相皆得自為。」「極其所治，無不可者。」故兩漢之治「獨過於後世」也。三國迄於隋唐，亦多能參用分權，至唐之末世始生尾大之弊。足見過度集權，乃前世明君所不取。持此以衡宋之「紀綱」，其失又可立覩。[141]宋以「以通判監統刺史而分其柄。命文臣權知州事，使名若不正，任若不久者以輕其權。監司知榷稅，都監總兵戎，而太守者塊然管空城，受詢訴而已。諸鎮束手請命，歸老宿衛。」[142]考其立制之意，重在矯唐之「內外皆堅」。不知「紀綱之所在，患乎授任之非人，而不以人為不當任，患乎分割之無地，而不以地為不當分，患乎外敵而不患乎內侮。」[143]矯枉過正，卒不免失之「內外皆柔」，以至於分割危亂。然則觀古救今，取長捨短，惟有行「內柔

---

139 〈法度總論一〉。

140 〈法度總論二〉。

141 《文集》卷五〈紀綱一〉。

142 〈紀綱二〉。閱《宋史》卷一六六──一六七。〈職官志〉六──七。

143 〈紀綱一〉。

外堅」[144]之分權郡縣制而已。

水心論制度之大意，略盡於此。以今人眼光視之，雖尚有不盡透徹之處，而不能襲前人陳說，明揭君主專制流弊之癥結，其歷史上之價值，實不容否認也。蓋前乎此者固不乏抨擊專制之議論。然大都著眼於君主之淫暴，政事之苛煩，民生之疾苦。說雖有據，而不免近於籠統。至水心始專就制度以言之，而發現專制之根本困難在於集權過度。此病不除，雖有仁君賢臣亦不能致天下於安定。其重視制度之意，為前人所未有。[145]至其論理財之兼斥新舊兩黨，而大旨實有契於荊公，[146]論治術之專主禮樂，[147]大違永嘉宗旨，而重入傳統儒學之藩籬，此皆水心學說之糟粕，殆無勞於茲贅述矣。

---

144 〈紀綱三〉。

145 陳亮亦斥集權，然僅為片段之主張。又葉氏〈上孝宗皇帝箚子〉（《文集》卷一）及〈始論二〉（《文集》卷四）斥宋代「以法為本，以例為要」之失，至於「廢人而用法，廢官而用吏」，此亦集權過度之失，與頃間所論不相衝突。

146 《文集》卷四〈財計上〉謂「聚天下之人則不可以無衣食之具。」其要術在統制，使貧富相均。王安石之誤在「遽奪」富人之利。反對者之誤在以理財為聚斂而不講。於是「君子避理財之名而小人執理財之權。」（參〈財政總論〉）

147 《習學記言》卷二一。全氏所謂一掃永嘉功利者，殆指此等處。

第十五章

元祐黨人及理學家之政論

第一節　司馬光（1019-1086）

　　徽宗崇寧元年蔡京立〈黨人碑〉於端禮門，以司馬光為首。[1]蓋元祐初年，司馬光實主朝議。既「居政府，凡王安石、呂惠卿所建新法，剗革略盡。」[2]吾人以光為「黨人」之主要代表，似非厚誣。光字君實，陝州夏縣人。生於真宗天禧三年，卒於哲宗元祐元年。寶元初登進士甲科，歷事仁、英、神、哲四朝，官至尚書左僕射兼門下侍郎。[3]所著有《資治通鑑》二百九十四卷，《司馬文正公集》八十卷。[4]史稱光於學無所不通，然其政治思想大體蹈襲前人，缺乏系統。《潛虛》一卷摹擬《太玄》，以五行說宇宙人事之變，亦不脫象數之陳言。其條理之精密宏肆，尚不及邵雍之《皇極經世》。茲姑一述其遵君與立治之主張。

　　司馬氏生宋代專制政體發展近於完成之時，故「民為貴」之古義已非所能喻，而頗致意於闡明君臣之名分。光嘗謂「天子之職莫大於禮，禮莫大於分，分莫大於名。何謂禮？紀綱是也。何謂分？君臣是也。何謂名？公、侯、卿、大夫是也。夫以四海之廣，兆民之眾，受制於一人，雖有絕倫之力，高世之

1　《宋史》卷四七二〈姦臣傳二‧蔡京傳〉。卷十九〈徽宗本紀一〉，則首列文彥博。碑上人名見馮琦《宋史紀事本末》卷四九，崇寧元年。

2　馮《本末》卷四三，元祐元年。參閱《宋史》卷三三六〈司馬光傳〉。

3　《宋史》本傳。《文集》陳宏謀刻本附〈年譜〉。

4　《通鑑》有胡氏仿刻本，武昌局刻（繙胡刻）本，商務印書館排印本等。《文集》或題《溫公文集》有四部叢刊影宋本，劉氏百祿堂刻本，陳宏謀刻本等。

智，莫不奔走而服役者，豈非以禮為之紀綱哉！」[5]且君臣之名分，又非出於矯作而有自然之依據。「文王序《易》，以乾坤為首，孔子繫之曰：天尊地卑，乾坤定矣，卑高以陳，貴賤位矣。言君臣之位，猶天地之不可易也。」[6]本此觀點以論孟子，則以德抗爵之言，[7]實大違名分。「夫君臣之義，人之大倫也。孟子之德孰與周公。其齒之長，孰與周公之與成王。成王幼，周公負之以朝諸侯。及長而歸政，北面稽首畏事之，與事文、武無異也。豈得云彼有爵，我有德齒，可慢彼哉。」[8]至於孟子謂貴戚之卿可易君位，[9]其謬誤尤有甚者。「為卿者無貴戚異姓，皆人臣也。人臣之義，諫於君而不聽，去之可也，死之可也。若之何其以貴戚之故，敢易位而處也。」[10]司馬氏又論君位傳授，謂「父之傳歸於子，自生民以來如是矣。」[11]則不甯否認孟子「天與賢則與賢」之理想。凡此種種，用意無不在推尊君主為專制政體張目。

　　光尊君之極，甚至以專制天下集權之眼光解釋封建天下分權之政治。《迂書》《疑孟》並斥傳統王霸之辨，暗示霸者乃由王所命，而非相互對立之兩種政體。其言曰：「合天下而君之之謂王。王者必立三公。三公分天下而治之，曰二伯，一公處乎內，皆王官也。周衰，二伯之職廢。齊桓、晉文糾合諸侯，以尊天子。天子因命之為侯伯，修舊職也。伯之語轉而為霸，霸之名自此興。自孟、荀氏而下皆曰，由王道而王，由伯道而伯。道豈有二哉？得之有深淺，成功有大小耳！」[12]司馬此論貌似李覯[13]而實與之異。覯謂「伯之為言伯也，所以長諸侯也。」又謂霸道者「尊京師也。」蓋其意猶認霸政為分權之政治，未嘗拘泥致昨之儀式，而遂謂伯者果為中央重臣，受天子之命以治王畿以外，如光之所示也。至於疑孟駁「五霸假之」之說，則大致與李氏常語相合。光謂「仁義者所以治國家而服諸侯也。皇帝王霸皆用之，顧其所以殊者，大小高下

5　在《集》中。宋張敦實有《潛虛校微》（知不足齋發書）。

6　《資治通鑑》卷一，威烈王二十三年命晉大夫魏斯等諸侯按語。

7　《孟子‧公孫丑下》。見本書第三章註50。

8　《集》卷六四《疑孟》「孟子將朝王」條。

9　《孟子‧萬章下》。

10　《疑孟》「齊宣王問卿」條。

11　《史剡》「夏禹」條。

12　《迂書‧道同》。

13　本書第十四章第二節。

遠近多寡之間耳。假者文具而實不從之謂也。文具而實不從，其國家且不可保，況能霸乎？」[14]

　　光既以仁義為治國必要之條件，故其論治術亦不出傳統儒家思想之範圍，宜其與王氏新法相水火。光以為「自古聖賢所以治國者，不過使百官各稱其職，委任而責成功也。其所以養民者，不過輕租稅、薄賦斂、已逋責也。」[15]有為之政，在實際上必擾害百姓，[16]在原則上更必背義而言利。[17]王氏欲興利以裕國。不知「天地所生貨財百物，止有其數。不在民間，則在公家。」[18]理財云云，不免奪民以入官。官未必富而民已先貧。遠不如節用以積餘財，「養其本源而徐取之。」[19]此誠富國裕民之至計也。至於王氏輕變祖宗之法，為術亦屬至危。「使三代之君常守禹、湯、文、武之法，雖至今存可也。漢武取高帝約束紛更，盜賊半天下。元帝改孝宣之政，漢業遂衰。由此言之，祖宗之法，不可變也。」[20]

　　抑又有進者，司馬氏不徒因襲儒家仁義之說，其思想實曾深受道家之影響。《潛虛》謂「萬物皆祖於虛，虛者物之府。」《迂書》亦反復讚頌無為自然。〈老釋篇〉更言「釋取其空，老取其無為自然。」「空取其無利欲之心」，「無為取其因任」，此溫公學術根本精神之所在，熙寧二年〈論風俗箚子〉之斥責老莊虛無，殆為裝點門面。三年〈與王介甫書〉謂介甫昔好老，則更近厚誣。以王氏之「儒而有為」，豈嘗有契於治國烹鮮之旨哉！[21]

第二節　蘇洵、蘇軾及蘇轍

　　蘇氏父子三人，軾、轍之名均入〈元祐黨人碑〉中，而洵不預。軾為「蜀

14　《疑孟》。

15　《集》卷七四〈與王介甫書〉。

16　《集》卷二〈元豐五年遺表〉。又《集》卷三一〈乞去新法之病民傷國者疏〉。

17　〈與王介甫書〉。

18　《集》卷二六〈邇英奏對〉。亦見《宋史》本傳。

19　《集》卷十〈論財利疏〉。

20　〈邇英奏對〉。

21　本書第十四章第三節註57至60。

黨」之首，[22]洵亦不預。三人之思想復顯然不盡相同。本節一併述之，取其便利而已。

　　蘇洵字明允，眉州眉山人。生於真宗大中祥符二年，卒於英宗治平三年（西元1009-1066）。屢試不中，閉戶益讀書，遂通六經諸子之學。嘉祐中與其二子同至京師。歐陽修讀其文，以為賈誼、劉向不能過。或又以為近於荀卿。公卿傳頌，學者爭傚。著有《六經論》六篇，《權書》十篇，《衡論》十篇，《幾策》二篇，今存《老泉文集》中。[23]軾字子瞻，生於仁宗景祐三年，卒於徽宗建中靖國元年（西元1036-1101）。嘉祐二年進士。英宗夙聞其名，即位後召入直史館。熙寧中與王安石論新法不合，屢外貶。哲宗立，召入為翰林學士，遷侍讀學士禮部尚書。哲宗親政，出知定州。紹聖初，屢貶至瓊州別駕。徽宗立赦還，死道中。著有《文集》。[24]轍字子由。生於仁宗寶元二年，卒於徽宗政和二年（西元1039-1112）。年十九與兄同登進士第。元祐六年官至門下侍郎，紹聖中屢貶至化州別駕。徽宗朝以太中大夫致仕。著有《欒城集》。[25]

　　三蘇中以老蘇之思想較有精彩。洵著《六經論》六篇，就人類之心理以解釋政治之作用，雖不免偶有牽強之處，尚不失為創新之學說。洵假定人類有惜生、好逸、安常、知恥、畏神、慕色、憤怒諸情，而以儒家之禮樂詩易，為利用諸情以控制社會行為之工具。〈易論〉論制度之起曰：「生民之初，無貴賤、無尊卑、無長幼，不耕而不饑，不蠶而不寒，故其民逸。民之苦勞而樂逸也，若水之走下。」然而此自然縱逸之境不能久維於不弊。蓋「天下無貴賤、無尊卑、無長幼，是人之相殺無已也。不耕而食鳥獸之肉，不蠶而衣鳥獸之皮，是鳥獸與人相食無已也。」聖人乃利用惜生之情，設立禮制以矯自然之縱

22　洛蜀黨爭事見馮琦《宋史記事本末》卷四五。

23　《宋史》卷四四三本傳，《宋元學案》卷九九。《文集》原名《嘉祐集》，有四部叢刊影抄本，眉州祠堂本。

24　《宋史》卷三三八，王宗稷《蘇東坡年譜》，《學案》卷九九。《文集》百十七卷有四部叢刊影宋本，眉州祠堂本，江西明刻本（均題《東坡七集》）。又分體編《大全集》百三十卷。

25　《宋史》卷三三九，《學案》卷九九。《欒城集》五十卷，《後集》二十四卷，《三集》十卷，《應詔集》十二卷，有四部叢刊影明本。

逸。於是「有貴賤、有尊卑、有長幼，則人不相殺。食吾之所耕，而衣吾之所
蠶，則鳥獸不與人相食。人之好生也甚於逸，而惡死也甚於勞。聖人奪其逸死
而與之勞生，此雖三尺豎子，知所趨避矣。」雖然，聖人果操何術。使蚩蚩之
民能尊尊親親而極禮之用乎？曰：利用人類安常與知恥之天性而已。〈禮論〉
釋之曰：「夫人之情安於其常為。無故而變其俗，則其勢必不從。」「故無故
而使之事君，無故而使之事父，無故而使之事兄，彼其初非如今之人知君父兄
之不事則不可也，而遂翻然以從我者，吾以恥厭服其心也。」具體言之，以恥
服人之心者必先立德以取信。「古之聖人將欲以禮法天下之民，故先自治其
身，使天下皆信其言，曰此人也，其言如是，是必不可不如是也，故聖人曰，
天下有不拜其父兄者吾不與之齒，而使天下之人亦曰，彼將不與我齒也，於是
相率以拜其君父兄以求齒於聖人。」[26]及敬拜君父之禮既行，內心之恭敬乃由
跪拜之儀式以生。輕侮凌叛之心，遂無因得以發動。〈禮論〉又明之曰：「彼
為吾君，彼為吾父，彼為吾兄，聖人之拜不用於世，吾與之皆坐於此，皆立於
此，比肩而行於此，無以異也。吾一旦而怒，奮手舉梃而搏逐之，可也。何
則？彼其心常以吾為儕也。何則？不見其異於吾也。聖人知人之安於逸而苦於
勞，故貴者逸而賤者勞。且又知坐之為逸而立且拜者之為勞也。故舉其君父兄
坐之於上，而使之立且拜於下。明日，彼將有怒作於心者，徐而自思之，必
曰，此吾鄉之所坐而拜之，且立於其下者也。」「奮手舉梃以搏逐之，吾心不
安焉。」

　　禮為控制人類行為，維持社會秩序之基本工具。然而「禮之始作也，難而
易行，既行也易而難久。」[27]故必須用三術以輔助之。

　　一曰《易》　利用宗教以鞏固政治之力量。蓋「凡人之所以見信者，以其
中無所不可測者也。人之所以獲尊者，以其中有所不見窺者也。」「聖人治身
以取信，故禮為之明。」然「明則易達，易達則褻。褻則易廢。聖人懼其道之
廢而天下復於亂也，然後作易。觀天地之象以為爻，通陰陽之變以為卦，考鬼
神之情以為辭。探之茫茫，索之冥冥。童而習之，白首而不得其源。故天下視
聖人如神之幽，如天之高。尊其人而其教亦隨而尊。故其道之所以尊於天下而

26　〈禮論〉。
27　〈樂論〉。

不敢廢者，《易》為之幽也。」[28]

　　二曰樂　頃言禮始作而易行，既行而難久，其故安在乎？洵釋之曰：「天下惡夫死也久矣。聖人招之曰：來，吾生爾。既而其法果可以生天下之人。天下之人視其嚮也如此之危，而今也如此之安，則宜何從？故當其時，雖難而易行。既行也，天下之人視君父兄如頭足之不待別白而後識，視拜起坐立如寢食之不待告語而後從事。雖然，百人從之，一人不從，則其勢不得遽至乎死，天下之人不知其初之無禮而死，而見其今之無禮而不至乎死也，則曰聖人欺我。故當其時，雖易而難久。」[29]考禮之所以能治人者，以天下信聖人之言耳。及不信其言，則聖人不能維禮之用而必求助於樂。蓋以「事有不必然者，則吾之理不足以折天下之口，此告語之所不及也。告語之所不及，必有以陰驅而潛率之。於是觀天地之間，得其至神之機而竊之以為樂。」「禮之所不及而樂及焉。正聲入乎耳而人皆有事君事父事兄之心，則禮者固吾心之所有也，而聖人之說又何從而不信乎？」[30]

　　三曰詩　禮之制人也嚴。然人有天賦之情欲，遏抑而無所發洩，則必棄禮壞防以至於亂。〈詩論〉曰：「人之嗜欲，好之有甚於生，而憤憾怨怒，有不顧其死。於是禮之權又窮。禮之法曰：好色不可為也。為人臣，為人子，為人弟，不可使有怨於其君父兄也。使天下之人皆不好色，皆不怨其君父兄，夫豈不善？使人之情皆泊然而無思，和易而優柔，以從事於此，則天下固亦大治。而人之情又不能皆然。好色之心毆諸其中，是非不平之氣攻諸其外，炎炎而生，不顧利害，趨死而後已。噫！禮之權止於死生。」「死生之機去則禮為無權。區區舉無權之禮以強人之所不能，則亂益甚而禮益敗。」補救之術在就禮教範圍之中施詩教以順達人之情欲。「故聖人之道嚴於禮而通於詩。禮曰：必無好色，必無怨而君父兄。詩曰：好色而無至於淫，怨而君父兄而無至於叛。」「故天下觀之曰：聖人固許我以好色而不尤我之怨吾君父兄也。許我以好色，不淫可也。不尤我之怨吾君父兄，則彼雖以虐遇我，我明譏而明怨之，使天下明知之，則吾之怨亦得當焉。不叛可也。夫背聖人之法而自棄於淫叛之

28　〈易論〉。

29　〈樂論〉。

30　〈樂論〉。

地者非斷不能也。斷之始，生於不勝。人不自勝其忿然後忍棄其身。故詩之教不使人之情至於不勝也。」[31]

　　禮制行而《易》、樂、詩三者輔之，此可以致人民於安定，而不能止風俗之變革。聖人知世道必變，故因其變以立治。於是制度文物，古今遞異，一往而不可復返。蓋「忠之變而入於質，質之變而入於文，其勢便也。及乎文之變而又欲反之於忠也，是猶欲移江河而行之山也。人之喜文而惡質與忠也，猶水之不肯避下而就高也。彼其始未嘗文焉，故忠質而不辭。今吾口食之以太牢，而欲使之復茹其菽哉！」[32]蘇氏此論頗似近世學者社會演化由簡趨繁之說。然蘇氏謂「風俗之變聖人為之也。聖人因風俗之變而用其權。聖人之權用於當世而風俗之變益甚，以至於不可復反。」此則重視人為之成分，與演化論者之觀點又不盡合矣。

　　蘇軾才名冠絕一時。然其政治思想則不逮其父之精彩，而較近於守舊。軾論制度之起曰：「昔者生民之初，不知所以養生之具。搏擊挽裂，與禽獸爭一旦之命。惴惴焉朝不謀夕，憂死之不給。是故巧詐不生而民無知。然聖人惡其無別而憂其無以生也，是以作為器用，耒耜、弓矢、舟車、網罟之類，民始有以極其口腹耳目之欲。器利用便而巧詐生，求得欲從而心志廣。聖人又憂其桀猾變詐而難治也。是故制禮以反其初。禮者所以反本復始也。」[33]由此言之，制度儀文不起於初民之相殺，如老泉之所述，而起於制作已興，欲求既盛之後。蓋子瞻假定人性本善。道德乃本性之流露，政治矯後天之澆薄。道德與政治相輔以行，然後治道大備。故〈韓非論〉曰：「仁義之道起於夫婦父子兄弟相愛之間，而禮法刑政之原出於君臣上下相忌之際。相愛則有所不忍，相忌則有所不敢。不敢與不忍之心合，而後聖人之道得存乎其中。」[34]老莊主無為而欲盡廢不忍不忌之心，申、韓主任刑而欲摒棄仁義之德，自蘇氏觀之，皆不明聖人之大道。

　　子瞻論政之觀點既根本合於傳統儒家，故於李、王一派之功利思想亦每加駁斥。神宗變法，志在富強。蘇氏則反之，以培養道德風俗為國家之急務。熙

31　〈詩論〉。
32　〈書論〉。
33　《應詔集》卷六〈秦始皇帝論〉。
34　《應詔集》卷九。

寧四年〈上神宗皇帝書〉，極言新法之失而述治國之本曰：「國家之所以存亡者，在道德之深淺而不在乎強與弱。曆數之所以長短者，在風俗之厚薄而不在乎富與貧。道德誠深，風俗誠厚，雖貧且弱，不害於長而存，道德誠淺，風俗誠薄，雖富且強，不救於短而亡。」[35]彼講富強者不惜嚴刑以求利，而不知其斲喪國本，為害甚烈。「今欲嚴刑以去盜，不若捐利以予民。衣食足而盜自止。夫興利以聚者人臣之利也，非社稷之福。省費以養財者，社稷之福也，非人臣之利。何以言之？民者國之本，而利者民之賊。興利以聚財，必先煩刑以賊民。國本搖矣，而言利之臣先受其賞。」[36]「古之聖人非不知深刻之法可以齊眾，勇悍之夫可以集事。忠厚近於迂闊，老成初若遲鈍。然終不肯以彼易此者，顧其所得小而所喪大也。」[37]商鞅以苛法治秦，桑弘羊以理財佐漢。二子所操皆「破國亡宗」之術。後世雖謬加稱道，而自君子視之，二子之名如「蛆蠅糞穢」，「言之則汙口舌。書之則汙簡牘。」[38]今日豈可輕傚之乎？

　　軾言如此之憤激，似由針對時事，以致有失中和，其意未必果奉孟氏儒學之正統。故其攻擊法家，反對專制之言亦因人以施，不能先後一貫，如仁宗嘉祐八年軾作〈思治論〉曾謂「天下之士不可以力勝。力不可勝則莫若從眾。從眾者非從其眾多之口，而從其所不言而同然者，是真從眾也。眾多之口，非果眾也。特聞於吾耳而接於吾前，未有非其私說者也。於吾為眾，於天下為寡。彼眾之所不言而同然者，眾多之口舉不樂也。以眾多之口所不樂而棄眾之所不言而同然，則樂者寡而不樂者眾矣。」[39]夫不從眾口而從其心，則春秋時代朝國人以詢國事，遊鄉校以議執政之制，[40]皆不合於道，而秦漢以後獨斷宸衷之仁惠專制理想為治術之極則矣。及熙寧四年上書神宗，則又棄孔子庶人不議之原則，而重申孟子聽民得心之說。[41]其言曰：「聚則為君臣，散則為仇讎。聚散之間，不容毫釐。故天下歸往謂之王，人各有心謂之獨夫。由此觀之，人主

35　《續集》卷十一。

36　〈上初即位論治道刑政〉，《續集》卷九。

37　〈上神宗皇帝書〉，《續集》卷十一。

38　《東坡志林》「商鞅用於秦」一則，《後集》卷十一。

39　〈思治論〉，《集》卷二一。

40　見本書第三章註42。

41　見本書第三章註39至41。

之所恃者人心而已。」人主欲得人心，必須采納輿論。「是以君子未論行事之是非，先觀眾心之向背。」[42]「眾之所是，我則與之。眾之所非，我則去之。夫眾未有不公，而人君者天下公議之主也。」[43]前後兩說，相距不過十年，而歧異如此者，殆由仁宗寬厚，朝議紛然。欲救君上之優柔，故以英斷為從眾，神宗倚任荊公，不聽非議，欲沮新法之施行，故以納言為諷諫歟！

　　蘇氏反對新法，甚為堅決，至謂「今日之政，小用則小敗，大用則大敗。若力行而不已，則亂亡隨之。」[44]新法諸端，除免役一事外，[45]無不遭其排詆。吾人不必於茲贅述。其中惟論科舉之言，尚含真理，似可供後世之參考。軾以為社會紛亂之直接原因，在盜賊與小人之群起。然「人之所以為盜者，衣食不足耳，農夫市人，焉保其不為盜。而衣食既足，盜豈有不能返農夫市人也哉？故善除盜者開其衣食之門，使復其業。善除小人者誘以富貴之道，使隳其黨。以力取威勝者，適未嘗不反為所噬也。」[46]抑又有進者，盜賊小人雖同可亂治，而材能出眾之小人尤為可畏。「夫智、勇、辯、力，此四者天民之秀傑者也。類不能惡衣食以養人，皆役人以自養者也。故先王分天下之富貴，與此四者共之。此四者不失職，則民靖矣。四者雖異，先王因俗設法，使出於一。三代以上出於學，戰國至秦出於客，漢以後出於郡縣吏，魏晉以來出於九品中正，隋唐至今出於科舉。雖不盡然，取其多者論之。六國之君虐用其民，不減始皇二世。然當是時百姓無一人叛者，以凡民之秀傑者，多以客養之，不失職也。其力耕以奉上，皆椎魯無能為者，雖欲怨叛而莫之先。此其所以少安而不即亡也。始皇初欲逐客，用李斯之言而止。既并天下，則以客為無用。」「故墮名城，殺豪傑。民之秀異者散而歸田畝。向之食於四公子呂、不韋之徒者皆安歸哉？不知其能槁項黃馘以老死於布褐乎，抑將輟耕太息以俟時也？秦之亂雖成於二世，然使始皇知畏此四人者有所處之，使不失職，秦之亡不至若是速也。縱百萬虎狼於山林而饑渴之，不知其將噬人，世以始皇為智，吾不信

42　〈上神宗皇帝書〉。

43　《續集》卷九〈代呂申公論治道書〉。

44　《續集》卷九〈論時政狀〉。

45　元祐二年〈辯試館職策問箚子〉。

46　《續集》卷八〈續歐陽子「朋黨論」〉。

也。」[47]持此以論科舉，則進士之第不過人主籠絡英雄之一法。或試以策論，或取其詩賦，固無關於掄才之宏旨。王安石變宋制以經義試士，自軾觀之，殊近無謂。蓋以「自文章而言之，則策論為有用，詩賦為無益。自政事言之，則詩賦策論均為無用矣。雖知其無用，然自祖宗以來莫之廢者，以為設法取士，不過如此也。」[48]又況徵之往事，詩賦誠可得士，經義每致腐儒。「通經學古者莫如孫復、石介。使孫復、石介尚在，則迂闊矯誕之士也，又可施之於政事之間乎？自唐至今以詩賦為名臣者不可勝數，何負於天下而必欲廢之。」[49]雖然，軾所以為詩賦辯護者，不過以其為已用之成法，非謂取士用人不必注意實用。其譏斥理學家，玩侮程伊川，[50]似亦嫌其迂遠無用。故謂「仕者莫不談王道，述禮樂，皆欲復三代，追堯舜。終於不可行，而世務因以不舉。學者莫不論天人，推性命，終於不可究，而世教因以不明。自許太高而措意太廣。太高則無用，太遠則無功。」[51]然則王氏廢詩賦而試經義，豈遂可以得有用之人乎？[52]

　　蘇轍之思想，視其兄尤乏統系，而其反對新法則大略相同。綜轍攻擊新法之論，要者似有四端。

　　一曰為政在順人心，不可強人所不欲：人徒見聖人立禮法以制人，而不知禮法皆緣人情以立。「昔生民之初，生而有飢寒牝牡之患。飲食男女之際，天下之所同欲也。而聖人不求絕其情，又從而為之節。教之炮燔烹飪，嫁娶生養之道，使皆得其志。是以天下安其法而不怨。後世有小丈夫，不達其意之本末，而以為禮義之教皆聖人之所作為以制天下之非僻。徒見天下邪教之民皆不便於禮義之法，乃欲務矯天下之情，置其所好而施其所惡，此何其不思之甚也。」[53]故「古之聖人因事立法以便人者有之矣，未有立法以強人者也。」[54]

47　《後集》卷十一《志林》。

48　熙寧四年〈議學校貢舉狀〉。

49　《奏議集》卷一，熙寧四年〈議學校貢舉狀〉。

50　馮琦《宋史紀事本末》卷四五，元祐二月八月。

51　《集》卷二八〈應制舉上兩制書〉。

52　子瞻所陳具體治術見《策略》五篇，《策別》十七篇及《策斷》三篇。《策略》反對變，《策別》分論課百官、安萬民、厚貨財、訓兵旅四事。均無創見，從略。

53　《欒城應詔集》卷八〈臣事策下〉第四道。

54　《後集》卷七〈歷代論〉。

聖人順民之極，不敢自是自專，而國有大事，必虛己以聽，謀及庶人。「夫三代之君惟不忍鄙其民而欺之，故天下有故，而其議及於百姓，以觀其意之所向。及其不可聽，則又反覆而論之，以窮極其說而服其不然之心。是以其民親而愛之。嗚呼此王霸之所以為不同也哉！」[55]史傳稱王安石堅持己見，厲行新法，「甚者謂天變不足畏，祖宗不足法，人言不足恤。」[56]雖不必果為安石所發，然舊黨以專斷孤行謗安石，則為顯然之事實。子由立法強人之說，或亦隱指安石歟！

　　二曰為國者當任貧富之自然不均，不可加以干涉：新法中青苗、市易、均輸等法頗致意於遏止兼并、抑富紓貧。蘇轍一反其意，認國有富豪之民乃「理勢之所必至」，「非所當憂，亦非所當去。」其言曰：「聖人之御天下，非無大邦也。使大邦畏其力，小邦懷其德而已。非無巨室也，不得罪於巨室。臣室之所慕，一國慕之矣。」「祖宗承五代之亂，法制明具。州郡無藩鎮之強，公卿無世官之弊。古者大邦巨官之害，不見於今矣。惟州縣之間，隨其大小，皆有富民。此理勢之所必至。所謂物之不齊，物之情也。然州縣賴之以為強，國家恃之以為固。非所當憂，亦非所當去也。能使富民安其富而不橫，貧民安其貧而不匱。貧富相恃以為長久，而天下定矣。王介甫小丈夫也。不忍貧民而深疾富民，志欲破富民以惠貧民，不知其不可也。」[57]按孔子謂「不患貧而患不均。」[58]孟子謂「仁政必自經界始。」[59]孔孟以後之儒殆無不以均平為理想。[60]

55　《欒欒城應詔集》卷四〈書論〉。

56　《宋史》卷三二七〈王安石傳〉。

57　《三集》卷八〈詩病五事〉。

58　《論語・季氏十六》。

59　《孟子・滕文公上》。

60　其較著者如漢董仲舒之〈限田說〉（見《漢書》卷二四上〈食貨志上〉），揚雄主行「井田什一」（《法言・先知篇》）。何休申「井田均平財力之理想」（《春秋公羊解詁・宣公十五年》「初稅畝」條）皆是。均田之說，南宋尤盛。林勳「議井田」（《本政書》十三篇，大意見羅大經《鶴林玉露》卷七），李椿年〈論經界〉（《玉海》卷一七六），苑如圭〈復井田〉（《宋史》卷三八一本傳），程克俊「正經界」（《宋史》卷一七三〈食貨志〉），趙善養「主限田」（《建炎以來繫年要錄》卷一八一紹興二十九年），楊簡「主限田」（《宋史》卷四〇七本傳），朱熹「論經界」（《朱子文集》卷十九〈條陳經界狀〉），謝方叔「論經界」（《宋史》卷一七三〈食貨志〉），賈似道「收買逾限田」（周密《齊東野語》卷十七），皆其例也。政府實行平均政策者有新莽之「王田」（《漢書》卷

王安石〈兼併〉詩意實遠承孔孟遺教，上合儒家正統。蘇轍之論，則顯然為豪民之既得利益辯護，大違聖人之言，自陷於小人儒而不覺，乃以「小丈夫」斥人，誠可怪矣。

　　然而子由固以君子儒自命也。故其攻排新法之第三端曰重仁義，不求功利。轍以為「聖人躬行仁義而利存，非為利也。惟不為利，故利存，小人以為不求則弗獲也，故求利而民爭。民爭則反以失之。」[61]昔堯之時，洪水為患，而君臣皆能致力於人倫道德之本，「無一言及於水者。」蓋以興利除害，無關治國之宏旨。「使五教不明，父子不親，兄弟相賊，雖無水患，求一日之安，不可得也。使五教既修，父子相安，兄弟相友，水雖未除，要必有能治之者。」轍於此又引孔子存信去食，「自古皆有死，民無信不立」之言而斷之曰：「世之君子凡有志於治，皆曰富國而強兵。患國之不富而侵奪細民，患兵之不強而陵虐鄰國。富強之利終不可得，而謂堯舜孔子為不切事情，於乎殆哉！」[62]準轍此論，則新法中農田、水利、青苗、保甲、保馬等事均不合聖人，求利必反失之。夫新法之利弊固未易知。然謂聖人不興利，則似不盡然。考孔孟二家每以衣食為德行之基礎。故孔子與冉有論政，謂既富而更教之。[63]孟子謂無恆產者無恆心，民饑則救死不暇，奚暇禮義。[64]子由欲折介甫，其情頗切，遂不恤曲解古人之言以自便，其不足為定論也明甚。

　　子由依傍堯舜孔子以立言，而又不主張追仿三代之制，以復古抗王氏之變法。蓋古今之風俗制度互異，用於古者未必能行於今。試以禮儀一端證之。三代之人用三代之器服以行三代之禮，故其禮自然而易為。「至於後世，風俗變易，更數千年以至於今，天下之事已大異矣。然天下之人尚皆紀錄三代禮樂之名，詳其節目而習其俯仰。冠古之冠，服古之服，而御古之器皿。傴僂拳曲，勞苦於宗廟朝廷之中，區區而莫得其紀，交錯紛亂而不中節。此無足怪也。其

　　九九上本傳），北魏孝文帝之「均田」（《北史》卷三〈魏書〉卷七上本紀），太平天國之田制則或暗襲基督教義，非純受儒家影響（蕭一山，「太平天國叢書」第一輯，《天朝田畝制度》）。

61　《論語・顏淵十二》。

62　《欒城後集》卷七〈歷代論堯舜第一〉。

63　《論語・子路十三》。

64　《孟子》〈滕文公上〉及〈梁惠王上〉。

所用者非其所素習也。而彊使焉，甚矣夫後世之好古也。」[65]吾人既知時遷世易，雖跪拜之末節猶不能復古人所嘗行，則經國治民之大端尤無可緣襲之理。舉其著者，如三代隱兵於農之制既廢則保甲不能行，周官泉府貨民之制既廢則青苗不能行，井田版籍之制既廢則方田手實諸法亦不能行矣。[66]安石有言，「古人之以是為禮而吾今必由之，是未必合於古之禮也。」「事同於古人之迹而異於其實，則其為天下之害莫大矣。」[67]王氏生平於權時變法之旨，深知力勉，遠有逾於蘇氏。[68]其新法諸端，雖偶附於古制，推原其意殆不過假人所共喻之舊聞，以略明其政策之作用，非真欲藉口變法之名，以行復古之實，轍論云云，恐不免如無的之矢矣。

第三節　邵雍（1011-1077）

宋代之理學家，就其淵源論，有援道入儒及援佛入儒之兩潮流。邵雍與周敦頤乃前者最重要之代表。邵雍字堯夫，生於大中祥符四年，卒於熙寧十年。受圖書先天象數之學於陳摶三傳弟子李之才，[69]隱於河南蘇門山百源之上。程顥稱其學為「內聖外王之道」。所著有《皇極經世》、《伊川擊壤集》、《漁樵問答》等。[70]

邵氏象數之學近承道教，遠宗緯書，而《易》緯尤其主要之根據。[71]邵氏

65　《應詔集》卷四〈禮論〉。

66　《後集》卷十五〈民賦敘〉。

67　《臨川集》卷六七〈非禮之禮〉。

68　《宋史》卷三二七〈王安石傳〉，安石於熙寧二年二月拜參知政事。神宗問所設施以何為先。安石曰：「變風俗、立法度，正方今之所急也。」

69　《宋史》卷四三五〈儒林‧朱震傳〉，震有《漢上易解》謂「陳摶以先天圖傳种放，放傳穆修，修傳李之才，之才傳邵雍。」又卷四二七〈道學邵傳〉亦謂雍「事之才受河圖洛書，宓羲八卦、六十四卦圖象。」

70　事迹見《宋史》本傳，朱熹《歷代名臣言行錄》，《宋元學案》，《百源學案》，《理學宗傳》卷五。著作今有《邵子全書》二十四卷（明徐必達刊本），《伊川擊壤集》二十四卷（四部叢刊影明本），《皇極經世》十二卷單行（明刊本，《道藏‧太玄部》），《漁樵問答》一卷，晁公武《郡齋讀書志》疑非雍撰。內容無足重視。

71　馮友蘭〈中國哲學史〉二篇十章，頁813：「西漢之際陰陽家之言混入儒家。此混合產品即

以「太極」、「動靜」、「陰陽」說明宇宙萬物生成變化盈虛循環之理。[72]而以六十四卦表示宇宙萬物演變之程序。[73]「復」卦之初爻為一陽始生，亦即宇宙萬物始生之象。由是陽盛陰微，至「乾」而極。此宇宙萬物盛壯之象也。陽極而一陰之「姤」又生，由是陰長陽消，至「坤」而極。[74]此宇宙萬物毀滅之象也。陰極而一陽之「復」又生，少壯衰死之循環遂週而復始，以運行於無窮。

《皇極經世》據此理論為人類所生之世界定一消長生滅之年譜。此年譜中用「元、會、運、世」計算時間。又以元當日，會當月，運當星，世當辰。三十年為一世，十二世為一運，三十運為一會，十二會為一元。以天地之終始為一元，共為一十二萬九千六百年。以一元之時間與六十四卦相配合，則天地始於復而終於坤，略如下表。[75]

元	會	運	世	年	卦	卦象	天地及人事變化
日甲	月 子 一	星 三十	辰 三百六十	一萬零八百	復	☷☳	天開
	丑 二	六十	七百二十	二萬一千六百	臨	☷☱	地開
	寅 三	九十	一千零八十	三萬二千四百	泰	☷☰	開物（人生）星之巳七十六
	卯 四	一百二十	一千四百四十	四萬三千二百	大壯	☳☰	
	辰 五	一百五十	一千八百	五萬四千	夬	☱☰	

董仲舒等今文經學家之學說。及古文經學家及玄學家起，陰陽家之言一時為所壓倒。但同時陰陽家言又挾儒家一部分之經典，附會入道家之學說而成所謂道教。」頁814：「道教中經典多有自謂係根據於《周易》者。如《周易參同契》，道教中稱為『丹經王』者，乃其尤著者。」象數者，「形由象生，象由數設。」（《通志堂經解》本劉牧《易數鈞隱圖・序》）

72　參閱馮友蘭《中國哲學史》十一章，頁830-845。

73　《宋元學案》及馮友蘭《中國哲學史》頁839引「六十四卦圓圖方位圖」。

74　復卦為☷☳，乾卦為☰☰，姤卦為☰☴，坤卦為☷☷。

75　《皇極經世》原表甚繁，此表據邵伯溫之「一元消長圖」略加修改（見《性理大全》及馮友蘭《中國哲學史》）。馮又照此表推算知神宗熙寧元年當元之第七會，第一百九十運，第二千二百七十世，民國三十年則第二千二百九十九世也。

	巳　六	一百八十	二千一百六十	六萬四千八百	乾	☰	唐堯始星之癸一百八十 辰二千一百五十七
	午　七	二百一十	二千五百二十	七萬五千六百	姤	☰	夏、殷、周、秦、兩漢、兩 晉、三國、南北朝、隋、 唐、五代、宋
	未　八	二百四十	二千八百八十	八萬六千四百	遯	☰	
	申　九	二百七十	三千二百四十	九萬七千二百	否	☰	
	酉　十	三百	三千六百	一十萬八千	觀	☷	
	戌十一	三百三十	三千九百六十	一十一萬八千八百	剝	☷	閉物 星之戌三百一十五
	亥十二	三百六十	四千三百二十	一十二萬九千六百	坤	☷	天地閉
乙	子　一	三十	三百六十	一萬零八百	復	☷	大閉
	餘照推						

　　宇宙萬物既為象數所支配，則人類之政治生活亦依據象數而有一定之形式規律。邵氏分古今之政治為「皇、帝、王、霸」四種，而以之配合於天時、經書、道德、性情等事以成一神秘之政治哲學。邵氏述「三皇」之理想曰：「以道化民者，民亦以道歸之，故尚自然。夫自然者無為無有之謂也。無為者非不為也，不固為者也，故能廣。無有者非不有也，不固有者也，故能大。」「所以聖人有言曰：我無為而民自化，我無事而民自富，我好靜而民自正，我無欲而民自樸。」[76]又述「五帝」之理想曰：「以德教行者，民亦以德歸之，故尚讓。夫讓也者，先人後己之謂也。以天下授人而不為輕，若素無之也。受人之天下而不為重，若素有之也。」[77]又述「三王」之理想曰：「以功勸民者，民亦以功歸之，故尚政。夫政也者正也。以正正夫不正之謂也。天下之正莫如利

76　《皇極經世・觀物內篇四》。按宋儒稱老子為聖者此為僅見。其直傳道家思想者，有神宗時人偽作之《子華子》以反新法之有為，及南宋理宗時（？）道士杜道堅所作之《文子纘義》。

77　〈觀物內篇四〉。

民焉，天下之不正莫如害民焉。能利民者正，則謂之曰王矣，能害民者不正，則謂之曰賊矣。」[78]又述「五伯」之理想曰：「以力率民者，民亦以力歸之，故尚爭。夫爭也者爭夫利者也。取以利，不以義，然後謂之爭。小爭交以言，大爭交以兵，爭夫強弱者也。猶借夫名焉者謂之曲直。」「名不以仁，無以守業。利不以義，無以居功。」「五伯者借虛名以爭實利者也。」[79]皇帝王霸之政綱既明，邵氏乃以之與春夏秋冬、《易》《書》《詩》《春秋》、仁禮義智、士農工商、正命受命改命攝命等配合，略如下表。[80]

政體	天時		經書	職業	德性	國命	
三皇	春	作用生氣候溫	易	士	仁	正命	「因而因」天與
五帝	夏	長燠	書	農	禮	受命	「因而革」人歸
三王	秋	收淒	詩	工	義	改命	「革而因」征誅
五伯	冬	藏冽	春秋	商	智	攝命	「革而革」臣行君事

邵氏象數政治哲學之大概，如上所述者，貌似富有條理，而實牽強附會，甚至毫無意義。程頤譏為「空中樓閣」，決非苛論。舉其較著者言之。邵氏以皇、帝、王、伯分當春、夏、秋、冬，已嫌牽強矣。矧四時週而復始，終冬必再至於春。五伯之後，豈更有三皇繼之乎？其不可通者一也。又如邵氏以《易》《書》《詩》《春秋》分當四政，而此四經之內容，與其所舉皇、帝、王、伯之政綱多絕不相類。《易》與無為何干，《書》與禮讓何涉，《詩》與功利何預。四者之中，惟《春秋》與五伯力爭之政，可云相近，而猶未必全合。自吾人視之，與其以四經當四政，尚不如以道、儒、墨、法四家之思想配之，為較近也。至於邵氏按錯列變之法，推演四政及其相當之諸端，各為

78　〈觀物內篇四〉。
79　〈內篇四〉。
80　據〈觀物內篇〉三至十。

十六，則尤極盡牽強搆虛之能事。所謂「皇之皇」，「皇之帝」，「皇之王」，「皇之伯」，「帝之皇」，「帝之帝」，「易之易」，「易之書」，「易之詩」，「士士之民」，「士農之民」，「士工之民」等等者，[81]誠不知其意義何在矣。

　　雖然，吾人若置邵氏象數哲學之「空中樓閣」不論，而一察其思想之傾向，則其「元、會、運、世」之宇宙消長論中，固具有特殊之意義。按唐宋以前之思想家論及治亂之週期運動者，以孟子、鄒衍、《呂氏春秋》及王充《論衡》為最著。孟子認定五百年為一治亂之循環。[82]鄒衍立五德主運之說。[83]呂氏兼承孟、鄒。[84]王充則闢鄒而亦不宗孟。[85]四者之中，孟、鄒信人力可迴世運，為樂觀之歷史觀與政治觀。呂書用五德則傾向樂觀，而認治亂由於偶合，則又入於悲觀。至《論衡》乃大鬯此說，遂成空前未有之悲觀政論。今邵氏象數之世運觀，則視《論衡》更進一步，不啻為之建一哲學上之基礎，使其理論益趨完密。蓋依邵氏之說，宇宙萬物人事皆受定格定數之支配，可以推算而預知。一元既終，雖另有一元繼起，然在一元之中，至盛之世不過「月巳」之一會。此後則一陰潛起，盛極而衰，如江河日下，更無復盛之期。當「月午」之會，人類之歷史已由夏殷而衰退至於唐末。自此以下，則陰消更甚，愈不足道。綜計十二萬九千六百年之中，治世不及十分之一。吾人生當堯舜之後，真如漫漫長夜，永無旦時，則豈尚有希望鼓舞之餘地乎？吾人姑舉邵氏之言以終此節。

　　〈觀物內篇〉卷十一之下曰：「三皇，春也。五帝，夏也。三王，秋也。五伯，冬也。七國，冬之餘冽也。漢王而不足，晉伯而有餘。三國，伯之雄者也。十六國，伯之叢者也。南五代，伯之借乘也。北五代，伯之傳舍也。隋，晉之子也。唐，漢之弟也。隋季諸郡之伯，江漢之餘波也。唐季諸鎮之伯，日月之餘光也。後五代之伯，日未出之星也。自帝堯至於今，上下三千餘年，前

81　〈內篇〉十至十二。

82　《孟子・滕文公下》。閱本書三章四節。

83　本書一章二節末段。

84　《呂氏春秋・應同》。本書十章二節。

85　《論衡・治期》。本書十章五節。歐洲亦有近似之循環宇宙觀如 Machiavelli, *Discourses on Livy*（Detmold trans），閱 Murray, *History of Political Science,* pp. 118-119。

後百有餘世，書傳可明紀者，四海之內，九州之間，或合或離，或治或隳，或強或羸，或唱或隨，未始有兼世而能一其風俗者。」夫以漢唐之盛猶僅至「王而不足」之政治，則後人於三代之下企望太平者，不啻守株待兔，愚妄可嗤。由此觀之，《皇極經世》之歷史哲學，誠《論衡》以後對於專制政體最徹底而最微婉之批評矣。

第四節　二程與朱、陸

　　兩宋理學家之政治思想多零碎陳腐，邵雍以外其足供一述者當以程顥、程頤、朱熹與陸九淵諸人為最要。二程分別開創朱、陸之兩派。朱集理學之大成，陸則心學之始祖。程顥字伯淳，世稱明道先生，洛陽人。生於仁宗明道元年，卒於神宗元豐八年（西元1032-1085）。歷任主簿縣令，以教化導民，有治績，旋任太子中允，權監察御史裏行。每以誠意格君，期為堯舜。顥弟頤，字正叔，世稱伊川先生。生於仁宗明道二年，卒於徽宗大觀元年（西元1033-1107）。初不欲仕，後以哲宗詔為崇政殿說書。一日講書有哲宗嫌名「容」字，中人以黃綾覆之。頤講畢進言曰：「人主之勢不患不尊，患臣下尊之過甚而驕心生耳。」蘇軾厭其拘謹，兩家徒從互相攻擊，遂成洛、蜀黨爭。二程著作今收入文集中。[86]朱熹字元晦，一字仲晦。生於建炎四年，卒於慶元六年（西元1130-1200）。年十八登進士第。授同安主簿，有治績。仕至寶文閣待制。其學集宋儒之成。有《文集》《語類》各百餘卷。[87]陸九淵字子靜，學者稱象山先生。生於紹興九年，卒於紹熙二年（西元1139-1191）。幼讀書有字

86　《宋史》卷四二七〈道學傳〉，《宋元學案》卷十三至十六〈明道〉、〈伊川學案〉，《理學宗傳》卷三，伊川著〈明道先生行狀〉（《遺書》附），《伊川先生年譜》（《河南程氏遺書》附）。《二程全書》六十五卷（明康紹學重編，明弘治，清康熙，光緒刊本），《二程遺書》二十五卷，《附錄》一卷，《二程外書》十五卷（呂氏天蓋樓，河南祠堂刊本）。

87　《宋史》卷四二九〈道學傳〉，王懋竑《朱子年譜》四卷，《考異》四卷，《附錄》二卷（粵雅堂叢書）。《朱文公集》百卷，《續集》十一卷，《別集》十卷（四部叢刊影明本）。《朱子語類大全》百四十卷（宋黎靖德編，呂氏刻本），《朱子語類輯略》八卷（張伯行輯，正誼堂本），《朱子議政錄》（清邢廷筊編，光緒己亥刊本），《朱子全書》六十六卷（李光地等編，康熙殿本，古香齋本）。

宙二字，解者曰：四方上下曰宇，古往今來曰宙。忽大省曰：「宇宙內事乃己分內事，己分內事乃宇宙內事。」乾道八年登進士第。仕至知荊門軍，治績甚著。有《文集》三十二卷，《語錄》二卷。[88]

　　理學家哲學思想之內容互殊，而其政論則多相近。約言之，皆以仁道為政治之根本，而以正心誠意為治術之先圖。張載嘗謂「乾稱父，坤稱母。」「故天地之塞吾其體，天地之帥吾其性。民吾同胞，物吾與也。」[89]明道、象山均襲此「仁」之宇宙人生觀以論治。明道曰：「醫書言手足痿痺不仁，此言最善名狀。仁者以天地萬物為一體，莫非己也。認得為己，何所不至。若不有諸己，自不與己相干。如手足不仁，氣已不貫，皆不屬己。故博施濟眾乃聖人之功用。」[90]吾人既知仁為天地大德，人與天地一體，則修身之要「須先識仁」。[91]一切行事皆本此為之。能以「誠敬」存仁，則吾心之仁即與先聖無間。明道釋之曰：「先聖後聖若合符節。非傳聖人之道，傳聖人之心也。非傳聖人之心也，傳己之心也。己之心無異聖人之心，廣大無垠萬物皆備。欲傳聖人之道擴充此心耳。」[92]象山認「塞天地惟一埋」，[93]而吾人之「心即理也」。[94]故「宇宙便是吾心，吾心即是宇宙。」[95]天理人心之見於行為而為其準則者，象山名之曰道。「故道者天下萬世之公理而斯人之所共由者也。若有君道，臣有臣道。父有父道，子有子道，莫不有道。」[96]道雖人所共由，然人之聖愚不同，得道之偏全自異。「惟聖人惟能備道。常人固不能備道，亦豈能盡亡其道。然上無教，下無學，非獨不能推其所為以至於全備，物蔽欲泊，推

88　《宋史》卷四二四〈道學傳〉，《宋元學案》卷五七、五八，〈年譜〉（〈附集〉）。《象山集》三十二卷，《語錄》二卷（四部叢刊影明本）。

89　《張子全書》卷一（明徐必達校刊本）。《正蒙‧乾稱》（後人稱為「西銘」）。載字子厚，世稱橫渠先生。生於天禧四年，卒於熙寧十年（西元1020-1077）。朱熹注：塞，猶氣也。帥，志也。

90　《二程遺書》卷二上〈識仁〉。

91　《二程遺書》卷二上〈識仁〉。

92　《全書‧文集》卷二〈論十事箚子〉。

93　《象山集》卷十二〈與趙詠道〉。

94　《象山集》卷十一〈與李宰書〉。

95　《象山集》卷三十六〈年譜引〉。

96　《象山集》卷二十一〈論語說〉。

移之極，則所謂不能盡亡者，殆亦有時而亡矣。」[97]「彝倫於是而斁，天命於是而悖。此君師之所以作，政事之所以立。」[98]由此足知政治之最高目的，為實現人類之道德生活。「開闢以來，羲皇而降，聖君賢相，名卿良大夫相與扶持者，善也。其所防閑杜絕者，惡也。」[99]

立教為政治之主要功用，養生則君長無可避免之責任。象山曰：「民生不能無群，群不能無爭，爭則亂，亂則生不可以保。王者之作，蓋天生聰明，使之統理人群，息其爭，治其亂，而以保其生者也。」[100]「故君者所以為民也。《書》曰：德惟善政，政在養民。行仁政者所以養民。」[101]世人徒知尊奉君上，甚至縱暴君以凌虐生民。此誠本末倒置，悖反義理之說。「民為大，社稷次之，君為輕。民為邦本。得乎丘民為天子。此大義正理也。」[102]

伊川、紫陽論天理，與明道、象山顯不相同。伊川謂「天下物皆可以理照。有物必有則，一物須有一理。」[103]此理自然長存，人所不能影響增損。「寂然不動，感而遂通，此已言分上事。若論道則萬理皆具，更不說感與未感。」[104]「天理云者，這一個道理更有甚窮已。不為堯存，不為桀亡。」[105]朱子承程氏之學，於此作更進一步之說曰：「形而上者無形無影，是此理。形而下者有情有狀，是此器。」[106]然物不能離理而生，理則可先物而有。「無極而太極，不是說有個物事，光輝輝地在那裡。只是說當初皆無一物，只有此理而已。」「惟其理有許多，故物有許多。」[107]「做出那事便是這裡有那理。凡天地生出那物便是那裡有那理。」[108]太極之中，動靜往來，陰陽磨轉，天地萬物

97　《象山集》卷二〈論語說〉。
98　《象山集》卷十九〈武陵縣學記〉。
99　《象山集》卷九〈與楊守書〉。
100　《象山集》卷三二〈保民而王〉。
101　《象山集》卷二二〈雜說〉。
102　《象山集》卷五與〈徐子宜書二〉。
103　《二程遺書》卷十八〈語錄〉。
104　《遺書》卷十五〈語錄〉。
105　《遺書》卷二。此條未註明二程中何人所說。
106　《朱子語類》卷九五。
107　《語類》卷九四。
108　《語類》卷一〇一。

遂合氣以成形。[109]宇宙既成，久而又壞。「壞了後又恁地做起來」，[110]永無窮盡之時。

　　天地為人類修身之準則，亦為政治生活之準則。「每一事物皆有其理。國家社會之組織，亦必有其理。本此理以治國家則國家治。不本此理以治國家則國家亂。故此理即所謂治國平天下之道也。」[111]古先聖王得天理之全，故臻大治。此外之英主則只能得其部分而臻小康。政治之優劣。正可視得理之多寡偏全而判定。故朱子〈答陳同甫書〉論王霸曰：「常竊以為亙古亙今只是一理。順之者成，逆之者敗。固非古之聖賢所能獨然，而後世之所謂英雄豪傑者亦未有能舍此理而得有所建立成就者也。但古之聖賢從根本上便有惟精惟一功夫。所以能執其中，徹頭徹尾無不盡善。後來所謂英雄則未嘗有此功夫，但有利欲場中頭出頭沒。其資美者乃能有所暗合，而隨其分數之多少以有所立。然其或中或否不能盡善，則一而已。」[112]雖然，天理治道既亙古今而長存，則所謂道不行者，「道未嘗息而人白息之。」朱子曰：「「五百年之間」，「堯、舜、三王、周公、孔子所傳之道未嘗一日得於天地之間也。若論道之長存，卻又初非人所能預。只是此個自是亙古亙今常在不滅之物。雖千五百年被人作壞，終殄滅他不得耳。」[113]

　　由上所述，足知人君求治，必先求此長存之道。伊川、考亭均以「窮理」為見道之方。伊川謂進修之術「莫先於正心誠意。誠意在致知，致知在格物。格，至也，如祖考來格之格。凡一物上有一理，須是窮致其理。窮理亦多端，或讀書明義理，或論古今人物別其是非，或應事接物而處其當，皆窮理也。」「今日格一件，明日又格一件。積習既久，然後脫然自有貫通處。」[114]則道之全體可明矣。朱子亦謂「天下之事莫不有理。為君臣者有君臣之理，為父子者有父子之理。為夫婦、為兄弟、為朋友、以至於出入起居、應事接物之際，亦莫不各有理焉。有以窮之，則自君臣之大以至事物之微，莫不知其所以然與其

---

109 《語類》卷九四。

110 同上。

111 馮友蘭《中國哲學史》，頁920。本節述朱子天理學說，據馮《史》頁896-916。

112 《朱子文集》卷三六。

113 〈答陳同甫書〉，《朱子文集》卷三六。

114 《遺書》卷十八。

所當然而無纖介之疑。善則從之，惡則去之，而無毫髮之累。」[115]又謂「格物者窮理之謂也。蓋有是物必有是理，然理無形而難知，物有迹而易覩。故因是物而求之，使是理瞭然於心目之間而無毫髮之差，則應乎事者自無毫髮之謬。是以意誠心正而身修。至於家之齊、國之治、天下之平，亦舉而措之耳。」[116]蓋程、朱之政治哲學大體上以《大學》一書為根據。[117]表面視之，固遠承先秦儒學之正統。然就歷史背景論，則程、朱之言正心修身，又與孔孟之意義有異。孔孟思想以封建宗法為對象，世卿宗子既為統治階級之重心，君長之德行自可成為維繫人心，安定社會之重要力量。秦漢以後，歷史之環境大變。千五百年間「堯、舜、三王、周公、孔子所傳之道，未嘗一日得行於天地之間。」此乃歷史之邏輯使然，毫不足怪。宋儒不明此理而欲障川東流，期堯舜之心傳於專制政體發展垂成之際，其為不切實用之高談，無待深辨。蜀黨及功利家譏侮理學家為迂濶，誠非盡誣矣。

　　理學家之哲學思想，以受佛學之衝激與道教之影響，融會調和，遂成新穎嚴密之系統，開中國哲學史之新西元。然其政治思想，則仍因襲陳說，無多創見。就上述程、朱所立政本觀之，已足證明。吾人若更一究其所擬具體之治術，則理學家政論之為儒學餘波，其事尤顯而易覩。蓋兩宋諸子，如張載、二程、胡宏等均力主恢復三代之政治，而以井田封建為其主要之基礎。張載謂「《周禮》乃的當之書」，[118]「井田乃必行之法，但須朝廷出一令，可以不笞一人而定。蓋人無敢據土者。又須使民悅從，其多有田者不失其為富。借如大臣有據土千比者，不過封與五十里之國，則已過其所有。其他隨土多少與一官

---

115 《朱子文集》卷十四光宗紹熙五年〈甲寅行宮便殿奏箚二〉。

116 《朱子文集》卷十三孝宗隆興元年〈癸未垂拱奏箚〉。

117 閱《朱子文集》卷十一紹興三十一年〈上孝宗封事〉，淳熙七年〈庚子應詔封事〉，十五年〈戊申封事〉，《朱子文集》卷十二淳熙十六年〈己酉擬上封事〉，卷十五〈經筵講義・大學〉。又卷十三淳熙八年〈辛丑延和奏箚二〉謂「臣聞人主所以制天下之事者本乎一心，而心之所主又有天理人欲之異。（中略）蓋天理者此心之本然，循之則其心公而正。人欲者此心之疾疢，循之則其心私而且邪。（中略）舜禹相傳所謂人心惟危，道心惟微，惟精惟一，允執厥中者，正謂此也。」

118 《張子全書》（明萬曆徐必達校本），《經學理窟・周禮篇》。張字子厚。生於天禧四年，卒於熙寧十年（1020-1077）。

使有租稅。人不失故物，治天下術必自此始。」[119]井田既行，再復封建。「所以要封建者，天下之事分得簡則治之精，不簡則不精。故聖人必以天下分之於人，則事無不治者。」[120]二程雖不甚堅持封建井田，然亦傾向於制度法古。明道謂「為治之大原，牧民之要道，理之所不可易，人之所賴以生，先聖後聖未有不同條而共貫者。」[121]治國者固不可泥古而不通今，然亦不可誤信「今世人情已異於古，先王之迹必不可復於今。」[122]伊川則謂立政之本在於立治。君主當「至誠一心，以道自任。以聖人之訓為必可信，先王之治為可行。不狃滯於近規，不遷惑於眾口，必期致天下於三代之世。」[123]其精神固與明道一貫也。

胡宏重視封建井田略似張載，而其用意則較為深切。五峰論井田曰：「均田，為政之本也。田里不均雖有仁心而民不被其澤矣。井田者，聖人均田之要法也。」[124]蓋「井法行而後智愚可擇，學無濫士，野無濫農，人才各得其所而游手鮮矣。君臨卿，卿臨大夫，大夫臨士，士臨農與工商，所受有分制，多寡均而無貧苦者矣。人皆受地，世世守之。無交易之侵謀則無爭奪之獄訟，無爭奪之獄訟則刑罰省而民安，刑罰省而民安則禮樂修而和氣應矣。」[125]其論封建曰：「黃帝、堯、舜安天下，非封建一事也。然封建其大法也。夏禹、成湯安天下，非封建一事也。然封建其大法也。齊桓、晉文之不王，亦非一事也。然不能封建其大失也。秦二世而亡，非一事也。然掃滅封建，其大謬也。故封建也者，帝王所以順天理、承人心、公天下之大端大本也。不封建也者，霸世暴主所以縱人欲、悖大道、私一身之大蠹大賊也。」[126]蓋郡縣制度，其弊甚多。「邦國廢而郡縣之制作矣。郡縣之制作而世襲之制亡矣。世襲之制亡而數易之

119 同書，〈周禮篇〉。
120 同書，〈周禮篇〉。
121 《二程文集》卷二〈論十事劄子〉，其所舉十事為（一）師傅、（二）六官、（三）經界、（四）鄉黨、（五）貢士、（六）兵役、（七）民食、（八）四民、（九）川澤、（十）禮制。胡敬齋嘗謂「依他做，三代之治可運之掌。」（《宋元學案》卷十四）
122 《二程文集》卷二〈論十事劄子〉。
123 《二程文集》卷六皇祐二年〈上仁宗皇帝書〉。
124 《知言》（子書百家本）卷三〈文王〉。胡字仁宗，安國之季子，當生於紹聖元年（西元1194）以後。閱《宋史》卷四三五，《宋元學案·五峰學案》。
125 《知言》卷一〈陰陽〉。
126 《知言》卷六〈中原〉。

弊生矣。數易之弊生而民無定。巡狩述職之禮廢而上下之情不通。考文案而不究事實，信文案而不信仁賢，其弊有不可勝言者矣。」[127]抑郡縣之弊不僅及於內政，亦足以招致外侮。「制侯國，所以制王畿也。王畿安強，萬國親附，所以保衛中夏，禁禦四夷也。先生建萬國、親諸侯、高城深池徧天下。四夷雖虎猛狼貪，安得肆其欲而逞其志乎？此先王為萬世慮，禦四夷之上策也。」及封建既廢，藩籬遂撤。人主欲抑四方以尊京師，其結果則弱中國以資異族。「自秦而降，郡縣天下，中原世有夷狄之禍矣。悲夫！」[128]

　　就兩宋之歷史環境言，理學家主張，復行井田封建固有其實際上之意義。井田者欲救貧富不均之失，[129]封建者欲矯中央集權之弊。[130]凡此皆與功利派不謀而偶合。胡氏隱以南渡責任歸之宋代郡縣集權之制，尤與後來王夫之孤秦陋宋之說相契。[131]然王安石、陳同甫等知宋弱之因，在無可用之人、可資之財，與可戰之兵，故欲棄傳統之仁義，專以富強救之。王船山認宋亡之因在君主只知專制集權以自私，而未嘗措意於固中國以禦夷狄之大計。然王氏謂封建井田不可復行，漢以後天下當以漢以後之法治之，[132]則亦放棄儒家正統之主張，不復奉三代制度為萬世可行之至道。二程、張、胡諸子怵於內憂外患之交迫，乃專欲以正心誠意、封建井田之古法救之。譬如醫師治疾，其診斷不誤，其處方則未必有效也。

　　雖然，宋之理學家非盡主張制度復古也。考亭朱氏即為最重要之例外。朱子雖信天下有不可泯滅之道而不主古今必循一定之制。《語類》中載制度因時之言談，不一而足。如論胡五峰之誤曰：「封建井田乃聖王之制，公天下之法，豈敢以為不然？但在今日恐難下手。設使強做得成，亦恐意外別生弊病，反不如前，則難收拾耳。」蓋古今之時世不同，「居今之世，若欲盡除今法，行古之政，則未見其利而徒有煩擾之弊。」故聖人雖無不可為之時，「若是時

127《知言》卷六〈中原〉。
128《知言》卷五〈漢文〉。
129參本章註60。《三朝北盟會編》卷一三七〈鍾相之亂〉，賊焚官府及豪右之家，謂刼財為均平。足見不平之害。
130參本書第十四章註113至115。
131《船山遺書》（上海鉛印本）《黃書・古儀》，《宋論》卷十五。
132《讀通鑑論》卷一，卷五。

節變了，聖人又自處之不同。」[133]「世人徒知秦廢古法，三代自此不復，不知後世果生聖人，必須別有規模，不用前人硬本子。」[134]本此見解以論王安石新法之精神，朱子幾乎加以無條件之許可。《語類》曰：「熙寧更法亦是勢當如此。凡荊公所變者初時東坡亦欲為之。及見荊公做得紛擾狼狽，遂不復言，卻去攻他。其論固非持平。」「自荊公以改法致天下之亂，人遂以因循為當然。天下之弊所以不知所終也。」[135]朱子不僅同情於王氏變法，且深信變法必須徹底。故曰：「欲整頓一時之弊，譬如常洗澣，不濟事。須是善洗者一一拆洗，乃不枉了。庶幾有益。」[136]又曰：「譬之猶補鍋，謂之小補可也。若要做，須一番重鑄。今上自朝廷，下至百司庶府，外而州縣，其法無一不弊。」[137]亟待更張。就此觀之，朱子政論實與盱江、臨川相表裡，與俗儒之空談性命者固不相同，雖二程亦有未逮。

　　朱子所擬改革之方案當以變科舉、均田產、振綱紀、罷和議數事為最要。朱子認宋法之弊，以學校科舉為尤甚。朝廷以經義詩賦課士取人，而不知其毀人才於無用。「商鞅論人不可多學為士人，廢了耕戰。此無道之言。然以今觀之，士人千人萬人，不知理會甚事，真所謂游手。只是恁的人一旦得高官厚祿，只是為害朝廷，何望其濟事。真是可憂。」[138]補救之道在令士人改習實用之學術，則學校科舉庶可為人才之淵藪矣。其次則田土衣食之不均。朱子謂「土地者天下之大本也，《春秋》之義，諸侯不得專封，大夫不得專地。今豪民占田或至數百千頃，富過王侯，是自專封也。買賣由己，是自專其地也。」井田雖不可行，「宜以口數占田，為立科限，民得耕種，不得買賣。以贍貧弱，以防兼併。」[139]田土既均，又須輔之以平賦稅、濟農急之兩項辦法。丈量

133 《語類》卷一〇八。

134 《語類》卷一三四。

135 《語類》卷一三〇。

136 《語類》卷一〇八。

137 《語類》卷一〇二。

138 《語類》卷一〇九。參《陸象山集》卷五〈與趙子直書〉，卷七〈與陳倅書〉，卷八〈與張壽卿、宋漕、陳教授、趙推、蘇宰等書〉。

139 井田類說。

田畝以定經界，[140]就田計稅以均負擔，[141]則州縣之賦稅平，而民間之貧富不至更趨懸絕。立社倉以斂散粟米，則農民有濟急之資，豪強無倍稱之貸，[142]此王氏青苗之精神，後世常平之變相也。振肅綱紀之說，乃針對宋代法令弛廢之風而發。[143]《語類》云：「或問為政者當以寬為本而以嚴濟之。曰：某謂當以嚴為本而以寬濟之。蓋今人為寬至於事無統紀，緩急予奪之權皆不在我。下梢卻是奸豪得志，平民既不蒙其惠，又反受其殃矣。」[144]故三代之治縱不可行，為政者不可不嚴明賞罰，區別邪正，[145]如「孔明之治蜀」。[146]雖非盡美盡善，尚不失為次等之治體，遠勝於宋政之頹靡不振矣。朱子論宋金關係，認和議有百害而無一利。蓋就義理言，金人有君父不共戴天之仇，豈可靦顏以事。就利害言，和議不廢則人存苟安之心，永無振作之望。就形勢言，我持求和之策，則彼操和戰之權。「少懦則以和要我而我不敢動，力足則大舉深入而我不及支。蓋彼以從容制和而操術常行乎和之外，是以利伸否蟠而進退皆得，而我方且仰首於人以聽和與不和之命。」「是以跋前疐後而進退皆失。」[147]欲免此弊，惟有定計復仇，修政攘夷，不可立開戰端，[148]而必須放棄和議。如此主張，既異於儒生義憤之談，亦別於奸人委曲之論，朱子之政術不可與尋常理學家並論，此又其一例也。

第五節　《忠經》

吾人頃言專制政體之發展至宋近於完成，司馬光尊君之論最能表現時代精

---

140 光宗紹熙元年〈條陳經界狀〉（《文集》卷十九）。
141 〈答張敬夫書〉。
142 〈建寧府崇安縣社倉記〉。
143 王夫之《宋論》卷六。
144 《語類》卷一〇八。
145 《文集》卷十一〈戊申封事〉，卷十二〈己酉擬上封事〉，卷十四〈戊申延和奏箚一〉。
146 《語類》卷一〇八。
147 《文集》卷十一紹興三十二年〈上孝宗封事〉。
148 《語類》卷一三二謂金人「卒急倒他不得，被他做得勢大。」

神。[149]此外尚有《忠經》一書殆足為專制天下最樂觀之理想，與理學家之責難於君，功利派之欲振貧弱者咸異其趣。此書舊題漢馬融撰，鄭玄注。其文擬《孝經》為十八章，經注如出一手。其名始見於《崇文總目》，[150]前此未嘗著錄。近世學者一致斷為偽託，《玉海》引宋《兩朝志》有《海鵬忠經》，則此書自有撰人，其成或在北宋初年，未可以諉之馬氏矣。[151]附述於此，以終本章。

忠之觀念，在中國政治思想中出現頗早。如春秋時楚武王侵隨，季梁止隨侯勿追楚師，謂「上思利民，忠也。」[152]又如魯莊公將拒齊師，曹劌問何以戰。「公曰：小大之獄，雖不能察，必以情。對曰：忠之屬也，可以戰。」[153]孔子嘗謂「孝慈則忠。」[154]曾子自省其身，亦謂「為人謀而不忠乎？」[155]蓋忠之古義為竭誠盡己以與人，君臣父子之間皆可交互通行，初不限於下之事上，[156]如漢唐以後人士之所誤解。《忠經》作者略本古義而引佈推演之，忠遂成為宇宙之大道，人倫之通則。故曰：「天之所覆，地之所載，人之所履，莫大乎忠。忠者中也，至公無私。天無私，四時行。地無私，萬物生，人無私，大亨貞。忠也者，一其心之謂也。」「大忠興於身，著於家，成於國，其行一焉，是故一於其身，忠之始也。一於其家，忠之中也。一於其國，忠之終也。」[157]若就人倫中每一分子言之，則上至天子，下逮百姓，無不依其地位職守而各有其忠。天子之忠在乎「上事於天，下事於地，中事於宗廟，以

---

149 本章第一節。

150 《崇文總目》仁宗景祐中（西元1034-37）王堯臣等奉勅纂。今有錢東垣等輯釋本五卷，補遺一卷，粵雅堂重刻。

151 姚際恆《古今偽書考》謂託名馬融，其偽無疑。惠棟《古今尚書考》注謂其書間引梅氏古文。馬季長東漢人。安知晉以後書。此皆不知而妄作者。王謨《漢魏叢書》本《忠經・跋》謂《玉海》始於《孝經》後附漢《忠經》。必偽託馬氏。《四庫書目提要》謂融所著見《後漢書》本傳，玄所注見鄭樵《通志》，均無此書。《海鵬忠經》後人改題馬鄭，轉使真書變偽。張心澂《偽書通考》頁640-1並引諸說，惟未詳盡。

152 見《左傳・桓公六年》（西元前706）。

153 《左傳・莊公十年》（西元前684）。

154 《論語・為政第二》。此答季康子問「使民敬忠以勸」之方法。

155 《論語・學而第一》。

156 其義略似西文中之 Loyalty, la fidélité, die Treue。

157 《忠經》（學津討原本）〈天地神明章第一〉。

臨於人。」「兢兢戒慎。日增其明。祿賢官能，式敷大化。」[158]大臣之忠在乎「奉君忘身，徇國忘家，正隆直辭，臨難死節。」「沉謀潛運，正國安人。任賢以為理，端委而自化。」[159]百官之忠在乎「入則獻其謀，出則行其政，居則思其道。動則有儀，秉職不回，言事無憚。苟利社稷，不顧其身。」[160]守宰之忠在乎「在官惟明，涖事惟平，立身惟清。」[161]「夫人莫不欲安，君子順而安之。莫不欲富，君子教而富之。篤之以仁義以固其心，導之以禮樂以和其氣。宣君德以弘大其化，明國法以至於無刑。視君之人如觀乎子，則人愛之如愛其親。」人民之忠在乎「只承君之法度，行孝悌於其家，服勤稼穡以供王賦。」[162]全國上下各盡其忠，則「淳化行」而天下治矣。[163]

雖然，《忠經》言忠，與古義究非盡合，而有根本不同之處。古人言忠不專指臣下之竭誠奉上。《忠經》雖亦偏論君臣之忠，然其最後之歸宿為尊君，其中心之樞紐為君德。故謂君主能忠則「皇猷丕丕，行於四方，揚於後代，以保社稷，以光祖考。」[164]又謂「為臣事君，忠之本也。」[165]忠臣「尊其君有天地之大，日月之明。」「頌揚盛德，流滿天下。」又謂「君德聖明，忠臣以榮。君德不足，忠臣以辱。」[166]凡此所云皆不合交互通行之古義，事甚明顯，無待深辨。至於書中所舉實行忠道之治術，大抵不出修身化德之傳統理想，[167]似亦不勞於茲贅述。

---

158 〈聖君章第二〉。

159 〈冢臣章第三〉。

160 〈百官章第四〉。

161 〈守宰章第五〉。

162 〈兆人章第六〉。

163 〈盡忠章第十八〉。

164 〈聖君章第二〉。

165 〈冢臣章第三〉。

166 〈揚聖章第十三〉。

167 〈政理章第七〉，〈廣至理章第十三〉。